我国司法改革的地方试点经验

贵州法院蓝本

WOGUO SIFA GAIGE DE DIFANG SHIDIAN JINGYAN
GUIZHOU FAYUAN LANBEN

徐向华　等／著

法律出版社
LAW PRESS·CHINA

目　录

绪　论

2014年11月18日，中共中央政法委员会（以下简称中央政法委）下发“中政委函〔2014〕5号”文件，审批同意《贵州省司法体制改革试点工作方案》（黔政法〔2014〕115号）。中国司法体制改革第一批试点中唯一“主动请缨”且唯一作为西南腹地欠发达省份的贵州正式拉开了司法体制改革序幕。在中央政法委的高度重视和最高人民法院（以下简称最高法院）的有力指导下，在贵州省委的坚强领导以及省人大常委会的监督帮助和省人民政府的大力支持下，贵州法院结合自身实际，坚持“切口准、深度改、出特色”的改革要求，以提升审判效率、提速司法公正为目标，致力于探索符合宪法规定、符合司法规律、符合中央要求、符合地方实际的改革道路。两年多来，作为首批试点法院及其阶段性成效的“特色”脚注，法院改革的“贵州蓝本”无疑具有典型的代表性和有益的示范性，为西部乃至全国法院提供可复制、可借鉴、可推广的改革模式。

2016年年底，上海交通大学凯原法学院接受贵州省人民代表大会常务委员会的专项委托，进行“贵州地方法院的改革及其成效与规律研究”的课题研究。课题组将法院改革的“贵州蓝本”置于全国司法体制改革的大背景之下，逐步厘清其改革理念和思路，始终紧扣其能动和创新，全面盘点其举措和进展，客观评估其成效和问题，并在此基础上聚焦于全国司改的优先议题和共性议题，以“一盘棋”的思维审慎分析已升级的攻坚难题，为后续纵深推进司法体制改革的顶层设计和法律保障提供建设性建议和方案，同时为《人民法院组织法》《法官法》的修改提供地方智慧及其理论创新。

本著作就是上述课题的总结性研究成果。

一、研究价值

本课题研究及其成果的现实意义和学术价值主要体现在以下四个方面：

（一）依宪依法释明司法体制改革顶层设计的应然取向

本课题坚持从我国《宪法》、《人民法院组织法》、《法官法》以及《刑事诉讼法》、《民事诉讼法》和《行政诉讼法》三部诉讼法中追本溯源我国人民法院的宪法性质以及法定功能。作为“国家的审判机关”，[①]人民法院在“公开”“独立”[②]的审判过程中“排他性”地使用审判权并审慎作出“终局”的审判结果。[③] 人民法院的这一宪法定位决定了其理当具备的法定能力和必须承担的法定责任必然是——切实提升审判效率、不懈实现司法公正。[④] 由此，作为国家审判机关基本专属功能，“公正”和“效率”必然成为我国司法体制改革顶层设计的核心取向，并成为评判改革成效的基本标准。本课题同样将“公正”和“效率”两大价值贯穿始终，并以此为准线展开研究。

（二）“量”“性”结合评价司法体制改革贵州实践的实然效果

本课题设计了可量化评价的“审判效率”与“公正审判”二维指标体系，借助数理统计和案例解读等分析方法，进行定量和定性切换式的实证研究，将司法体制改革的成效转化为可视、可度量的生动图景和鲜活

---

① 详见《宪法》第128条规定。

② 详见《宪法》第130条和第131条规定。

③ 详见本书第三章《宪法法律解析　我国法院的法定性质和功能》关于“我国人民法院性质的宪法定位”的分析。

④ 详见本书第三章《宪法法律解析　我国法院的法定性质和功能》关于“我国人民法院功能的法律规定”的分析；另详见《人民法院组织法》第3条、《法官法》第1条、《刑事诉讼法》第2条、《民事诉讼法》第2条和《行政诉讼法》第1条的规定。

信息,以期客观评价和科学说明:人民法院的法定功能在贵州法院是否兑现及其实现程度;人民法院改革现状的“贵州蓝本”能否以及在多大程度上印证并遵循司法规律,甄别并纠正改革偏差。

(三)“知”“行”结合提供司法体制改革持续深化以及相关法律不断完善的智力支持

司法体制改革是法治中国一场深刻的供给侧改革,其本质是在直面法治领域治理危机的基础上迅速回应人民群众日益高涨的法治期待,有效对接人民群众日趋多元的法治需求。为此,本课题通过对中央和国家层面权威文献的细致解读,[①]也通过对司法体制改革学术文献的系统梳理,[②]在坚守效率与公正、提升司法公信力的改革目标,坚持兼顾人民群众可及性与获得感的改革方式,坚持以司法主体通过“自我革命”激发内生动力的改革路径的基础上,围绕着继续深化司法体制改革、有效破解攻坚新老难题、提升优化改革社会效果,提出了包括设立“司法改革综合试验区”等五项策略和“稳步推进员额制改革”等五项举措,[③]为我国司法体制改革的纵深发展以及相关现行法律[④]的不断完善提供决策信息和参考资料。

(四)原创性地丰富司法体制改革研究的学术积累

作为一个宏大的国家治理命题,司法体制改革涉及的内容十分广泛,研究成果纷呈叠出。本课题在学界已有的研究基础上,不仅对改革

---

① 详见本书第一章《权威文献研读　司法体制改革的顶层设计》。

② 详见本书第二章《学术文献综述　司法体制改革的智力支撑》。

③ 详见本书“结论”中的“三、深化改革的攻坚难题和对策要点”部分,第 302~308 页。

④ 需特别说明的是:第一,本书完稿于 2017 年 10 月,因此书稿内所称的“现行法律”和研究所依据的各项法律,均为 2017 年 10 月仍有效施行的法律。第二,在本书完稿后至付梓期间,书稿所主要论及的《法院组织法》和《刑事诉讼法》于 2018 年 10 月 26 日完成了新的修改。考虑到书稿完成在先而法律修改在后,因此,为了更实事求是地向读者展示作者早在法律修改前所形成的研究结论及其依据,我们保留了书稿写作时所依据的前述两部法律——全书所指的《法院组织法》是本次修订前的 2006 年《法院组织法》;同理,本书所引的《刑事诉讼法》也是本次修正前的 2012 年《刑事诉讼法》。第三,欣喜的是,本书的部分研究结论已在 2018 年《法院组织法》和《刑事诉讼法》的修改中得到体现和印证。例如,坚持审委会的法定性质和职能(本书第 238~239 页)、改革审委会成员的构成(本书第 242~243 页)、限缩审委会讨论案件的范围(本书第 243 页)、明晰审委会对再审案件的讨论决定权限(本书第 235~236 页)以及司法体制改革须面对的审判庭的去留问题(本书第 231~232 页),等等。对此,我们皆以脚注形式予以一一说明。

的发展脉络、运行原则和深化关键进行抽丝剥茧的分析，对法院的组织结构改革和运行机制改革提出取舍有度的对策，对人工智能技术增强和补白审判质效的特殊作用予以恰如其分的定位，而且首次提出并运用“组织—机制—技术—功能”的研究范式和改革成效的评价指标体系，对后续理论发展和对策研究具有独特的参考借鉴意义。课题对司改试点省份法院改革现状的数据化描述及其解读也为日后该领域系统性、追踪性研究以及人工智能的推进摸清了“家底”，提供了丰富可信的对比资料。此外，对司法体制改革这一国家治理命题的法学、社会学和统计学彼此印证的研究方法，尽管不尽成熟但却不乏“开拓”价值和示范意义。

二、研究视角和框架

（一）“四合一”的研究视角

为了全面了解并正确阐释贵州法院的司改路径、主要成就、基本经验和攻坚难题，课题组选用“四合一”的研究视角，即系统且交叉地综合研究法院改革所依托或折射的立法、组织、文化乃至技术层面的制度力量。具体而言，不仅研究立法范畴中法院的性质及其职责，而且研究组织体制中承担“有效公正审判”的主体，研究文化制度中提升“司法公信力”的机制，同时研究科技领域中实现“司法现代化”的技术，更研究四者所分别表征的司法改革和系统创新、现代治理、社会进步之间的相互关系。

（二）“四元”分析框架

在此基础上，课题组创新“功能—组织—机制—技术”的四元分析框架，试图寻求任何单一分析框架下难以发现的“关键”问题或决定“因子”，逻辑推演贵州法院在改革中以怎样的组织架构、凭借怎样的运行机制，并在怎样的信息技术保障下，在多大程度和范围上取得了与法院的宪定角色和法定功能相吻合的改革实效，进而有效验证“贵州蓝本”与国家司改目标全景的映射性和与类似地区的可复制性，并就未来关乎改革成败，乃至更为宽广的国家治理所面临的优先议题和共性难题提出切实可行的破解之见。

三、研究内容和结构

本课题研究成果包括绪论、上篇、下篇、结论和附件五个部分。其中上篇含第一章至第三章,下篇由第四章至第七章组成。

第一章和第二章分别由林彦和石俏伟撰写。两章分别从政治和学术两个层面切入,对本轮司法体制改革的权威文献予以解读,对历次司法改革的学术文献进行综述,以更客观地梳理我国司改及其研究发展脉络,定格“全景”;更准确地把握本轮司改的目标、原则和关键三大至要,打好“地基”;更有效地探索法院组织结构改革和运行机制改革两大要务,直达“核心”;更理性地阐明人工智能在司改中的作用定位,丰满“双翼”。

第三章由徐向华撰写。该章主要是对我国人民法院性质和功能的宪法法律解析。通过阐析我国宪法和法律对人民法院在国家治理体系中的角色定位及其职责功能的要求,以顺理成章地构建“功能—组织—机制—技术”的四元分析框架,进而“底气十足”地判明“公正”和“效率”必然成为我国司法体制改革顶层设计的核心取向,同时也必然成为评判改革成效的基本标准。

第四章由石俏伟和徐向华共同撰写。该章重在对贵州法院阶段性改革成效的考核和验收。通过大量数据的分析和典型案例的解读,以客观评价和科学说明:作为司法体制改革成效的两大表征,效率和公正两项法定功能在贵州法院的实现程度以及其与司法体制改革之间的必然逻辑及相关性。

第五章和第六章由张宇和徐向华合作撰稿,第七章的作者是石俏伟和徐向华。三章分别对切实推进和保障贵州法院改革的组织基础、机制保障以及科技支撑进行缜密解构和系统考察。除了对审判团队和审判委员会等多“元”组织结构以及对简化立案、精化审判、强化执行、实化责任、细化监督和优化保障等六“化”机制进行总结和反思之外,着重围绕着贵州法院动态法官员额制改革、繁简分流机制改革以及人工智能技术运用的成功之举进行理念和操作上的全方位分析,同时对相应顶层设计的微调及相关法律的修改提出建议。

绪论和结论在整合各部分研究成果的基础上完成。其中前者阐明了本书的研究价值,说明了研究视角和分析框架,简介了研究内容,由徐向华撰写。后者除了提炼贵州法院改革的三大亮点以及提出其改革实效的评估结论之外,着重对继续深化改革的共性难题提出解决方略和对策建议,由徐向华和石佾伟负责撰写。

附件由石佾伟和徐向华共同完成。其通过对贵州法院改革前后判决文书质量的评查,以"全貌之一斑"来进一步佐证该省法院司法体制改革的明显成效以及亟待改变的薄弱环节。

上篇

中国司法改革的宏观视野

第一章　权威文献研读　司法体制改革的顶层设计

本课题研究旨在对贵州法院司法体制改革及其成效进行评估,并就后续整个司法体制改革(以下简称本轮司改或者司改)深水区的“攻坚”难题提供破解思路。深刻把握本轮司改的顶层设计和实施部署,尤其是对治理价值、主要目标、重点领域、关键措施等的准确理解,必将有助于判断试点地区司改工作成功与否以及未来走向,有助于对共性议题提出符合司法规律和尊重中国实际的建设性方案。

一、司法体制改革是法治中国一场深刻的供给侧改革

随着经济的发展和生活水平的提高,广大人民群众的权利意识不断增强,对公平正义的追求也日益主动、更加强烈。我们党也始终坚持经济建设与社会发展同步推进,满足人民群众多元的制度需求。改革开放以来,我国在立法、行政、司法等各个领域都取得了令人瞩目的成就和进步。2010 年,我国已经形成有中国特色的社会主义法律体系。2004 年,国务院就已发布《全面推进依法行政实施纲要》并不断确保行政立法与执法活动符合法治的精神和目标。人民法院始终坚持改革,加强顶层设

计,持续通过五年改革纲要不断回应社会期待与需求,切实提高司法公信力。

尽管如此,法治中国的建设速度与质量依然与群众的愿景和期待存在一定的落差。特别值得一提的是,“周永康、薄熙来等位高权重的腐败分子藐视法律、破坏法治,导致法治不彰,教训极为深刻”。[①] 这些案件充分暴露了一段时期内我国深层的治理危机。因此,《中共中央关于全面推进依法治国若干重大问题的决定》一针见血地指出:“必须清醒看到,同党和国家事业发展要求相比,同人民群众期待相比,同推进国家治理体系和治理能力现代化目标相比,法治建设还存在许多不适应、不符合的问题。”

从这个角度来看,全面推进依法治国的方略同样是一场深刻的供给侧改革。党的十八大提出,“依法治国是党领导人民治理国家的基本方略,法治是治国理政的基本方式”。习近平总书记强调,“更多到群众最需要的地方去解决问题[②]”。如果说经济领域的供给侧改革旨在提高民众的物质生活水平的话,法治领域的供给侧改革则重在提升民众的安全感和向心力。面对人民群众日益多元,甚至冲突的利益诉求,唯有不断提高法律制度和司法制度供给的精准度与合理性才能兼顾各方、和谐共赢;面对人民群众日益增长的公平需求,唯有不断深化包括司法体制在内的改革才能守住公平、捍卫正义;面对人民群众日益增长的法治期待,唯有不断提高制度实现和国家治理的能力才能赢得高度信任、长期稳定。正如习近平总书记在中共中央政治局就全面推进依法治国进行第四次集体学习时所指出的,要“努力以法治凝聚改革共识、规范发展行为、促进矛盾化解、保障社会和谐”。[③]

“公正是法治的生命线。司法公正对社会公正具有重要引领作

---

① 《人民日报》评论员文章:《领导干部是全面依法治国的关键——二论学习贯彻习近平在省部级专题研讨班重要讲话》,载《人民日报》2015 年 2 月 6 日,第 1 版。

② 《习近平春节前夕赴甘肃看望各族干部群众》,载《人民日报》2013 年 2 月 6 日,第 1 版。

③ 《习近平在中共中央政治局第四次集体学习时强调 依法治国依法执政依法行政共同推进 法治国家法治政府法治社会一体建设》,载《人民日报》2013 年 2 月 24 日,第 1 版。

用，司法不公对社会公正具有致命破坏作用。”①司法机关是维护社会公平正义的主渠道和最后防线，司法过程和结果也往往成为整个社会度量我们党执政能力的温度计和“晴雨表”。因此，司改理所当然地成为国家治理体系完善、全面推进依法治国极为重要的一环。

与历次改革相比，本轮司改的极端重要性从其决策组织和改革力度两个关键点上的“前所未有”可见一斑。一是中央统一领导，决策组织规格最高。本轮改革由中央全会确定，中央政治局和中央深化改革领导小组多次专题讨论、跟踪改革进程，充分体现中央对改革的高度重视。改革的引擎——决策组织规格之高是前所未有的，司改也因此成为全面推动依法治国的主阵地。二是直面司法顽疾，改革力度空前。本轮改革并非小修小补，更不避重就轻，而是攻坚克难，着力解决长期制约司法能力、影响社会公平的深层次体制机制障碍，紧紧扣住“对建设公正高效权威的社会主义司法制度具有决定性影响”②的基础性制度进行改革。改革的对象——司法基础生态环境再造之力度亦是前所未有的，本轮司改也必将为司法公信力的持续提升创造稳定优质的制度条件。

二、以提高司法公信力为依归　建立值得人民信赖的司法体制

目标明确，才能广泛凝聚改革共识、充分形成改革合力、顺利完成改革任务。唯有纲举目张，才能事半功倍。

十八届三中全会指出，“全面深化改革的总目标，就是完善和发展中国特色社会主义制度、推进国家治理体系和治理能力现代化”。司改的目标与上述总目标始终同向。

从问题和需求中寻找目标，以问题和需求映射目标。时任中共中央

---

① 《中共中央关于全面推进依法治国若干重大问题的决定》(2014 年 10 月 23 日中国共产党第十八届中央委员会第四次全体会议通过)。

② 时任中央政法委书记孟建柱同志强调，完善司法责任制等四项改革，是新一轮司法体制改革的基石，对建设公正高效权威的社会主义司法制度具有决定性影响。参见罗书臻：《孟建柱在司法体制改革试点工作推进会上强调　坚定信心决心　深入推进改革试点　为完善具有中国特色符合司法规律的司法体制创造经验》，载《人民法院报》2015 年 7 月 25 日，第 1 版。

政法委书记孟建柱同志多次指出，司改“当从人民群众期盼领域改起”[①]“要从群众最需要的地方改起”[②]。最高人民法院院长周强也强调，“人民群众的司法需求到哪里，人民法院的司法服务和保障就要跟进到哪里。”[③]这也成为确定司改目标和具体内容的基本逻辑和主要方法。简言之，只有号准脉，才能开好药。

十八届四中全会清醒地认识到我国法治建设所面临的问题。会议指出：“有法不依、执法不严、违法不究现象比较严重，执法体制权责脱节、多头执法、选择性执法现象仍然存在，执法司法不规范、不严格、不透明、不文明现象较为突出，群众对执法司法不公和腐败问题反映强烈……一些国家工作人员特别是领导干部依法办事观念不强、能力不足，知法犯法、以言代法、以权压法、徇私枉法现象依然存在。这些问题，违背社会主义法治原则，损害人民群众利益，妨碍党和国家事业发展，必须下大气力加以解决。”[④]

为解决上述问题，本轮司改目标兼顾了可及性和获得感。

提高司法可及性的目的是在“入口”端确保人民法院的大门始终向人民群众敞开，为人民群众服务，使广大群众以尽可能低的成本享受到国家提供的司法服务。因此，“对人民法院依法应该受理的案件，做到有案必立、有诉必理，保障当事人诉权”，[⑤]这是司法便民的最重要体现，也是衡量司法供给能力的最直观尺度。

提升司法获得感的目的是在“出口”端“努力让人民群众在每一个司

---

① 周斌：《孟建柱在中央政法委员会第十三次全体会议上强调　认真学习贯彻党的十八届四中全会精神　在全面推进依法治国中更好地肩负起实践者推动者责任》，载《法制日报》2014年10月29日，第1版。

② 罗书臻：《孟建柱对全国法院立案登记制改革提出要求　坚持从群众最需要的地方改起　建立符合中国国情和司法规律的立案登记制度》，载《人民法院报》2015年4月17日，第1版。

③ 罗书臻：《周强在全国法院多元化纠纷解决机制改革工作推进会上强调　全面深化多元化纠纷解决机制改革　为维护公平正义　实现人民安居乐业社会安定有序提供有力保障》，载《人民法院报》2015年4月10日，第1版。

④ 《中共中央关于全面推进依法治国若干重大问题的决定》（2014年10月23日中国共产党第十八届中央委员会第四次全体会议通过）。

⑤ 《中共中央关于全面推进依法治国若干重大问题的决定》（2014年10月23日中国共产党第十八届中央委员会第四次全体会议通过）。

法案件中感受到公平正义”。[①] 这一目标所要追求的并非是简单的“案结事了”，而是要使当事人赢得踏实、输得服气，其最终目标则是“保证公正司法，提高司法公信力”。[②] 因此，其兼顾了当事人对司法过程的个体感受和社会对司法机关的整体印象。这是司法公正的最重要体现，也是衡量司法供给效益的最显性指标。

相较于可及性，获得感是更高、更重要的目标。某种程度上说，可及性是为获得感服务的。没有获得感的可及性只能是低层次的可及性。因此，习近平总书记强调，“我们提出要努力让人民群众在每一个司法案件中都感受到公平正义，所有司法机关都要紧紧围绕这个目标来改进工作”。[③] 时任中央政法委书记孟建柱同志也明确指出，“要坚持以提高司法公信力为根本尺度，确保取得人民满意的改革实效”。[④]

三、以深层次改革为重点 全面提升司法可及性与获得感

十八届三中全会强调，“当前，我国发展进入新阶段，改革进入攻坚期和深水区。必须……敢于啃硬骨头，敢于涉险滩，以更大决心冲破思想观念的束缚、突破利益固化的藩篱，推动中国特色社会主义制度自我完善和发展”。[⑤] 本轮司改致力于破解长期制约审判权、检察权行使的“硬骨头”，力求治本固原，“重点解决影响司法公正和制约司法能力的深层次问题”，[⑥]全面提升司法可及性与获得感。

为了增强司法可及性，中央选择以下几个方面作为改革的主要突破

---

① 《中共中央关于全面推进依法治国若干重大问题的决定》(2014 年 10 月 23 日中国共产党第十八届中央委员会第四次全体会议通过)。

② 《中共中央关于全面推进依法治国若干重大问题的决定》(2014 年 10 月 23 日中国共产党第十八届中央委员会第四次全体会议通过)。

③ 《习近平在中共中央政治局第四次集体学习时强调 依法治国依法执政依法行政共同推进 法治国家法治政府法治社会一体建设》，载《人民日报》2013 年 2 月 24 日，第 1 版。

④ 张先明：《孟建柱在中央政法委员会第十六次全体会议上强调 坚持从中国国情出发 深入推进司法体制改革》，载《人民法院报》2015 年 3 月 28 日，第 1 版。

⑤ 《中共中央关于全面推进依法治国若干重大问题的决定》(2014 年 10 月 23 日中国共产党第十八届中央委员会第四次全体会议通过)。

⑥ 《习近平在中共中央政治局第四次集体学习时强调 依法治国依法执政依法行政共同推进法治国家法治政府法治社会一体建设》，载《人民日报》2013 年 2 月 24 日，第 1 版。

口。首先，通过立案登记制，“切实解决好老百姓打官司难问题”①。其次，探索多层次的繁简分流制度，做到该繁则繁，当简则简，繁简得当，努力以较小的司法成本取得较好的法律效果。再次，完善多元化纠纷解决机制，加强诉讼与非诉纠纷解决方式的有机衔接，促进纠纷的诉前分流，降低司法成本、减少群众讼累。最后，推进审判公开，构建开放、动态、透明、便民的阳光司法机制，通过审判流程公开、审判依据公开、裁判文书公开和执行信息公开等使人民群众更容易了解司法、更方便参与司法、更有效监督司法。

为了提升司法获得感，中央侧重分别以法官履职的宏观、中观、微观条件保障为抓手确定改革的内容。主要包括：

1. 在宏观层面，从人民法院外部通过去地方化确保独立性，为法院独立行使审判权提供更为全面的制度保障。具体措施则包括实现省以下人财物统管、最高人民法院设立巡回法庭、设立跨行政区划人民法院、设立知识产权法院等。

2. 在中观层面，从人民法院内部通过去行政化实现扁平化和专业化，最大限度地消除影响独立公正审判的内部干扰因素。在组织结构层面，主要通过强化审判组织、推进司法人员分类管理、改革审判委员会运行机制、推动内设机构精简等改革落实法官的办案主体地位，实现“让审理者裁判，让裁判者负责”。在运行机制方面，则通过以司法责任制为核心的简化立案、精化审判、强化执行、细化监督等进一步完善审判权力运行机制，提升法院整体的司法能力。

3. 在微观层面，以建立法官员额制为着力点提升法官队伍的正规化、专业化和职业化，以提高法官的职业素养、专业水平和职业尊荣感。具体改革措施包括完善法律职业准入制度，建立司法人员履行法定职责保护机制，建立司法人员惩戒制度，建立司法人员专业职务序列及工资制度，完善司法人员职业保障体系，最大限度地调动司法人员履职积极性，实现责、权、利的高度统一。

---

① 《习近平在中共中央政治局第四次集体学习时强调依法治国　依法执政依法行政共同推进　法治国家法治政府法治社会一体建设》，载《人民日报》2013年2月24日，第1版。

四、以“自我革命”为突破口 激发改革的内生驱动力

要兼顾司法可及性与获得感,本轮司改必将面临一系列前所未有的挑战。一方面,在当前的社会背景下,确保和提高司法可及性,不可避免地将面临日益突出的人案矛盾,司法资源的相对稀缺性亦将更加凸显、放大。在此基础上,如果进一步要求提高人民群众的司法获得感,改革所面临的挑战不言而喻。另一方面,本轮改革是在《人民法院组织法》尚未改动、三大诉讼制度基本保持不变、《诉讼费用缴纳办法》等重要立法及制度都未作修改的背景下展开的。因此,实现改革目标所需要的制度杠杆也相对有限。

在此前提下,中央高瞻远瞩、审时度势,选择以激发内生驱动力作为“牵一发、动全身”的“牛鼻子”,事半功倍地推动改革的顺利进行。为此,中央将改革的突破点聚焦于司法产品的生产主体——法院和法官,尽可能消除阻碍法院、法官履职的负面影响,尽可能激发法院、法官的主观能动性和履职积极性。正如周强院长所强调的,“要全面推进司法责任制及相关改革,最大限度激发改革内生动力”。[①]

为此,本轮司改最终选择的最主要的改革路径便是通过一系列自我加压、“自我革命”,[②]改变司法资源配置方式、优化司法资源配置能力。其中,员额制的推行是在人员规模大致不变的情况下,通过调整结构,将优质司法资源配置到一线,以绩效撬动实效。正如时任中央政法委书记孟建柱同志所指出的:“员额制关系到这轮司法体制改革的成败,必须坚定不移地按照中央要求推进。”[③]裁判文书审批制的废除,剥离了长期不当附加于“业务庭”的裁判决定权力,强化了合议庭等的审判职能。审判

① 罗书臻:《周强在全国高级法院院长座谈会上强调 认真贯彻落实全国司法体制改革推进会精神 坚定不移全面推进人民法院司法体制改革》,载《人民法院报》2016 年 7 月 21 日,第 1 版。

② 时任中央政法委书记孟建柱同志在谈及司法责任制改革时指出,“这是司法领域一场深刻的自我革命,改的是体制机制,动的是利益格局,‘伤筋动骨’在所难免”。参见李阳:《孟建柱在全国司法体制改革推进会上强调 统一思想增强信心攻坚克难 坚定不移推动司法责任制改革全面开展》,载《人民法院报》2016 年 7 月 20 日,第 1 版。

③ 张先明:《孟建柱在司法体制改革试点工作专题座谈会上强调 以坚韧不拔的勇气积极进取的精神 坚定不移推进司法体制改革》,载《人民法院报》2015 年 4 月 18 日,第 1 版。

委员会法定职能的回归,去除了行政化的一大因素,进一步兑现了“让审理者裁判,让裁判者负责”。司法责任制的落实则是在明确责、权、利的前提下最大限度地提高司法资源配置的效率和效益。

五、以成效为杠杆 坚定不移地推动改革

党的十八大以来,以习近平总书记为核心的党中央始终以非凡的勇气和魄力推动各个领域的改革事业。

任何一项改革都不会一帆风顺,也都会遭遇许多无法预见的困难,有关改革的争议和质疑也不会停止,杂音难以消除。若就此犹豫不决、裹足不前,则很可能功亏一篑、前功尽弃。因此,习近平总书记多次强调,在困难面前,要以“踏石留印、抓铁有痕”[①]的劲头推动改革。时任中央政法委书记孟建柱同志也多次强调坚定不移地推动司改。[②] 他指出,“随着试点工作逐步深入,也暴露出一些问题,改革的难度加大。在这样的情况下,我们不仅需要增强推进改革的政治责任感和历史使命感,而且需要知难而进、攻坚克难的胆识和勇气。这既是对我们工作能力水平的考验,又是对思想政治素养的考验”。[③]

因此,改革既要掷地有声、又要落地生根;改革不能有休止符,更不能走回头路。面对困难,要坚定信心、众志成城、务期必成;面对杂音,要及时消除疑虑,持续凝聚共识,“确保司法改革政策措施落地见效”。[④]

中央政法委注重对改革过程的密切跟踪和监督,多次召开司改推进会、座谈会,及时发现问题、解决问题,在保持改革方向不变的前提下对具体的改革措施做适当的调整。例如,在调研之后,中央政法委提出“在

---

① 徐京跃、周英峰:《习近平在十八届中央纪委二次全会上发表重要讲话强调 更加科学有效地防治腐败 坚定不移把反腐倡廉建设引向深入》,载《人民日报》2013 年 1 月 22 日,第 1 版。

② 《孟建柱对全国法院立案登记制改革提出要求 坚持从群众最需要的地方改起 建立符合中国国情和司法规律的立案登记制度》,载《人民公安报》2015 年 4 月 17 日,第 1 版;孟建柱:《坚定不移推动司法责任制改革全面开展》,载《长安》杂志 2016 年第 10 期。

③ 孟建柱:《坚定不移推动司法责任制改革全面开展》,载《人民法院报》2016 年 10 月 20 日,第 1 版。

④ 《孟建柱在中央司法体制改革领导小组会议上强调 确保司法改革政策措施落地见效》,载《人民日报》2017 年 3 月 31 日,第 4 版。

确定员额比例和基数时不宜‘一刀切’”“对案多人少矛盾突出的区、县法院检察院,可考虑把事业编制人员纳入员额比例的基数,以留住原来在一线办案的业务骨干”“如果这些地区仍存在案件多、办案人员不够的,可考虑把员额比例提高到40%左右”。①

总之,要防止改革半途而废,避免成为“断头路”“烂尾楼”,要确保改革不仅成果可期,而且成效可见!

六、以科技为支撑　挖掘改革的新潜力

本次司法改革另一个重要特征就是高度重视并积极利用新型技术破解深层次的体制难题。大数据、人工智能等前沿科技的迅猛发展和巨大潜力引起中央密切关注。将最新科技作为司法改革的重要内容和支撑,这是前所未有的实践创新。

十八届四中全会将信息以及技术纳入司法体制改革的内容之中,尽管所涉及的领域还相对具体、单一。全会强调,要“健全行政执法和刑事司法衔接机制,完善案件移送标准和程序,建立行政执法机关、公安机关、检察机关、审判机关信息共享、案情通报、案件移送制度,坚决克服有案不移、有案难移、以罚代刑现象,实现行政处罚和刑事处罚无缝对接”。同时,要“加强新媒体新技术在普法中的运用,提高普法实效”。②

随着改革事业的推进和科学技术的发展,中央开始敏锐地意识到新技术对于我国经济社会发展的巨大助推作用,并将其作为一项国家战略。习近平总书记提出,“十三五”时期,我国将大力实施网络强国战略、国家大数据战略、“互联网+”行动计划,促进互联网和经济社会融合发展。③

在此背景下,以大数据为代表的新科技对于司法体制改革的重要意

① 孟建柱:《坚定不移推动司法责任制改革全面开展》,载《人民法院报》2016年10月20日,第1版。

② 《中共中央关于全面推进依法治国若干重大问题的决定》(2014年10月23日中国共产党第十八届中央委员会第四次全体会议通过)。

③ 参见徐隽:《习近平出席第二届世界互联网大会开幕式并发表主旨演讲　强调加强沟通,扩大共识,深化合作,共同构建网络空间命运共同体》,载《人民日报》2015年12月17日,第1版。

义和作用也逐渐得到更为全面的阐述。

首先,新技术的出现是大势所趋,司法机关必须顺势而为,主动为我所用。时任中央政法委书记孟建柱同志指出,“我们正处在大数据时代,以移动互联网、大数据、云计算和人工智能为代表的现代科技正在改变我们的生产生活方式。因此,我们一定要有战略眼光、大机遇意识,切实增强敏锐性,以只争朝夕的精神状态掀起学习、应用大数据的热潮,把握先机、赢得主动”。①

其次,新技术在破解司法难题上具有重要的战略地位。时任中央政法委书记孟建柱同志强调,“破解难题,一靠改革,二靠科技”。② 在贵州调研期间,他进一步强调,“运用现代互联网和大数据技术是推进国家治理体系和治理能力现代化的重要抓手”“政法机关要……不断提升政法综治工作智能化水平”③。因此,“要把体制机制变革与现代科技应用深度融合起来,善于运用大数据和人工智能技术,不断提高司法质量、效率和公信力”。④

最后,新技术在司法体制改革中大有可为、前景广阔。大数据可以被用于加强司法统计⑤、统一证据标准指引⑥、认识办案规律⑦、推动科学决策⑧;人工智能能够有效解决人案矛盾;⑨互联网则是构建各种信息共

---

① 李阳:《孟建柱在第四次百万政法干警学习讲座上强调 创造性运用大数据提高政法工作智能化水平》,载《人民法院报》2016 年 10 月 22 日,第 1 版。

② 李阳:《坚持改革创新深化科技应用 不断提高社会治理科学化法治化智能化水平》,载《人民法院报》2017 年 3 月 28 日,第 1 版。

③ 李阳:《孟建柱在贵州调研时强调 善于运用科技创新成果 不断提升政法综治工作智能化水平》,载《人民法院报》2016 年 9 月 22 日,第 1 版。

④ 李阳:《坚持改革创新深化科技应用 不断提高社会治理科学化法治化智能化水平》,载《人民法院报》2017 年 3 月 28 日,第 1 版。

⑤ 《人民法院第四个五年改革纲要(2014-2018)》。

⑥ 李阳:《孟建柱在贵州调研时强调 善于运用科技创新成果 不断提升政法综治工作智能化水平》,载《人民法院报》2016 年 9 月 22 日,第 1 版。

⑦ 孟建柱:《深入进一步增强人民群众安全感——学习贯彻习近平总书记关于加强和创新社会治理重要指示》,载《人民法院报》2016 年 11 月 11 日,第 1 版。

⑧ 李阳:《孟建柱在福建调研时强调 适应新形势 再上新台阶 努力创造安全稳定社会环境公平正义法治环境》,载《人民法院报》2016 年 12 月 24 日,第 1 版。

⑨ 李阳:《坚持改革创新深化科技应用 不断提高社会治理科学化法治化智能化水平》,载《人民法院报》2017 年 3 月 28 日,第 1 版。

享平台的关键支撑。①

综上可见，新科技能够深入组织、机制改革所无法企及的结构盲区，有效填补后者的功能洼地，到达后者无法实现的效用空间，从而形成更具生产力的双赢。

七、以两个积极性为依托　务求形成改革合力

我国是单一制国家，重大的改革必须依靠中央的统一思想、顶层设计与一体规划。唯有通过集思广益、凝聚共识，才能形成更为清晰的改革目标、更为成熟的改革方案、更为可行的改革路径。同时，由于目前的司法体制是由一系列国家统一立法设置的，因此，也要求改革的推行出自统一的决策平台。

与此同时，巨大的地区差异又要求改革政策的试验和落实必须尊重差异、因地制宜，注重发挥地方的首创精神。由于经济社会发展水平的差异，各地的社会矛盾及案件类型有很大不同。在经济相对发达的地方，民商事案件不仅规模庞大而且新型案件层出不穷；在经济欠发达地区，此类案件数量相对少且相对简单。人口导入地与输出地在刑事案件的规模和类型上同样存在较为明显的差异。经济发达的地方能够吸引到相对优秀的法学毕业生，培训体系的完善以及层出不穷的新型案件也使其业务能力不断提升；而在某些欠发达地区，能够通过司法考试并胜任审判、检察工作的人员却长期存在缺口。不同地区的民众也因此对司法机关抱有不同的期待，对司法人员也持有不同的评价标准。就中微观司法管理体制而言，一般的省份与直辖市、自治区之间也存在很大差异，尤其是在上下级司法机关的关系方面。经济发展水平也导致各地司法人员收入及相关待遇无法居于同一水平，而即使大致相同的待遇在不同地区也会带来不同的获得感。这种差异不仅存在于各省之间，即便在同一个省级辖区，各地级市之间也或多或少存在不同程度的禀赋差异。

面对多元复杂的地区差异，时任中央政法委书记孟建柱同志强调："要坚持顶层设计和基层创新相结合，中央层面加强顶层设计，同时充分

---

① 《关于推进政法部门网络设施共建和信息资源共享的意见》（政法〔2008〕1号）。

发挥地方的积极性,鼓励地方层面在符合中央确定的改革方向、政策取向前提下,积极探索实践,创造更多可复制可推广的经验,使试点工作不断向纵深推进。”①“在制定政策和指导工作时要有一定弹性,给基层留出自主空间,不搞一刀切。”②通过试点推动改革也是尊重地方首创精神的生动体现,让司法改革的顶层设计目标以更切合地方实际的方式实现,坚持有的放矢和量力而行的有机统一。

贵州既积极贯彻中央所确定的改革方向和框架,又坚持实事求是,精准结合自身的资源存量和面临的问题量体裁衣地进行试点、扎实稳健地实施司改。

一是主动“请缨”。省委支持并领导本省司法系统主动向中央申请试点。赵克志、陈敏尔两任书记多次就试点工作进行批示和专题调研,为法院因地制宜地改革坚定了信心、指明了方向。

二是高度重视。省委在本轮司改之初,即在2014年12月28日发布当年最后一份省委的“红头文件”——《中共贵州省委关于进一步支持人民法院依法独立公正行使审判权的意见》(以下简称《意见》),为贵州的司改凝聚了共识。《意见》高屋建瓴地阐述“支持法院依法独立公正行使审判权对全面推进依法治国、建设公正高效权威的社会主义司法制度的重要意义”,提出“不断加强和完善党对人民法院的领导,为人民法院依法独立公正行使审判权提供坚强的政治保障”,建议“切实加强各级人大、政协依照宪法和法律对人民法院的监督,确保审判权正确有效行使”,要求“各级人民政府要依法全面履行职能,为人民法院依法独立公正行使审判权创造环境”,强调“各级人民法院切实履行好审判职责,依法独立公正行使审判权”。《意见》同时强调,“切实解决影响审判工作科学发展的基础性、机制性障碍,为依法独立公正行使审判权营造良好的法治环境”,包括“支持人民法院积极开展司法体制改革工作”和“不

---

① 孟建柱同志强调,“完善司法责任制等四项改革,是新一轮司法体制改革的基石,对建设公正高效权威的社会主义司法制度具有决定性影响”。参见罗书臻:《孟建柱在司法体制改革试点工作推进会上强调 坚定信心决心 深入推进改革试点 为完善具有中国特色符合司法规律的司法体制创造经验》,载《人民法院报》2015年7月25日,第1版。

② 王文硕:《孟建柱在全国政法委书记会议上强调 把防控风险服务发展摆在更加突出位置 做破解难题的能手和推进改革的实干家》,载《人民公安报》2016年1月26日,第1版。

得安排人民法院从事业外活动”①等。

三是政策先行。省委以及省委组织部、省政法委等部门在改革中始终坚持制度先行，在法院编制、法院院长管理体制、法官员额制、法官专业职务晋升等方面制定一系列政策文件，将中央改革精神及时落地。

四是资源倾斜。省委在员额法官提薪、建立职业保障体系方面给予超常规、强有力的政策倾斜，确保试点工作的顺利开展并取得成效。

五是勇于创新。在员额制改革中，贵州法院在中央确定的政法专项编制39%的总量“封顶红线”内，探索了“以案定员”的动态员额制，不仅凝聚改革共识，而且兼顾了代际平等，确保改革的可持续发展。在精化审判改革中，贵州法院先行先试“繁简分流”，便于后续审判阶段根据案件分流结果优化审判资源配置，实现法院法定功能的倍率产出。贵州法院还注重依托省情特色，率先运用人工智能的技术优势，大力提升审判质效，使司法大数据的应用如同组织结构和运行机制等审判体制的改革创新，成为深化我国司改的另一“翼”。② 贵州在两年多的司改中紧密结合本地实际和群众焦点期待，不贪大求全，不搞花架子，而是在成本可控、成效可期的范围内稳健推行，从而取得了值得充分肯定的改革成效。③

贵州改革经验充分表明，改革并不存在洼地，任何地方都能成为一片社会治理创新的热土。只要直面问题、主动改革，即使后发地区也能取得行之有效的改革成果，在切实攻克治理难题的同时以点带面地改变一个地区的政风和民风。

---

① 《意见》明确强调“不得安排人民法院从事业外活动”，并具体化为六个“不得”，即“不得抽调或安排人民法院工作人员参加与审判执行工作无关的各种领导小组及工作机构；不得向人民法院下达罚没、收费指标；不得要求人民法院参与招商引资、企业帮扶等活动；不得要求人民法院参与行风评议等不符合司法规律的活动；不得要求人民法院工作人员参与计划生育、包括整治、土地征收、房屋拆迁、巡逻创卫、国有资产处理等具体行政管理活动，以及其他不符合司法职能，有损司法公信力的活动；不得长期占用、借用人民法院的编制、人员和固定资产”。

② 贵州省委全面深化改革领导小组第二十四次会议提出，要把体制创新和科技创新作为司法体制改革的车之两轮、鸟之两翼，强化政法系统大数据应用，推动大数据连通共享，助推司法公正和效率提升。

③ 详见第四章、第五章、第六章和第七章等章的论述。

第二章　学术文献综述　司法体制改革的智力支撑

作为一个宏大的国家治理命题，司法体制改革涉及的内容十分广泛，研究成果非常丰富。分析当下对司改的理论研究、学术见解和学者建议，有利于把握该命题的新动态、新趋势、新水平和新技术，为后续研究，尤其是为未来改革之路的完善探寻或者筑牢出发点、立足点和突破口。

本文献综述首先梳理了司改的研究发展脉络，定格"全景"；其次思辨了司改的目标、原则和关键三大重要问题，打好"地基"；再次探究了法院组织结构改革和运行机制改革两大基本任务，直达"核心"；最后论证司改大数据的作用定位，丰满"双翼"。

一、学术研究的发展脉络

从20世纪80年代中期开始，学界就开始探讨司法体制改革这一宏大命题。学术研究与司法实践、司法改革亦步亦趋，保持紧密脉动。自20世纪90年代后期始，随着司法制度的完善、司法改革的深入以及学术研究的成熟与繁荣，该领域的研究在质和量上都有了突破，研究对象更加细化、研究方法更加丰富、学术观点也更加多元。时至今日，学界就司法体制改革积累了相当规模的成果，司法体制改革已然成为一门"亚显学"，也为设计、完善、总结、反思改革提供了强大的智力支持。[①]

20世纪80年代初，尤其是现行《宪法》实施之后，各种司法制度刚刚开始运行，社会对新的司法制度还处于适应和接受过程中，尚未出现亟须解决问题。因此，司法体制改革未被提上议事日程。这一时期并未出现以现行制度为对象的有关司法改革或司法体制改革的学术成果。此时学界对司法改革的研究主要是从法制史和比较法角度出发的。一些学者分别对宋朝[②]、清末[③]、民国时期[④]的司法改革以及南斯拉夫[⑤]的司法制度进行专门论述。

最早针对司法体制提出系统改革建议的论文出现在1985年。黄明利认为，司法机关应当根据十二届三中全会通过的《中共中央关于经济体制改革的决定》的精神开展改革，包括内部改革与外部其他方面改革两个方面。[⑥] 此后，有学者经过深入调研，对重庆法院开展的行政诉讼实践进行了全面介绍。有作者认为，行政诉讼制度不仅是"使行政管理体制法治化的内在要求"，而且"意味着人民可以通过行使行政诉权获得新的权利裁济途径"。[⑦]

20世纪80年代后期，一些学者结合十三大报告将司法体制改革视

---

① 截至2017年7月17日，课题组以"司法体制改革"为关键字在中国知网上进行检索，共有14083篇文献，包括6篇博士论文、313篇硕士论文、265篇会议资料、3607篇期刊论文和9892篇报纸报道。其中报纸以《人民法院报》《检察日报》《法制日报》等为主。以"司法改革"为检索词，共有2132篇文献，包括20篇博士学位论文、363篇硕士学位论文、28篇会议资料、1709篇期刊论文和12篇报纸报道。

② 参见饶鑫贤：《范仲淹司法改革思想评述》，载《中国法学》1985年第2期。

③ 参见费城康：《论清末的刑律改革》，载《政治与法律丛刊》1983年第4期。

④ 参见邱远猷：《南京临时政府的司法改革》，载《法学杂志》1983年第3期；吴传太：《略论武汉国民政府的司法改革》，载《中南政法学院学报》1986年第4期；贺跃夫：《辛亥革命时期孙中山司法改革思想浅析》，载《广州研究》1986年第3期。

⑤ 参见韩天森：《今日南斯拉夫的司法制度》，载《国外法学》1985年第2期；晓秋：《南斯拉夫的司法制度》，载《今日苏联东欧》1985年第4期。

⑥ 前者包括公、检、法、司"四长"实现知识化、专业化，整顿现有司法干部队伍，加强基层和地（市）二级司法机关的力量，建立和推行司法机关岗位责任制，加强经济审判和检察工作，加强司法解释工作，疏通司法界和法学界的信息沟通渠道；后者则包括党政部门的主要负责干部应接受必要的法律知识训练和考核，发挥舆论对司法的监督作用，加强立法与司法协调发展，改革法学教育。参见黄明利：《司法改革之我见》，载《政法论坛》1985年第1期。

⑦ 袁岳、谭宗泽：《司法体制改革中的一项探索性实践——对重庆市推行行政诉讼制度的调查》，载《现代法学》1987年第3期。

为政治体制改革的重要一环,并提出了党政(法)分开、加强司法机关间分工制约、建立司法责任制度等具体的司法改革建议。[①] 1991 年,时任最高人民法院院长任建新同志应菲律宾最高法院首席大法官费尔南之邀,向亚太法协司法处和亚洲基金会提交报告,系统介绍当时正在进行的法院改革。任建新同志认为,法院改革一方面要在宪法、法律赋予的职责范围内进行;另一方面也要适应经济体制、政治体制的改革和发展。[②]

1992 年之后,有关司改的讨论有了更加清晰具体的焦点,主要围绕几个重要的立法作业展开。刑事诉讼法学界[③]和刑法学界[④]分别结合两部基本法律的修改,倡导加强对刑罚权的控制、实现刑事审判方式的转变。例如,陈光中教授主张,律师宜在审判前参与诉讼、改革审判前审查公诉程序、加强庭审中控辩双方的主动性。[⑤] 赵秉志、鲍遂献两位教授认为,必须清除陈旧落后的传统刑法思想的影响,冲破保守的刑法理论的束缚,以市场经济和改革开放为轴心,高举民主、自由、平等、开放的旗帜,使刑事立法、刑事司法、刑法理论和人们的刑事法律意识与时俱进。[⑥]

1995 年,围绕《人民法院组织法》的修改,最高人民法院蒋惠岭等人

---

① 参见蔚闵、邵骅:《司法体制改革的构想和建议》,载《现代法学》1988 年第 1 期;崔跃武:《司法体制改革初探》,载《法学》1988 年第 3 期;赵炳寿、柯恩:《司法体制改革初探》,载《法学研究》1988 年第 6 期。

② 改革内容具体包括增设审判机构、建立多层次正规化的法官教育培训体系、改革法院人事管理体制、加强和发展调解工作等 10 项。参见任建新:《中国法院的改革》,载《中外法学》1991 年第 2 期。

③ 参见左卫民:《实体真实、价值观和诉讼程序——职权主义与当事人主义诉讼模式的法理分析》,载《学习与探索》1992 年第 1 期;宋英辉:《刑事诉讼目的论》,载《政法论坛》1992 年第 2 期;樊崇义、张建伟:《刑事诉讼职能论》,载《现代法学》1992 年第 4 期;龙宗智:《刑事诉讼价值模式论析》,载《现代法学》1993 年第 2 期;陈光中:《刑事审判结构之研究》,载《法学家》1993 年第 4 期;陈光中、宋英辉:《我国刑事诉讼目的与审判结构之探讨》,载《政法论坛》1994 年第 1 期;宋英辉:《论我国刑事诉讼制度改革的目标模式——从刑事诉讼制度变革的世界性趋势看我国刑诉法的修改与完善》,载《政法论坛》1995 年第 5 期。

④ 参见赵秉志、鲍遂献:《论刑法观念的更新和变革》,载《中国法学》1994 年第 2 期;陈兴良:《论刑罚权及其限制》,载《中外法学》1994 年第 1 期;陈兴良:《刑法的价值构造》,载《法学研究》1995 年第 6 期;高铭暄:《论我国刑法改革的几个问题》,载《中国法学》1996 年第 5 期。

⑤ 参见陈光中:《刑事审判结构之研究》,载《法学家》1993 年第 4 期。

⑥ 参见赵秉志、鲍遂献:《论刑法观念的更新和变革》,载《中国法学》1994 年第 2 期。

通过系列文章深入讨论司改的目标①、司改的进程②、司改与政治结构间的关系③、如何消除审判活动的行政化④、权力机关如何监督司法⑤、审判组织⑥、审判方式改革⑦等重大命题。尽管《人民法院组织法》的修改并未在20世纪90年代完成,但这一系列文章的系统性、全面性是其他研究所难以达到的。同时,作者的特殊身份在一定程度上反映了最高人民法院的立场。

1997年,党的十五大部署了以"保证司法机关依法独立公正地行使审判权和检察权"为主要目标的司法改革。这一决策为学界深入探讨改革提供了良好的契机。从1998年起,有关司改的研究在质和量上都有长足进步和突破。这些讨论涉及审判方式改革及配套改革⑧、审判独立的制度保障(包括法官独立、人财物保障、上下级人民法院关系等)⑨、设

① 参见蒋惠岭:《法院组织法修改与司法制度改革论丛之一——司法制度改革的目标》,载《人民司法》1995年第1期。

② 参见蒋惠岭:《法院组织法修改与司法制度改革论丛之十二——我国司法制度改革进程之分析》,载《人民司法》1995年第12期。

③ 参见蒋惠岭:《法院组织法修改与司法制度改革论丛之二——司法体制改革与国家政治结构》,载《人民司法》1995年第2期。

④ 参见蒋惠岭:《法院组织法修改与司法制度改革论丛之九——审判活动行政化之弊害分析》,载《人民司法》1995年第9期。

⑤ 参见蒋惠岭:《法院组织法修改与司法制度改革论丛之十——论权力机关对法院的监督》,载《人民司法》1995年第10期。

⑥ 参见蒋惠岭:《法院组织法修改与司法制度改革论丛之三——关于审判组织的几个问题》,载《人民司法》1995年第3期;张泗汉:《法院组织法修改与司法制度改革论丛之五——关于审判机构的设置及其职责范围》,载《人民司法》1995年第5期;熊选国:《法院组织法修改与司法制度改革论丛之七——关于加强与完善审判组织的几个问题》,载《人民司法》1995年第7期。

⑦ 参见蒋惠岭:《审判方式改革的思考》,载《人民司法》1995年第8期。

⑧ 参见范愉:《世界司法改革的潮流、趋势与中国的民事审判方式改革》,载《法学家》1998年第2期;崔敏:《关于司法改革的若干思考国》,载《诉讼法论丛》1998年第2期;万鄂湘:《厉行司法改革 维护司法公正》,载《法学评论》1998年第4期。

⑨ 参见青锋:《高举邓小平理论的伟大旗帜,推进中国的司法改革》,载《法学家》1998年第1期;崔敏:《关于司法改革的若干思考》,载《诉讼法论丛》1998年第2期;谭世贵:《我国司法改革研究中》,载《现代法学》1998年第5期;贺卫方:《司法改革中的上下级法院关系》,载《法学》1998年第9期。

立行政法院、判例制[①]、法学教育改革[②]等。

2000年之后，学界开始关注改革的问题和局限，对改革的评价也日趋多元。何兵教授认为，法院主导改革存在瓶颈无法突破、变法与守法境地两难、难以统合各方意见等问题。[③] 景汉朝教授认为，司改之所以面临困难和障碍，最主要原因在于其对中国文化关照不足。[④] 杨立新教授主张，旧体制中一些行之有效的制度不能一概废弃。[⑤] 陈卫东教授认为，改革缺乏中央专门机关推动、法院检察院改革目标不一致等是导致改革问题的原因。[⑥] 2001年，中国社会科学院法学研究所公法研究中心主办的“中国司法改革的回顾与前瞻”学术研讨会专门对司法改革面临的问题深入探讨。[⑦] 2003年，时任最高人民法院院长肖扬同志专门撰文，系统地总结司法改革的经验举措、存在问题以及进一步改革的对策。[⑧]

2004年至2011年，该领域的研究出现了颇为有趣的冷热交替轮回。自2004年起，相关的学术成果数量持续下降，维持了较长时间的冷场。自2008年起，学界又开始活跃，重点围绕能动司法[⑨]、司法民主[⑩]等议题展开讨论。2011年之后，有关司改的讨论再次冷却。

2013年至今，该领域的研究与改革实践亦步亦趋，持续升温，涵盖了

---

① 参见马怀德：《行政法的发展寄希望于司法改革》，载《行政法学研究》1998年第4期。

② 参见青锋：《高举邓小平理论的伟大旗帜，推进中国的司法改革》，载《法学家》1998年第1期。

③ 参见何兵：《司法改革需统筹兼顾》，载《法制日报》2000年12月24日，第2版。

④ 参见景汉朝：《司法改革直面中国文化》，载《人民法院报》2001年8月6日，第B01版；景汉朝：《中国文化“撞击”司法改革》(上、下)，载《中国律师》2001年第6期、第7期。

⑤ 参见杨立新：《司法改革应有统一的灵魂》，载《检察日报》2000年7月5日，第8版。

⑥ 参见陈卫东：《司法改革十年检讨》，载《人民检察》2003年第2期。

⑦ 参见谢海定：《中国司法改革的回顾与前瞻——宽沟会议述要》，载《环球法律评论》2002年春季号。

⑧ 参见肖扬：《法院、法官与司法改革》，载《法学家》2003年第1期。

⑨ 参见张志铭：《中国司法的功能形态：能动司法还是积极司法?》，载《中国人民大学学报》2009年第6期；苏力：《关于能动司法与大调解》，载《中国法学》2010年第1期；顾培东：《能动司法若干问题研究》，载《中国法学》2010年第4期；龙宗智：《关于“大调解”和“能动司法”的思考》，载《政法论坛》2010年第4期；公丕祥：《当代中国能动司法的意义分析》，载《江苏社会科学》2010年第5期。

⑩ 参见谭世贵、刘政：《我国司法民主的现状、问题与完善》，载《法学论坛》2009年第6期；周永坤：《我们需要什么样的司法民主》，载《法学》2010年第2期。

本轮司法体制改革所涉及的所有宏观、中观和微观问题。

在下文中，我们将结合本轮司法体制改革的重大理论与实践问题，重点评述有关司法体制改革的目标、深化司改的原则、司法体制改革的关键等五项主题的学术研讨。

二、关于司法体制改革的目标——两大价值

改革的价值目标直接决定着改革的性质和走向。任何一项大的改革，若无科学的价值目标，必然是小打小闹，而不会有真正体系意义上的改革。①

综观世界公正和效率是公认的两大基本价值。有学者认为，一部人类史实质上就是人类追求公平效率的历史。② 公正与效率更是“法律价值目标的本质内涵，是法律规范的灵魂”。③ 对于两者的关系，国内外学界曾有不同解读。罗尔斯将公正作为最高价值标准。④ 法经济学界的学者们则将效率作为分析、评判法律制度及其功能和效果的基本价值取向。⑤ 然而，片面追求某种价值过于偏颇，无法满足社会对法制的多元需求。当下学界对法的公正与效率的辩证统一关系达成基本共识。正如美国学者博登海默所说：“虽然正义是衡量法律之善的尺度……却不是唯一可适用的标准。构建一个法律制度，会遇到许多必须加以解决的专门问题，而这些问题的解决则主要依据权宜、功利和可行性等标准来进行的。”⑥

司法公正和司法效率关系在 2001 年最高人民法院举办“公正与效率世纪主题论坛”后成为重要命题，迄今学界亦有不同主张。一是主次

---

① 参见张文显著：《司法理念与司法改革》，法律出版社 2011 年版，第 74 页。

② 参见谭世贵著：《中国司法改革理论与制度创新》，法律出版社 2003 年版，第 215 页。

③ 阮防：《法律的价值目标——富有正义、效率的秩序》，载《法学》1994 年第 7 期。

④ 美国学者罗尔斯是当代正义理论的杰出代表。他竭力主张：“某些法律和制度，不管它们如何有效率和有条理，只要不正义，就必然应加以改造或废除。”[美]罗尔斯著：《正义论》，何怀宏、何包钢、廖申白译，中国社会科学出版社 1988 年版，第 1 页。

⑤ 作为法经济学领域的重要代表，波斯纳曾提出：“诉讼制度的目的就是要使司法成本最小化。”[美]波斯纳著：《法律的经济分析》(下)，蒋兆康译，中国大百科全书出版社 1997 年版，第 717 页。

⑥ [美]埃德加·博登海默著：《法理学——法律哲学与法律方法》，邓正来译，中国政法大学出版社 1999 年版，第 270 页。

说。以公正作为司法最高的,甚至唯一的价值追求;为了公正,可以降低甚至牺牲效率。[①] 二是冲突说。司法公正和司法效率是两个相对独立且相互对立的价值。一方面,对公正的追求会导致司法资源耗费的激增,从而背离诉讼效率原则;另一方面,不适当地苛求高效司法往往导致司法公正无法体现,进而导致冤狱丛生。[②] 三是辩证说。司法公正和效率相互依存、相互促进、相互补充。两者既存在统一性和依存性,[③]又存在制约性和负相关性,[④]任何人和任何司法制度都不可能达致百分之百的公正和效率。因此,"公正与效率之最优关系的核心是平衡",找准司法公正和司法效率之间的平衡点是理论和实务两界亟待解决的问题。"最低限度的公平是效率增长的极限,最低限度的效率则是公平增长的极限。无论是追求公平,还是追求效率,都要在对立面所设定的极限之内寻求平衡和调和的方案。"[⑤]

学界大多将公正和效率作为本轮司法体制改革的价值目标,并从司法权的属性、功能定位、现实需求、改革方向以及改革成功的评价标准等角度论证其必要性、科学性和合理性。[⑥] 除此之外,也有学者从政治经济

① 例如,章剑生认为,"为了追求司法公正,人们对法院那种不慌不忙、从容不迫的工作效率表现出相当大的宽容"。参见《公平与效率——法院如何适应市场经济的建立和发展》,载《中国法学》1994 年第 2 期。又如王利明认为:"只有公正的司法才是最有效率的,不公正的裁判甚至枉法的裁判不仅不能及时解决冲突和纠纷,而且会诱发社会情绪和行为,导致社会的无序和混乱状态加剧,因此,它是最没有效率的。"参见王利明著:《司法改革研究》,法律出版社 2000 年版,第 60 页。

② 参见牛建华:《论司法效率与司法公正的关系》,载《法律适用》2003 年第 1 期。

③ 如王晨光认为:"没有效率的正义是延误或虚幻的正义,而没有正义的效率则是恣意的效率。"参见《关于司法公正与效率的思考》,载《人民法院报》2001 年 3 月 6 日,第 3 版。

④ 如刘庆富、谷国文认为,为了使审判的过程符合公正的要求,审判机关必须耗费必要的司法成本,投入必要的人力、财力和物力;而为了提高审判活动的经济效益,司法部门又必须使审判过程的资源耗费降到最低程度。司法成本的有限性从总体上限制了审判活动对公正的绝对追求,审判程序公正性的增强会直接导致司法成本的耗费增大,以至于降低审判活动的效率。参见《司法公正与审判效率之辨证关系》,载《人民司法》2001 年第 5 期。

⑤ 谢鹏程:《探求公正与效率的真谛》,载《人民法院报》2001 年 3 月 12 日,第 B01 版。

⑥ 参见张柏峰:《司法公正与效率价值的时代精神》,载《法律适用》2002 年第 1 期;谢佑平:《论司法改革与司法公正》,载《中国法学》2002 年第 5 期;褚国建:《当前司法体制改革的顶层设计及其关键举措》,载《中共杭州市委党校学报》2015 年第 1 期;董皞、王堃:《我国司法体制改革的目标与路径——关于十八届三中全会司法体制改革精神的解读》,载《行政法学研究》2014 年第 1 期;江国华:《论司法改革的五个前提性问题》,载《政治与法律》2015 年第 3 期。

社会的客观需求以及司法体制改革与政治体制改革的关系等角度出发，提出将司法权威、司法公信力作为司法体制改革的价值目标。①

课题组认为：第一，司法公正和司法效率是司法工作的本质要求和基本准则，也是司法体制改革追求的价值目标，是检验本轮改革成功与否的关键评价标准。第二，司法公正和司法效率是辩证统一的关系。司法的理想状态是公正和效率的最佳平衡，且平衡点随着政治、经济和社会条件的变化呈现“双螺旋式”的动态变化。第三，“司法公正和司法效率”与司法权威、司法公信力之间具有本质上的高度一致性，仅观察视角不同、语言体系多元而已。前者更着眼于老百姓的亲身感受，而后者更侧重于执政者的治理成效。前者更适用于社会各界，后者则多见于政治范畴。课题组选用公正与效率的表述，既是出于研究报告的法学性质，也是对十八届四中全会提出的“努力让人民群众在每一个司法案件中感受到公平正义”之目标的学术回应。

三、关于司法体制改革的原则——五项“坚持”

在明确司法体制改革价值目标的基础上，制定改革方案的前提是明确改革的基本原则，以确保改革的高可行性和合目的性。综合学界观点，本轮司改的原则主要有：

（一）坚持以宪法法律为依据

依法进行司法体制改革，可以最大限度地降低改革走回头路的概率，也是落实依法治国方略的必然选择。② 围绕依法改革，学界的观点主要涉及以下两个方面：

第一，司改的全面开展必须在宪法法律的框架内进行。一方面，司改的依据应当是宪法、法律而非党的文件决定。党的主张唯有经过法定程序转变为法律之后，才可作为司法改革的依据。③ 另一方面，若司改不

---

① 参见徐建新、陈锋：《全面深化改革视野下的司法公信力建设》，载《法律适用》2014年第3期；蒋银华：《论政治体制改革背景下中国司法改革的路径选择》，载《南京社会科学》2015年第12期；王欢：《司法体制改革目标探讨》，载《长白学刊》2016年第2期。

② 参见曹平、马文斌：《全面推进依法治国背景下司法体制改革探究》，载《钦州学院学报》2015年第1期。

③ 参见姜伟、付子堂、周尚君：《全面深化改革与全面推进依法治国关系论纲》，载《中国法学》2014年第6期；江国华：《论司法改革的五个前提性问题》，载《政治与法律》2015年第3期。

得不突破现行法律的框架,应当以全国人大常委会的授权为依据。[①]

第二,司改的深入推进需要加强与立法的衔接。司改的实质性推进需要合理界定司法机关和其他主体的权力界线,优化配置司法资源,完善组织结构和运行机制。由此,《宪法》、《刑事诉讼法》、《民事诉讼法》、《行政诉讼法》、《人民法院组织法》、《人民检察院组织法》、《法官法》和《检察官法》等法律应当及时修改并完善。[②]

课题组认为:一方面,必须坚持依宪依法改革、依法"释法",以法治思维及其方式引领改革。另一方面,应当加强立法衔接、依法"变法",将经过实践检验的改革成果及时上升为法律,进一步保障司改得以全面并深化推进。

(二)坚持以尊重和服从司法规律为立足点

最高人民法院发布的《人民法院第四个五年改革纲要(2014-2018)》(以下简称《四五改革纲要》)将尊重司法规律作为全面深化人民法院改革的基本原则之一。学界也普遍重视司法规律在司改中的重要作用:既厘定改革的基本路径,[③]又决定改革的内容设计。[④]

关于司法规律的主要内容,学界观点并不统一。大多数学者围绕着功能、结构、运行和管理等方面的改革要求,主张严格遵循审判权作为判断权和裁量权的权力运行规律,突出审判在诉讼制度中的中心地位,使改革的过程及其成果充分服从并体现审判的独立性、中立性、程序性、公正性、亲历性、终局性等司法规律的基本要求。[⑤]

课题组赞同现有文献资料提出的上述结论。司法体制改革应当以尊重和服从司法规律为立足点。在根据司法规律进行顶层设计时,既要

---

① 在本轮改革中,全国人大常委会先后三次授权最高人民法院、最高人民检察院在突破现行法律的框架内进行改革,分别涉及设立巡回法庭、试行刑事案件速裁程序和民事公益诉讼。参见陈卫东:《当前司法改革的特点与难点》,载《湖南社会科学》2016 年第 2 期。

② 参见刘风景:《论司法体制改革的"试点"方法》,载《东方法学》2015 年第 3 期。

③ 刘武俊:《司法改革须遵循司法规律》,载《中国审计报》2014 年 7 月 16 日,第 7 版。

④ 倪寿明:《尊重司法规律解决深层问题》,载《人民司法》2013 年第 5 期。

⑤ 参见陈光中、龙宗智:《关于深化司法改革若干问题的思考》,载《中国检察官》2013 年第 11 期;沈开举、郑磊:《司法改革贵在尊重司法运行规律》,载《人民论坛》2014 年第 10 期;刘作翔:《司法规律及其相关问题》,载《河北法学》2011 年第 12 期;蒋惠岭:《法院内部运行机制中的司法规律》,载《法制资讯》2014 年第 9 期;陈瑞华:《司法权的性质——以刑事司法为范例的分析》,载《法学研究》2000 年第 5 期。

批判性地汲取历史经验和域外制度,也要充分兼顾司法规律的普遍性和中国国情的特殊性。

(三)坚持以中国国情为参照系

以中国国情为参照,意味着"一切改革举措和制度安排都必须以社会承受力允许为限度,哪怕是符合司法规律的事情,超过了这个限度,也是走不通的,而且还可能削弱公众支持改革的热情"。① 兼顾国情的主要观点有:

第一,司法体制改革要坚持在现有政治制度框架内设计,不能"另起炉灶"。司法体制作为一种政治制度安排,必然受制于既有的政治制度,因而有其难以逾越的边界。正如美国的法院不能超越既有的三权分立框架而自行其是,我国的司法体制也不能逾越党的一元化政治领导。②

第二,司法体制改革要考虑意识形态的影响。在任何国家,法官的裁判都难免带有意识形态的考量。由于历史和现实因素的影响,我国的司法带有高度的政治化色彩。在消减过度政治化的过程中,要按照法治思维和法治方式来"讲政治",而非政治思维和政治方式。③

第三,司法体制改革要考虑本土国情进行"接地气"的设计。中国法治建设的经济基础、政治基础、文化传统及社情民意等社会历史条件与西方国家截然不同,其决定了司改的设计不能简单地照搬照抄西方的做法。④

课题组认为:相对于"司法至上"的浪漫情怀,我们应更致力于:总结出一条既能"照顾"我国政治制度、意识形态等本土国情又能实现司改成效最大化的"中国规律",同时也向世界展示我国司法机关在特定国情语境下实现司法公正和效率的成功经验。

(四)坚持以地方试点为重要抓手

在中央的统一部署下有序开展地方试点,是本轮司法体制改革的特

---

① 郑成良:《司法改革四问》,载《法制与社会发展》2014 年第 6 期。

② 参见马长山:《新一轮司法改革的可能与限度》,载《政法论坛》2015 年第 5 期。

③ 参见马长山:《新一轮司法改革的可能与限度》,载《政法论坛》2015 年第 5 期。

④ 参见本报评论员:《坚持符合国情和遵循司法规律相结合》,载《人民法院报》2015 年 4 月 3 日,第 1 版。

点之一。[①] 这一路径将在顶层设计中起到"脚手架"的作用,大大降低改革风险。

学界对本轮司改采用顶层设计与地方试点相结合的路径普遍持肯定态度。相对而言,顶层设计更注重一般性和一致性,难以充分顾及各地纷繁复杂的情况,也难以精准预测实施过程中的难易程度。因此,借助实践性的探索和"试错",可以不断对总体方案和具体举措予以修正和完善。[②] 部分地区的先行先试必将为司改的全面推进积累经验、创造条件,是改革成功的基本前提。[③]

关于如何加强试点效果,学界的建议是:引入竞争性因素,调动地方的改革积极性;[④]建立科学完善的评估机制,不断修正既有决策;[⑤]推进司改的信息共享,让更多专家学者参与改革试点的研究、讨论,发挥智慧参谋作用。[⑥]

学界对上海、贵州、广东、云南等地的司改及其结果表现出极大的热忱,出现不少总结、评估和反思性研究,[⑦]既为当地改革总结经验教训,强化试点方案的科学性和规范性,同时也为顶层设计的不断完善提供丰富的"地方智慧"。

---

① 参见李林、熊秋红:《积极稳妥有序推进司法体制改革试点》,载《求是》2014年第16期。

② 参见熊秋红:《司法改革中的方法论问题》,载《法制与社会发展》2014年第6期。

③ 参见陈卫东:《当前司法改革的特点与难点》,载《湖南社会科学》2016年第2期;刘风景:《论司法体制改革的"试点"方法》,载《东方法学》2015年第3期;葛洪义:《顶层设计与摸着石头过河——当前中国的司法改革》,载《法制与社会发展》2015年第2期。

④ 参见葛洪义:《顶层设计与摸着石头过河　当前中国的司法改革》,载《法制与社会发展》2015年第2期。

⑤ 参见高志刚:《司法体制改革试点评估运作机制研究——兼以法院员额制试点改革为样本》,载《北方法学》2017年第1期。

⑥ 参见邵新、黄斌:《司法改革试点工作的方法论建议》,载《中国法律评论》2014年第12期。

⑦ 例如杨力:《中国司法体制改革的重大现实命题——司法体制改革试点的上海样本研究》,载《中国社会科学评价》2016年第1期;杨朝忠、蒙丽华:《关于西部地区基层法院司法体制改革试点工作的阶段性调研报告——以G县法院为调研对象》(G县法院即贵州省首批试点的基层法院贵定县人民法院),载《贵州法学》2015年第1期;徐海星:《贵州法院司法体制改革观察》,载《当代贵州》2016年第9期;王小梅:《司法改革经验、挑战与突破围观——以广东试点为例》,载《人民论坛》2014年第35期;张云春:《积极探索民族贫困地区基层法院司法体制改革试点工作新路径》,载《人民法治》2017年第2期。

课题组认为：第一，在司改进入攻坚期和深水区后，既要重视顶层设计，也要加强地方试点，减少试错成本，扩大改革成效。第二，审判权和检察权是中央事权，司改事关全局，地方试点要在中央统一部署下有序实施。第三，地方试点的重要任务是探索并总结出具有代表性的、可复制的创新做法，并从差异化的具体举措中发现并尊重司法规律，为全国的司改提供经验。

（五）坚持以总结评估为推动力

总结评估是推进司法体制改革科学决策的基础。通过评估，不仅可获得和积累对新体制的知识存量，更能反馈修正制度设计，扬长避短，进一步激发制度变革动力。①

评估机制的建立和完善主要涉及三大内容：一是评估主体。可在同级人大内务司法委员会下成立专门的“司法改革成效评估委员会”，专门负责评估的组织协调；建立由人大主导，司法、财政、组织人事等部门组成的“评估工作小组”，并吸纳政协委员、专家学者、律师等参加。② 二是评估原则。在目的上，应当以司法价值为依托，着力推进公正高效司法；在内容上，应当以司法权配置为主线，全面考评司法权运作等全部过程；在手段上，应当将硬指标与软指标结合，过程评估与效果评估并重。③ 三是评估方法。可从国家层面建立试点评估指标体系和审核机制，确保评价标准的权威统一、评估信息的真实可靠、研究方法的科学适当；设定一定的改革试点评估期限，并在连续监控的基础上进行评价，制定一套程序科学、方法得当的顶层设计方案和行动方案；加强司法改革试点评估的结果运用，为法院制度提供坚实的实践支撑，并对制度的全面推广提供合理性论证。④

---

① 参见高志刚：《司法体制改革试点评估运作机制研究——兼以法院员额制试点改革为样本》，载《北方法学》2017 年第 1 期；陈瑞华：《机遇与希冀——司法体制改革新谈》，载《中国法律评论》2015 年第 2 期。

② 参见高志刚：《司法体制改革试点评估运作机制研究——兼以法院员额制试点改革为样本》，载《北方法学》2017 年第 1 期。

③ 参见江国华：《司法体制改革评价指标体系的建构》，载《国家检察官学院学报》2015 年第 2 期。

④ 参见高志刚：《司法体制改革试点评估运作机制研究——兼以法院员额制试点改革为样本》，载《北方法学》2017 年第 1 期。

课题组认为：应当重视司改工作及其成效的评估，尤其应当重视以下五个“结合”。第一，司改是一场由点到面的改革，应当重视首批七个试点省份的评估和全国范围评估的结合；第二，司改是一项持之以恒的工作，应当重视阶段评估和长期评估的结合；第三，司改在一定范围内涉及“利益”格局的调整，应当重视“局内”评估和“局外”第三方评估的结合；第四，司改的成效直接反映为司法公正和效率的提升，是可“度量”的，应当围绕公正和效率两类评估指标，重视日常数据积累和数理评估方法的结合；第五，司改是提升获得感及其分享程度的改革，应当重视评估过程的简便易行和评估结果的清晰可比的结合。

四、关于司法体制改革的关键——“两去”

“行政化”“地方化”被学界普遍认为是法院审判权行使过程中的两大体制性顽疾。因此，攻克这两个问题也就成为司改的关键。

（一）去行政化

司法行政化，是指“违背司法规律，将法院、法官和司法判断过程纳入行政体制的命令与服从关系之中，按照行政权的行使方式行使审判权，导致司法被行政‘格式化’的异化现象”。[①]

司法行政化的主要表现有：一是法院及法院人事管理制度的行政化。我国法院及其工作人员在行政等级、人事管理等方面都参照行政机关的管理方式，而《法官法》关于法官级别的规定并未真正实施。[②] 二是内部运作方式的行政化。突出体现为法院内部各种行政式的案件审批、请示制度，以及审判委员会与合议庭之间的决策与执行关系。[③] 三是法院审级关系的行政化。主要体现为上下级法院之间的案件请示制度，下级法院根据上级法院答复或处理意见作出判决或裁定。[④]

---

① 参见张卫平等著：《司法改革的分析与展开》，法律出版社 2003 年版，第 16 页。

② 参见张卫平：《论我国法院体制的非行政化——法院体制改革的一种基本思路》，载《法商研究》2000 年第 3 期；杨小军：《法治中国视域下的司法体制改革研究》，载《法学杂志》2014 年第 3 期。

③ 参见陈光中：《论我国司法体制的现代化改革》，载《中国法学》2015 年第 1 期。

④ 参见冀祥德：《全面深化司法体制改革的两个支点》，载《北京联合大学学报》2015 年第 3 期。

司法行政化的负面影响是多方面的:一是损害了上下级法院之间的审级监督关系,架空审级制度;二是违背亲历性、判断性等司法规律,造成"审者不判,判者不审"现象,不利于司法公正;三是案件层层审批,导致司法责任不清、司法效率不高。①

为此,学界针对性地提出司法"去行政化"的锦囊:

第一,完善法院的人事管理和机构设置。在司法人员的分类管理方面,学界认为,"职业法官+法官助理+书记员"的审判模式,有利于突出主审法官地位,提高审判质效。因此,需着力并稳妥解决当下法官员额的遴选和管理、审判辅助人员的安排与管理、法官级别与行政级别的存废等焦点问题。② 在法院内部机构设置方面,有学者提出要明确定位法院的职能是审判,应当将非审判职能分离出去。③ 也有学者主张仅设刑事、民事、行政部,取消越来越多的专业审判庭,同时不再设庭长、副庭长,以免滋长审判机构中的官僚化。④

第二,完善法院内部运作方式。其一是完善主审法官、合议庭责任制,让审理者裁判、裁判者负责,让审判活动回归本来面目,让真正办理案件的法官依照法律独立判断,并承担案件相应的责任。⑤ 其二是改革审判委员会制度,科学设定审委会职能,强化其总结审判经验、讨论决定审判工作重大问题、实施类案指导等方面职能。⑥ 其三是废除案件请示制度,建立专家咨询制度。⑦

第三,明确各级法院职能定位,规范上下级法院审级监督关系。上

---

① 参见谢佑平:《司法机关的去地方化和去行政化》,载《上海法治报》2014年4月30日,第B06版。

② 参见詹建红:《法官编制的确定与司法辅助人员的设置》,载《法商研究》2006年第1期。

③ 参见杨小军:《法治中国视域下的司法体制改革研究》,载《法学杂志》2014年第3期。

④ 参见张卫平:《论我国法院体制的非行政化——法院体制改革的一种基本思路》,载《法商研究》2000年第3期。

⑤ 参见龙宗智、袁坚:《深化改革背景下对司法行政化的遏制》,载《法学研究》2014年第1期;冀祥德:《全面深化司法体制改革的两个支点》,载《北京联合大学学报》2015年第3期。

⑥ 参见冀祥德:《全面深化司法体制改革的两个支点》,载《北京联合大学学报》2015年第3期。

⑦ 参见冀祥德:《全面深化司法体制改革的两个支点》,载《北京联合大学学报》2015年第3期。

级法院应定位于纠正下级法院的错位裁判,保障当事人的合法权益。[①]

(二)去地方化

司法地方化,是“司法机关及其工作人员在司法活动中受到地方国家机关或者利益团体的不当干扰,丧失其应有的独立权力和地位,从而出现的一种司法异化现象”。其实质是地方不当截留司法权,是“地方保护主义在司法领域的体现”。[②]

司法地方化的主要表现有:一是司法辖区地方化。绝大多数司法管辖区与行政区划重叠,难以彻底摆脱当地党政领导的干涉或影响。[③] 二是人事管理地方化。法院的人事任免、人事调配和人事管理权皆由地方人大、党委和行政机关掌握。[④] 三是司法经费地方化。法院经费实行“分级管理、分级负担”的制度,对诉讼费实行“收支两条线”,即全额上缴同级政府财政专户,财政统筹后再以预算外资金的形式拨款。[⑤]

司法地方化产生诸多危害。一是使法院成为地方经济的庇护者,妨碍公平竞争的市场经济制度的建立和完善; 二是破坏国家法制的统一,妨碍司法公正; 三是弱化司法对行政的监督,导致公民对权力的信任危机。

司法体制改革的去地方化,意在消减司法地方保护主义,破解诉讼的“主客场”。学者们主张,解决司法地方化应当从三个方面入手:

第一,实行案件错位管辖。对错位管辖的“度”,学界持有不同观点。有学者提出要推广跨行政区划人民法院,根据行政区划面积、人口和经济发展情况组建跨县、市级的基层法院和中级法院;[⑥]有学者提出参照海

---

① 参见杨小军:《法治中国视域下的司法体制改革研究》,载《法学杂志》2014 年第 3 期。

② 徐汉明、林必恒、张孜仪、徐晶:《深化司法体制改革的理念、制度与方法》,载《法学评论》2014 年第 4 期。

③ 参见谭世贵:《深化司法体制改革的几个问题》,载《中国司法》2014 年第 6 期。

④ 参见谭世贵、梁三利:《构建自治型司法管理体制的思考——我国地方化司法管理的问题与出路》,载《北方法学》2009 年第 3 期。

⑤ 参见谭世贵、梁三利:《构建自治型司法管理体制的思考——我国地方化司法管理的问题与出路》,载《北方法学》2009 年第 3 期。

⑥ 参见杨小军:《法治中国视域下的司法体制改革研究》,载《法学杂志》2014 年第 3 期;赵力鍪:《地方司法管理管理体制改革探析》,载《观察与思考》2014 年第 4 期。

事法院模式，在省级地方设置若干行政法院和知识产权法院；①也有学者提出打破现有法院设置框架，在全国范围内重新划定独立的司法区，实现法院的跨地区设置，彻底斩断地方政府与法院之间的联系。②

第二，实行法院经费单列。有学者主张，法院经费由中央统一管理，经全国人大批准，中央财政统一拨付，由最高人民法院支配管理并逐级下达各级法院。③ 也有学者提出，经费由中央和省级分别管理，最高人民法院的经费由中央财政拨付，地方法院的经费由省级财政统一拨付。④

第三，实行人事制度改革。有学者主张实行人事任免上提一级的制度，由全国人大及其常委会选举和任免最高人民法院和高级人民法院的院长和法官，省级人大及其常委会选举和任免中级人民法院和基层人民法院的院长和法官。⑤ 有学者建议最高人民法院和高级人民法院的法官由全国人大及其常委会任免，中级人民法院和基层人民法院的法官由最高人民法院任免。⑥ 也有学者提出要构建自治型的司法管理体制，成立全国和省级司法管理委员会作为管理决策机构，同时设立相应司法管理局，统一负责法院人事和财物的管理。⑦

关于"两去"，课题组认为：第一，司法去行政化与去地方化应当同步进行。司法的"两化"相互强化，若仅仅解决其中一个问题，都不能使司

---

① 参见王旭：《论司法权的中央化》，载《战略与管理》2001 年第 5 期。

② 参见沈德咏：《为中国司法体制问诊切脉》，载《中国律师》1997 年第 7 期；谢鹏程：《理顺外部关系　保证司法机关独立行使职权》，载《法学》1999 年第 5 期；章武生、吴泽勇：《司法独立与法院组织机构的调整》（上），载《中国法学》2000 年第 2 期；胡夏冰：《法院名称重构》，载《法学》2000 年第 8 期。

③ 参见赵俊如：《法院司法体制现状及改革前瞻》，载《现代法学》1999 年第 5 期；王利明：《人民法院机构设置及审判方式改革问题研究》（上），载《中国法学》2000 年第 2 期；王旭：《论司法权的中央化》，载《战略与管理》2001 年第 5 期。

④ 参见蔡定剑著：《历史与变革：新中国法制建设的历程》，中国政法大学出版社 1999 年版，第 396～397 页。

⑤ 参见何德荣、宋健：《建立有中国特色的法院司法体制》，载《法律适用》2000 年第 1 期；蒋惠岭：《论法院的管理职能》，载《法律适用》2004 年第 8 期。

⑥ 参见王利明：《人民法院机构设置及审判方式改革问题研究》（上），载《中国法学》2000 年第 2 期。

⑦ 参见谭世贵、梁三利：《构建自治型司法管理体制的思考——我国地方化司法管理的问题与出路》，载《北方法学》2009 年第 3 期。

改真正收到实效,[①]更无法固化并放大成效。然而,行政化主要源于司法系统内部,而地方化则涉及司法系统外部。因此,从"对症下药"的难度和破解成效的显现而言,当下主攻去行政化或许是更具策略的安排。第二,司法去行政化的本质在于强化审判独立。除目前正在进行的"革除"上级法院和本院的院庭长、审委会对个案的过度干预,以法定审级制度、专业咨询制度"替代"个案的审批之外,有关审判独立经由法院的整体独立下沉到合议庭甚至法官的单体独立之合(法)理性、合法性和可行性的研究,或许也应适时提上议事日程,为司改深化进行智力储备。第三,司法的去地方化拟通盘兼顾改革的合目的性和可行性。要完善司法管辖制度,探索建立与行政区划适度分离而非绝对隔离的司法管辖制度;要建立省级地方法院的人财物统一管理制度,探索剥离地方法院和同级政府在人事和财政上的依赖机制;要适度分离法院自身的审判和行政管理职能,建立并坚持以审判为中心的运行机制。此外,在去地方化的制度设计中,必须高度重视目标和可行、理论和现实的充分兼顾。[②]

五、关于法院组织结构的改革——"员"和"委"

组织结构的改革是本轮司改的焦点之一。无论是具体行使裁判权的独任法官、合议庭,还是已俨然成为准审判组织的审判委员会,在司改的背景下都面临着触及根本的制度重构。学界对于法院组织结构改革的讨论,主要集中在人员分类管理和审判委员会改革两大方面。

(一)法院人员的分类管理

法院人员分类管理制度,是"根据法院审判工作的需要和不同岗位的职业特点,将法院工作人员分为法官、审判辅助人员和司法行政人员,并在此基础上有针对性地进行管理和业务建设的制度"。[③] 其在解决

---

① 如建立全国和省级的司法管理委员会、司法管理局,虽可在一定程度上集中司法权,弱化外部的"地方化"问题,但同时可能强化审判机关内部的"行政化"倾向。

② 如关于重划司法区,虽可克服司法地方化,但却可能有违国情,也不利于民众寻求司法救济的便利。

③ 王立:《法院人员分类管理制度的路径与期许》,载《中国党政干部论坛》2015 年第 1 期。

组织层面的行政化问题、[①]业务层面的绩效不足问题[②]和队伍层面的法官身份泛化问题[③]上体现出较强的必要性。

1. 关于“如何分类”

本轮司改中推进的员额制改革正是为了解决法院现有工作人员的分类问题。员额制的推进主要涉及三大要素：

第一，员额比例的确定。在政策层面，中央已统一确定了员额比例的上限为中央政法专项编制的39%，但各地可以根据本地实际确定员额制改革的具体目标。在学界，尽管学者们对员额比例的确定标准持有不同观点，但都将法官工作量作为最基本的考量因素。[④] 其他考量因素还包括辖区面积和人口、经济发展水平、法院现有编制和人员素质、案件的复杂难易程度等。[⑤] 也有学者提出员额应当处于适时变动的状态。[⑥] 由高级人民法院统筹管理，建立法官员额动态调节机制，根据案件增减和法官工作量变化情况，定期调整法官员额。[⑦] 关于地方各级法院的法官员额是否采取相同比例，肯定者认为，此举是出于司法统一性和法官职业同质性的要求；[⑧]反对者则坚持不同地区、类型和级别法院在功能、要

① 王立：《法院人员分类管理制度的路径与期许》，载《中国党政干部论坛》2015年第1期。

② 参见李立新：《法院人员分类管理改革探析——以新一轮司法体制改革为背景》，载《法律适用》2010年第5期。

③ 参见张建伟：《司法体制改革中的利益纠葛》，载《东方法学》2014年第5期。

④ 参见胡道才：《员额制后，法官如何选任》，载《光明日报》2014年9月14日，第11版；秦前红：《深化司法体制改革需要正确处理的多重关系》，载《法律科学》2015年第1期。陈永生、白冰：《法官、检察官员额制改革的限度》，载《比较法研究》2016年第2期；强梅梅：《法院人员分类管理改革的历程、难点及其破解》，载《政治与法律》2017年第1期；其中，秦文指出，对法官工作量的精准测算，应以优秀法官配足合格助理情况下亲自完成的核心工作量为基准，而非简单地以平均工作量为参照。

⑤ 参见李立新：《法院人员分类管理改革探析——以新一轮司法体制改革为背景》，载《法律适用》2010年第5期；秦前红：《深化司法体制改革需要正确处理的多重关系》，载《法律科学》2015年第1期。

⑥ 参见秦前红：《深化司法体制改革需要正确处理的多重关系》，载《法律科学》2015年第1期。

⑦ 参见贺小荣、何帆：《贯彻实施〈关于全面深化人民法院改革的意见〉应当把握的几个主要关系和问题》，载《人民法院报》2015年3月18日，第5版。

⑧ 参见李立新：《法院人员分类管理改革探析——以新一轮司法体制改革为背景》，载《法律适用》2010年第5期。

求和办案压力上不同因而应实行差别化的员额比例。①

第二,员额法官的遴选。在遴选标准上,既要考虑法官的专业水平和办案经验,也要考虑其道德素养而非简单地论资排辈。② 在遴选方式上,有学者主张在高、中级人民法院设立遴选委员会,由上级法院以考核和面试的方式遴选下级法院法官;③也有学者主张由省级人大常委会承担逐级遴选工作,并在遴选委员会中吸纳司法机关的人员和组织人事部门的代表。④

第三,法官与法官助理、书记员的配比。人员分类管理,归根结底,就是要推动建立以法官为中心、以服务审判工作为重心的法院人员配置模式。⑤ 在"法官+法官助理+书记员"的审判组织模式下,要精准确定各类人员的配置比例,应当首先对审判事务进行区分,在诉讼流程的基础上对各种事务的时间消耗及工作量消耗进行流量分析。⑥ 具体需要考量的因素主要包括法院层级、条线情况和法官的个体负荷,并留有一定弹性。⑦

---

① 参见陈永生、白冰:《法官、检察官员额制改革的限度》,载《比较法研究》2016 年第 2 期;强梅梅:《法院人员分类管理改革的历程、难点及其破解》,载《政治与法律》2017 年第 1 期。其中,陈永生、白冰的文章通过对 2011 年各省、直辖市、自治区的法官人均办案数、2009 年山东省各地法院的法官年人均办案数以及 2009 年最高人民法院、山东省三级法院法官人均办案数等数据进行了比较分析,证实各地、各级法院在办案压力上存在差异。

② 参见秦前红:《深化司法体制改革需要正确处理的多重关系》,载《法律科学》2015 年第 1 期;王立:《法院人员分类管理制度的路径与期许》,载《中国党政干部论坛》2015 年第 1 期;强梅梅:《法院人员分类管理改革的历程、难点及其破解》,载《政治与法律》2017 年第 1 期。其中,强梅梅建议借鉴域外相关经验,将道德规范与行为规范融为一体,既制定要求较高的道德规范,又制定基本的行为规范。前者制定得宽泛些,作为宏观指引;后者制定得具体些,便于操作,实现外化于形的约束,实施内化于心的影响。

③ 参见陈瑞华:《机遇与希冀——司法体制改革新谈》,载《中国法律评论》2015 年第 2 期。

④ 参见秦前红:《深化司法体制改革需要正确处理的多重关系》,载《法律科学》2015 年第 1 期。

⑤ 参见贺小荣、何帆:《贯彻实施〈关于全面深化人民法院改革的意见〉应当把握的几个主要关系和问题》,载《人民法院报》2015 年 3 月 18 日,第 5 版。

⑥ 参见邹碧华:《审判事务的分工与法官辅助人员的配置探讨》,载《法律适用》2002 年第 12 期。

⑦ 参见花玉军:《审判辅助人员优化配置的制度耦合》,载《人民司法》2015 年第 13 期。

2. 关于分类后"如何管理"

建立符合职业特点的司法人员管理制度。首先,要按照职权法定主义原则,明确各类司法人员的职责权限。① 其次,要在尊重司法职业特点和司法规律的前提下建立科学的考核机制,不照搬其他公务员考核制度。② 最后,要完善司法人员职业准入、职业培训、交流轮岗、职位晋升、福利待遇等职业保障体系。建立与法律职务等级挂钩的薪金福利保障,建立与《公务员法》衔接的单独的职务序列及工资制度。③

课题组认为:第一,应当继续推进法院人员分类管理改革,以深入推进审判机构的去行政化和去地方化、审判队伍的职业化和专业化、审判业务的精细化和高效化。第二,应当建立以数据支撑为基础的、体现差别化与动态化的、"以案定员"法官员额制度。即充分利用大数据,建立以案件数量及其性质所反映的法官工作量为核心的员额确定标准,同时可根据法院的级别管辖实行差别化的员额配置。要特别重视员额法官适时变动机制的创设和出额管理,探索法官技术职称的评聘及其分离制度。第三,应当在建立以法官为核心的审判组织的同时,探索建立契合办案需要的法官辅助人员配置模型,切实提升司法资源配置的有效性。第四,应当根据司法人员的职业特点落实分类管理,依法确定各自职责,建立科学的职业保障机制和监督考核机制。

(二)审判委员会改革

作为保障裁判正确的组织,我国各级法院的审判委员会长期存在。然而,近年来,审判委员会的存废之争却成为我国司改的又一焦点。

学界对审委会的批评主要集中在两个方面:第一,组织构造的行政化。在决策效力上,审判委员会的决定对合议庭具有强制力,这种行政

① 参见强梅梅:《法院人员分类管理改革的历程、难点及其破解》,载《政治与法律》2017年第1期。

② 参见强梅梅:《法官人员分类管理改革的历程、难点及其破解》,载《政治与法律》2017年第1期。强梅梅主张司法考核的去指标化观点,清理取消不合理的考核项目和指标,并将对法官的考核重点放在法官行为而不是判决结果上,即主要考察法官是否有违背法官职业道德的行为。

③ 徐明汉、林必恒、张孜仪、徐晶:《深化司法体制改革的理念、制度与方法》,载《法学评论》2014年第4期。

性的功能违背了“禁止法官之上的法官”原则,构成了对独立审判的破坏;[①]在人员组成上,审判委员会成员一般依行政领导职务论资排辈,带有明显的官本位色彩,[②]易引起社会对其专业性的质疑;在工作方式上,审判委员会主要通过听取汇报、研究讨论的行政方式对合议庭作出指示,与现代司法审判的亲历性原则、直接言词原则以及公开审判原则不相符。[③] 第二,运作程序的非规范化。在会议议题上,审判委员会讨论事项的范围严重泛化和无序;[④]在讨论程序上,缺乏科学、统一的程序规范,难以保障案件讨论的质量;[⑤]在责任追究上,审判委员会决策模式的集体化“稀释”了责任的承担。[⑥]

也有学者从追求实质正义的现实需要出发,认为审判委员会制度利大于弊,除了防止法官腐败、统一司法尺度、保证法律统一、提高法官专业能力之外,还可以为法官抵制外部干扰提供屏障。[⑦]

审判委员会当该何去何从,学界分为“三派”:第一,取消审判委员会,保证法官的审判独立。[⑧] 第二,保留审判委员会,但严格限缩其审判职能。[⑨] 第三,保留审判委员会及其现有职责,但完善其组织和运作机制。其一是提升审判委员会的专业性。将统一的审判委员会改造成专

---

① 参见蒋惠岭:《法院组织法修改与司法制度改革论丛之三——关于审判组织的几个问题》,载《人民司法》1995 年第 3 期。

② 参见黎军:《审判委员会改革的几个基本问题》,载《上海政法学院学报》2006 年第 3 期。

③ 参见赵刚:《民事司法改革的几个前沿问题——以〈人民法院第二个五年改革纲要(2004~2008)〉为分析对象》,载《法学评论》2006 年第 6 期。

④ 参见冯之东:《司法体制改革背景下的审判委员会制度——以司法责任制为切入点》,载《南华大学学报》2015 年第 6 期。

⑤ 参见褚红军、陈靖宇:《审判委员会制度若干问题研究——兼论审判委员会制度的改革和完善》,载《法律适用》2005 年第 10 期。

⑥ 参见冯之东:《司法体制改革背景下的审判委员会制度——以司法责任制为切入点》,载《南华大学学报》2015 年第 6 期。

⑦ 参见苏力:《基层法院审判委员会制度的考察及思考》,载《北大法律评论》1998 年第 2 辑。

⑧ 参见肖建国、肖建光:《审判委员会制度考——兼论取消审判委员会制度的现实基础》,载《北京科技大学学报》2002 年第 3 期;赵红星、国灵华:《废除审判委员会制度——“公正与效率”的必然要求》,载《河北法学》2004 年第 6 期。

⑨ 参见张卫彬:《审判委员会改革的模式设计、基本路径及对策》,载《现代法学》2015 年第 5 期;左卫民:《审判委员会运行状况的实证研究》,载《法学研究》2016 年第 3 期。

业的审判委员会，分别建立民事、商事、刑事、行政等审判委员会；[①]其二是提升审判委员会的亲历性。审判委员会在审判前阅卷，并通过视频或者直接的方式参加庭审；[②]甚至有学者主张建立“大法庭”制度，即增加审判委员会开庭审案的职能，对重大、疑难、复杂案件进行审理。[③]

课题组基本赞同前述第二种观点。一是保留审判委员会，但大力改革人员构成，提升专业能手的“成色”；二是恪守法定职责，但重大或者疑难个案的讨论以总结审判经验、发挥专业指导为限。[④]

六、关于法院运行机制的改革——繁与简

本轮司改不仅从组织结构上实现审判权的“主体”回归，还需在运行机制上推进审判权的“规则”再造。学界对审判权力运行的立案、审判、执行、责任、保障和监督机制等全过程进行了广泛探讨。[⑤] 其中，“繁简分流”被普遍认为是化解人案矛盾、达致司法资源供需大致均衡、[⑥]最大限度提升审判质效、满足群众多元司法需求的有效机制。[⑦]

“繁简分流”至少包括广、狭两义。狭义上的繁简分流指“把案件按简单复杂程度分类并纳入不同的程序中去处理”。[⑧] 广义上的繁简分流还包括庭审方式和裁判文书的繁简分流。[⑨]

---

① 曾宪义：《司法公正与司法效率的保障机制研究》，载《法律适用》2002 年第 1 期。

② 参见陈卫东：《当前司法改革的特点与难点》，载《湖南社会科学》2016 年第 2 期。

③ 参见姚莉：《法制现代化进程中审判组织重构》，载《法学研究》2004 年第 5 期。

④ 2018 年 10 月修订的《法院组织法》明确了审委会的职能。其中对重大疑难、复杂案件的讨论仅限于法律适用。该修改与我们的研究结论不谋而合。

⑤ 如陆永棣：《从立案审查到立案登记：法院在社会转型中的司法角色》，载《中国法学》2016 年第 2 期；王晨光：《借助司法公开深化司法改革》，载《法律适用》2014 年第 3 期；张嘉军：《人民陪审制度：实证分析与制度重构》，载《法学家》2015 年第 6 期；肖建国、黄忠顺：《论司法职权配置中的分离与协作原则——以审判权和执行权相分离为中心》，载《吉林大学社会科学学报》2016 年第 6 期；汤维建：《论司法管理监督体制的改革与完善》，载《人民论坛》2014 年第 27 期。

⑥ 参见陈杭平：《新时期下“繁简分流”的分析与展望》，载《人民法治》2016 年第 10 期。

⑦ 参见胡仕浩、刘树德、罗灿：《全面深入推进符合司法规律的繁简分流改革》，载《人民法治》2016 年第 10 期。

⑧ 王亚新：《司法效率与繁简分流》，载《中国审判》2010 年第 12 期。

⑨ 参见李少平：《深化“繁简分流”改革，破解“案多人少”矛盾》，载《人民法院报》2016 年 6 月 8 日，第 5 版。

(一)怎么分:繁简分流的依据

关于繁简分流机制中“繁”“简”的标准,学界认为:

第一,对民事诉讼,主要考虑三方面因素:一是案情是否复杂、证据认定是否明确;二是案件标的和社会影响的大小;三是案件类型,如知识产权纠纷、医事纠纷、高科技纠纷和海事纠纷等专业性较强的案件一般属于“繁案”。① 这与德国、英国等以诉讼标的额为主要标准、辅以案件性质标准的做法相近。②

第二,对刑事诉讼,同样有三大考量要素:一是犯罪事实是否清楚、证据是否确实充分;二是犯罪嫌疑人认罪态度和社会危害大小;三是犯罪嫌疑人可能判处的刑罚轻重。③

第三,对行政诉讼,2014 年修订的《行政诉讼法》新增行政诉讼简易程序,并明确适用范围。除被诉行政行为依法当场作出、案件涉及款额 2000 元以下、属于政府信息公开案件和当事人各方自愿选择适用等四种法定情形之外,有学者建议将对审理速度有特殊要求的案件纳入简易程序适用范围,如行政相对人不服行政机关限制人身自由的案件。④

上述分案标准并非固定不变。确定案件繁简是一个动态过程。一方面,随着案件审理的推进,被确定为简案的也可能因诉讼各方产生争议而变为繁案,反之亦然;另一方面,新类型案件出现时一般被认定为繁案,但随着裁判规则的发展,繁案也可能变为简案。⑤

(二)怎么流:繁简分流的程序

对于科学分案的流程,学界观点主要有:

在“入口”端,有学者提倡“问诊式立案”。一是“问诊”,即通过听取

---

① 参见王刚:《民事裁判文书繁简分流的标准与形式》,载《法律适用》2006 年第 4 期。

② 参见徐永红:《“问诊式立案”的探索与思考——从“立案登记制”到“繁简分流”》,载《人民法治》2016 年第 10 期;陈杭平:《新时期下“繁简分流”的分析与展望》,载《人民法治》2016 年第 10 期。

③ 参见杨洪梅:《构建刑事案件繁简快速分流机制》,载《重庆工商大学学报》2008 年第 11 期。

④ 参见张坤世、刘志伟:《论我国行政诉讼简易裁判程序的构建》,载《时代法学》2004 年第 4 期。

⑤ 参见李少平:《深化“繁简分流”改革,破解“案多人少”矛盾》,载《人民法院报》2016 年 6 月 8 日,第 5 版。

当事人陈诉、主动询问相关信息，判断案件的繁简属性，填写立案信息要素表，确保分流精细化；二是诉讼辅导，即为当事人提供诉讼帮助，减少当事人诉累，同时杜绝不规范的诉讼进入审理流程，节约司法资源；三是征求意见，即在初步确定适用程序后，征求当事人及代理人意见，充分保障当事人的程序选择权。[①]

在"出口"端，主要有三种方式将案件分配给承办法官：一是仅依次轮流分配，不考虑承办法官的存案现状；二是仅根据存案多少分配，但极有可能导致法官结案越快被分配的案件就越多的"鞭打快牛"现象。三是结合整体轮流与个体存案，在存案较多时自动轮空。[②]

（三）往哪分：繁简分流的去向

刑事案件的分流去向主要为速裁、简易和普通程序。[③] 行政案件主要被分为简易和普通程序。[④] 民事案件的"选项"主要有三类：

第一，登记立案前进行"诉内"与"诉外"分流。为当事人提供更多可供选择的纠纷解决方式，让更多纠纷在诉讼渠道外得到解决。[⑤] 从源头上加强纠纷的多元处理，减少对司法诉讼的过度依赖和纠纷向法院的过度集中。[⑥]

第二，开庭审理前进行调解与审判的分流。对适宜调解的案件，通过庭前会议促成双方当事人和解或者达成调解协议，减少需开庭审理的案件数量。[⑦]

第三，审判程序上进行"快速通道"与"普通通道"分流。不适宜调解或调解不成功的案件，根据繁简标准，对简案以小额诉讼、督促和简易

---

① 参见徐永红：《"问诊式立案"的探索与思考——从"立案登记制"到"繁简分流"》，载《人民法治》2016 年第 10 期；傅郁林：《繁简分流与程序保障》，载《法学研究》2003 年第 1 期。

② 参见胡仕浩、刘树德、罗灿：《〈关于进一步推进案件繁简分流优化司法资源配置的若干意见〉的理解与适用》，载《人民司法》2016 年第 28 期。

③ 参见朱士阔、王丽娜：《刑事案件繁简分流机制的构建》，载《人民法治》2016 年第 10 期。

④ 参见王敬波：《行政案件如何繁简分流》，载《人民法院报》2016 年 9 月 22 日，第 2 版。

⑤ 参见胡仕浩、刘树德、罗灿：《全面深入推进符合司法规律的繁简分流改革》，载《人民法治》2016 年第 10 期。

⑥ 参见范愉：《繁简分流：优化司法资源配置的新路径》，载《人民法院报》2016 年 9 月 14 日，第 2 版。

⑦ 参见胡仕浩、刘树德、罗灿：《〈关于进一步推进案件繁简分流优化司法资源配置的若干意见〉的理解与适用》，载《人民司法》2016 年第 28 期。

程序、实现担保物权案件特别程序等进行快速审理；繁案则进入普通程序审理。[①]

课题组认为：第一，应当充分激活和落实现有的繁简分流制度。构建多层次“筛选”体系，以较小的司法成本取得较好的法律效果。第二，应当将运行机制建设与组织结构改革同步并衔接。“人案矛盾”的化解，既要通过繁简分流减轻“案”的负担，又要通过优化审判组织结构、强化法官专业性来解放“人”的“生产力”。第三，应当探索建立以科技为支撑的“智能分案”系统。借助大数据对案件进行繁简判断，既大大提高立案效率，又确保了分案标准的统一性；同时结合法官办案量对案件进行分配，既解决了法官忙闲不均的问题，又避免因法官存案堆积而降低审判效率。

七、关于司法体制改革中的科技支撑——大数据

《四五改革纲要》提出，要以“大数据、大格局、大服务”理念为指导，建立司法信息大数据中心，深化司法统计改革。这一要求将“大数据”这一科技成果引入司法领域，为司法体制改革注入崭新的活力。

学界普遍对司法大数据的应用持肯定态度，认为其将在司法公正可视化、审判能力现代化、诉讼服务便捷化、司法管理科学化四个方面带来强大的推动力。[②] 司法大数据的上述价值，关键在于对数据的分析、挖掘、加工、提炼，从海量的数据中分析和提取出有规律的信息，达到“数据生产信息，信息改善决策”的效果。[③] 具体而言，当前对司法大数据的应用包括但不限于：第一，通过审判辅助系统，自动为办案法官推送相关的法律、法规、指导性或参考性案例等各类法律文献，为法官提供智力支持。[④] 第二，通过分析裁判文书中各类因素所起的作用，有效助力“同案

---

① 参见胡仕浩、刘树德、罗灿：《〈关于进一步推进案件繁简分流优化司法资源配置的若干意见〉的理解与适用》，载《人民司法》2016年第28期。

② 参见任素贤：《智慧法院核心是人的智能现代化》，载《社会科学报》2017年7月20日，第4版。

③ 参见倪寿明：《充分挖掘司法大数据的超凡价值》，载《人民法院报》2017年6月23日，第2版。

④ 参见倪寿明：《充分挖掘司法大数据的超凡价值》，载《人民法院报》2017年6月23日，第2版。

同判”目标的推进。[①] 第三,通过精准运算,辅助进行司法资源的优化配置,包括分析繁简分流过程的规律以建立司法资源节约机制、测算不同区域不同业务的司法业务量以优化司法人员的配置。[②] 第四,通过搭建平台,辅助促进司法机关与社会公众的良性互动。如促进司法公开以加强社会监督,提升审判质量;借助大数据进行舆论风险预警,缓解舆论对司法人员的压力;挖掘司法为民目标的实现和提升路径,提升社会公众对司法工作的满意度。[③] 第五,通过网上办案系统和偏离度分析系统,对案件流程全程留痕,构建司法审判偏离度预警和核查机制,加强对司法审判质效的实时监管。[④]

同时,司法大数据的功能发挥也有其边界和局限,因而在应用过程中应保持理性和审慎。[⑤] 一是司法大数据的应用受司法规律的约束。数据分析是重相关轻因果的,审理案件更多地需要作出精准的因果判断,将数据的相关性分析结果应用于审判实践需要从司法规律层面加以指导。[⑥] 二是司法大数据的应用受司法统计发展的限制。数据的采集和储量、数据的真实性和准确性、数据的整合开发和互联互通等都将对大数据的应用水平和分析质量有所制约。[⑦] 三是司法大数据的应用应当适度。在绩效考核中,唯数据论氛围易造成管理者和被管理者对数据的过度依赖,弱化管理者系统管理和综合评价的能力,使法官将数据而非法

---

① 参见张吉豫:《大数据时代中国司法面临的主要挑战与机遇——兼论大数据时代司法对法学研究及人才培养的需求》,载《法制与社会发展》2016 年第 6 期。

② 参见张吉豫:《大数据时代中国司法面临的主要挑战与机遇——兼论大数据时代司法对法学研究及人才培养的需求》,载《法制与社会发展》2016 年第 6 期。

③ 参见张吉豫:《大数据时代中国司法面临的主要挑战与机遇——兼论大数据时代司法对法学研究及人才培养的需求》,载《法制与社会发展》2016 年第 6 期。

④ 参见彭强、陈润锋:《司法大数据的运用与展望——以贵州法院为例》,载《法制与社会》2017 年第 4 期。

⑤ 正如维克托所言:“大数据提供的不是最终答案,只是参考答案,为我们提供暂时的帮助,以便等待更好的方法和答案出现。这也提醒我们在使用这个工具的时候,应当怀有谦恭之心,明确人性之本。”[英]维克托·迈尔-舍恩伯格、[英]肯尼思·库克耶著:《大数据时代》,盛杨燕、周涛译,浙江人民出版社 2013 年版,第 247 页。

⑥ 参见汤啸天:《“智慧法院”建设应当注意的若干问题》,载《人民法院报》2017 年 2 月 5 日,第 2 版。

⑦ 参见江必新:《大数据时代背景下人民法院司法统计的科学发展》,载《人民法院报》2013 年 8 月 16 日,第 4 版。

律作为行动的指挥棒,也使上级法院对下级法院的管控因技术的提升而加剧,不利于推进法院“去行政化”。[①]

课题组认为,司法大数据以及人工智能的应用如同组织结构及其运行机制的改革,是深化我国司法体制改革的“两翼”。此“翼”在维护司法公正、提高司法效率,筑牢社会正义、提升司法公信力方面发挥着不可替代的作用。在法院改革中,此作用主要体现为:一方面,强化组织结构及其运行机制在审判公正和效率中的实际功效,实现“有中生奇”。另一方面,“补白”组织结构及其运行机制在实现审判公正和效率中的固有缺陷,实现“无中生有”。因此,司法体制改革必须高度重视并自觉推进组织机制的革新和先进技术的深度融合。此外,信息技术具有信息对称、公开和共享的作用,因而其亦可在另外两个层面大展宏图,大有作为。一是让法院管理更为专业和精细化;二是让社会各界获得更加廉价、系统和有针对性的司法服务。

附录

有关司法体制改革的主要参考学术论文

序号	作　者	标　题	来　源	年/期
1	黄文艺	中国司法改革基本理路解析	法制与社会发展	2017/2
2	董玉庭	司法体制改革不能忽视的四种关系	求是学刊	2017/1
3	高志刚	司法体制改革试点评估运作机制研究——兼以法院员额制试点改革为样本	北方法学	2017/1
4	徐汉明等	司法管理体制改革研究评述	现代法学	2016/5
5	陈卫东	当前司法改革的特点与难点	湖南社会科学	2016/2
6	陈瑞华	司法改革的理论反思	苏州大学学报	2016/1

① 参见徐骏:《智慧法院的法律审思》,载《法学》2017 年第 3 期。

续表

序号	作　者	标　题	来　源	年/期
7	张 震	宪法视阈下司法规律的规范内涵与制度改革路径	暨南学报-哲社版	2015/8
8	江国华	论司法改革的五个前提性问题	政治与法律	2015/3
9	刘风景	论司法体制改革的“试点”方法	东方法学	2015/3
10	葛洪义	顶层设计与摸着石头过河——当前中国的司法改革	法制与社会发展	2015/2
11	陈光中	论我国司法体制的现代化改革	中国法学	2015/1
12	秦前红等	深化司法体制改革需要正确处理的多重关系——以十八届四中全会决定为框架	法律科学	2015/1
13	严 戈	人民法院发展“大数据”战略的思考	人民法院报	2014/8/6
14	谭世贵	深化司法体制改革的几个问题	中国司法	2014/6
15	郑成良	司法改革四问	法制与社会发展	2014/6
16	熊秋红	司法改革中的方法论问题	法制与社会发展	2014/6
17	姜伟等	全面深化改革与全面推进依法治国关系论纲	中国法学	2014/6
18	徐汉明等	深化司法体制改革的理念、制度与方法	法学评论	2014/4
19	杨小军	法治中国视域下的司法体制改革研究	法学杂志	2014/3
20	陈卫东	司法机关依法独立行使职权研究	中国法学	2014/2
21	龙宗智等	深化改革背景下对司法行政化的遏制	法学研究	2014/1
22	陈光中等	关于深化司法改革若干问题的思考	中国检察官	2013/11
23	江必新	大数据时代背景下人民法院司法统计的科学发展	人民法院报	2013/8/16
24	张文显	人民法院司法改革的基本理论与实践进程	法制与社会发展	2009/3
25	谭世贵等	构建自治型司法管理体制的思考——我国地方化司法管理的问题与出路	北方法学	2009/3

续表

序号	作　者	标　题	来　源	年/期
26	王胜俊	深入学习实践科学发展观坚持为大局服务为人民司法	求是	2009/4
27	肖扬	努力建设公正高效权威的社会主义司法制度	求是	2008/3
28	程春明等	现代社会中的司法权——由中国法律的实效性检讨司法权的性质	中国司法	2005/9~10
29	姚莉	法制现代化进程中审判组织重构	法学研究	2004/5
30	马怀德等	透视中国的行政审判体制:问题与改革	求是学刊	2002/3
31	张柏峰	司法公正与效率价值的时代精神	法律适用	2002/1
32	曾宪义	司法公正与司法效率的保障机制研究	法律适用	2002/1
33	谷安梁	论我国司法制度的转型——我国司法改革的主要问题	政法论坛	2001/4
34	张卫平	论我国法院体制的非行政化——法院体制改革的一种基本思路	法商研究	2000/3
35	章武生等	司法独立与法院组织机构的调整	中国法学	2000/2/3
36	马骏驹	当前我国司法制度存在的问题与改进对策	法学评论	1998/6
37	王利明	人民法院机构设置及审判方式改革问题研究	中国法学	1998/2
38	贺卫方	中国司法管理制度的两个问题	中国社会科学	1997/6
39	阮防	法律的价值目标——富有正义、效率的秩序	法学	1994/7
40	章剑生	公平与效率——法院如何适应市场经济的建立和发展	中国法学	1994/2

第三章　宪法法律解析　我国法院的法定性质和功能

对权威文件的解读和对学术文献的梳理有助于深入了解本轮司法改革的背景、目标和路径。然而,这些视角尚不能完全呈现我国人民法院(以下简称法院)在中国社会治理和进步中的全貌。因此,必须切换镜头,将研究焦点直接定位于法院在一国"定分止争"系统中的特定角色及其特殊功能本身,即在系统分析贵州省地方各级法院在本轮司法改革中的实际运作及其效果之前,"还原"法院的宪法角色及其法定功能。

一、我国人民法院性质的宪法定位

(一)人民法院性质的历史变迁

众所周知,自 1954 年以来,我国法院角色的宪法定位大致经历了四次"变奏":

1954 年《宪法》及《人民法院组织法》奠定了法院在国家权力运行体系中特定"角色"的初始框架。中华人民共和国第一部《宪法》规定,各级各类法院"行使审判权"①,且"最高人民法院是最高审判机关"②。同年的

---

① 参见《宪法》(1954 年)第 73 条。

② 参见《宪法》(1954 年)第 79 条。

《法院组织法》进一步细化了法院的这一角色定位,具体包括解决民事纠纷、惩罚犯罪、维护公民权利、维护公共秩序、教育公民守法。[①] 其中前两项可视为“主角”的作用,后三项乃“主要配角”的功能。

1975年《宪法》将人民检察院的职权划归公安机关,[②]对1954年构建的司法体制构成巨大冲击。有关法院的规定也从8条削减到1条,但法院作为“审判机关”的基本定位维持不变。[③]

1978年《宪法》开始向1954年《宪法》回归,增加了法院部分的条文篇幅,也再次巩固了审判机关的定位。然而,值得注意的是,1978年《宪法》不仅确认了群众陪审制度,[④]而且还规定“对于重大的反革命案件和刑事案件,要发动群众讨论和提出处理意见”。[⑤] 此变化使审判权的行使具有更大的开放性,即社会与法院在某些案件中可以共同行使审判权。

1979年《人民法院组织法》基本恢复了1954年《人民法院组织法》对法院的具体定位。[⑥] 现行《宪法》也比较完整地接续了共和国首部《宪法》对法院的规范内容,[⑦]尤其是重申了我国法院的性质——“国家的审判机关”。[⑧]

(二)人民法院性质的基本结构

如上所述,现行《宪法》第128条承继了1954年《宪法》第73条的规定,再次明确了我国法院在国家和社会治理舞台上所扮演的“审判机关”的特定“角色”。该条规定:“中华人民共和国人民法院是国家的审判机关。”

尽管此条的文字极其有限,所负载的立法信息也似乎并不丰富,然而,宪法关于法院行使国家审判权力的基本原则和规律的规定,决定了对法院性质的基本结构分析不必“框死”于《宪法》第128条的规定,《宪法》第三章第七节有关法院的其他规定也可以作为其性质分析的“补充”

① 《人民法院组织法》(1954年)第3条。

② 《宪法》(1975年)第25条第2款。

③ 详见《宪法》(1975年)第二章第五节的节名和第25条第1款。

④ 详见《宪法》(1978年)第41条第2款。

⑤ 《宪法》(1978年)第41条第2款。

⑥ 《法院组织法》(1979年)第3条。

⑦ 详见本章第一部分“我国人民法院性质的宪法定位”中的“二、人民法院性质的基本结构”。

⑧ 参见许安标、刘松山著:《中华人民共和国宪法通释》,中国法制出版社2004年版。

对象。

《宪法》关乎法院的审判权力行使原则和规律的规定共 2 条。分别是：

“第一百三十条　人民法院审理案件，除法律规定的特别情况外，一律公开进行。……”

“第一百三十一条　人民法院依照法律规定独立行使审判权，不受行政机关、社会团体和个人的干涉。”

上述条文反映了我国法院性质的基本结构：国家审判权行使主体的唯一性→国家审判权行使过程的公开和独立性→国家审判权行使结果的终局性。详言之：

第一，确立了法院行使国家审判权的“唯一”主体地位。在国家机关体系中，唯法院作为国家审判机关的主体地位是通过国家权力配置的不同而加以确立的。《宪法》第 128 条关于将国家审判权赋予法院行使的规定充分体现了“唯一”的特性。《宪法》不仅明确审判权是国家权力[①]的重要组成部分，[②]而且突出强调只有法院才是国家的审判机关，[③]才是行使国家审判权的专门主体，任何其他机关、组织和个人都无权行使这一权力。

第二，强调了法院行使国家审判权的“公开”并“独立”过程原则。首先，《宪法》第 130 条突出强调法院“一律公开”审理和裁判案件。公开是法院行使审判权的基本原则。法院只有公开行使审判权，将案件的审

---

① 国家权力通常指执政者运用国家机器来实现其意志和巩固其统治的支配力量，对内具有强制性，对外具有主权性，不允许任何外来干涉。其经由宪法和法律加以明确，并由国家政权机关保证其实现。

② 近代以来，国家权力一般分为立法权、行政权和司法权。在我国，国家权力包括立法权、行政权、监察权、审判权、检察权、军事权等。详见《宪法》第 58 条、第 85 条、第 93 条和第 123 条、第 128 条、第 134 条。

③ 在一些国家和地区，尤其是在实行立法权、行政权与司法权分立的国家，所谓“司法机关”就是指法院。然而，在我国人民代表大会制的政权体制下，国家权力不仅包括立法权和行政权，还包括审判权和检察权（在中央一级还包括国家主席的职权和国家的军事权）。与此相适应，行使这些国家权力的分别是人民代表大会、人民政府、人民法院和人民检察院等。藉此，尽管在我国的理论研究和司法实践中，有将“人民法院”称为“司法机关”，或者将“人民法院和人民检察院”统称为“司法机关”的，然而，依据现行《宪法》第 3 条、第 128 条和其他相关条文的规定，我国的法院仅称之为“审判机关”。换言之，“司法机关”并非我国宪法和法律上的用语。

理和裁判置于“阳光”之下,“众目睽睽”之前,才能确保案件审判的公平正义和富有效率。因此,除法律另有特别的规定,法院的全部审判活动都必须公开进行。其次,《宪法》第 131 条明确要求法院“依法独立”审理和裁判案件。独立是法院行使审判权的基本规律。在案件的依法审理和裁判中,法院只有坚守独立,坚决隔断一切利益链条和不当干预,才能确保案件审判的公平正义和富有效率。因此,法院仅仅依照法律的规定行使审判权,绝不受任何行政机关、社会团体和个人的干涉,以确保审判活动严格依法办事。公开是独立行使审判权的有力保障,独立是公开行使审判权的基本内核。法院只有公开并独立地行使审判权,才能提高办案质量和办案效率,进而提升并维护司法审判的公信力。

第三,明确了法院行使国家审判权的“终局”结果属性。在一个国家中,处理和解决各类社会矛盾和纠纷的体系是一个有机整体。在此体系中,既有矛盾纠纷主体的自我化解,也有各种社会力量的外部调解和仲裁,还有多类国家机关的依法裁判,其中法院的判决凭借审判权的国家属性而获得终极的特性。《宪法》第 128 条的规定明确宣告法院是以国家的名义行使审判权,是法律范围内各种矛盾纠纷诉诸解决的终局机构,因而由法院代表国家作出的、并由国家强制力保证执行的判决,无疑具有最高的权威性和终局性。

综上所述,《宪法》所明确的我国法院性质的三大结构要素彼此衔接,环环相扣,即国家审判权排他性地由人民法院“唯一”行使,并确保其“终局”的审判结果在“公开”和“独立”的审判过程中审慎产出。

二、我国人民法院功能的法律规定

组织的性质是其本身所具有的区别于其他组织的根本属性,①而组织的功能则指能够满足某种或者某些需求的特性和能力。② 由此,组织的性质决定着功能,组织的功能体现为性质。据此,我国宪法确定的法院的上述性质,也必将决定并具体反映在法院的法定功能设计上。

---

① 参见中国社会科学院语言研究所词典编辑室编:《现代汉语词典》(第 5 版),商务印书馆 2005 年版,第 1528 页。

② 参见辞海编辑委员会编:《辞海》(第 6 版),上海辞书出版社 2009 年版,第 724 页。

（一）组织法和程序法——法院法定功能的两类载体

作为一国实体法的主要构成，组织法是专门规定"国家机关的组织原则、职权范围与活动原则的法律"[①]，而作为国家机关的活动法则，程序法则是明确"实体法运用的手段、程序、方法的法律"[②]。因此，一般而言，法院法定功能的设计不仅当为法院的"组织法"所具体承载，而且当为法院的"活动法"所系统反映。

在我国，关乎法院的组织法主要是指《人民法院组织法》和《法官法》两部法律（以下统称"两法"），而《刑事诉讼法》、《民事诉讼法》和《行政诉讼法》则是规范法院审判活动的三大程序法。五部法律（以下统称"五法"）共同确立了我国法院在国家治理体系中的"法定"角色及其作用，是本章分析法院法定功能的主要部分。

（二）提升审判效率和实现公正审判——法院的两项法定功能

立法文件中的"总则"在法律文本中具有统领地位，是承载统贯全文的基本原则和主要规定的核心部分；而立法文件中的"目的条文"则用以阐明该法的立法宗旨。[③] 因此，对法律文本"总则"的分析和对"目的条文"的诠释，不仅可以准确判断制定者期待所立之法应该达致的社会效果，而且可以清晰还原立法者要求特定主体理应实现的功能预期。详言之，我国全国人大及其常委会制定的"五法"之"总则"和"目的条文"，集中体现了最高权力机关赋予法院在社会纠纷解决机制中应当恪守的独特法定"禀性"。这些规定是：

"《人民法院组织法》第三条　人民法院的任务是审判刑事案件和民事案件，并且通过审判活动，惩办一切犯罪分子，解决民事纠纷，以保卫无产阶级专政制度，维护社会主义法制和社会秩序，保护社会主义的全民所有的财产、劳动群众集体所有的财产，保护公民私人所有的合法财产，保护公民的人身权利、民主权利和其他权利，保障国家的社会主义革

---

① 大辞海编辑委员会编：《大辞海　法学卷》，上海辞书出版社 2003 年版，第 4 页。

② 大辞海编辑委员会编：《大辞海　法学卷》，上海辞书出版社 2003 年版，第 4 页。

③ 参见徐向华主编：《立法学教程》（第 2 版），北京大学出版社 2017 年版，第 319、320 页。

命和社会主义建设事业的顺利进行。”①

“《法官法》第一条　为了提高法官的素质,加强对法官的管理,保障人民法院依法独立行使审判权,保障法官依法履行职责,保障司法公正,根据宪法,制定本法。”②

“《刑事诉讼法》第二条　中华人民共和国刑事诉讼法的任务,是保证准确、及时地查明犯罪事实,正确应用法律,惩罚犯罪分子,保障无罪的人不受刑事追究,教育公民自觉遵守法律,积极同犯罪行为作斗争,维护社会主义法制,尊重和保障人权,保护公民的人身权利、财产权利、民主权利和其他权利,保障社会主义建设事业的顺利进行。”③

“《民事诉讼法》第二条　中华人民共和国民事诉讼法的任务,是保护当事人行使诉讼权利,保证人民法院查明事实,分清是非,正确适用法律,及时审理民事案件,确认民事权利义务关系,制裁民事违法行为,保护当事人的合法权益,教育公民自觉遵守法律,维护社会秩序、经济秩序,保障社会主义建设事业顺利进行。”④

“《行政诉讼法》第一条　为保证人民法院公正、及时审理行政案件,解决行政争议,保护公民、法人和其他组织的合法权益,监督行政机

---

① 作为我国1979年恢复法制后首批破茧而出的7部法律之一,《人民法院组织法》在1979年7月1日由第五届全国人大第二次会议通过。其分别于1983年9月2日和2006年10月31日经由第六届全国人大常委会第二次会议和第十届全国人大常委会第二十四次会议两次修正,但均未对第3条“人民法院的任务”进行任何修改。

② 《法官法》于1995年2月28日第八届全国人大常委会第十二次会议通过,并根据2001年6月30日第九届全国人大常委会第二十二次会议《关于修改〈中华人民共和国法官法〉的决定》进行修正。除对第1条的多项“制定目的”作了表述次序上的调整之外,更关键的是增加了“保障司法公正”的立法宗旨。

③ 《刑事诉讼法》在1979年7月1日第五届全国人大第二次会议上获得通过。此后经由第八届全国人大第四次会议和第十一届全国人大第五次会议两次修正。其中1996年3月17日的第一次修正对第2条“人民法院的任务”增加了“保护公民的财产权利”的规定;2012年3月14日的第二次修正再次对该条进行了修改,增加了“尊重和保障人权”的规定。

④ 《民事诉讼法》于1991年4月9日由第七届全国人大第四次会议通过。2007年10月28日第十届全国人大常委会第三十次会议、2012年8月31日第十一届全国人大常委会第二十八次会议和2017年6月27日第十二届全国人大常委会第二十八次会议对该法进行了三次修正,但均未涉及第2条“人民法院任务”具体规定的调整。

关依法行使职权，根据宪法，制定本法。”①

毋庸置疑，上述法律规定既坚持了法院是“国家的审判机关”这一宪法定位，又细化了法院“扮演”该角色时应当发挥的法定功能。具体是：

第一，及时审理案件；

第二，准确查明事实，正确应用法律，依法独立行使审判权，保障司法公正；

第三，提高法官素质，保障法官依法履行职责，完善法官制度；

第四，尊重和保障人权，保护当事人合法权益；

第五，教育公民自觉遵守法律，维护社会主义法制和社会、经济秩序；

第六，保障社会主义建设事业顺利进行。

应该说，在上述六项被期待的法定功能中，第三项主要关乎法官队伍的建设，后三项则显然具有极其宽泛的覆盖性，绝非法院的“独占”功能，因为其几乎是我国一切立法追求的价值和所有国家机关践行的目标。换言之，在解决法律纠纷、提供社会救济的国家体系中，“五法”赋予了法院两项基本的“专属”功能。它们是：

第一，切实提升审判效率的功能。及时处理法律纠纷，尽早实现审判正义，是现代司法追求的重要目标。“效率”是“成本”和“效益”之比。由于效益仅仅重视结果的有用和有益性，而效率还要求过程的经济和节省性，因此，效率的高低必然同时取决于两个变量——其与效益成正比，而与成本成反比。② 据此，审判效率的提升完全取决于尽可能降低包括诉讼中所支付的人力、物力、财力和时间等审判成本而同时尽可能妥善处理每个案件并赢得更好的社会效果。因此，三大诉讼法无一例外地要求法院实现第一项法定功能——提高审判效率，即“及时审理案

① 《行政诉讼法》由第七届全国人民代表大会第二次会议于 1989 年 4 月 4 日通过，由第十二届全国人民代表大会常务委员会第十一次会议于 2014 年 11 月 1 日首次修正。修改后的第 1 条在立法目的中增加了“解决行政争议”的规定。

② 参见徐向华：《中国立法关系论》，浙江人民出版社 1999 年版，第 144~146 页。

件”，[①]破解案件积压和诉讼迟延的困境。

第二，不懈实现公正审判的功能。“公正是法治的生命线”，[②]亦是司法审判的至高使命。在法治国家中，审判权具有最终性，审判活动是解决社会纠纷的最后程序，也是社会救济的最后防线、社会公正的最终保障。审判权的最终性决定了公正是审判活动的出发点和归宿。没有公正，法律信仰、司法公信力、社会公正、人民福祉就将失去赖以存在之基、安身立命之本。[③] 由此，立法者更为重视赋予法院第二项法定功能——实现公正审判，既坚守审理过程的公正，又确保裁判结果的公正。一方面，让程序公正“嵌入”办案的每个审理环节，充分保障当事人的诉讼权利，“准确查明事实”，[④]为塑造广受社会尊重和信赖的审判权威奠定“看得见”[⑤]和“可接受”的正义基础；另一方面，让实体公正“镌上”案件的每项裁判结果，不徇私情，不贪金钱，不畏权势，坚持依法独立和中立裁决，“正确应用法律”，[⑥]让每一裁决成为“制裁违法犯罪，处理民事纠纷，解决行政争议，监督行政机关依法行使职权，尊重和保障人权，保护当事人合法权益”的救济精品，为捍卫深得社会认同和追求的公平正义夯实“公信力”的正义屏障。

综上所述，坚守公正审判和提升审判效率，是我国现行法律根据法院的宪法定位和角色要求其理当具备的法定能力和必须承担的法定责

---

① 源自《刑事诉讼法》第 2 条关于“及时地查明犯罪事实……惩罚犯罪分子”的规定、《民事诉讼法》第 2 条关于“及时审理民事案件”的规定和《行政诉讼法》第 1 条关于“及时审理行政案件”的规定。

② 《中共中央关于全面推进依法治国若干重大问题的决定》“四、保证公正司法，提高司法公信力”（2014 年 10 月 23 日中国共产党第十八届中央委员会第四次全体会议通过）。

③ 肖扬：《我们的理想：实现司法公正与效率》（在“公正与效率世纪主题论坛”上的致辞），载《人民司法》2001 年第 1 期。

④ 出自《刑事诉讼法》第 2 条关于“保证准确……查明犯罪事实”的规定、《民事诉讼法》第 2 条关于“保证人民法院查明事实”的规定和《行政诉讼法》第 1 条关于“保证人民法院公正……审理行政案件”的规定。

⑤ “看得见的正义”通常被视为英美法系国家的一种法律文化传统和观念。其源于人所共知的法律格言：“正义不仅应得到实现，而且要以人们看得见的方式加以实现。”（Justice must not only be done，but must be seen to be done.）

⑥ 详见《刑事诉讼法》《民事诉讼法》第 2 条关于“保证……正确应（适）用法律”的规定和《行政诉讼法》第 1 条关于“保证人民法院公正……审理行政案件”的规定。

任,也是建设法治国家的本质要求和价值追求。因此,“公正”和“效率”必然成为我国司法体制改革顶层设计的核心取向以及改革成效评判的基本标准——“努力让人民群众在每一个司法案件中感受到公平正义”。①

(三)独立和依附、对立和统一、外化和内生——法院两大法定功能关系的多重协调

在人类的法律、法学以及法治发展史上,公正是古老的价值理念,效率则是新的社会使命。尽管两者已共同成为现代司法追寻的基本价值,但两者之间却依然呈现为“更为纠缠不清,影响更加广泛,同时也更加利害攸关的关系”。② 因而,何以整合并协调两项功能将成为我国司法体制改革和法院审判实践中始终面临的永恒抉择。

从“结构功能主义”(structural functionalism)的视角来看,社会是由在功能上满足整体需要从而维持社会稳定的各个部分构成的复杂系统。因此,一个社会能否生存乃至稳定,关键在于是否实行了“适应环境、获取目标、整合构成、控制越轨”等四种功能(AGIL③)以及由彼此关联的这些功能所构成的“功能体系”。结构功能主义强调,这些功能有效维系着整个社会系统的稳定和秩序,同时也是顺畅运行社会体系中每个亚系统不可或缺的基本要素。

作为现代西方社会学的一个著名流派,结构功能主义自20世纪60年代中期起遭受诸多批评,但并不妨碍其对现代化理论产生了巨大影响。藉此,我们借鉴“功能体系”的思维方式和学术观点,进一步整合协

---

① 《中共中央关于全面推进依法治国若干重大问题的决定》“四、保证公正司法,提高司法公信力”(2014年10月23日中国共产党第十八届中央委员会第四次全体会议通过)。

② [美]阿瑟·奥肯著:《平等与效率——重大的权衡》,王忠民等译,四川人民出版社1988年版,第4页。

③ AGIL理论由美国社会学家塔尔克特·帕森斯在20世纪40年代提出。其指可满足社会稳定的四项功能。其一,确保社会系统从环境中获得所需资源的“适应”功能(adaptation);其二,确立社会系统的目标以及各目标的主次关系,并调动系统资源和引导社会成员去实现目标的“目标获取”功能(goal attainment);其三,协调社会系统各个部分为有用整体的“整合”功能(integration);其四,控制社会成员的越轨,维持社会共同价值观并使其制度化的“模式维系”功能(latent pattern maintenance)。参见宋林飞著:《西方社会学理论》,南京大学出版社1997年版,第92~97页。

调我国法律赋予法院公正和有效审判的双重法定功能。

首先,从功能有效发挥的“环境适应”上着力,两大法定功能各具独立性和侧重性,即两者在案件审判中完全可以独立地发挥效用。其中审判的过程是体现效率的主要场域;公正则贯穿于审判过程及其结果的始终。

其次,从功能逐一实现的“主次目标”上定位,两项法定功能之间具有因果依附性,即两者在共同扮演“社会救济最后一道防线”的角色中是“手段—目的”的关系。审判是一种高度程序化的活动,必经的程序、适当的期限是公正裁判的必要条件,而公正则是审判的灵魂和生命。因此,效率是手段,既是公正的内在要求和应有之义,也是实现公正审判的重要保障;公正则是目的,是效率的基本内核和根基之系,是有效审判的终极目标。

再次,从功能消减屏蔽的“协调整合”上分析,双重法定功能之间存在辩证的对立统一性,兼具“正—负”双向关联性,既能和谐共存又可对立排斥。[①] 一方面,公正审判和审判效率体现为统一性和依存性。“没有效率的正义是延误或虚幻的正义,而没有正义的效率则是恣意的效率”。[②] 另一方面,公正审判和审判效率表现为制约性和负相关性。主要体现为成本的客观有限必将从总体上限制对审判公正的绝对追求,而公正的无限增强也会直接导致审判耗费增大并降低效率。换言之,人们期望通过细致且严谨的诉讼程序以及合乎法律规定的实体裁判来维护自身的合法权益;但按部就班、依从程序法给出的最长审限进行冗长的审判又将造成司法资源的浪费,并进而损及当事人的合法权益。[③] 因此,单纯追求任何单一功能的兑现都是对整个司法价值的损害;相反,法律纠纷的解决应当在权衡和选择各种利益诉求的基础上实现公正和有效审判的最佳平衡。

最后,从功能强化升级的“控制模式”上拓展,两项法定功能“粘合于”制度外化和文化内生,渗透并强化于“五法”确立的各项审判基本准

---

① 参见徐向华:《中国立法关系论》,浙江人民出版社 1999 年版,第 147~149 页。

② 王晨光:《关于司法公正与效率的思考》,载《人民法院报》2001 年 3 月 6 日,第 3 版。

③ 参见任群先:《公正与效率的辩证关系》,载《人民法院报》2001 年 12 月 13 日,第 3 版。

则和关键制度,并渐趋成为司法人员的共同理念和基本信仰。这些原则和制度主要有:一是坚持依法独立审判,①不受外界干扰,捍卫法律至上,维护司法清廉,为审判公正和效率提供权力支撑;二是恪守事实根据和惟从法律准绳,②遵循审判规律,坚持秉公办案,力戒徇私枉法,为审判公正和效率提供法则保障;三是明确任职回避③和审判回避④,割断利益链条,保障诉讼权利,为审判公正和效率提供人员保证;四是实行审判公开,⑤强化"阳光"防腐,杜绝"暗箱操作",消弭司法神秘,为审判公正和效率提供社会基础;五是实施合议审判与扩大独任审判,⑥完善庭审方式,充分议决疑难案件,理性节约有限资源,为审判公正和效率提供组织保障;六是建立两审终审,⑦建立多元审级制度,保障诉讼权利充分行使,实现司法资源最大节约,为审判公正和效率提供审级保障;七是有权使用本民族语言文字进行诉讼,⑧清除语言文字障碍,充分行使诉讼权利,平等参与诉讼活动,为审判公正和效率提供语言保障;八是适用法律

---

① 如《法院组织法》第 4 条规定,"人民法院依照法律规定独立行使审判权,不受行政机关、社会团体和个人的干涉。"《法官法》第 1 条、《刑事诉讼法》第 5 条、《民事诉讼法》第 6 条和《行政诉讼法》第 4 条都有依法独立行使审判权的规定。

② 如《法官法》第 7 条第 2 项规定,"审判案件必须以事实为根据,以法律为准绳……"。《刑事诉讼法》第 6 条、《民事诉讼法》第 7 条和《行政诉讼法》第 5 条都有此规定。

③ 2001 年《法官法》修改时,增加了两条关于任职回避的规定。详见第 16 条和第 17 条。

④ 如《民事诉讼法》第 10 条原则规定了"人民法院审理民事案件,依照法律规定实行……回避……制度",并在第四章规定了审判人员"应当自行回避"的具体情形等。《法院组织法》第 15 条、《刑事诉讼法》第 28 条和《行政诉讼法》第 6 条也有类似规定。

⑤ 如《法院组织法》第 7 条规定,"人民法院审理案件,除涉及国家机密、个人隐私和未成年人犯罪案件外,一律公开进行"。《刑事诉讼法》第 11 条、《民事诉讼法》第 10 条和《行政诉讼法》第 7 条都规定了公开审判。

⑥ 如《法院组织法》第 9 条规定,"人民法院审判案件,实行合议制。人民法院审判第一审案件,由审判员组成合议庭或者由审判员和人民陪审员组成合议庭进行;简单的民事案件、轻微的刑事案件和法律另有规定的案件,可以由审判员一人独任审判。人民法院审判上诉和抗诉的案件,由审判员组成合议庭进行"。《刑事诉讼法》第 178 条、《民事诉讼法》第 39 条和《行政诉讼法》第 7 条都作出了具体规定。

⑦ 如《法院组织法》第 11 条规定:"人民法院审判案件,实行两审终审制"。《刑事诉讼法》第 10 条、《民事诉讼法》第 10 条和《行政诉讼法》第 7 条都明确规定了两级审级制度。

⑧ 如《法院组织法》第 6 条规定,"各民族公民都有用本民族语言文字进行诉讼的权利。……"《刑事诉讼法》第 9 条、《民事诉讼法》第 11 条和《行政诉讼法》第 9 条都有相关规定。

一律平等,①禁止特权,反对歧视,保护弱势群体,为审判公正和效率提供底线保障;九是坚持无罪推定,②维护被告合法权益,充分发挥辩护作用,合理分配证明责任,为审判公正和效率提供人权保障;十是实施法律监督,③发现和纠正审判活动中的违法行为,保证法律正确实施,维护法律权威,为审判公正和效率提供检察保障;十一是推进法官队伍职业化和专业化,④明确法官等级和授予程序,完善法官编制和任职条件,科学法官选任机制,加强依法履职保护,为实现公正和效率夯实职业基础。

① 如《法院组织法》第 5 条规定:“人民法院审判案件,对于一切公民,不分民族、种族、性别、职业、社会出身、宗教信仰、教育程度、财产状况、居住期限,在适用法律上一律平等,不允许有任何特权。”《刑事诉讼法》第 6 条和《民事诉讼法》第 8 条也有相关规定。

② 详见《刑事诉讼法》第 12 条关于“未经人民法院依法判决,对任何人都不得确定有罪”的规定。

③ 《刑事诉讼法》第 8 条、《民事诉讼法》第 14 条和《行政诉讼法》第 11 条分别规定人民检察院依法对刑事诉讼、民事诉讼和行政诉讼实行法律监督。《法院组织法》第 10 条、第 11 条对此有更具体的规定。

④ 详见《法官法》第三章至第十六章规定。

下篇

中国司法改革的地方试点

第四章　改革实效评估　贵州法院审判效率和公正成效

作为我国"国家审判机关"的人民法院，在坚守公正审判的前提下提升审判效率，是现行《宪法》和法律要求其应当具备的法定能力和必须承担的法定责任，也是我国本轮司改顶层设计的核心取向以及评判改革成效的基本标准。据此，对可量化评价的"审判效率""审判公正"的指标体系进行"切换"式实证研究，以客观评价和科学说明：其一，经过两年多的改革，"效率"和"公正"两项法定功能在首批司改试点省份的贵州地方法院兑现与否及其实现程度；其二，法院改革现状的"贵州样本"能否以及在多大程度上探索并提供更多符合我国国情的司法规律，及时甄别并纠正改革偏差，为进一步深化"全国整体"的法院改革提供试点乃至示范效应。

第一节　评估的对象、内容和方法

一、评估路径的选择

根据司法改革本身的操作特性，本章以社会科学的经验分析法(empirical analysis)[①]为指导,以数理统计分析法为工具,通过定量比较对样本法院的改革举措和成效间的关系进行相关研究(correlation study),并系统说明基于样本之结论的代表性;同时辅之以档案资料分析(documentory analysis)的方法定性评介全省法院系统内的特别个案,以补充说明样本结论之外的典型性,从而客观并生动地描绘出贵州法院改革的实效全貌,探索规律、总结经验、揭示问题,并结合本轮司改的顶层设计及其理论提出相关建议,推进贵州乃至全国范围内的法院更好地实现审判公正和效率、提升司法公信力和强化社会正义。

二、评估样本的确定

为了保障研究的客观和可行,首先采用全样[②]而非取样(sampling)的方法选定贵州4家首批试点的基层人民法院(以下简称基层法院或者法院)。同时,以判断抽样[③]的方法选定一家第二批试点的中级人民法院(以下简称中院)、四家非试点的基层法院和一家非试点的中级法院。按照衡量标准[④]将前述10家法院配对分类为试点组法院和对照组法院,进而进行样本的分析对照。

一般而言,以判断抽样方法获得的样本的代表性较弱。然而,基于

① 经验分析法,又称“实证分析法”。尽管empirical的中文含义是“经验主义的,以经验或观察为依据的”,但国内社会科学的研究文献已习惯性地将其称为“实证分析法”。由于“实证”对应的反义词当是“规范”,而“经验”的对应反义词是“理论”。因而,将已成通说的“实证分析法”译成“经验分析法”更为妥当。

② 所谓“全样”,就是“对所欲研究对象的全部”加以研究。参见杨国枢等主编:《社会及行为科学研究法(上册)》,重庆大学出版社2006年版,第54~58页。贵州省首批进行司改试点的法院共4家,其无一例外地成为司改实效的评估对象,因而是全样研究而非抽样研究。

③ 判断抽样(judgmental sampling)是一种非概率抽样(Non-probability sampling)。“判断抽样又称为立意抽样(purposive sampling),是研究者根据研究目标和自身主观判断进行选择和确定研究对象,并通过对典型对象的研究以掌握总体情况的研究方法。与概率抽样相比,此抽样方法所得到的样本的代表性较弱,较难准确说明样本的统计值在多大程度上适合于总体,即研究经由判断抽样所得的样本并最终形成的研究结论虽能在一定程度上说明总体,但却不能从数量上直接推断出总体。然而,在可供抽样的总体范围较小、只能抽取少数样本的情况下,概率抽样反而可能会遗漏更为重要或更具代表性的个案。此时,判断抽样便不失其为首选的方法,以充分显现方向明确、确保重要个案被‘网罗’在样本中的明显优势。”转引自徐向华:《我国地方立法统一审议制度及其运作研究》,上海大学2007年博士学位论文(未公开发表)。

④ 关于配对分类的“衡量标准”,详见下文。

贵州省下辖行政区域数量相对有限、法院实施司改时间不长、可供系统研究的评估指标体系尚未真正建立以及研究时间相对有限等诸多情况，尤其在课题组成员对我国法院系统的司改比较熟悉的前提下，以通过对非概率抽样所获取的样本进行分析并形成的结论同样应当具有相当的说服力和证明力。

（一）试点法院样本的确定

截至2016年7月，贵州省已全面开展司法体制改革。其中自2015年年初至2016年年初全省共有两批次9家法院开展司法体制改革的试点。这些法院覆盖了全省所有9个市（州），包括1家中院和8家基层法院。

考虑到2015年是司改试点的第一年，而改革成效的呈现具有相当的“滞后性”，因而本书全样选取了4家首批试点的基层法院和抽样选取一家第二批试点的中院作为试点法院组（以下简称试点法院）的研究样本。具体为：遵义市汇川区法院、贵阳市花溪区法院、黔南州贵定县法院、黔东南州榕江县法院和六盘水市六盘水中院。

需说明的是：课题组对上述成为试点组样本的5家法院无任何选择余地。这是因为：一则首批司改试点的4家基层法院仅占全省89家基层法院的4.49%，为尽可能保证所得样本并最终形成的研究结论能在更高程度上说明总体而令其全数成为试点组的研究样本；二则在两批次9家司改试点的法院中仅一家中院，因而同样为了尽可能提高研究类别的代表性而“任凭”其自然进入试点组的研究范围。更值得说明的是：尽管课题研究对试点样本无任何选择，但贵州省当初决策这些试点法院时已充分考虑并确保了其较强的代表性以及试点成果的可复制性。具体是：贵州事前就已确立了地区差异、司法环境、法官水平和案件数量及类别等作为选择试点法院的四项衡量标准。详言之：

第一，六盘水中院在所有中院中具有较强代表性。特征是：经济发展中等，全市地区生产总值在全省9个市（州）中排位第四，法官人数在9家中院中排第七，人员学历以本科和硕士为主，且硕士与本科学历人数之比排第四，案件量在中院排名居中。

第二，汇川法院代表全省12家城区基层法院。特征是：地处城区,常住人口多,经济发展快,交通状况良好,案件数量增幅较大,法官人数在本类法院中排第七,人员学历以本科和硕士为主,且硕士与本科学历人数之比排第七。

第三,花溪法院代表全省13家城郊基层法院。特征是:地处城郊结合部,常住人口较多,经济发展较快,交通状况较好,案件数量偏多,法官人数在本类法院中排第四,人员学历以本科和硕士为主,且硕士与本科学历人数比排第四。

第四,贵定法院代表全省41家农村基层法院。特征是:地处农村,经济发展较缓,辖区面积较大,交通状况较差,案件数量偏少,法官人数在农村法院中排第十三,人员学历以本科和专科为主,且本科和专科学历人数之比排第十二。

第五,榕江法院代表全省23家边远少数民族地区基层法院。其特征是:地处边远少数民族地区,经济发展较慢,辖区面积较大,少数民族多,交通状况较差,案件数量偏少,法官人数在本类法院中排第十四,人员学历以本科和专科为主,且本科和专科学历人数之比排第十三(无硕士)。

(二)对照法院样本的抽取

同样以上述四项标准予以衡量,在确保相似性和可比性的前提下,即在与试点法院的案件数量及种类相当、地区发展水平相似、交通方便程度相同、司法环境相近和法官水平差异较小的诸法院中,选择非司改试点法院作为对照样本。

第一,以黔西南中院作为六盘水中院的对照法院。相似点是:GDP为1000亿元左右,公路里程1.5万公里左右,案件数量4600件左右,法官平均年龄约42岁、本科以上学历约98%。不同点是:常住人口多60万,人均GDP和办案经费投入均少四成,但法官人数多4/5,而研究生学历的少六成。

第二,以播州法院作为汇川法院的对照法院。可比性是:同属遵义市,常住人口80万左右,GDP为275亿元左右,公路里程2500公里左右,案件数量9500件左右,法官平均年龄约42岁。相异处是:办案经费投入超1倍,法官人数逾3倍,但无研究生学历的法官。

第三,以观山湖法院作为花溪法院的对照法院。相通点是:同属贵阳市,公路里程900公里左右,案件数量8100件上下,法官平均年龄约42岁,硕士和本科学历人数都是1∶9。不同处是:常住人口少一半,GDP和办案经费投入分别少一半和三分之一,法官人数多三成。

第四,以龙里法院作为贵定法院的对照法院。共同点是:同属黔南州,常住人口26万左右,GDP为80亿元左右,公路里程1300公里左右,案件数量2700件左右,法官以本科学历为主,平均年龄约45岁。相异点是:办案经费投入少四分之一,法官人数多1.3倍。

第五,以从江法院作为榕江法院的对照法院。相近点是:同属黔东南州,常住人口30万左右,GDP为55亿元左右,公路里程2800公里左右,办案经费投入基本相当,法官平均年龄约44岁,以本科学历为主。不同处是:案件数量少400件左右,但法官人数却增加了1倍。

三、评估内容的设计

如本书第一章和第三章所述,本轮司改是法治中国一场深刻的供给侧改革。坚守公正审判和提升审判效率,是我国现行法律根据法院的宪法定位和角色要求其必须承担的法定责任,也是建设法治国家的本质要求和提升司法公信力的两个基本内核。因此,"公正"和"效率"必然成为司改顶层设计的核心取向以及评判改革成效的基本标准。

本评估将"审判效率"和"公正审判"为2项一级指标,从"审判独立"、"审判公开"、"审判规范"、"优化配置"、"人权保障"、"司法为民"、"社会服务"和"司法廉洁"8项二级指标入手,以具体反映审判效率和公正的60项三级指标作为评估贵州法院改革成效的内容。其中部分指标的设计借鉴了最高人民法院2011年3月发布的《全国案件质量评估指标》的内容①。具体是:

(一)审判效率指标

围绕着审判效率,课题组提出"审判独立"、"审判规范"、"优化配置"和"司法为民"等4项二级指标及其涵盖的21项三级指标。它们是:

---

① 详见张先明:《新体系更科学　操作更简便　导向性更强》,载《人民法院报》2011年3月23日,第1版。

1.“审判独立”是审判效率的基础

该二级指标用于描述法院何以通过保障法官审判的独立性以提高审判效率。课题组共设计了当庭裁判率、独任庭和合议庭直接裁判率2项三级指标(详见本章第二节)。

2.“优化配置”是高效审判的保障

该二级指标用于描述法院如何通过司法职权和审判资源的优化配置提高审判效率。课题组围绕着人力资源配置、案件繁简分流等设计了6项三级指标(详见本章第二节)。

3.“审判规范”是审判高效的重要内容

该二级指标用于描述法院怎样通过强化办案过程的规范性提高审判效率。课题组围绕着立案、审计鉴定评估、案件移送、案件审理和案件执行等“关节”设计了10项三级指标(详见本章第二节)。

4.“司法为民”是审判高效的宗旨

该二级指标用于描述法院怎样通过落实便民利民措施提高审判效率。课题组共设计了当场立案率、当庭送达率和诉讼档案卷宗电子化率3项三级指标(详见本章第二节)。

以上4项二级指标在提高审判效率中环环相扣。其中“优化配置”和“审判规范”构成审判效率的“两端”,前者反映审判效率的投入,后者体现审判效率为产出;而“审判独立”和“司法为民”则构成审判效率的“内核”,前者是审判效率的基本底线,后者是审判效率的更高追求。

(二)公正审判指标

围绕着公正审判,课题组提出“审判公开”、“审判规范”、“人权保障”、“司法为民”、“社会服务”和“司法廉洁”6项二级指标及其涵盖的39项三级指标。它们是:

1.“审判公开”是公正审判的前提

该二级指标用于描述法院建设“阳光司法”坚守审判公正的情况。课题组围绕着案件审理的全过程设计了庭审直播数、裁判文书上网率等7项三级指标(详见本章第三节)。

2.“审判规范”是公正审判的基石

该二级指标用于描述法院通过推进“严格司法”确保裁判的程序公

正和实体公正。课题组围绕着案件的调解、审理、审级监督和裁判执行等设计了一审民商事案件调解率、上诉率等19项三级指标(详见本章第三节)。

3.“人权保障”是公正审判的底线

该二级指标用于描述法院在刑事案件审理过程中保障当事人和其他诉讼参与人合法权利,落实罪刑法定、疑罪从无等法律原则的情况。课题组围绕着当事人诉权、事实认定和裁判结果等设计了刑事案件辩护率、非法证据排除案件数等6项三级指标(详见本章第三节)。

4.“司法为民”是公正审判的要求

此二级指标用于描述法院通过优化诉讼相关服务和便民利民措施,进一步达到“案结事好”的社会效果。课题组围绕着案件回访、诉讼平台服务等内容设计了裁判案件回访及好评率、12368诉讼平台服务总次数和12368短信推送数3项三级指标。

5.“社会服务”是公正审判的延伸

此二级指标用于描述法院主动参与社会治理、树立司法权威的努力。课题组设计了司法建议数、公报和指导性案例入选数2项三级指标。

6.“司法廉洁”是公正审判的保障

此二级指标用于描述法院反腐倡廉的开展效果。课题组设计了廉政投诉办结率、违法违纪数2项三级指标。

以上6项二级指标在实现公正审判中相互关联、不可或缺。以“司法廉洁”为基、“审判规范”为干、“人权保障”为枝、“审判公开”为叶,审判公正的“树”方能茁壮成长,开出“社会服务”之花,结出“司法为民”之果。

(三)指标数据的来源

60项三级评估指标的数据主要来源于两条途径:

第一,系统直接调取。共有34项三级指标(含15项效率指标和19项公正指标)数据直接从“贵州法院绩效信息管理系统”中调取。该信息管理系统涵盖法官办案工作量、办案质效、综合工作量及其评价体系等数据信息。所有数据由法官在日常办案时填写,并经由本院统计部门根据系统信息和案件相关材料进行核对和统计。若有错误,须报经省高级人民法院方能更正,以确保数据的原始真实。

第二,职能部门采集。对目前绩效信息管理系统中没有的26项指标数据(含6项效率指标和20项公正指标)①,省高级人民法院研究室采取统一标准、分口统计、统计汇总的方法从样本法院获取。个别指标由同级纪检监察部门提供。

四、评估样本的比较

课题组运用Excel软件建立了10家样本法院在2014~2016年期间司法工作情况的数据库。在此基础上,对样本进行了纵、横双向的两两对照分析。

(一)两类样本自身纵向比较

第一,试点法院改革前后的自身纵向比较。即5家试点法院分别对本院改革前2014年的相关指标和改革后2016年的同一指标进行比较,以此评估司改前后同一法院同一指标是否变化以及改变的方向和特征。

第二,对照法院同一时期的自身纵向分析。即5家非试点法院分别对本院2014年和2016年的同一指标进行比较,以此评估尚未司改的同一法院同一指标是否也有变化以及改变的方向和特征。

(二)两类样本彼此横向比较

第一,改革前试点法院和对照法院的横向对照。5家试点法院分别与各自对应的对照法院就2014年的同一指标进行比较,以了解两类法院在改革前的初始状态。

第二,改革后试点法院和对照法院的横向比较。5家试点法院分别

① 具体包括:效率指标中的"独任庭、合议庭直接裁判率"、"院庭长年人均办案数"、"诉前调解率"、"审计鉴定评估平均天数"、"当场立案率"和"诉讼档案卷宗电子化率"等6项指标;公正指标中的"庭审直播数"、"执行异议案件听证率"、"减刑、假释、暂予监外执行案件公开率"、"行政机关负责人出庭应诉率"、"生效行政案件的政府败诉数"、"抗诉案件维持率"、"妨害司法罪裁判数"、"拘传、罚款、拘留数"、"刑事案件辩护率"、"非法证据排除案件数"、"证人、鉴定人、侦察人员出庭应诉率"、"无罪判决数"、"认罪认罚从宽适用率"、"裁判案件回访及好评率"、"12368诉讼平台服务总次数"、"12368短信平均推送率"、"司法建议数"、"公报和指导性案例入选数"、"廉政投诉办结率"和"违法违纪数"等20项指标。

与各自对应的对照法院就 2016 年的同一指标进行比较,以把握两类法院在司改两年后的实然现状。

五、统计方法的遴选

课题组运用统计软件 SPSS. 19,主要结合两种方法对所有数据进行数理统计分析。

第一,百分比计算(percent)。百分比是以百分率表示两个数之间比例关系的计算方法,通常用来表述或者比较程度、速度和比重等。本研究对 60 项三级指标中所有需作百分比分析的 43 项(含效率指标 14 项,公正指标 29 项)①逐一进行百分比计算,共生成百分比 776 个,并在此基础上进行了纵向和横向比较。

第二,T 检验。T 检验亦称 student t 检验(Student's t test),其用 t 分布理论来推论差异发生的概率,是用于比较两个较小样本的平均值之差异程度的检验方法。T 检验中的双总体检验研究的是两个样本平均数与其各自所代表的总体的差异是否显著,分为独立样本 T 检验和配对样本 T 检验。本研究采用配对样本 T 检验②的方法。配对数据的来源有两种:一是自身配对,即对同一评估样本在两个不同时间或条件下的观测值进行比较,如考察改革前后贵州试点法院当庭结案情况的差异性;二是同源配对,即对性质相同的两个配对个体经不同处理前或处理后的观测值进行比较,如考察改革前贵州试点和非试点法院之间当庭结案情况的差异性,又如考察改革后贵州试点和非试点法院之间当庭结案情况的差异性。本研究对总体实效、效率和公正 2 项一级指标、符合检验条件的 7 项二级指标(含效率指标 3 项,公正指标 4 项)③和 47 项三级指标

---

① 其他不涉及比例关系的 17 项指标通过计算总数、计算比值、求平均数或计算差值来完成研究目的。详见本章第 76 页注④。

② 所谓配对样本 T 检验,专门用于检验相关样本平均数差异的显著性,即检验被匹配而成具有相关存在的两组平均数的差异是否显著。

③ 对总体实效、一级指标和二级指标的 T 检验系多指标综合分析,因而需对指标作统一化处理——仅对无量纲化的百分比数据进行检验,而对第 76 页注④中的 17 项非百分比数据予以筛除。筛除数据后,3 个二级指标(含效率指标中的"优化配置"指标以及公正指标中的"社会服务"和"司法廉洁"指标)因样本量过少不符合 T 检验条件而未进行该检验。

(含效率指标 20 项,公正指标 27 项)[①]进行了配对样本 T 检验,共形成 58 张[②]成对样本 T 检验表格,生成 227 个 P 值,清晰展现了每项指标在试点和对照法院的纵、横向比较中是否存在差异及其差异的显著性。其中当 P 值≤0.05 时,表明两者之间具有显著性差异。[③] 如改革前后试点法院的当庭裁判率存在显著差异(P=0.048)。当 P 值>0.05 时,表明两者之间不具有显著差异。如改革前后对照法院的当庭裁判率不具有显著差异(P=0.264)。

除了百分比计算和 T 检验之外,根据个别指标的特性及其具体研究目的,还分别选用了计算总数、计算比值、求平均数和求差值等四种方法。[④]

六、评估框架的安排

在百分比统计、T 检验的结果生成后,课题组依循以下两个步骤对样本进行分析。

第一,白描样本。从试点法院改革前后变化、对照法院同期变化以及两类法院的同期比较三方面入手,利用图、表、文相结合的方式,对三

---

① 另有 13 项三级指标因不符合 T 检验条件而未进行该检验。不具备 T 检验条件的有两类情况:一是样本量过少(较多样本法院的数值为 0),二是因个别法院无相关数据而无法形成配对检验(部分法院未开展此项工作)。前者有 8 项,包括效率指标中的“上诉及管辖案件延期移送率”和公正指标中的“抗诉案件维持率”、“妨害司法罪裁判数”、“非法证据排除案件数”、“无罪判决数”、“司法赔偿率”、“公报和指导性案例入选数”和“违法违纪数”。后者有 5 项,包括公正指标中的“二审开庭审理率”、“减刑假释暂予监外执行案件公开率”、“行政机关负责人出庭应诉率”、“行政案件结案率”和“生效行政案件的政府败诉数”。

② 其中裁判回访及好评率有 2 张样本 T 检验表格,分别为裁判回访率和裁判回访好评率。

③ 参见[美]埃维森等著:《统计学基本概念和方法》,吴喜之等译,高等教育出版社 2000 年版,第 175 页。

④ 第一,计算总数的有 10 项指标,它们是:公正指标中的“庭审直播数”、“生效行政案件的政府败诉数”、“妨害司法罪裁判数”、“拘传罚款拘留数”、“非法证据排除案件数”、“无罪判决数”、“12368 诉讼平台服务总次数”、“司法建议数”、“公报和指导性案例入选数”和“违法违纪数”。第二,计算比值的 1 项指标,即效率指标中的“法官与辅助人员配比”。第三,计算平均数的为 5 项指标,它们是:效率指标中的“法官年人均结案数”、“审计鉴定评估平均天数”、“上诉案件平均移送时间”、“案均审理时间”和“案均执行时间”。第四,计算差值的仅 1 项指标,即效率指标中的“结案均衡度”。

类统计结果进行“原始”描述,揭示数据背后的指标变化规律。

第二,评估样本。在对样本统计结果进行白描的基础上,课题组结合司改的具体要求,运用司法原理评价每项指标对提升审判质效和管理水平的“微观”意义,总结“隐藏”于数据统计结果背后的改革成效、经验和不足,初步提出具有可行性和可操作性的建议,为司法体制改革进入攻坚期和“深水区”提供可量化的试点经验。

七、评估结论的简介

详见本节表4-1“贵州十家样本法院21项‘审判效率’指标简表”和表4-2“贵州十家样本法院39项‘公正审判’指标简表”。

表 4-1　贵州十家样本法院 21 项“审判效率”指标

序号	指标	页码索引	试点法院与对照法院比较					试点法院自身纵向比较				
			百分比			T 检验		百分比			T 检验	
			试点	对照	结果	P 值	结果	2016 年	2014 年	结果	P 值	结果
	审判独立(2 项)	88	试点组 2 项皆更优			0.008	非常显著	2 项皆向好			0.008	非常显著
1	当庭裁判率(%)	88	47.33	35.99	11.35	0.103	不显著	47.33	38.76	8.57	0.048	显著
2	独任庭、合议庭直接裁判率(%)	90	84.78	47.84	36.94	0.033	显著	84.78	32.25	52.53	0.024	显著
	优化配置(6 项)	92	试点组 5 项更优			—	—	5 项向好			—	—
3	法官与辅助人员配比	92	0.64：1	1.77：1	-1.13：1	0.040	显著	0.64：1	1.82：1	-1.18：1	0.008	非常显著
4	院庭长人均办案数(件)	94	164.22	90.45	73.77	0.016	显著	164.22	100.48	63.74	0.024	显著
5	诉前调解率(%)	96	33.33	14.75	18.59	—	—	33.33	55.26	-21.93	0.223	不显著
6	一审简易程序适用率(%)	98	78.28	78.71	-0.43	0.419	不显著	78.28	74.44	3.84	0.286	不显著
7	人均结案数(件)	100	192.64	81.55	111.09	0.041	显著	192.64	49.85	142.79	0.022	显著

续表

序号	指标	页码索引	试点法院与对照法院比较					试点法院自身纵向比较				
			百分比			T 检验		百分比			T 检验	
			试点	对照	结果	P 值	结果	2016 年	2014 年	结果	P 值	结果
8	结案均衡度	102	0.53	0.47	0.06	0.513	不显著	0.53	0.65	-0.12	0.037	显著
	审判规范(10 项)	104	试点组 7 项更优			0.057	弱显著	6 项向好			0.111	不显著
9	法定期限内立案率(%)	104	99.95	97.56	2.39	0.320	不显著	99.95	97.15	2.80	0.280	不显著
10	审计鉴定评估平均天数(天)	106	25.15	60.00	-34.85	0.398	不显著	25.15	80.00	-54.85	0.348	不显著
11	上诉及管辖案件延期移送率(%)	108	0.00	0.00	0.00	—	—	0.00	0.00	0.00	—	—
12	上诉案件均移送时间(天)	109	25.02	32.91	-7.89	0.190	不显著	25.02	21.19	3.83	0.598	不显著
13	延长审限未结比(%)	111	7.10	1.45	5.65	0.891	不显著	7.10	1.26	5.84	0.680	不显著
14	审结案件率(%)	113	96.76	88.86	7.90	0.195	不显著	96.76	93.81	2.95	0.152	不显著
15	法定审限内结案率(%)	115	99.42	94.95	4.47	0.040	显著	99.42	98.08	1.34	0.028	显著
16	案均审理时间(天)	117	57.05	65.21	-8.16	0.497	不显著	57.05	51.94	5.11	0.239	不显著

续表

序号	指标	页码索引	试点法院与对照法院比较					试点法院自身纵向比较				
			百分比			T 检验		百分比			T 检验	
			试点	对照	结果	P 值	结果	2016 年	2014 年	结果	P 值	结果
17	法定执限内结案率(%)	120	98.50	99.20	-0.70	0.760	不显著	98.50	97.78	0.72	0.949	不显著
18	案均执行时间(天)	121	71.83	103.38	-31.55	0.058	弱显著	71.83	63.27	8.56	0.124	不显著
	司法为民(3 项)	123	试点组 3 项皆更优			0.008	非常显著	3 项向好			0.000	非常显著
19	当场立案率(%)	124	95.93	82.82	13.11	0.040	显著	95.93	58.54	37.39	0.034	显著
20	当庭送达率(%)	126	29.19	19.08	10.10	0.240	不显著	29.19	9.58	19.61	0.053	弱显著
21	诉讼档案卷宗电子化率(%)	127	85.93	18.76	67.17	0.020	显著	85.93	15.30	70.63	0.018	显著
	审判效率(21 项)		试点组 17 项更优			7 项有显著差异		16 项向好			8 项有显著差异	

【说明】

第一,在实效评估中,课题组设置“审判效率”一级指标 1 项,“审判独立”、“审判规范”、“优化配置”和“司法为民”二级指标 4 项,“当庭裁判率”等三级指标 21 项。在一级指标上,试点法院较对照法院具有非常显著的优势($P=0.000$),自身在改革后也有非常显著的优化($P=0.000$)。二、三级指标的评估结果,如表 4-1 所示。

第二,在 21 项三级指标中,正向指标共 14 项,意味着数值越大越好;负向指标共 7 项(表中以浅色底纹显示),即数值越小越好。

第三,在 T 检验结果中,$P>0.05$ 时,表示两者差异“不显著”(其中 $P<0.06$ 时,表明两者差异“弱显著”);$0.01<P\leq 0.05$ 时,表明两者差异“显著”;$P\leq 0.01$ 时,表明两者差异“非常显著”。

表 4-2　贵州十家样本法院 39 项“公正审判”指标

序号	指标	页码索引	试点法院与对照法院比较					试点法院自身纵向比较				
			百分比			T 检验		百分比			T 检验	
			试点	对照	结果	P 值	结果	2016 年	2014 年	结果	P 值	结果
	审判公开(7 项)	131	试点组 4 项更优			0.064	不显著	7 项向好			0.001	非常显著
1	庭审直播数(件)	131	4.60	4.60	0.00	1.000	不显著	4.60	2.60	2.00	0.470	不显著
2	一审案件陪审率(%)	133	92.61	73.43	19.18	0.078	不显著	92.61	79.07	13.54	0.078	不显著
3	二审开庭审理率(%)	135	51.61	32.64	18.97	—	—	51.61	48.12	3.49	—	—
4	再审审查询问率(%)	135	34.62	47.62	-13.00	0.171	不显著	34.62	27.03	7.59	0.099	不显著
5	执行异议案件听证率(%)	137	70.25	54.76	15.49	0.085	不显著	70.25	94.23	-23.98	0.374	不显著
6	减刑、假释、暂予监外执行公开率(%)	139	0.00	0.00	0.00	—	—	100.00	100.00	0.0	—	—
7	裁判文书上网率(%)	142	83.01	60.85	22.15	0.060	不显著	83.01	60.82	22.19	0.055	弱显著
	审判规范(19 项)	142	试点组 18 项皆更优			0.062	不显著	13 项向好			0.494	不显著
8	一审民商事案件调解率(%)	142	22.78	26.52	-3.74	0.085	不显著	22.78	29.11	-6.33	0.208	不显著

续表

序号	指标	页码索引	试点法院与对照法院比较					试点法院自身纵向比较				
			百分比			T 检验		百分比			T 检验	
			试点	对照	结果	P 值	结果	2016 年	2014 年	结果	P 值	结果
9	民商事案件撤诉率(%)	144	24. 39	19. 58	4. 80	0. 562	不显著	24. 39	27. 36	-2. 97	0. 661	不显著
10	行政机关负责人出庭应诉率(%)	146	20. 08	9. 26	10. 82	—	—	20. 08	2. 56	17. 52	—	—
11	行政案件结案率(%)	148	95. 84	87. 72	8. 12	—	—	95. 84	98. 00	-2. 16	—	—
12	生效行政案件政府败诉率(%)	150	11. 99	6. 86	5. 13	—	—	11. 99	10. 88	1. 11	—	—
13	上诉率(%)	151	13. 67	17. 71	-4. 05	0. 031	显著	13. 67	15. 06	-1. 39	0. 335	不显著
14	二审发回重审率(%)	152	5. 30	7. 56	-2. 25	0. 532	不显著	5. 30	6. 92	-1. 62	0. 938	不显著
15	二审改判率(%)	155	6. 20	10. 63	-4. 43	0. 501	不显著	6. 20	12. 62	-6. 42	0. 016	显著
16	申诉率(‰)	150	2. 75	5. 55	-2. 80	0. 515	不显著	2. 75	7. 94	-5. 19	0. 351	不显著
17	裁定再审率(%)	158	17. 88	53. 49	-35. 61	0. 352	不显著	17. 88	16. 10	1. 78	0. 389	不显著
18	生效案件发回重审率(%)	160	0. 90	1. 11	-0. 21	0. 645	不显著	0. 90	1. 05	-0. 15	0. 730	不显著

续表

序号	指标	页码索引	试点法院与对照法院比较					试点法院自身纵向比较				
			百分比			T 检验		百分比			T 检验	
			试点	对照	结果	P 值	结果	2016 年	2014 年	结果	P 值	结果
19	生效案件改判率(‰)	162	0.33	0.51	-0.18	0.263	不显著	0.33	0.39	-0.06	0.381	不显著
20	抗诉案件维持率(%)	164	25.00	33.33	-8.33	—	—	25.00	54.55	-29.55	—	—
21	生效案件服判息诉率(%)	165	99.71	99.07	0.64	0.111	不显著	99.71	99.04	0.67	0.359	不显著
22	裁判自动履行率(%)	167	85.22	42.88	42.34	0.193	不显著	85.22	74.05	11.17	0.040	显著
23	实际执行率(%)	169	54.14	47.12	7.02	0.097	不显著	54.14	84.73	-30.59	0.010	非常显著
24	执行标的到位率(%)	171	43.33	16.55	26.78	0.083	不显著	43.33	57.08	-13.75	0.025	显著
25	妨害司法罪裁判数(件)	173	2	10	-8	—	—	2	7	-5	—	—
26	拘传、罚款、拘留数(件)	174	179	54	125	0.367	不显著	179	11	168	0.263	不显著
	人权保障(6项)	176	试点组6项皆更优			0.004	非常显著	5项向好			0.002	非常显著
27	刑事案件辩护率(%)	176	67.67	34.50	33.17	0.025	显著	67.67	46.16	21.51	0.016	显著

续表

序号	指标	页码索引	试点法院与对照法院比较					试点法院自身纵向比较				
			百分比			T 检验		百分比			T 检验	
			试点	对照	结果	P 值	结果	2016 年	2014 年	结果	P 值	结果
28	非法证据排除案件数(件)	178	1	0	1	—	—	1	1	0	—	—
29	证人、鉴定人、侦查人员出庭率(‰)	179	10.34	6.51	3.83	0.388	不显著	10.34	7.31	3.03	0.021	显著
30	无罪判决数(件)	181	1	9	-8	—	—	1	2	-1	—	—
31	认罪认罚从宽适用率(%)	181	82.79	57.00	25.79	0.090	不显著	82.79	77.28	5.51	0.032	显著
32	司法赔偿数(件)	183	2	1	1	—	—	2	1	1	—	—
	司法为民(3 项)	184	试点组 3 项皆更优			0.503	不显著	3 项皆向好			0.091	不显著
33	裁判案件回访率(%)	184	29.68	4.53	25.15	0.134	不显著	29.68	19.02	10.66	0.176	不显著
	裁判回访好评率(%)		99.63	94.09	5.54	0.069	不显著	99.63	99.70	-0.07	0.221	不显著
34	12368 诉讼平台服务总次数	188	452	128	324	0.067	不显著	452	—	—	0.101	不显著
35	12368 短信推送率(%)	188	62.71	42.96	19.75	0.629	不显著	62.71	—	—	0.199	不显著

续表

序号	指标	页码索引	试点法院与对照法院比较					试点法院自身纵向比较				
			百分比			T 检验		百分比			T 检验	
			试点	对照	结果	P 值	结果	2016 年	2014 年	结果	P 值	结果
	社会服务(2 项)	190	对照组 2 项皆更优			—	—	1 项向好			—	—
36	司法建议数(件)	190	14	15	-1	0.880	不显著	14	5	9	0.037	显著
37	公报、指导性案例入选数(件)	191	0	3	-3	—	—	0	0	0	—	—
	司法廉洁(2 项)	192	试点组 1 项更优			—	—	1 项向好			—	—
38	廉政投诉办结率(%)	192	100.00	100.00	0	0.869	不显著	100.0	100.0	0	0.268	不显著
39	违法违纪数(件)	193	0	4	-4	—	—	0	1	-1	—	—
	公正审判(39 项)		试点组 32 项更优			2 项有显著差异		30 项向好			7 项具有显著差异	

【说明】

第一,在实效评估中,课题组设置“公正审判”一级指标 1 项,“审判公开”、“审判规范”、“人权保障”、“司法为民”、“社会服务”和“司法廉洁”二级指标 6 项,“庭审直播数”等三级指标 39 项。在一级指标上,试点法院较对照法院具有非常,如显著的优势(P=0.000),自身在改革后也有非常显著的优化(P=0.001)。二、三级指标的评估结果,如表 4-2 所示。

第二,在 39 项三级指标中,正向指标共 27 个,意味着数值越大越好;负向指标 12 个(表中以浅色底纹显示),即数值越小越好。

第三,在 T 检验结果中,P>0.05 时,表示两者差异“不显著”(其中 P<0.06 时,表明两者差异“弱显著”);0.01<P≤0.05 时,表明两者差异“显著”;P≤0.01 时,表明两者差异“非常显著”。

第二节 “审判效率”的实效解析

一、基本结论

改革后的5家试点法院在“审判效率”的一、二和三级指标上显著变化,全线提升。具言之:

第一,T检验显示:试点法院在“审判效率”一级指标上变化非常显著,既表现为2016年度较对照法院的显著优势(P=0.000),也体现为改革后自身的显著优化(P=0.000)。

第二,T检验显示,试点法院在反映“审判效率”的2个二级指标上明显进步。其中“审判独立”指标不仅在改革后与对照法院相比具有显著差异(P=0.008),且自身与改革前相比同样具有显著差异(P=0.008)。“司法为民”指标明显优于对照法院(P=0.008),且自身进步极其显著(P=0.000)。另外,“审判规范”指标也有一定进步,在改革后与对照法院相比具有弱显著性差异(P=0.057),且该差异比改革前更为明显(2014年P=0.891)。①

第三,T检验显示:试点法院在佐证“审判效率”的21个三级指标中,绝大多数在改革后具有显著提高。表现为:

其一,在2014年度和2016年度自身纵向比较中,“向好”指标共16项,占76.19%。其中,显著差异(P<0.05)的8项,分别为“当庭裁判率”“独任庭、合议庭直接裁判率”“法官与辅助人员配比”“院庭长年人均办案数”“法官年人均结案数”“法定审限内结案率”“当场立案率”“诉讼档案卷宗电子化率”。②

其二,在2016年度与对照法院的横向比较中,优于的17项,占

---

① 另一项反映审判效率的二级指标——“优化配置”因可供检验的数据较少而未作T检验分析。

② 同期“退步”的有5项。分别为“结案均衡度”(P=0.037)“上诉案件均移送时间”(P=0.598)“延长审限未结比”(P=0.680)“案均审理时间”(P=0.239)“案均执行时间”(P=0.124)。需说明的是:在自身退步的5项指标中,除“延长审限未结比”外,其他4项指标皆优于对照法院。

80.95%。其中显著差异(P<0.05)的 7 项,分别为“独任庭、合议庭直接裁判率”“法官与辅助人员配比”“院庭长年人均办案数”“法官年人均结案数”“法定审限内结案率”“当场立案率”“诉讼档案卷宗电子化率”。①

二、具体分析

(一)审判独立

“审判独立”包括“当庭裁判率”和“独任庭、合议庭直接裁判率”2 项三级指标。两项指标在试点法院自身比较中都显著上升,在与对照法院横向比较中皆更优。

1. 当庭裁判率

当庭裁判率是法院在审理案件中当庭裁判案件数与总案数之比。其计算公式为:当庭裁判率=一审、二审、再审案件当庭结案数/一审、二审、再审案件结案数。

调查数据显示:

第一,试点法院的当庭裁判率显著上升(P=0.048)。5 家法院皆呈上升趋势,均当庭裁判率从改革前的三成九到改革后的四成七,提升近 9 个百分点。其中增量最多的贵定法院提高逾 28 个百分点。同时,改革后各基层试点法院的当庭裁判率全部超过四成,其中汇川法院高达 60.9%,如图 4-1 所示。

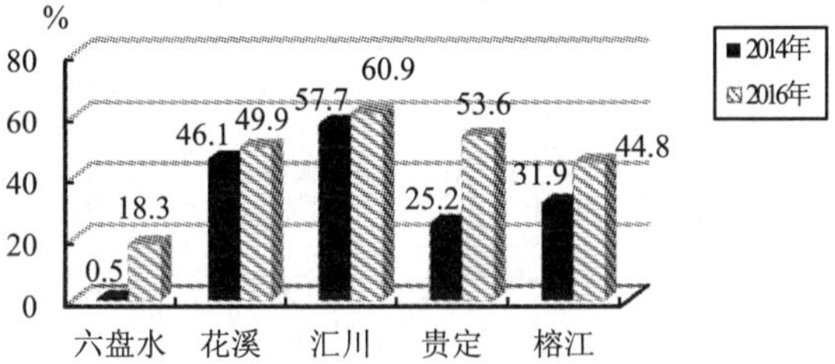

图 4-1　改革前后试点法院当庭裁判率比较

---

① 在其余的 4 项中,与对照法院不相上下的指标 1 项,即“上诉及管辖案件延期移送率”;对照法院更优的有 3 项,分别为:“一审简易程序适用率”“延长审限未结比”“法定执限内结案率”。需说明的是,“一审简易程序适用率”“法定执限内结案率”两项指标与对照法院的差距极小,可忽略不计。

第二，对照法院的当庭裁判率总体提升，但个体升降不一。对照法院在 2014 年与 2016 年的当庭裁判率并无显著差异（P=0.264）。均当庭裁判率从改革前的一成一到改革后的三成六。其中播州法院提高了近 58 个百分点，达到六成三，但观山湖法院下降了近 10 个百分点，不足一成。2016 年仍有 4 家对照法院皆低于四成，如图 4-2 所示。

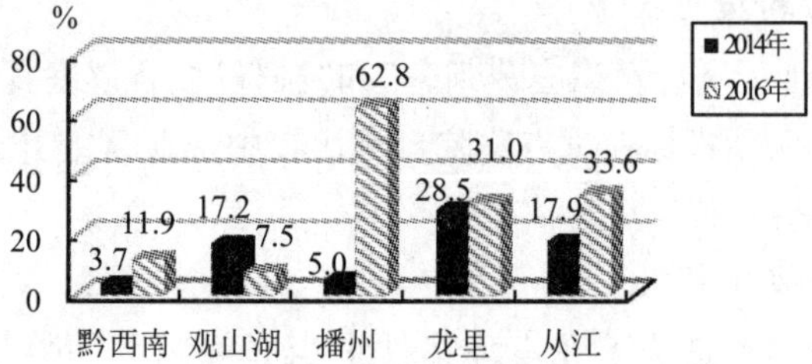

图 4-2　改革前后对照法院当庭裁判率比较

第三，试点法院的当庭裁判率略高于对照法院。2016 年两类法院在当庭裁判率上并无显著差异（P=0.103），但试点法院的均值高出对照组约 11.5 个百分点。除汇川法院外，其他试点法院在改革后皆明显高于同类对照法院，其中花溪法院高出 42.4 个百分点。同时，原低于对照法院的六盘水中院和贵定法院，分别取得了 6 个和 23 个百分点的反超，如表 4-3 所示。

表 4-3　试点法院和对照法院当庭裁判率比较　（%）

2014 年					2016 年				
试点法院	当庭裁判	对照法院	当庭裁判	相比	试点法院	当庭裁判	对照法院	当庭裁判	相比
六盘水中院	0.46	黔西南中院	3.66	-3.20	六盘水中院	18.27	黔西南中院	11.94	6.33
花溪法院	46.10	观山湖法院	17.17	28.93	花溪法院	49.87	观山湖法院	7.52	42.35
汇川法院	57.66	播州法院	5.02	52.64	汇川法院	60.90	播州法院	62.79	-1.89
贵定法院	25.20	龙里法院	28.53	-3.33	贵定法院	53.58	龙里法院	30.96	22.62

续表

2014 年					2016 年				
试点法院	当庭裁判	对照法院	当庭裁判	相比	试点法院	当庭裁判	对照法院	当庭裁判	相比
榕江法院	31.85	从江法院	17.91	13.94	榕江法院	44.79	从江法院	33.64	11.15
试点平均	38.76	对照平均	11.15	27.61	试点平均	47.33	对照平均	35.99	11.35

课题组认为：

第一，当庭裁判是提升审判效率的重要环节。该指标直接表明了法官及时作出裁判的能力和效率，也从侧面反映了审判组织依法独立行使裁判权的情况。

第二，试点法院的当庭裁判率在改革后显著上升，且明显优于对照法院，既充分反映了贵州法院对提高庭审质效的重视与努力，也着实体现了"审理者裁判"的改革理念及其成效。

2. 独任庭、合议庭直接裁判率

独任庭、合议庭直接裁判率是独任法官、合议庭不再经由审批而直接裁判案件结案数与法院结案总数之比。其计算公式为：独任庭、合议庭直接裁判率=独任法官、合议庭直接裁判案件结案数/结案总数①。

调查数据显示：

第一，试点法院的独任庭、合议庭直接裁判率大幅提升，且大多超过八成。试点法院在改革前后的该指标上具有显著差异（P=0.024），均直接裁判率从改革前的三成五到改革后的八成五，提高了近 50 个百分点。成效最明显的榕江法院实现了零的突破，高达近九成。同时，改革后各试点法院的直接裁判率均超七成九，六盘水中院已接近 97%，如图 4-3 所示。

① 结案总数包括一审、二审、再审、再审审查、执行、司法赔偿、刑罚变更以及非诉执行审查案件中的结案数。下文中的"院庭长人均办案数""人均结案数""结案均衡度""案件审结率""法定期限内结案率""案均审理时间"中的"结案总数"同此义。

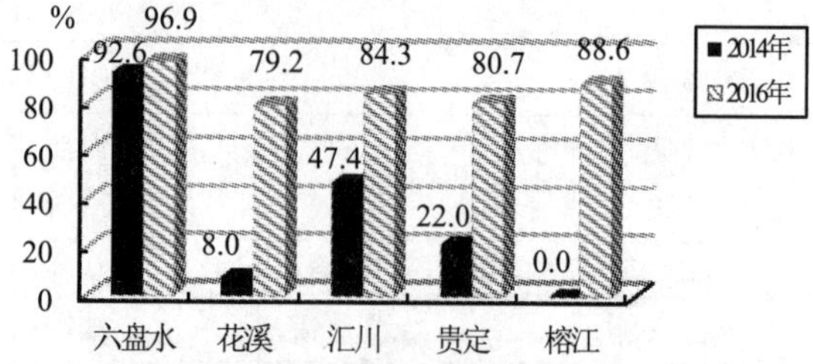

图 4-3　改革前后试点法院直接裁判率比较

第二，半数以上对照法院的独任庭、合议庭直接裁判率有所上升，但幅度较小，且不足七成。同期对照法院的均直接裁判率仅从三成八提升到四成八。仅有 2 家法院的直接裁判率过半，黔西南中院则出现负增长，降了约 3 个百分点，从江法院的直接裁判率甚至为零，如图 4-4 所示。

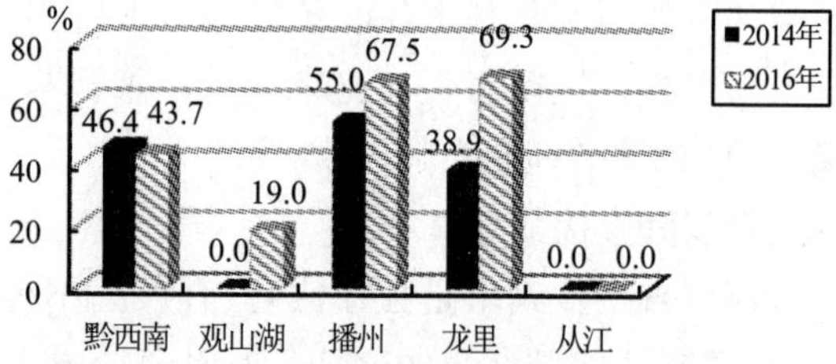

图 4-4　改革前后对照法院直接裁判率比较

第三，试点法院独任庭、合议庭直接裁判率的提升明显优于对照法院。2016 年两类法院的直接裁判率具有显著差异（$P=0.033$）。试点法院的均直接裁判率从改革前低于对照法院 3 个百分点到改革后反超 37 个百分点，“逆转”明显。同时，改革前仅两家试点法院在本指标上超过对照法院，改革后所有试点法院均大大超过对照法院，其中榕江法院超出对照的从江约 89 个百分点，如表 4-4 所示。

课题组认为：

第一，独任庭、合议庭直接裁判率是反映去行政化的主要指标。该指标反映“审理者裁判，裁判者负责”理念和机制的落实情况，也可评价法官独立审案的能力和水平。

表 4-4　试点法院和对照法院独任庭、合议庭直接裁判案件率(%)比较

2014 年					2016 年				
试点法院	直接裁判	对照法院	直接裁判	相比	试点法院	直接裁判	对照法院	直接裁判	相比
六盘水中院	92.61	黔西南中院	46.37	46.24	六盘水中院	96.89	黔西南中院	43.73	53.16
花溪法院	7.99	观山湖法院	0.00	7.99	花溪法院	79.15	观山湖法院	19.02	60.13
汇川法院	47.41	播州法院	55.00	-7.59	汇川法院	84.31	播州法院	67.54	16.77
贵定法院	22.00	龙里法院	38.93	-16.93	贵定法院	80.74	龙里法院	69.33	11.41
榕江法院	0.00	从江法院	0.00	0.00	榕江法院	88.61	从江法院	0.00	88.61
试点平均	35.25	对照平均	38.28	-3.03	试点平均	84.78	对照平均	47.84	36.94

第二,贵州多数样本法院的直接审判率有所提升,尤其试点法院更呈明显改变。其与该省花大力气做实本轮司改“以审判为中心”的各项举措密不可分。

(二)优化配置

“优化配置”有 6 项三级指标,含“法官与辅助人员配比”“院庭长人均办案数”“诉前调解率”“一审简易程序适用率”“法官年人均结案数”“结案均衡度”。其中,5 项指标试点法院自身向好,较对照法院也更优。① “法官与辅助人员配比”、“院庭长人均办案数”和“法官年人均结案数”等 3 项指标在纵横向比较中都具有显著差异性。

3. 法官与辅助人员配比

法官②与辅助人员配比是法院法官总数与审判辅助人员总数之比。其计算公式为:法官与辅助人员配比=法官人数/审判辅助人员。

---

① 仅“结案均衡度”1 项自身退步;仅“一审简易程序适用率”略低于对照。

② 在“法官”的统计口径上,改革前后皆指参与办案的法官。

调查数据显示：

第一，试点法院的员额法官大幅减少、辅助人员有所增加，法官与辅助人员配比降至1∶1以下。试点法院的法官与辅助人员配比在改革前后呈现显著差异（P=0.008）。该指标的均值从改革前的1.8∶1到改革后的0.64∶1，下降了近三分之二。其中成效最明显的花溪法院下降了近六分之五。同时，改革后试点法院的员额法官总数从298人减少到134人，减幅过半。各法院的法官与辅助人员配比都小于1∶1，其中六盘水中院的配比仅为0.47∶1，如图4-5所示。

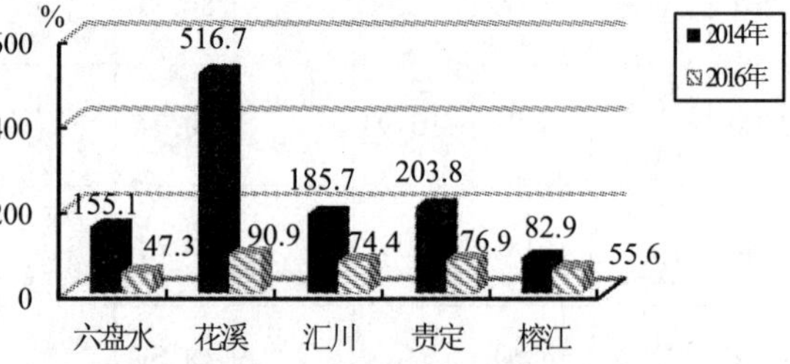

图4-5　改革前后试点法院人员配比比较

第二，对照法院的法官数未减，法官与辅助人员配比上升。同期对照法院的均值从1.7∶1升至1.77∶1。2016年3家对照法院的法官与辅助人员配比增加，其中最明显的黔西南中院该指标从6.6∶1上升到8.4∶1，增加近三成，如图4-6所示。

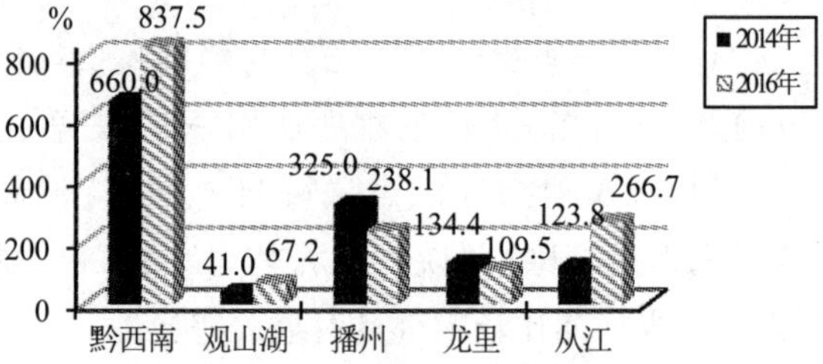

图4-6　改革前后对照法院人员配比比较

第三，试点法院的法官与辅助人员配比远低于对照法院。从总体看，2016年两类法院的法官与辅助人员配比具有显著差异（P=0.04）。试点法院的法官与辅助人员配比，从改革前与对照法院相近，到改革后仅为对照法院的七成，精简效果明显。从个体来看，改革后有四家试点法院在本指标上优于对照法院,差距颇显。其中,六盘水中院配比仅为对照的黔西南中院的十八分之一,如表 4-5 所示。

表 4-5 试点法院和对照法院法官与辅助人员配比比较

2014 年					2016 年				
试点法院	人员配比	对照法院	人员配比	相比	试点法院	人员配比	对照法院	人员配比	相比
六盘水中院	1.55:1	黔西南中院	6.6:1	-5.05:1	六盘水中院	0.47:1	黔西南中院	8.38:1	-7.90:1
花溪法院	5.17:1	观山湖法院	0.41:1	4.76:1	花溪法院	0.91:1	观山湖法院	0.67:1	0.24:1
汇川法院	1.86:1	播州法院	3.25:1	-1.39:1	汇川法院	0.74:1	播州法院	2.38:1	-1.64:1
贵定法院	2.04:1	龙里法院	1.34:1	0.69:1	贵定法院	0.77:1	龙里法院	1.10:1	-0.33:1
榕江法院	0.83:1	从江法院	1.24:1	-0.41:1	榕江法院	0.56:1	从江法院	2.67:1	-2.11:1
试点平均	1.82:1	对照平均	1.69:1	0.12:1	试点平均	0.64:1	对照平均	1.77:1	-1.13:1

课题组认为:

第一,法官与辅助人员配比是提升审判效率的人力保证。该指标旨在反映审判人力资源的结构及配置情况,衡量改革后该资源结构优化以及法官专业化的程度。配比值与优化程度成反比关系。

第二,试点法院法官大幅下降,审判辅助人员有所上升,审判资源结构较对照法院明显优化,显示了司法改革的可行性和有效性。遴选员额法官、配足辅助人员,分清权责,促进办案质效的快速提升。

4. 院庭长年人均办案数

院庭长年人均办案数是(入额)院庭长年办案总数与入额院、庭长总人数之比。① 其计算公式为:院庭长年人均办案数=院庭长办案总数/

① 在统计口径上,改革前的统计对象是"院、庭长",改革后的统计对象是"入额院、庭长"。

(入额)院庭长法官人数。

调查数据显示:

第一,试点法院的院庭长年人均办案数大幅提升,比改革前有显著差异(P=0.024)。试点法院该指标均值从改革前的 100.5 件到改革后逾 164 件,增幅达六成三。其中上升最明显的六盘水中院增加 124 件,增幅达 3.7 倍。同时,4 家试点法院的院庭长年人均办案数超过 120 件,其中花溪达到 227 件,如图 4-7 所示。

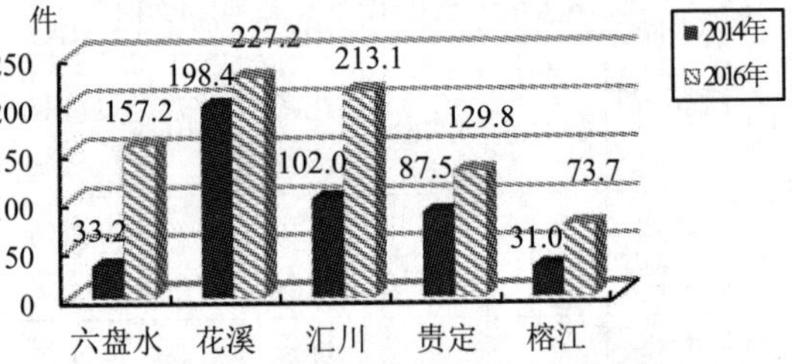

图 4-7 改革前后试点法院院庭长办案数比较

第二,对照法院的院庭长年人均办案数大多提高,但增幅较小。同期对照法院的院庭长年人均办案数从 60 件到 90.5 件,升幅五成一,但从江法院反有下降,降幅达二成七。2016 年尚有 3 家法院仍低于 100 件,其中龙里法院仅 31 件,如图 4-8 所示。

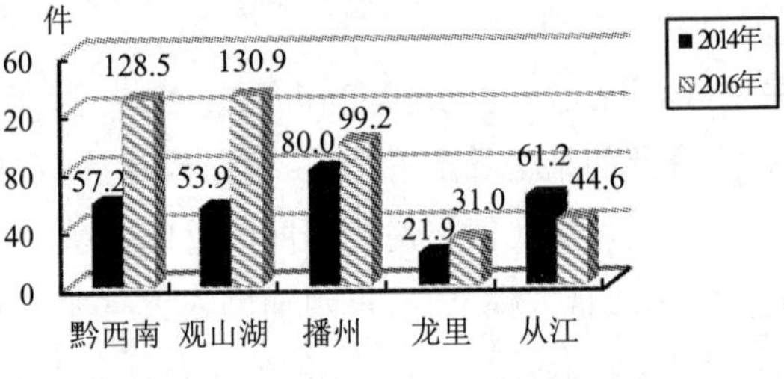

图 4-8 改革前后对照法院院庭长办案数比较

第三,试点法院院庭长年人均办案数的提升明显优于对照法院(P=0.016)。试点法院该指标均值从改革前仅多于对照法院 40.5 件到改革后近 74 件,优势进一步扩大。另外,改革前仅 3 家试点法院在本指标上超过对照法院,改革后所有试点法院均大大超过,其中汇川超出对照的播州法院近 114 件,如表 4-6 所示。

表 4-6 试点法院和对照法院院庭长年人均办案数比较 （件）

2014 年					2016 年				
试点法院	年均办案	对照法院	年均办案	相比	试点法院	年均办案	对照法院	年均办案	相比
六盘水中院	33.20	黔西南中院	57.21	-24.01	六盘水中院	157.20	黔西南中院	128.50	28.7
花溪法院	198.40	观山湖法院	53.85	144.55	花溪法院	227.17	观山湖法院	130.85	96.32
汇川法院	102.04	播州法院	80.04	22.01	汇川法院	213.05	播州法院	99.16	113.89
贵定法院	87.50	龙里法院	21.92	65.58	贵定法院	129.75	龙里法院	31.00	98.75
榕江法院	31.00	从江法院	61.18	-30.18	榕江法院	73.74	从江法院	44.63	29.11
试点平均	100.48	对照平均	59.97	40.51	试点平均	164.22	对照平均	90.45	73.77

课题组认为：

第一，院庭长年人均办案数是提升审判效率的“领头雁”。该指标旨在反映试点法院去行政化后入额行政领导履行员额法官职责直接办理案件，并发挥办案示范作用的情况。

第二，样本法院院庭长年人均办案数迅猛提升，体现贵州法官员额制改革的充分性。院庭长办案常态化，既有助于集中审判资源，充分发挥其在审判上的能力、经验等业务优势，推动审判质效的提升，同时又利于除去“官味”，履行作为员额法官的办案职责，夯实审判活动“去行政化”。

5. 诉前调解率

诉前调解率是诉前调解成功的案件数与诉前调解案件数之比。其计算公式为：诉前调解率＝诉前调解成功案件数/诉前调解案件数。

调查数据显示：

第一，开展诉前调解的试点法院成效提升。改革前仅贵定和榕江两院开展此项工作，改革后此指标分别提高了 16 个和 2 个百分点，其中榕江法院高达八成五；汇川法院自改革后开始此项工作，2016 年诉前调解

346 件,居各试点法院之首,成功调解结案数亦最多,达 81 件,占 23.41%。

第二,部分对照法院开始尝试诉前调解工作,但成效相对不显。对照法院在 2016 年前无诉前调解案件,2016 年黔西南和播州两院开始施行,其中调解案件较多的播州法院成功调解率近一成五。

第三,试点法院的诉前调解成效略优于对照法院。从总体上看,试点法院改革前后的诉前调解率差别(P=0.223)较对照法院(P=0.369)更为显著。从个体上看,同样是改革后开始此项工作,汇川法院的诉前调解率超出对照的播州法院 8.8 个百分点,如表 4-7 所示。

表 4-7　试点法院和对照法院诉前调解率比较　(%)

2014 年					2016 年				
试点法院	诉前调撤	对照法院	诉前调撤	相比	试点法院	诉前调撤	对照法院	诉前调撤	相比
六盘水中院	/	黔西南中院	/	/	六盘水中院	/	黔西南中院	100.00	-100.00
花溪法院	/	观山湖法院	/	/	花溪法院	/	观山湖法院	/	/
汇川法院	/	播州法院	/	/	汇川法院	23.41	播州法院	14.64	8.77
贵定法院	30.00	龙里法院	/	/	贵定法院	46.30	龙里法院	/	/
榕江法院	83.33	从江法院	/	/	榕江法院	84.91	从江法院	/	/
试点平均	55.26	对照平均	/	55.26	试点平均	33.33	对照平均	14.75	18.59

课题组认为:

第一,诉前调解是强化法院及时"定分止争"的有效尝试。该指标旨在反映法院在诉讼前及时化解社会矛盾的情况和落实多元化纠纷解决机制的效果,同时也间接反映出本轮司改在合理节省审判资源方面的推进情况。

第二，诉前化解纠纷大有潜力可挖。随着经济社会的发展和法院立案登记制的实施，“案多人少”的矛盾日益突出。如何从源头上加强纠纷的多元处理，将部分纠纷化解在诉讼之前，贵州试点法院的有益探索成效不菲。此预示着法律纠纷的诉前解决“市场”无限，大有可为。

第三，贵州试点法院诉前调解率的提升更优，佐证了司改在引导法院构建多元化、常态化纠纷解决机制上的判断力，以及减少社会对司法诉讼过度依赖和纠纷向法院过度集中的影响力。

6. 一审简易程序适用率（仅限基层法院）

一审简易程序适用率是基层法院在一审中适用简易程序审理的案件数与一审结案总数之比。其计算公式为：一审简易程序适用率=一审案件适用简易程序结案数/一审案件结案数。

调查数据显示：

第一，试点法院一审简易程序适用率稳中有升。试点基层法院的一审简易程序均适用率从改革前七成四到改革后的七成八，提升了近4个百分点。其中成效最明显的花溪提高逾5个百分点，如图4-9所示。

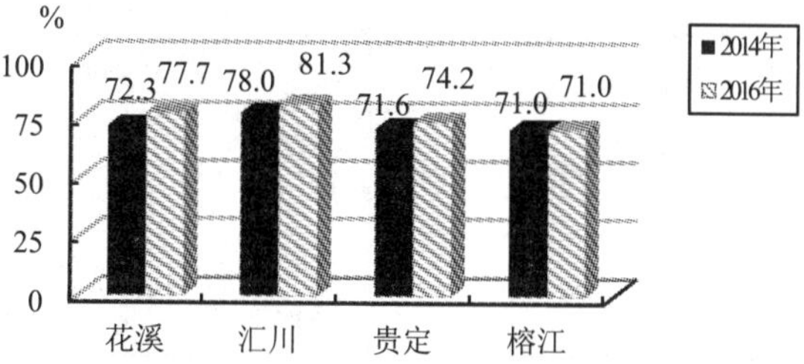

图4-9　改革前后试点法院简易程序适用率比较

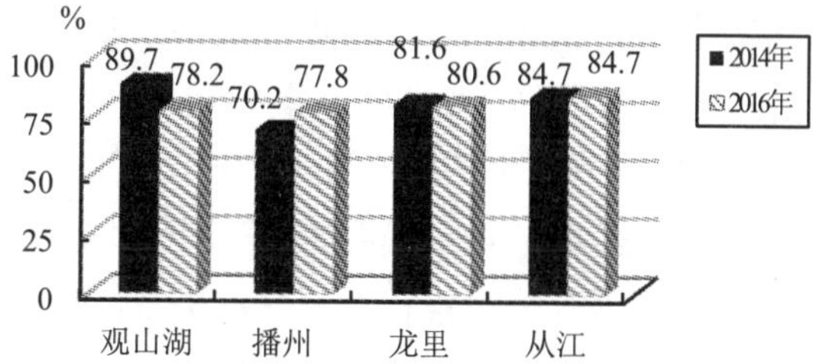

图4-10　改革前后对照法院简易程序适用率比较

第二,对照法院的一审简易程序适用率有升有降,整体持平。同期4家对照基层法院的该指标均值从改革前七成七到改革后的七成八,仅提升1个百分点。其中观山湖法院降低的11个百分点成为整体情况不佳的主因,如图4-10所示。

第三,试点法院的一审简易程序适用率有"迎头赶上"之势。改革前4家试点基层法院的一审简易程序均适用率低于对照法院近3个百分点,改革后两者差距缩小到0.4个百分点,如表4-8所示。

表4-8 试点法院和对照法院一审简易程序适用率比较 (%)

2014年					2016年				
试点法院	简易程序	对照法院	简易程序	相比	试点法院	简易程序	对照法院	简易程序	相比
花溪法院	72.34	观山湖法院	89.66	-17.32	花溪法院	77.72	观山湖法院	78.20	-0.48
汇川法院	78.02	播州法院	70.19	7.83	汇川法院	81.34	播州法院	77.84	3.50
贵定法院	71.58	龙里法院	81.55	-9.97	贵定法院	74.21	龙里法院	80.57	-6.36
榕江法院	71.04	从江法院	84.65	-13.61	榕江法院	70.97	从江法院	84.68	-13.71
试点平均	74.44	对照平均	77.35	-2.91	试点平均	78.28	对照平均	78.71	-0.43

课题组认为:

第一,一审简易程序适用率是反映审判效率的显性指标。该指标旨在反映基层法院适用简易程序、缩短办案周期、节约司法成本的情况。指标的提高充分表明审判效率的提升驶入"快车道"。

第二,贵州试点法院在一审简易程序适用率上有明显的向好趋势,彰显司法改革的成效。通过推行繁简分流机制,实现"简案快审",优化司法资源,为"繁案精审"创造条件,有利于推动审判质效的良性提升。

7. 法官年人均结案数

法官年人均结案数是法院年审结案件总数与法官人数之比。其计算公式是:法官年人均结案数=年结案总数/法官人数。

调查数据显示:

第一,试点法院的法官年人均结案数大幅提升,均增加近 3 倍(P=0.022)。5 家试点法院该指标的均值从改革前的约 50 件到改革后的近 193 件,增幅为 2.9 倍。其中成效最明显的汇川法院增加了 258 件,增幅为 3.9 倍,达 325 件。增长最少的榕江法院也增加了 49 件,增幅为 1.8 倍,达 76 件,如图 4-11 所示。

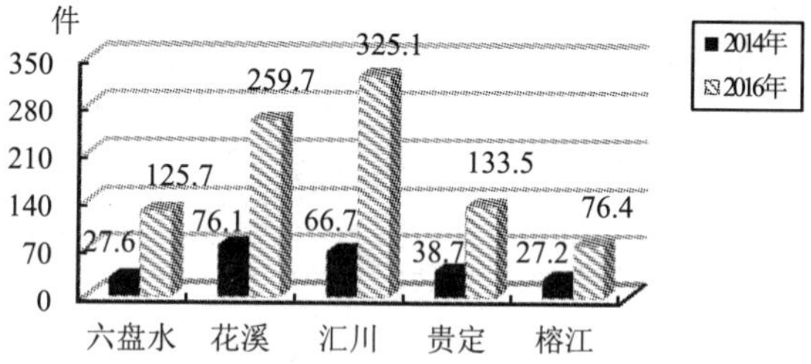

图 4-11　改革前后试点法院法官人均结案数比较

第二,多数对照法院的法官年人均结案数有所提升,但幅度较小,且增幅均低于零点九倍。同期 5 家对照法院均值从 52.7 件上升到 81.5 件,增幅不足 55%,如图 4-12 所示。

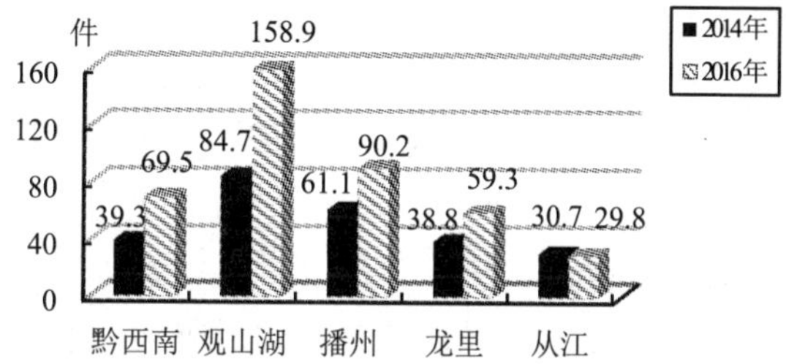

图 4-12　改革前后对照法院法官人均结案数比较

第三,试点法院的法官年人均结案数提升远远优于对照法院(P=0.041)。试点法院该指标的均值从改革前少于对照法院近 3 件到改革后超出 111 件,成效卓著。同时改革前仅 1 家法院超过对照法院,改革后全部远超对照组。其中,汇川法院超出对照的播州近 235 件,是播州的 3.6 倍,如表 4-9 所示。

表 4-9 试点法院和对照法院法官人均结案数比较 （件）

2014 年					2016 年				
试点法院	人均结案	对照法院	人均结案	相比	试点法院	人均结案	对照法院	人均结案	相比
六盘水中院	27.61	黔西南中院	39.27	-11.66	六盘水中院	125.69	黔西南中院	69.54	56.15
花溪法院	76.11	观山湖法院	84.65	-8.54	花溪法院	259.73	观山湖法院	158.89	100.84
汇川法院	66.65	播州法院	61.06	5.59	汇川法院	325.07	播州法院	90.16	234.91
贵定法院	38.68	龙里法院	38.82	-0.14	贵定法院	133.45	龙里法院	59.33	74.12
榕江法院	27.21	从江法院	30.68	-3.47	榕江法院	76.35	从江法院	29.76	46.59
试点平均	49.85	对照平均	52.70	-2.85	试点平均	192.64	对照平均	81.55	111.09

课题组认为：

第一，法官年人均结案数是提升审判效率的内动力。该指标旨在反映法官办案效率和法院审判资源配置效率。法官年人均结案数多，不仅反映法官个人办案能力强、审判效率高，而且表明法院整体审判资源优化、办案效率提升。

第二，贵州绝大多数样本法院的法官年人均结案数全面提升。此既有案件激增的外因刺激，也有司改深化的内因驱动。个别法院的法官年人均结案数下降或许与该地区案件数量变化有限和法官人数非同步增加相涉。①

第三，贵州试点法院法官年人均结案数增长迅速充分显示该省在司改上用力大且准。其在审判组织结构上探索的法官员额的动态化、法官队伍的专业化和审判组织的去行政化和扁平化，以及在审判运行机制上

① 2016 年从江法院受理案件 1195 件（含旧存数+收案数），比 2014 年增加 382 件，增幅达 47%；但同期法官却从 25 名增加到 38 名，增幅仅 34.2%。

推进“简化立案、精化审判、强化执行”,已取得显著成效。

8. 结案均衡度

结案均衡度是法院年度中各月结案数的接近程度。其计算公式为:结案均衡度=1-(结案标准差/结案平均数)。其中结案平均数为各月结案数之和与月数之比,结案标准差为各月结案数与结案平均数之差的平方和与月数之比的开方。

调查数据显示:

第一,试点法院的结案均衡度有所下降(P=0.037)。各试点法院的均结案均衡度从改革前的0.65到改革后的0.54,降幅近二成,其中最明显的榕江法院减少了0.21,降幅达三成。同时,改革后各试点法院的结案均衡度水平较低,其中最高的贵定法院为0.7,最低的六盘水中院仅为0.39,如图4-13所示。

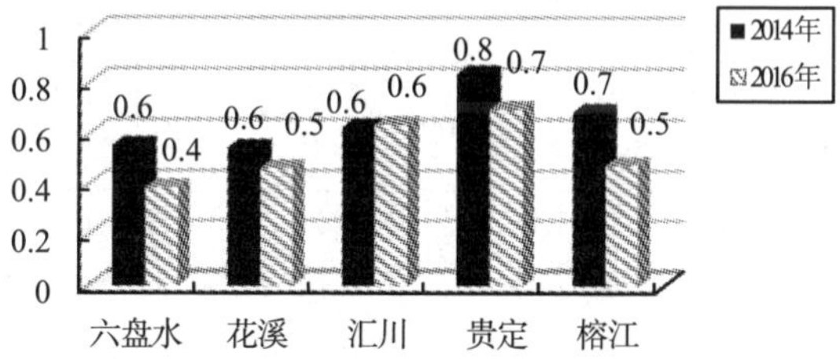

图4-13　改革前后试点法院结案均衡度比较

第二,对照法院的结案均衡度下降幅度更大(P=0.007)。同期对照法院的平均结案均衡度从2014年的0.64到2016年的0.47,下降了0.17,降幅逾二成六。其中最明显的观山湖法院减少了0.28,降幅达七成,如图4-14所示。

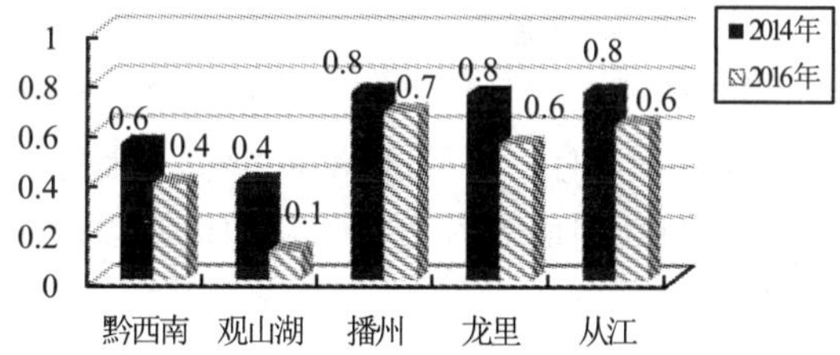

图4-14　改革前后对照法院结案均衡度比较

第三，试点法院的结案均衡度仍优于对照法院。虽然 T 检验显示 2016 年两类法院的结案均衡度并无显著差异（P=0.513），但试点法院在改革后的平均结案均衡度更高于对照法院，从之前的 0.01 提高到 0.06，如表 4-10 所示。

表 4-10　试点法院和对照法院结案均衡度比较

2014 年					2016 年				
试点法院	结案均衡	对照法院	结案均衡	相比	试点法院	结案均衡	对照法院	结案均衡	相比
六盘水中院	0.56	黔西南中院	0.55	0.01	六盘水中院	0.39	黔西南中院	0.39	0.00
花溪法院	0.55	观山湖法院	0.40	0.15	花溪法院	0.47	观山湖法院	0.12	0.35
汇川法院	0.63	播州法院	0.76	-0.13	汇川法院	0.64	播州法院	0.68	-0.04
贵定法院	0.84	龙里法院	0.75	0.09	贵定法院	0.70	龙里法院	0.55	0.15
榕江法院	0.69	从江法院	0.76	-0.07	榕江法院	0.48	从江法院	0.63	-0.15
试点平均	0.65	对照平均	0.64	0.01	试点平均	0.54	对照平均	0.47	0.06

课题组认为：

第一，结案均衡度是提升审判效率的“稳定器”。该指标旨在反映法院审判工作良序运转状况，尤其反映法院保持办案的逐月均衡情况，以保证稳健的审判质效，避免年底不收案和突击办案等现象，切实保障当事人诉权情况。该指标数值越高，月结案量就越平稳。

第二，贵州研究样本法院几乎都出现结案均衡度的下降。尽管受理案件在一定环境因素下具有一定的周期性，但仍不能完全排除上述法院存在结案不均衡的现象，因而需着力探索新的机制以解决年度内办案松紧不均衡的问题。

（三）审判规范

“审判规范”有 10 项三级指标，包括“法定期限内立案率”、“审计鉴定评估平均天数”、“上诉及管辖案件延期移送率”、“上诉案件均移送时间”、“延长审限未结比”、“审结案件率”、“法定审限内结案率”、“案均审理时间”、“法定执限内结案率”和“案均执行时间”。试点法院自身比较中有 6 项指标向好。其中“法定审限内结案率”具有显著意义（P＝0.028）。在与对照法院的横向比较中，有 7 项指标更优，其中“法定审限内结案率”具有显著差异（P＝0.040）。

9. 法定期限内立案率

法定期限内[①]立案率是法定期限内立案数与收案数之比。计算公式为：法定期限内立案率＝法定期限内立案数/收案数。

调查数据显示：

第一，试点法院在改革前后保持较高的法定期限内立案率，均逾九九成。改革后试点法院的均法定期限内立案率提升了近 3 个百分点。其中成效最明显的汇川法院提高了 7 个百分点。同时，改革后各试点法院的法定期限内立案率逼近十成，其中汇川和榕江法院均已达 100%，如图 4-15 所示。

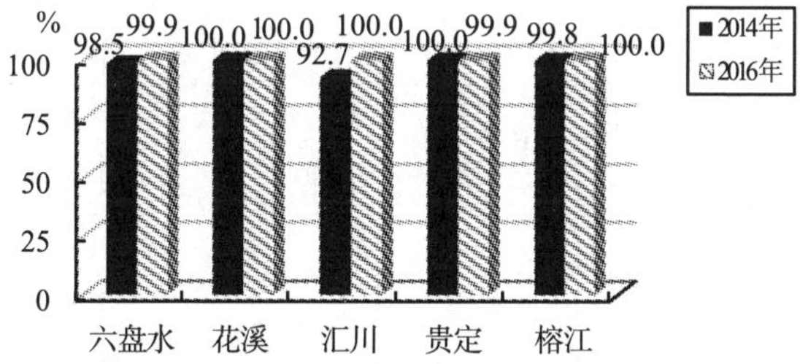

图 4-15　改革前后试点法院法定期限内立案率比较

第二，对照法院保持较高的法定期限内立案率，但略有下降。同期 3 家对照法院在该指标上有所下降，其中观山湖下降近 8 个百分点，不足 92%；对照法院的均法定期限内立案率降至不足九成八，降了近 1 个百分点，如图 4-16 所示。

① 凡在《最高人民法院关于人民法院登记立案若干问题的规定》的时限内立案的，为法定期限内立案。

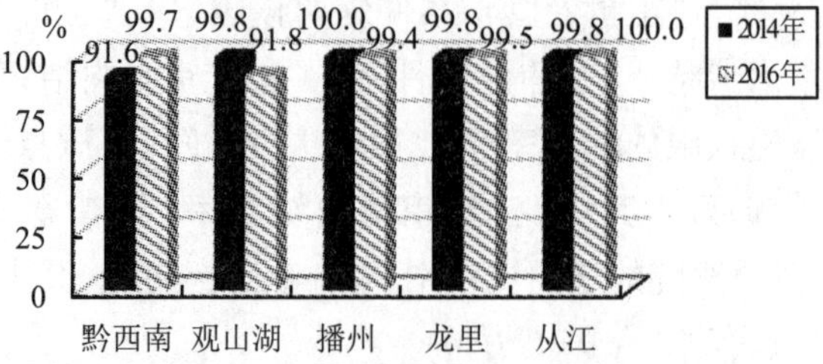

图 4-16　改革前后对照法院法定期限内立案率比较

第三，试点法院的法定期限内立案率提升效果优于对照法院。试点法院改革前后该项指标的差别（P＝0.288）较对照法院（P＝0.984）更具显著性。同时，试点法院的均法定期限内立案率从改革前低于对照法院 1.3 个百分点，到改革后超出 2.4 个百分点。其中花溪和汇川两院与同类对照法院的差值都获得逾 8 个百分点的提升，如表 4-11 所示。

表 4-11　试点法院和对照法院法定期限内立案率比较　（%）

2014 年					2016 年				
试点法院	按期立案	对照法院	按期立案	相比	试点法院	按期立案	对照法院	按期立案	相比
六盘水中院	98.52	黔西南中院	91.61	6.91	六盘水中院	99.86	黔西南中院	99.68	0.18
花溪法院	100.00	观山湖法院	99.75	0.25	花溪法院	99.97	观山湖法院	91.83	8.14
汇川法院	92.68	播州法院	99.96	−7.28	汇川法院	100.00	播州法院	99.36	0.64
贵定法院	100.00	龙里法院	99.84	0.16	贵定法院	99.85	龙里法院	99.50	0.35
榕江法院	99.79	从江法院	99.77	0.02	榕江法院	100.00	从江法院	100.00	0.00
试点平均	97.15	对照平均	98.43	−1.28	试点平均	99.95	对照平均	97.56	2.39

课题组认为：

第一，法定期限内立案率是提升审判效率的基本要求。该指标旨在反映法院的立案效率，尤其反映本轮司改推行法院依法立案、加强诉权保障的情况。

第二，贵州绝大多数研究样本法院在解决“立案难”问题上交出了令人满意的答卷，是加强立案期限法定性、及时性的举措使然。同时，试点法院的法定期限内立案率几近十成，凸显了司改相关举措设计科学、推动有力、落实到位。

10. 审计鉴定评估平均天数

审计鉴定评估平均天数是法院在审理案件过程中开展审计鉴定评估工作所花费的平均时间。其计算公式为：审计鉴定评估平均天数＝Σ（审计鉴定评估结束日－审计鉴定评估开始日）/审计鉴定评估次数。

调查数据显示：

第一，试点法院的审计鉴定评估平均天数有升有降，但下降甚于上升。[①] 其中贵定法院持平，花溪和汇川两院小幅上升了5天多；六盘水和榕江法院分别减少了18天和55天，降幅分别为16%和69%，如图4-17所示。

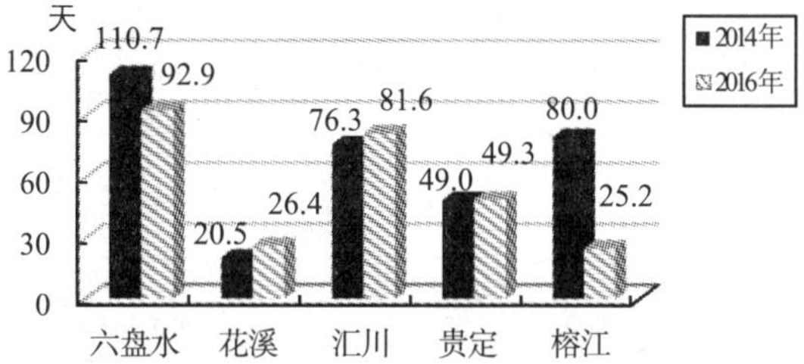

图4-17　改革前后试点法院审计鉴定平均天数比较

第二，对照法院的审计鉴定评估平均天数升多降少。其中观山湖法院持平，龙里和从江分别小幅下降11天和3天，降幅分别为26%和5%；黔西南中院和播州法院分别上升6天和50天，升幅分别为11%和30%，如图4-18所示。

---

① 六盘水、汇川、播州、龙里、从江5家法院有审计鉴定评估平均天数的数据，但无进行此项活动的总天数和总次数，因此，无法计算5家试点法院关于该项指标的平均值。

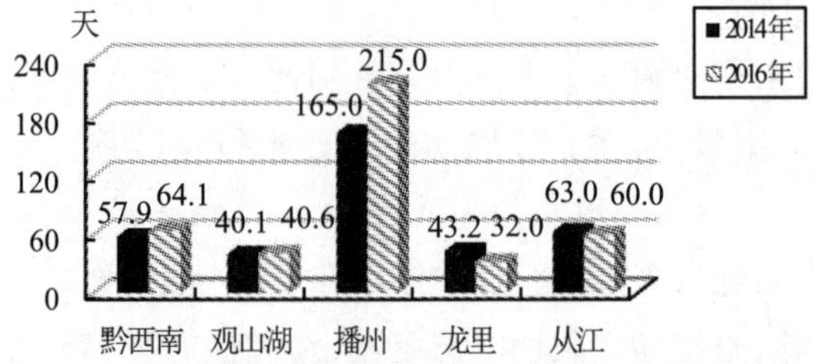

图 4-18 改革前后对照法院审计鉴定平均天数比较

第三,改革后试点法院的审计鉴定评估平均天数缩减成效优于对照法院。从总体上看,改革后两组法院在该指标上的差距(P=0.398)较改革前(P=0.796)明显拉大。试点法院呈降低态势,而对比法院相反。从个体看,改革后两组法院在审计鉴定评估天数上的升降快慢悬殊,快的试点花溪和榕江仅二十五六天,慢的播州法院超过200天。其中榕江法院从多于对照法院17天减少近35天,如表4-12所示。

表 4-12 试点法院和对照法院审计鉴定评估平均天数比较 (天)

2014年					2016年				
试点法院	审计鉴定	对照法院	审计鉴定	相比	试点法院	审计鉴定	对照法院	审计鉴定	相比
六盘水中院	110.66	黔西南中院	57.88	52.78	六盘水中院	92.90	黔西南中院	64.13	28.77
花溪法院	20.52	观山湖法院	40.05	-19.53	花溪法院	26.44	观山湖法院	40.61	-14.17
汇川法院	76.27	播州法院	165.00	-88.73	汇川法院	81.63	播州法院	215.00	-133.37
贵定法院	49.00	龙里法院	43.20	5.80	贵定法院	49.25	龙里法院	32.10	17.15
榕江法院	80.00	从江法院	63.00	17.00	榕江法院	25.15	从江法院	60.00	-34.85

课题组认为:

第一,审计鉴定评估天数的提升是审判高效的必然要求。该指标涉及的评估天数虽然受到多重客观因素的影响,但其间接反映了法官对审理案件的负责态度和对评估工作的督促力度。审计鉴定评估时间的缩短,既利于提升诉讼效率,又利于及时维护当事人权益。从目前审理期限超过3年的长期未结诉讼案件来看,80%是由审计鉴定评估时间过长所致①。由此,应当高度重视此项工作的继续推进。

第二,贵州法院在缩减审计鉴定评估天数方面有较大空间。榕江等部分试点法院在审计鉴定评估天数的大幅降低,证明该期限的压缩在客观上不仅是“可为”的,而且是“可行”的,应当继续深挖潜力。

11. 上诉及管辖案件延期移送率

上诉及管辖案件延期②移送率是法院上诉及管辖案件延期移送数占所有上诉及管辖案件数量的比例。其计算公式为:(延期移送上诉卷宗材料案件数+延期处理管辖移送案件数)/(上诉案件数+移送案件数)。

调查数据显示:

迄今为止,贵州所有样本法院(含试点和非试点法院)无上诉及管辖案件延期移送的情况,这一调查结果值得肯定。

课题组认为:

第一,上诉及管辖案件延期移送率是提升审判效率的重要关节。该指标旨在反映案件移送的工作效率和对当事人诉讼权益的重视程度。

第二,上诉及管辖案件延期移送率应当纳入法院工作评估范围。近年来,上诉及管辖案件延期移送已成为案件久拖不决和超审限的重要原因。《民事诉讼法》和《最高人民法院关于严格执行案件审理期限制度的若干规定》仅对上诉案件移送期限作了原则性规定,加上当前对移送环节缺少制度监管和指标考量,导致移送工作随意性增大,在上诉及管辖案件移送期间形成真空,出现“两头紧,中间松”的现象,造成诉讼迟延,影响了审判效率的提升和当事人合法权益的维护。因此,加强对上诉及管辖案件延期移送率的监督,有利于案件迅速准确立案,更好地维

① 最高人民法院将3年以上长期未结诉讼案件纳入督办范围。根据贵州省高级人民法院关于长期未结诉讼案件的月度统计报表及其未结原因分析,审计鉴定评估天数较长是导致3年以上未结案件产生的主因。

② 目前并无关于上诉及管辖权异议案件卷宗移送时限的明确规定。为避免移送时间过长损害当事人权益,贵州法院在审判流程软件中将卷宗移送时限设定为自收到上诉状或者管辖权异议之日起15天,超出此时限的,视为延期移送。

护当事人合法诉权。

12. 上诉案件平均移送时间

上诉案件平均移送①时间是一审法院收到当事人上诉状起至二审法院立案所耗费的平均天数。其计算公式为:Σ(二审立案时间- 一审收到上诉状时间)/二审收案数。

调查数据显示:

第一,试点法院的上诉案件平均移送时间保持平稳但略有延长。5家试点法院在该指标上的总体平均值从改革前的21天延长到改革后的25天,增加了近4天,增幅为一成八,如图4-19所示。

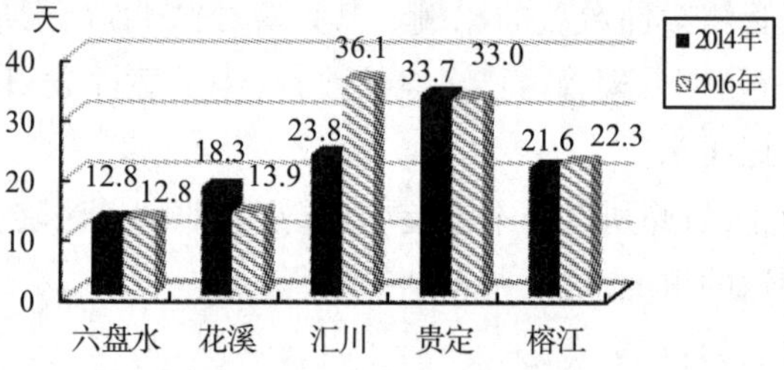

图4-19　改革前后试点法院上诉案件移送时间比较

第二,对照法院的上诉案件平均移送时间有所延长,且增幅更高。同期5家对照法院在该指标上的总体平均值从改革前的25天半延长到改革后的33天,增加了约7天半,增幅近三成,如图4-20所示。

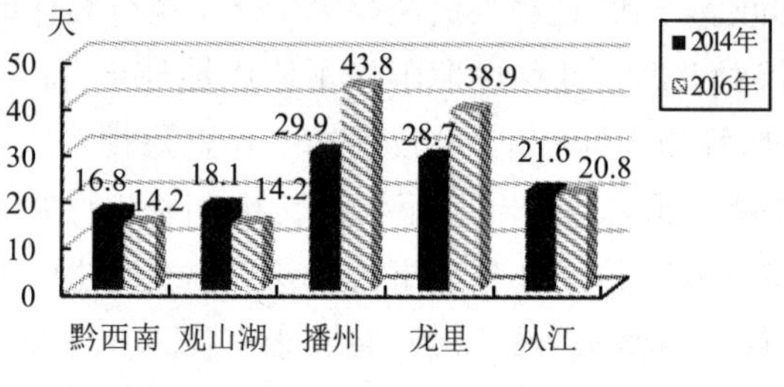

图4-20　改革前后对照法院上诉案件移送时间比较

第三,试点法院上诉案件平均移送时间的延长少于对照法院。从总体看,虽然2016年两类法院的上诉案件平均移送时间均有延长(P=

① 上诉案件移送主要采用机要件的方式寄送。

0.190),但对照法院延长的天数(7.46 天)几乎是试点法院延长天数(3.83)的 1 倍。从个体上看,改革前仅 2 家试点法院在该指标上优于对照法院,改革后增至 4 家。其中花溪法院更是在移送案件数翻倍①的情况下将平均移送天数降至两周以内,减了近四天半。而其同类对照法院在案件数无显著增加的情况下②反而延长了近两周,达到近 44 天。此外,上诉案件平均移送时间的高低呈现了一定的地域性。地域相对广阔、交通相对不便的遵义的汇川、播州法院和黔南的贵定、龙里法院明显高于其他地区法院,如表 4-13 所示。

表 4-13　试点法院和对照法院上诉案件平均移送天数比较　(天)

2014 年					2016 年				
试点法院	移送天数	对照法院	移送天数	相比	试点法院	移送天数	对照法院	移送天数	相比
六盘水中院	12.75	黔西南中院	16.83	-4.08	六盘水中院	12.84	黔西南中院	14.24	-1.40
花溪法院	18.27	观山湖法院	18.14	0.13	花溪法院	13.94	观山湖法院	14.24	-0.30
汇川法院	23.84	播州法院	29.93	-6.09	汇川法院	36.14	播州法院	43.82	-7.68
贵定法院	33.68	龙里法院	28.69	4.99	贵定法院	32.95	龙里法院	38.91	-5.96
榕江法院	21.62	从江法院	21.63	-0.01	榕江法院	22.34	从江法院	20.77	1.57
试点平均	21.19	对照平均	25.45	-4.26	试点平均	25.02	对照平均	32.91	-7.89

课题组认为:

第一,上诉案件平均移送时间是提升审判效率的重要环节。该指标旨在反映一审法院移送上诉案件卷宗材料的工作效率和对当事人诉讼权利的重视程度。

① 该基层法院 2014 年上诉移送案件 433 件,2016 年增加至 869 件。

② 对照的观山湖法院 2014 年和 2016 年的上诉移送案件分别为 313 件和 335 件。

第二，试点法院在移送案件数量激增的情况下维持平均移送时间的基本稳定，充分证明司改对提升法院“抗压能力”的成效。上诉案件的“几何增长”现状[①]与司法资源的有限性之间的矛盾，最有效的解决途径在于通过司法体制改革优化资源配置，加快程序流转，切实提升审判工作的效率。

13. 延长审限未结比

延长审限未结比是法院延长审限后未结的案件数与未结案件总数之比。[②]其计算公式为：延长审限未结比=延长审限未结案件数/未结案件总数。

调查数据显示：

第一，大多试点法院延长审限未结比有所控制。除花溪外，改革后其他4家试点法院皆保持较低水平。在延长审限未结案件数上，花溪法院增加到48件，[③]六盘水和汇川法院分别控制在1件和2件，贵定、榕江法院均降为零。在延长审限未结比上，除花溪法院上升了10个百分点，其他试点法院或持平或下降，皆控制在1.5%以下，如图4-21所示。

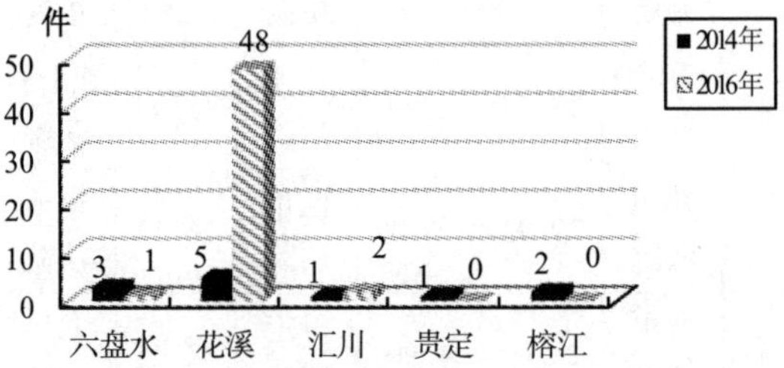

图4-21 改革前后试点法院延长审限未结数比较

第二，对照法院的延长审限未结比同样保持在较低水平。除观山湖法院增加了22件，其他对照法院的延长审限未结案件数波动较小。5家对照法院该指标的均值升至近1.5，如图4-22所示。

① 2014年10家样本法院的上诉移送案件总数为2133件，2016年已上升至3270件，增幅为34.77%。

② 未结案件数包括一审、二审、再审、再审审查、司法赔偿、刑罚变更以及非诉执行审查案件未结数。

③ 花溪法院延长审限未结案件数的激增，主要是由于遇到较为复杂的套案需要申请评估鉴定所致。

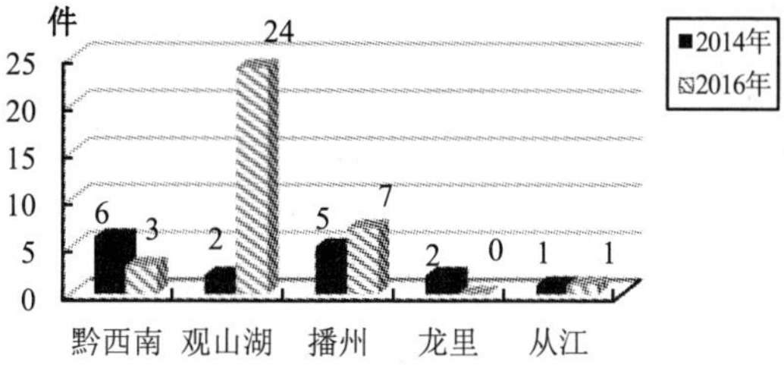

图 4-22　改革前后对照法院延长审限未结数比较

第三,试点法院的延长审限未结比相较于对照法院并无明显优势。虽然改革后试点法院的未结案件数明显少于对照法院,但 T 检验显示两类法院的延长审限未结比并无显著差异(P=0.891),如表 4-14 所示。

表 4-14　试点法院和对照法院延长审限未结比比较　　(%)

2014 年					2016 年				
试点法院	延时未结	对照法院	延时未结	相比	试点法院	延时未结	对照法院	延时未结	相比
六盘水中院	1.01	黔西南中院	1.26	-0.25	六盘水中院	0.85	黔西南中院	0.86	-0.01
花溪法院	1.40	观山湖法院	0.32	1.08	花溪法院	11.48	观山湖法院	1.32	10.16
汇川法院	1.05	播州法院	4.95	-3.9	汇川法院	1.39	播州法院	3.72	-2.33
贵定法院	3.85	龙里法院	1.74	2.11	贵定法院	0.00	龙里法院	0.00	0.00
榕江法院	1.15	从江法院	2.17	-1.02	榕江法院	0.00	从江法院	5.88	-5.88
试点平均	1.26	对照平均	1.17	0.09	试点平均	7.10	对照平均	1.45	5.65

课题组认为:

第一,延长审限未结比反映的是审判效率的“灰色地带”。该指标旨在要求法院应当在法律规定办案期限内努力提高办案效率,避免违反规定随意批准延长审限。

第二,贵州大多数样本法院在结案期限上较为规范且有所控制,但距离有效控制并明显降低该项指标值尚有不少差距,应当花大力填补审限管理上的漏洞,进一步提升审理效率和办案规范。

14. 案件审结率

案件审结率是法院审结案件数与受理案件数之比。其计算公式为:案件审结率=结案总数/(旧存数+收案数)。

调查数据显示:

第一,试点法院的案件审结率明显提升,皆超九成四。所有试点法院的均案件审结率从改革前的九成四到改革后的九成七,提高3个百分点。成效最明显的榕江法院超过15个百分点。同时,各试点法院的该指标均有提升且绝大多数超九成六,其中贵定高达98.93%,如图4-23所示。

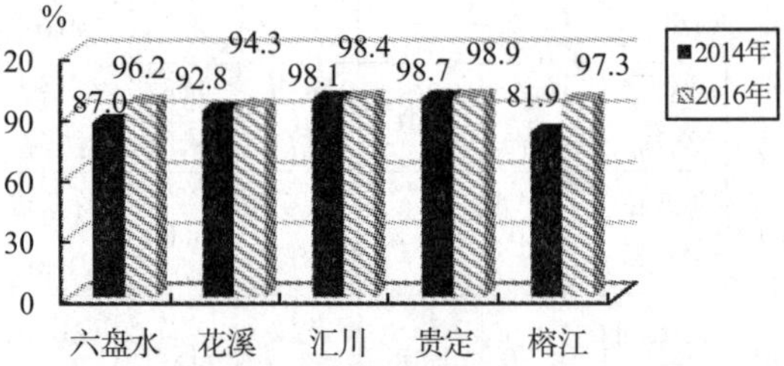

图4-23 改革前后试点法院案件审结率比较

第二,对照法院的均案件审结率有所下降。同期对照法院的均案件审结率从92.46%降至88.86%,降低了3.6个百分点。其中观山湖法院下降9.5个百分点,案件审结率仅72.69%。也有3家法院的指标向好,最明显的龙里法院提高了4个百分点,达九成八,如图4-24所示

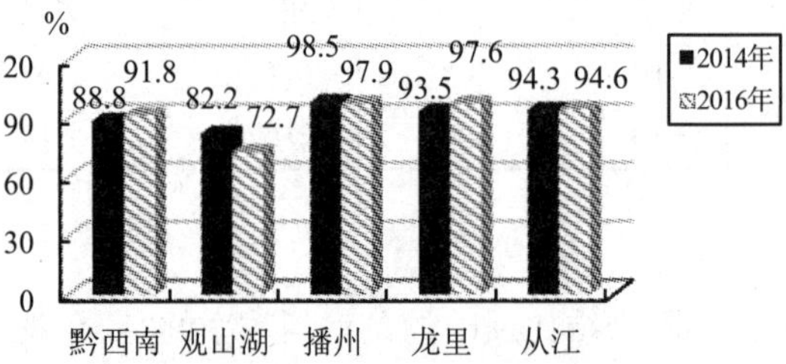

图4-24 改革前后对照法院案件审结率比较

第三,试点法院案件审结率的提升优于对照法院。2016 年两类法院的案件审结率并无显著差异(P = 0.195),但较 2014 年显著性(P = 0.954)有所增强。试点法院的均案件审结率从改革前仅高于对照法院 1 个百分点,到改革后高出近 8 个百分点,优势明显。同时,改革前仅 2 家试点法院在本指标上超对照法院,改革后所有试点法院全线赶超,如表 4-15 所示。

表 4-15　试点法院和对照法院案件审结率比较　(%)

2014 年					2016 年				
试点法院	案件审结	对照法院	案件审结	相比	试点法院	案件审结	对照法院	案件审结	相比
六盘水中院	86.98	黔西南中院	88.77	-1.79	六盘水中院	96.24	黔西南中院	91.81	4.43
花溪法院	92.80	观山湖法院	82.18	10.62	花溪法院	94.31	观山湖法院	72.69	21.62
汇川法院	98.13	播州法院	98.54	-0.41	汇川法院	98.41	播州法院	97.85	0.56
贵定法院	98.70	龙里法院	93.54	5.16	贵定法院	98.93	龙里法院	97.64	1.29
榕江法院	81.93	从江法院	94.34	-12.41	榕江法院	97.32	从江法院	94.64	2.68
试点平均	93.81	对照平均	92.46	1.35	试点平均	96.76	对照平均	88.86	7.90

课题组认为:

第一,案件审结率是提升审判效率的抓手。该指标的提升直观地反映法院审理和执行案件完成率提高。

第二,贵州试点法院案件审结率提升远超对照法院的结果,有力佐证了解放办案"生产力",推进审判良性循环的必要和可能,也充分证明本轮司改在提升办案效率方面的显著成效。

15. 法定(正常)审限内结案率

法定(正常)审限内结案率是在法律规定的审理期限内审结的案件

数占结案总数的百分比。其计算公式为：法定（正常）审限内结案率=法定（正常）审限内结案数①/结案总数。

调查数据显示：

第一，试点法院的法定（正常）审限内结案率全面上升且超九成九。试点法院的法定（正常）审限内结案率在改革前后具有显著差异（P=0.028）。5家法院的该指标均值从改革前的九成八到改革后的逾九成九，其中上升最多的贵定法院提升近2.5个百分点。同时，4家试点法院在该指标上超过99%，其中汇川、贵定和六盘水3家法院接近100%，如图4-25所示。

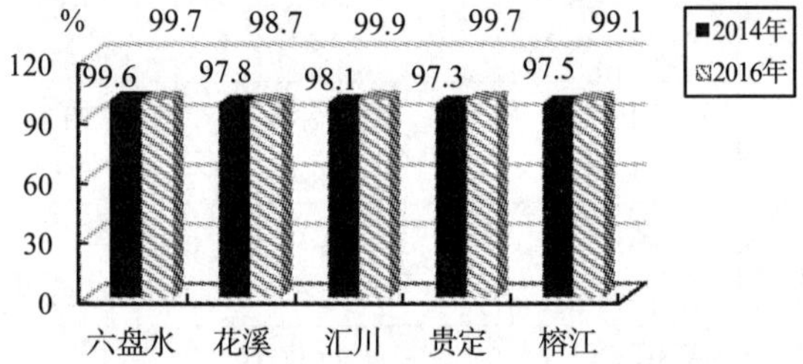

图4-25　改革前后试点法院审限内结案率比较

第二，对照法院的法定（正常）审限内结案普遍下降。同期5家对照法院的均法定（正常）审限内结案率从九成七下降到九成五，降低了约2.4个百分点。除从江略有上升外，其余4家"全线飘红"，其中降幅最大的观山湖法院下降了逾5个百分点，最低的黔西南中院仅九成一，如图4-26所示。

第三，试点法院的法定（正常）审限内结案率的提升与对照法院的下降形成鲜明对比。2016年两类法院的法定（正常）审限内结案率具有显著差异（P=0.04）。试点法院的均法定（正常）审限内结案率在改革后高于对照法院，且差距继续拉大。改革前仅3家试点法院在本指标上超过对照法院，改革后所有试点法院均全面超出，其中，六盘水中院超出对照

---

① 此处的"正常"，是指案件在未经延长审限的法定审限内审理完毕。参见佟季等：《法定（正常）审限内结案率指标的释疑》，载《人民法院报》2011年10月29日。最高人民法院2011年3月22日发布的《关于开展案件质量评估工作的指导意见》也明确规定，"法定（正常）审限不包括申请批准延长的审限"。

的黔西南中院 8.6 个百分点，如表 4-16 所示。

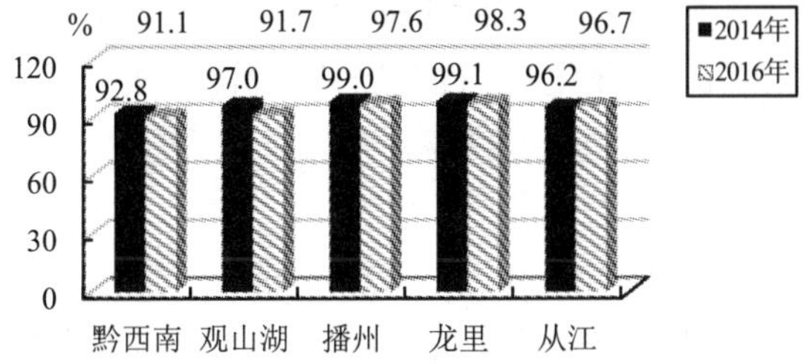

图 4-26 改革前后对照法院审限内结案率比较

表 4-16 试点法院和对照法院法定审限内结案率比较 (%)

2014 年					2016 年				
试点法院	审限结案	对照法院	审限结案	相比	试点法院	审限结案	对照法院	审限结案	相比
六盘水中院	99.62	黔西南中院	92.75	6.87	六盘水中院	99.73	黔西南中院	91.14	8.59
花溪法院	97.84	观山湖法院	97.01	0.83	花溪法院	98.68	观山湖法院	91.73	6.95
汇川法院	98.08	播州法院	98.99	-0.91	汇川法院	99.86	播州法院	97.59	2.27
贵定法院	97.32	龙里法院	99.06	-1.74	贵定法院	99.74	龙里法院	98.31	1.43
榕江法院	97.47	从江法院	96.22	1.25	榕江法院	99.08	从江法院	96.73	2.35
试点平均	98.08	对照平均	97.39	0.69	试点平均	99.42	对照平均	94.95	4.32

课题组认为：

第一，法定（正常）审限内结案率是提升审判效率的底线。该指标是案件审结率指标的“进阶”，旨在反映审判和执行效率，要求案件在法定（正常）审限内审结，预防“隐形”超审限的发生，防止案件积压，维护当事人诉权。

第二，贵州试点法院在法定（正常）审限内结案率方面取得出色成效而对照法院明显下降,充分证明司改的必要与有效。在“案多人少”矛盾日益突出的形势下,试点法院的正向表现树立了范本:一方面在主观上提升法官审限意识,并辅之以“以案定补”等激励机制,营造依审限办理案件的良好氛围。另一方面在客观上改善审判工作机制,优化资源配置,建设依审限办理案件的良好“生态”。

16. 案均审理时间

案均审理时间是法院已结案件所花费的总时间与结案总数之比。其计算公式是:案均审理时间 = ∑案件审理时间/结案总数。

调查数据显示:

第一,试点法院的案均审理时间小幅升高。试点法院的该指标均值从改革前约 52 天上升到改革后 57 天,增加近一成。除贵定法院下降两成之外,其他 4 家法院均有升高。其中榕江法院增加近 14 天,增幅为三成。同时,各试点法院的案均审理时间差距也在加大,最短的贵定法院为 30 天,最长的六盘水中院约 76 天,如图 4-27 所示。

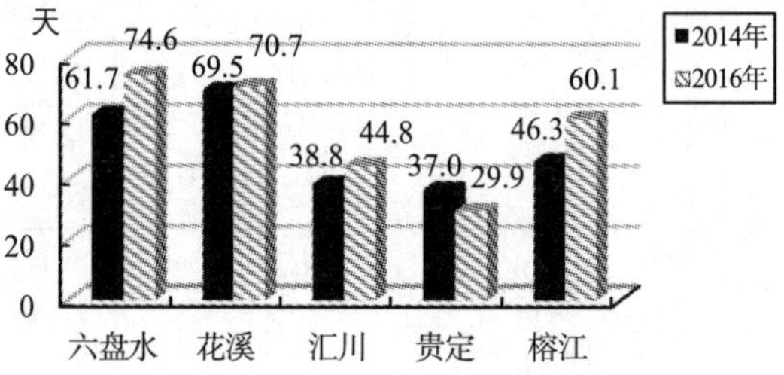

图 4-27 改革前后试点法院案均审理时间比较

第二,同期对照法院的案均审理时间升幅更甚。对照法院的均值从 49 天上升至 65 天,增加三成三。除黔西南中院下降两成外,其他 4 家均上升逾四成。其中最为明显的从江法院增加 30 天,增幅为 1 倍。同时,2016 年各对照法院的案均审理时间有高有低,最高的观山湖法院达 81 天,最低的黔西南中院也有 47 天之多,如图 4-28 所示。

第三,试点法院的案均审理时间略有增加但普遍低于对照法院。从总体看,两组法院的案均审理时间都呈上升趋势,但试点法院改革前后的增加程度(P=0.239)小于对照法院(P=0.081)。试点法院该指标上的均值从改革前高于对照法院约 3 天到改革后低于对照法院约 8 天,收

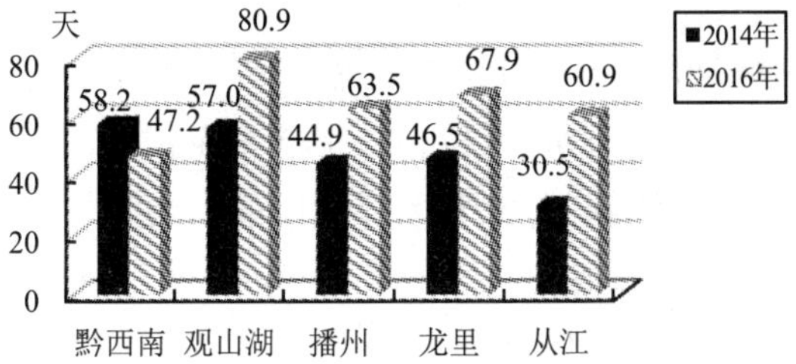

图 4-28　改革前后对照法院案均审理时间比较

效依然明显。其中花溪法院从原多于对照法院近 13 天到低于 10 天。从个体看,改革前仅 2 家试点法院优于对照法院,改革后增至 4 家。其中贵定法院比对照法院少了 38 天,如表 4-17 所示。

表 4-17　试点法院和对照法院案均审理时间比较　　(天)

2014 年					2016 年				
试点法院	案均审时	对照法院	案均审时	相比	试点法院	案均审时	对照法院	案均审时	相比
六盘水中院	61.65	黔西南中院	58.22	3.43	六盘水中院	74.62	黔西南中院	47.22	27.40
花溪法院	69.49	观山湖法院	56.96	12.53	花溪法院	70.73	观山湖法院	80.89	-10.16
汇川法院	38.84	播州法院	44.91	-6.07	汇川法院	44.75	播州法院	63.51	-18.76
贵定法院	36.96	龙里法院	46.46	-9.50	贵定法院	29.89	龙里法院	67.91	-38.02
榕江法院	46.34	从江法院	30.5	15.84	榕江法院	60.12	从江法院	60.86	-0.74
试点平均	51.94	对照平均	48.87	3.07	试点平均	57.05	对照平均	65.21	-8.16

课题组认为:

第一,案均审理时间是衡量审判效率的尺度。适度维持该指标既反映法院在法律规定办案期限内尽量缩短案件审理时间,以实现诉讼经济和高效,减轻当事人诉累;同时又防止过度压缩审理时间,确保案件审理质量，保障公正审判。

第二，多数贵州研究样本法院在案均审理时间上皆有上升，究其原因：一是执行案件数量大增，①拉长整个案均审理时间；二是采用多元纠纷解决机制进行案件分流，进入审判程序的多为较复杂案件，客观上需时更长；三是试点法院的法官人数大幅减少，法官手中案件需逐个排期开庭，拉长了办案“战线”。

第三，贵州试点法院在案均审理时间上取得不菲成效。相信改革的深化将进一步发挥法官的积极性和能动性，规范办案流程、整合办案力量，进而提升审判效率。

17. 法定执限内结案率

法定执限内结案率是法定期限内执结案件数与执行案件结案数之比。其计算公式为：法定执限内结案率=法定期限内执结案件数/执行案件结案数。②

调查数据显示：

第一，试点法院法定执限内结案率水平较高且稳中有升，部分法院近十成。试点法院的该指标均值从改革前的 97.8%上升到改革后的 98.5%，其中最明显的花溪法院上升了 2.5 个百分点，而贵定始终保持在 100%③，如图 4-29 所示。

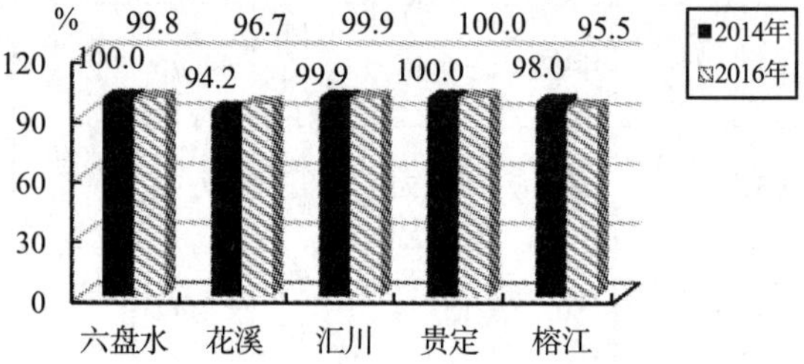

图 4-29　改革前后试点法院法定执限内结案率比较

---

① 2016 年 5 家试点法院的执行结案总数达 6181 件，比 2014 年高出 3793 件，翻了 1.6 番。

② “法定期限内执结案件数”和“执行案件结案数”中均不包含批准延长审限的案件。

③ 其原因在于：贵定法院在执行中采取调解的措施提高结案率，其中对无履行能力的，经被执行人同意按执行终止进行结案，待被执行人有履行能力后再启动执行程序。目前已对此种方法严格限制使用。

第二,对照法院法定期限内执结率也持续保持较高水平但个别有所下降。5 家对照法院的此项指标从 99.3%到 99.2%,下降了 0.1 个百分点。其中龙里法院从 2014 年的 100%到 2016 年的九成五,下降了 5 个百分点,如图 4-30 所示。

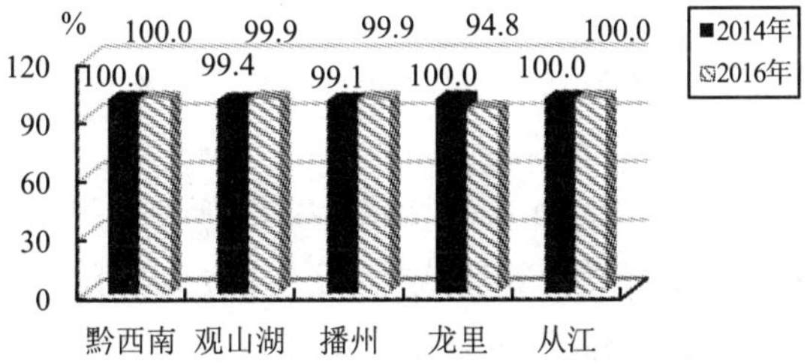

图 4-30　改革前后对照法院法定执限内结案率比较

第三,试点法院的法定期限内执结率略低于对照法院但差距缩小。2016 年两类法院的法定期限内执结率并无显著差异(P=0.76),但试点法院与对照法院的差距从改革前的 1.5 个百分点缩小到改革后的 0.7 个百分点,如表 4-18 所示。

表 4-18　试点法院和对照法院法定期限内执结率比较　(%)

2014 年					2016 年				
试点法院	执结率	对照法院	执结率	相比	试点法院	执结率	对照法院	执结率	相比
六盘水中院	100.00	黔西南中院	100.00	0.00	六盘水中院	99.79	黔西南中院	100.00	-0.21
花溪法院	94.19	观山湖法院	99.35	-5.16	花溪法院	96.70	观山湖法院	99.94	-3.24
汇川法院	99.91	播州法院	99.11	0.80	汇川法院	99.89	播州法院	99.87	0.02
贵定法院	100.00	龙里法院	100.00	0.00	贵定法院	100.00	龙里法院	94.78	5.22
榕江法院	98.00	从江法院	100.00	-2.00	榕江法院	95.45	从江法院	100.00	-4.55
试点平均	97.78	对照平均	99.33	-1.55	试点平均	98.50	对照平均	99.20	-0.70

课题组认为:

第一,法定期限内执结率反映法院的执行效率,防止执行积压案件和超法定执行期限,及时兑现当事人的合法权益。

第二,贵州所有样本法院在法定期限内执结率上都呈优良表现。尤其是试点法院在案件执行数量明显上升、员额法官大幅减少的情况下,仍能保持稳健的法定期限内执结率,体现了司改的显著成效。

18. 案均执行时间

案均执行时间是法院所有执行案件的执行时间(扣除因法定事由延期天数后)的平均值。其计算公式为:案均执行时间=Σ(已结案件执行天数-因法定事由应扣除天数)/执行结案数。

调查数据显示:

第一,试点法院的案均执行时间有所延长但基本保持稳定。该指标均值从改革前的63天到改革后近72天,增加8天半,增幅为一成四。除贵定的案均执行时间缩短至48天之外,其他4家法院都有所增加,其中,六盘水中院增加了近25天,如图4-31所示。

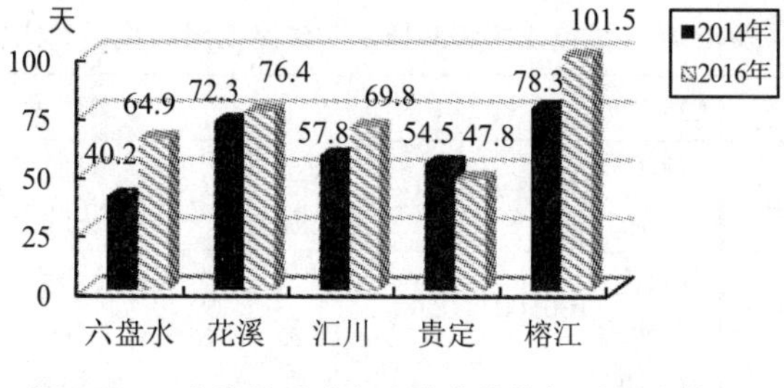

图4-31 改革前后试点法院案均执行时间比较

第二,对照法院的案均执行时间皆大幅增加,且均逾70日。对照法院2016年案均执行时间较2014年增长明显(P=0.002),该指标均值从55天到103天,增加48天,增幅高达八成七。各对照法院的增幅都超30天,其中观山湖和从江2家法院超过1倍,增量近2个月,以致观山湖的案均执行时间高达115天半,如图4-32所示。

第三,两类法院的案均执行时间都有延长,但试点"逊色"于对照。2016年两类法院的案均执行时间并无显著差异(P=0.058),但试点法院的该指标均值从改革前高于对照法院约8天到改革后低近32天,收效

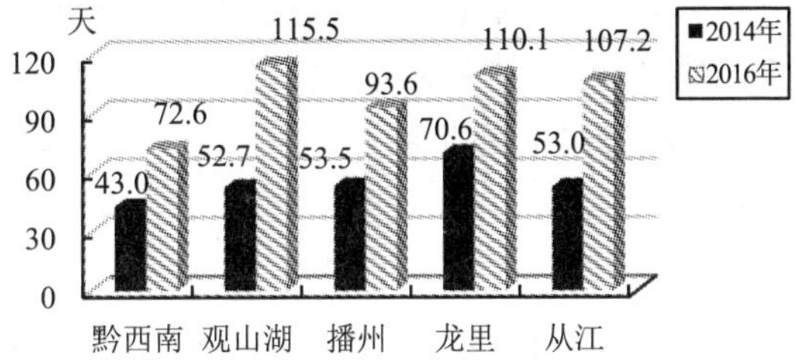

图 4-32　改革前后对照法院案均执行时间比较

颇显。其中花溪法院从 2014 年高于对照法院 19 天半，到 2016 年低于 39 天，如表 4-19 所示。

表 4-19　试点法院和对照法院案均执行时间比较　　（天）

2014 年					2016 年				
试点法院	执行时间	对照法院	执行时间	相比	试点法院	执行时间	对照法院	执行时间	相比
六盘水中院	40.24	黔西南中院	43.00	-2.76	六盘水中院	64.89	黔西南中院	72.63	-7.74
花溪法院	72.29	观山湖法院	52.72	19.57	花溪法院	76.35	观山湖法院	115.53	-39.18
汇川法院	57.75	播州法院	53.50	4.25	汇川法院	69.84	播州法院	93.62	-23.78
贵定法院	54.52	龙里法院	70.55	-16.03	贵定法院	47.80	龙里法院	110.13	-62.33
榕江法院	78.26	从江法院	52.96	25.30	榕江法院	101.51	从江法院	107.15	-5.64
试点平均	63.27	对照平均	55.47	7.80	试点平均	71.83	对照平均	103.38	-31.55

课题组认为：

第一，案均执行时间是执行效率的显性指标。该指标的升降与法院案件执行周期的长短成正比，并与执行效率的高低成反比。

第二，贵州绝大多数研究样本法院的案均执行时间都有不同程度的增加。其与当下因案件执行数量和难度大量增加所引发的执行时间普遍增长的大趋势基本一致。然而，贵州通过推行“精审判、强执行”等措施，使试点法院在执行案件多于对比法院的情况下，尽可能缩短执行周期，提高执行效率，减轻当事人诉累。

（四）司法为民

“司法为民”包括“当场立案率”“当庭送达率”“诉讼档案卷宗电子化率”3项三级指标。试点法院在自身比较中皆有所提升，在与对照法院的横向比较中皆更优，其中“当场立案率”“诉讼档案卷宗电子化率”2项指标在横向和纵向比较中皆具有显著意义。

19. 当场立案率

当场立案率是法院当场立案数与收案数之比。其计算公式为：当场立案率=当场立案数/收案数。

调查数据显示：

第一，试点法院的当场立案率大幅提升（P=0.034），且均超九成五。5家试点法院的均当场立案率从改革前的五成八五到改革后的近九成六，提升超过37个百分点，其中最为明显的贵定法院提高了近70个百分点。同时，改革后各试点法院的该项指标均超过95%，其中六盘水中院高达99.7%，如图4-33所示。

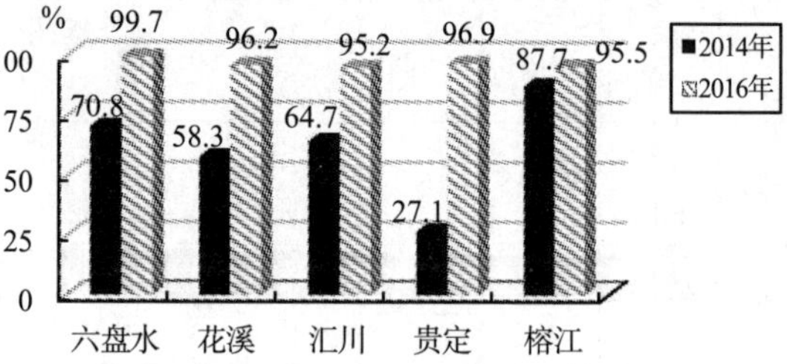

图4-33 改革前后试点法院当场立案率比较

第二，对照法院的当场立案率也皆有提升，但幅度相对较小，且大多不足九成五。同期5家对照法院的均当场立案率从七成三提高到八成三，仅提升10个百分点。2016年有4家对照法院的当场立案率仍低于九成五，其中最低的播州法院仅七成四，如图4-34所示。

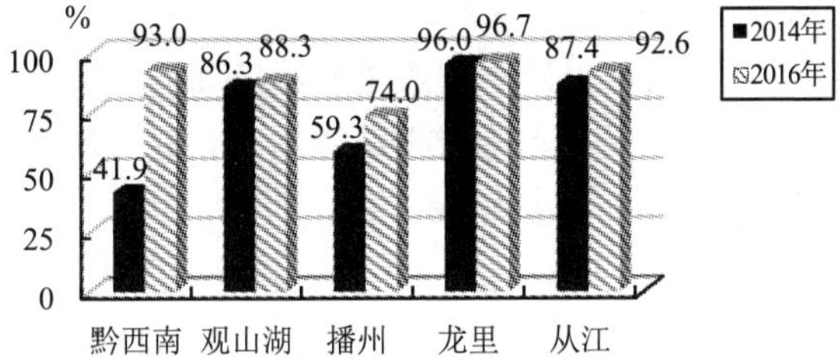

图 4-34　改革前后对照法院当场立案率比较

第三,试点法院的当场立案率提升成效明显优于对照法院。从总体看,2016 年两类法院的当场立案率具有显著差异(P=0.04),且试点法院的均值从改革前低于对照法院 14 个百分点,到改革后超出 13 个百分点,"反超"成功,收效明显。其中,贵定法院从 2014 年低于对照法院 69 个百分点,到 2016 年"略胜一筹"。从个体上看,改革前仅 3 家试点法院在本指标上超过对照法院,改革后所有试点法院均超过对照法院,其中汇川法院超出对照的播州法院 21 个百分点,如表 4-20 所示。

表 4-20　试点法院和对照法院当场立案率比较　(%)

2014 年					2016 年				
试点法院	当场立案	对照法院	当场立案	相比	试点法院	当场立案	对照法院	当场立案	相比
六盘水中院	70.82	黔西南中院	41.89	28.93	六盘水中院	99.71	黔西南中院	93.04	6.67
花溪法院	58.26	观山湖法院	86.30	-28.04	花溪法院	96.18	观山湖法院	88.34	7.84
汇川法院	64.73	播州法院	59.25	5.49	汇川法院	95.23	播州法院	74.02	21.21
贵定法院	27.12	龙里法院	96.04	-68.91	贵定法院	96.89	龙里法院	96.70	0.19
榕江法院	87.67	从江法院	87.41	0.26	榕江法院	95.49	从江法院	92.61	2.88
试点平均	58.54	对照平均	72.74	-14.20	试点平均	95.93	对照平均	82.82	13.11

课题组认为:

第一,当场立案率是提升审判效率的端口和前提。该指标旨在反映法院的立案效率,尤其反映本轮司改推行的立案登记制的落实情况及其便民、利民的服务状况。

第二,迄今贵州的所有样本法院(含试点和非试点法院)在立案效率上全面提升。在"诉讼爆炸"的时代,如此变化当是本轮司改大环境使然,令人欣喜。

第三,贵州试点法院当场立案率的提升远超对照法院的结果,充分证明司改的必要及其成效。通过改革,在过程中体现为对立案登记制的落实和对便民利民理念的贯彻,导致"量"的提升;在结果上反映为当场立案的常态化,确保绝大多数案件在立案环节即显高效,产生"质"的改变。

20. 当庭送达率

当庭送达率是法院在办案中当庭送达裁判文书案件数与结案数之比。其计算公式为:当庭送达率=当庭送达裁判文书案件数/结案数。

调查数据显示:

第一,试点法院的当庭送达率大幅上升。虽然试点法院在改革前后的当庭送达率并无显著差异(P=0.053),但其均当庭送达率从改革前的不足一成到改革后的两成九,提高了近20个百分点。其中上升最多的汇川法院逾四成八;上升最快的贵定法院增量超44个百分点,如图4-35所示。

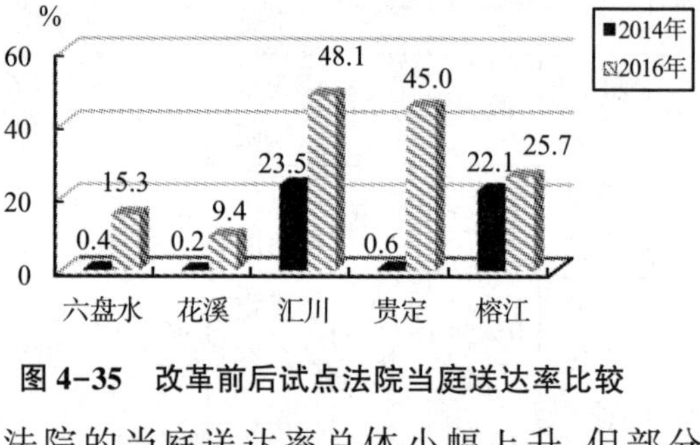

图4-35 改革前后试点法院当庭送达率比较

第二,对照法院的当庭送达率总体小幅上升,但部分有所下降。2016年各对照法院的当庭送达率均低于二成六,其中黔西南中院和龙里法院均不足一成。同期所有对照法院的均当庭送达率为一成九,仅提高8个百分点。其中上升幅度最大的播州法院为21.8个百分点,观山湖和从江法院则分别下降了近 5 个和近 30 个百分点，如图 4-36 所示。

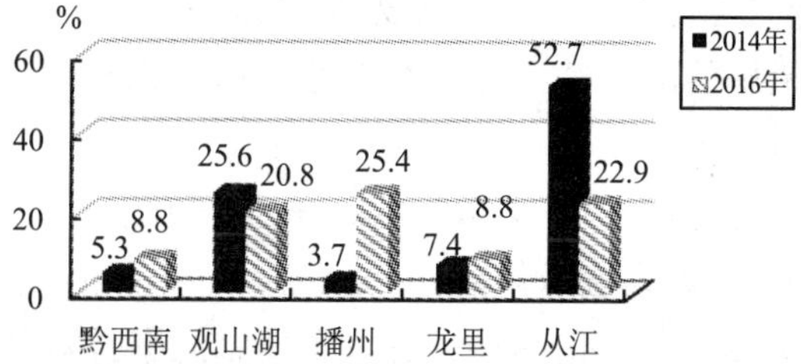

图 4-36　改革前后对照法院当庭送达率比较

第三，试点法院的当庭送达率提升成效明显优于对照法院。从总体上看，2016 年两类法院的当场送达率并无显著差异（P=0.240），但试点法院的均当庭送达率从改革前低于对照法院约 1.5 个百分点，到改革后超出 10 个百分点，收效明显。从个体上看，改革前仅 1 家试点法院在本指标上超过对照法院，改革后有 4 家试点法院，其中贵定法院超出对照法院 36 个百分点，如表 4-21 所示。

表 4-21　试点法院和对照法院当庭送达率比较　（%）

2014 年					2016 年				
试点法院	当庭送达	对照法院	当庭送达	相比	试点法院	当庭送达	对照法院	当庭送达	相比
六盘水中院	0.38	黔西南中院	5.29	-4.91	六盘水中院	15.28	黔西南中院	8.81	6.47
花溪法院	0.17	观山湖法院	25.57	-25.40	花溪法院	9.42	观山湖法院	20.77	-11.35
汇川法院	23.47	播州法院	3.69	19.78	汇川法院	48.11	播州法院	25.41	22.70
贵定法院	0.63	龙里法院	7.44	-6.81	贵定法院	44.96	龙里法院	8.83	36.13
榕江法院	22.05	从江法院	52.67	-30.62	榕江法院	25.74	从江法院	22.90	2.84
试点平均	9.58	对照平均	11.11	-1.53	试点平均	29.19	对照平均	19.08	10.10

课题组认为：

第一，当庭送达率是提升审判效率的“最后一公里”。该指标旨在反映便民利民措施的落实以及法官和助理人员的配合效率，是当庭裁判基础上审判效率的再次发力。

第二，试点法院的当庭送达明显向好，但提升潜力尚可挖掘。

21. 诉讼档案卷宗电子化率

诉讼档案卷宗电子化率是具有电子卷宗的案件数与法院收案数之比。其计算公式为：诉讼档案卷宗电子化率=具有电子卷宗的案件数/收案数。

调查数据显示：

第一，试点法院诉讼档案卷宗电子化率增长快速，个别已全部电子化。改革前后试点法院的该项指标具有显著差异（P=0.018），均值从改革前的一成五到改革后的八成六，提高近71个百分点，其中汇川法院提高约91个百分点。同时，3家试点法院的诉讼档案卷宗电子化率逾九成五，贵定法院已达100%[①]，如图4-37所示。

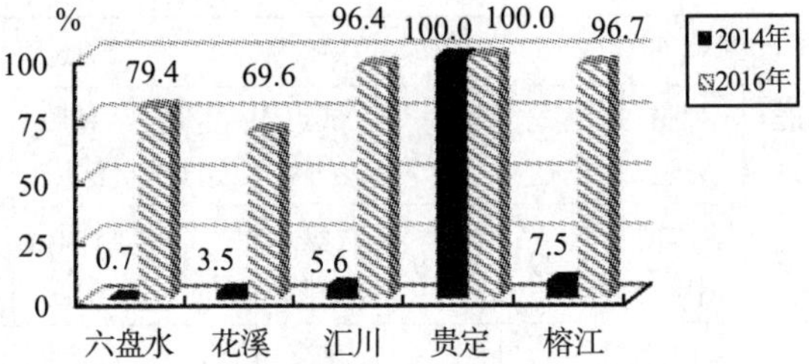

图4-37　改革前后试点法院卷宗电子化率比较

第二，对照法院的诉讼档案卷宗电子化率也开始起步。5家对照法院的均值从1.63%提升到近一成九，尤其是龙里法院不仅实现零的突破，而且实现全电子化。但观山湖和从江法院的电子化率仍不足1%，如图4-38所示。

① 贵定法院自2012年起开展诉讼档案卷宗电子化实践，取得较好成效，并作为典型要求黔南州基层法院进行学习。

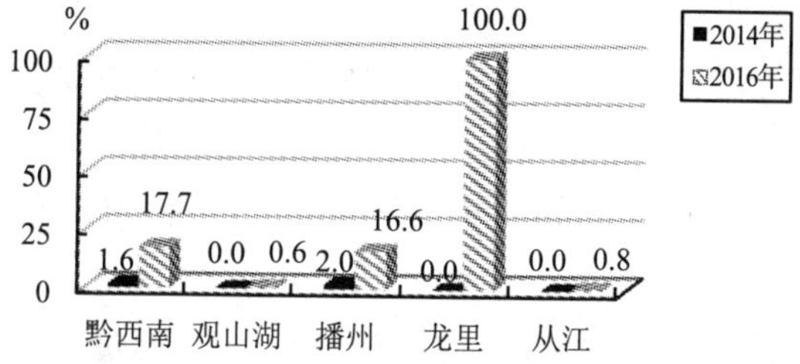

图 4-38　改革前后对照法院卷宗电子化率比较

第三，试点法院诉讼档案卷宗电子化率明显高于对比法院。从总体上看，2016 年两类法院的该项指标存在显著差异（P＝0.02）。试点法院在该指标上的均值从改革前高出对照法院 14 个百分点，到改革后超出 67 个百分点，成效巨大。从个体上看，除贵定与对照的龙里法院均达到 100%之外，4 家试点法院都高出对照法院 60 个百分点以上。其中相差最大的榕江法院高出对照法院 96 个百分点，如表 4-22 所示。

表 4-22　试点法院和对照法院诉讼档案卷宗电子化率比较　（%）

2014 年					2016 年				
试点法院	电子卷宗	对照法院	电子卷宗	相比	试点法院	电子卷宗	对照法院	电子卷宗	相比
六盘水中院	0.73	黔西南中院	1.61	-0.88	六盘水中院	79.41	黔西南中院	17.70	61.71
花溪法院	3.47	观山湖法院	0.00	3.47	花溪法院	69.57	观山湖法院	0.64	68.93
汇川法院	5.60	播州法院	1.97	3.63	汇川法院	96.39	播州法院	16.56	79.83
贵定法院	100.00	龙里法院	0.00	100	贵定法院	100.00	龙里法院	100.00	0.00
榕江法院	7.45	从江法院	0.00	7.45	榕江法院	96.68	从江法院	0.75	95.93
试点平均	15.30	对照平均	1.63	13.68	试点平均	85.93	对照平均	18.76	67.17

课题组认为:

第一,诉讼档案卷宗电子化率是提升审判效率的数据支持。该指标旨在反映诉讼档案数字化工作推进情况和信息化建设情况。诉讼档案卷宗电子化的意义在于解决诉讼档案的广泛利用与卷宗孤本存在的矛盾。

第二,贵州所有样本法院均已开展诉讼档案卷宗电子化工作。在"诉讼爆炸"和信息化飞速发展的时代,诉讼档案卷宗电子化是大势所趋。一方面,在很大程度上便利二审、再审、案件评查等卷宗使用;另一方面,也为司法大数据应用提供数据资源。

第三节 "公正审判"的实效判断

一、基本结论

改革后的5家试点法院在"公正审判"的一级、二级和三级指标上显著差异,大多向好。详言之:

第一,T检验显示:试点法院在"公正审判"一级指标上具有非常显著变化,表现在改革后与对照法院的显著差异(P=0.000),也体现在改革后自身的进步(P=0.001)。

第二,T检验显示:试点法院在证明"公正审判"的两个二级指标上显著变化。其中"人权保障"指标试点法院在改革后较对照法院具有显著差异(P=0.004),且自身比较也具有显著进步(P=0.002)。"审判公开"指标在改革后与对照法院比较中虽无显著差异(P=0.064),但与改革前自身比较具有显著差异(P=0.001)。"审判规范"和"司法为民"指标与对照法院相比皆无显著性(P=0.062,P=0.503),但前者存在优势放大趋势(2014年P=0.480)。[①]

第三,T配对检验显示:试点法院在佐证"公正审判"的39个三级指

① "司法为民"指标因相关工作在改革前多数法院未开展,所以未对2014年的横向比较以及两组法院的纵向比较进行T检验。同时,另两项反映公正审判的二级指标——"社会服务"和"司法廉洁"因数据较少而无法进行T检验。

标中,绝大多数改革后有明显变化。表现为:

其一,在2014年度和2016年度自身纵向比较中,“向好”指标共30项,占76.92%。其中具有显著差异(P≤0.05)的6项,分别为“二审改判率”、“裁判自动履行率”、“刑事案件辩护率”、“证人、鉴定人、侦察人员出庭应诉率”、“认罪认罚从宽适用率”和“司法建议数”指标。①

其二,在2016年度与对照法院的横向比较中,优于的32项,占82.05%。其中具有显著差异(P≤0.05)的2项,分别为“上诉率”“刑事案件辩护率”。②

二、具体分析

(一)审判公开

“审判公开”下有7项三级指标,包括“庭审直播数”、“一审案件陪审率”、“二审开庭审理率”、“再审审查询问率”、“执行异议案件听证率”、“减刑、假释、暂予监外执行公开率”和“裁判文书上网率”。试点法院自身比较中所有指标均向好;在与对照法院的横向比较中,除“再审审查询问率”较低,“庭审直播数”和“减刑、假释、暂予监外执行公开率”相同,试点法院的其余4项指标均更优。

1. 庭审直播数

庭审直播数指法院利用网络或其他媒体平台对案件庭审情况进行实时播放的数量。

调查数据显示:

第一,试点法院的庭审直播数有所提升。2016年仅六盘水、汇川和贵定三院进行了庭审直播,总数从改革前的13件到改革后的23件,提升近1倍。其中汇川法院增加的12件成为提升“主力”,如图4-39所示。

---

① 不变的有4项,即“减刑、假释、暂予监外执行公开率”、“非法证据排除案件数”、“公报、指导性案例入选数”和“廉政投诉办结率”。“退步”的有6项,具体是:“民商事案件撤诉率”(P=0.562)、“行政案件结案率”(无)、“裁定再审率”(P=0.352)、“抗诉案件维持率”(无)、“实际执行率”(P=0.097)和“执行标的到位率”(P=0.083)。需说明的是:在自身退步的6项指标中,各项指标皆优于对照法院。

② 相同的有3项,分别为“庭审直播数”、“减刑、假释、暂予监外执行公开率”和“廉政投诉办结率”。对照法院更优的有3项,具体是:“再审审查询问率”、“司法建议数”和“公报、指导性案例入选数”。

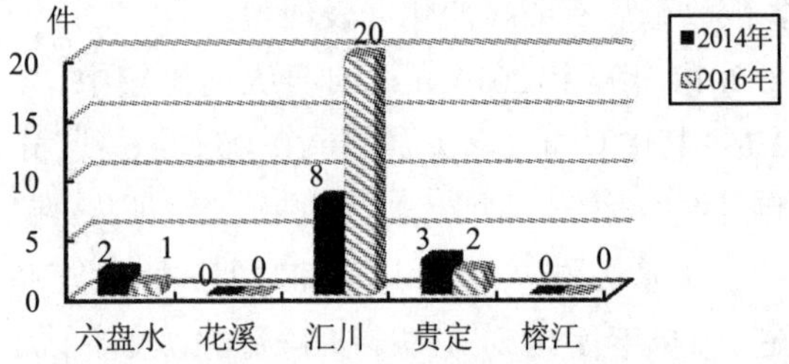

图 4-39 改革前后试点法院庭审直播数比较

第二,对照法院的庭审直播数也有提升,2 家法院实现零的突破。同期开展庭审直播的对照法院从 1 家增至 3 家,直播总数从 3 件提高到 23 件,翻了近 7 番。其中播州法院初试"告捷",达 13 件,如图 4-40 所示。

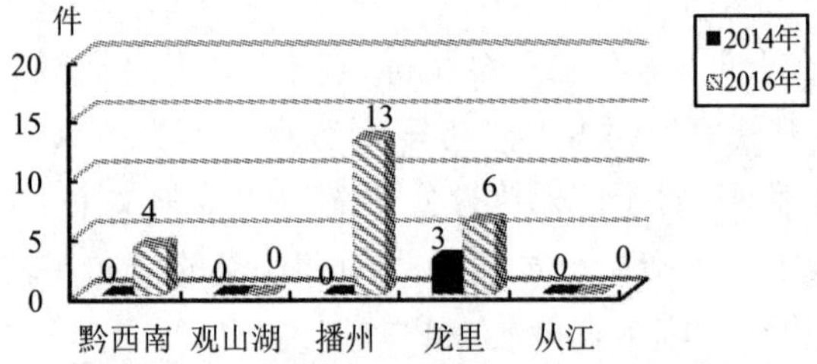

图 4-40 改革前后对照法院庭审直播数比较

第三,试点法院庭审直播与对照组相当。2016 年两类法院的庭审直播总数持平。同时,基层法院的庭审直播实践也出现地域性倾向,即集中在遵义和黔西南地区,分别代表了经济发展较快和民族多样性较强的地区,如表 4-23 所示。

表 4-23 试点法院和对照法院庭审直播数比较 (件)

2014 年					2016 年				
试点法院	庭审直播	对照法院	庭审直播	相比	试点法院	庭审直播	对照法院	庭审直播	相比
六盘水中院	2	黔西南中院	0	2	六盘水中院	1	黔西南中院	4	-3
花溪法院	0	观山湖法院	0	0	花溪法院	0	观山湖法院	0	0

续表

2014年					2016年				
试点法院	庭审直播	对照法院	庭审直播	相比	试点法院	庭审直播	对照法院	庭审直播	相比
汇川法院	8	播州法院	0	8	汇川法院	20	播州法院	13	7
贵定法院	3	龙里法院	3	0	贵定法院	2	龙里法院	6	-4
榕江法院	0	从江法院	0	0	榕江法院	0	从江法院	0	0
试点平均	2.6	对照平均	0.6	2	试点平均	4.6	对照平均	4.6	0

课题组认为：

第一，庭审直播是司法公开的一大变革。庭审直播是继审判流程公开、判决文书公开和执行信息公开之后再度开放的窗口，对提高司法透明度、改变庭审虚化、促进司法权威起着有效的促进作用，使公众对司法正义有更为直观的感受。

第二，贵州研究样本法院的庭审直播数正在逐步上升，但尚未普遍化和常态化，仍有较大上升空间，建议进一步出台并运行相关机制，扩大庭审直播覆盖面，深化司法公开。

2. 一审案件陪审率①

一审案件陪审率是陪审员参加合议庭审理结案数与一审普通程序审理结案案件数之比。其计算公式为：一审案件陪审率=陪审员参加合议庭审理结案数/一审普通程序审理结案案件数。

调查数据显示：

第一，试点基层法院的一审案件陪审率大幅上升，皆逾八成六。其均陪审率从七成九上升至改革后的九成三，提升了14个百分点。其中贵定法院上升了25个百分点。有3家法院超过九成，汇川法院达九成

① 因该指标仅考核基层法院，因而仅有基层法院的数据。

九,如图 4-41 所示。

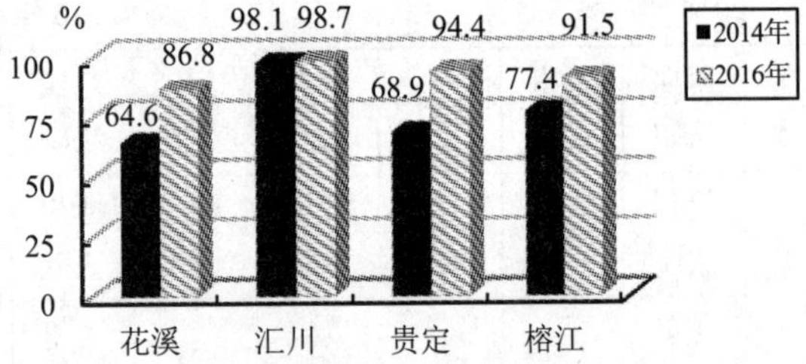

图 4-41　改革前后试点法院一审案件陪审率比较

第二,对照基层法院的一审案件陪审率也有上升但不高。同期其均一审案件陪审率从六成一到七成三,上升 12 个百分点。龙里则下降了近 6 个百分点,如图 4-42 所示。

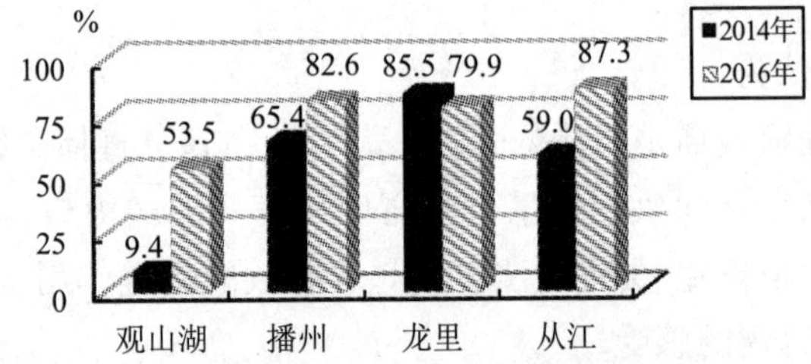

图 4-42　改革前后对照法院一审案件陪审率比较

第三,试点法院一审案件陪审率明显优于对照法院。2016 年两类法院无显著差异(P=0. 078),但试点法院均陪审率超出对照法院 19 个百分点。所有试点法院皆超过对照法院,其中花溪高出 33 个百分点,如表 4-24 所示。

表 4-24　试点法院和对照法院一审案件陪审率比较　(%)

2014 年					2016 年				
试点法院	一审陪审	对照法院	一审陪审	相比	试点法院	一审陪审	对照法院	一审陪审	相比
花溪法院	64. 63	观山湖法院	9. 41	55. 22	花溪法院	86. 81	观山湖法院	53. 47	33. 34

续表

2014年					2016年				
试点法院	一审陪审	对照法院	一审陪审	相比	试点法院	一审陪审	对照法院	一审陪审	相比
汇川法院	98.05	播州法院	65.40	32.65	汇川法院	98.73	播州法院	82.59	16.14
贵定法院	68.89	龙里法院	85.50	-16.61	贵定法院	94.35	龙里法院	79.88	14.47
榕江法院	77.42	从江法院	59.04	18.38	榕江法院	91.48	从江法院	87.29	4.19
试点平均	79.07	对照平均	61.30	17.77	试点平均	92.61	对照平均	73.43	19.18

课题组认为:

第一,一审案件陪审率是司法民主和公正的有力保障。落实人民陪审员制度,吸收人民群众参加诉讼活动,既提升诉讼的民主性和透明度,又使法院自觉接受社会监督,加强司法公信力。

第二,研究样本法院的一审案件陪审率普遍提升,与司改形成的司法民主理念密不可分。

第三,试点法院一审案件陪审率明显高于对照法院,显现了本轮司改所推进人民陪审员制度改革广受认同,司法公正也更“接地气”。

3. 二审开庭审理率

二审开庭审理率是二审开庭审理结案数与二审结案数之比。其计算公式为:二审开庭审理率=二审开庭审理结案数/二审结案数。

调查数据显示:

改革后试点和对照中院的二审开庭审理率都有所提升,而且试点中院的该比率已过半。六盘水中院由改革前的四成八到改革后的五成二,涨幅将近3.5个百分点;对照的黔西南中院由二成六到近三成三,涨幅为6个百分点,如图4-43所示。

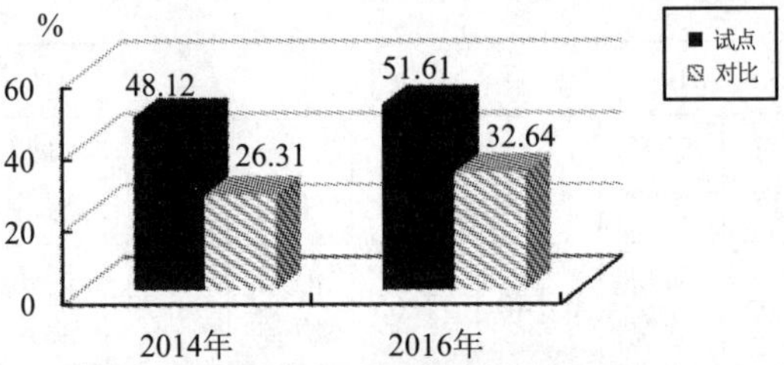

图 4-43　改革前后试点法院和对照法院二审开庭审理率比较

课题组认为：

第一，二审开庭审理率是提高审判公正的程序保障。二审开庭审理体现了诉讼的民主、透明，有助于保证审判活动高效廉明，促使当事人服判息诉，减少申诉及上访。

第二，所有研究样本法院的二审开庭审理率有所提升值得肯定，但试点法院的提升幅度不足对照法院的一半也说明该省须重点加大二审开庭审理的推进。

4. 再审审查询问率

再审审查询问率是再审审查询问案件数与再审审查结案数之比。其计算公式为：再审审查询问率＝再审审查询问案件数/再审审查结案数

调查数据显示：

第一，试点法院的再审审查询问率大幅提升。其均值从改革前的二成七到改革后的三成五，提升了 7.5 个百分点。其中贵定法院的询问率不仅取得零的突破，而且突升至 67%，如图 4-44 所示。

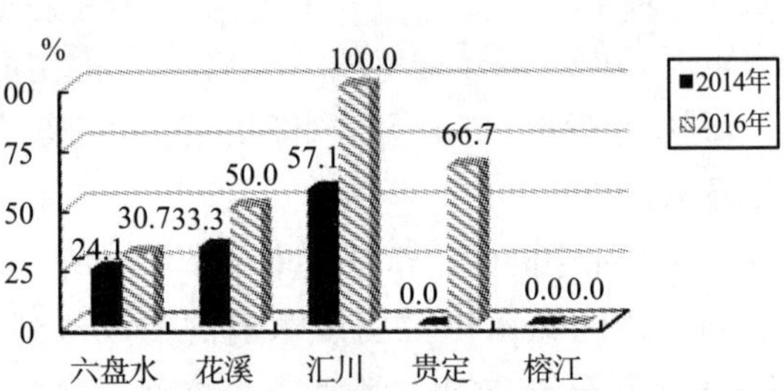

图 4-44　改革前后试点法院再审审查询问率比较

第二，对照法院的再审审查询问适用情况较少。仅黔西南中院开展了此项工作，且比率从六成六下降到五成七，但仍高于作为对照的试点

中院六盘水，如图 4-45 所示。

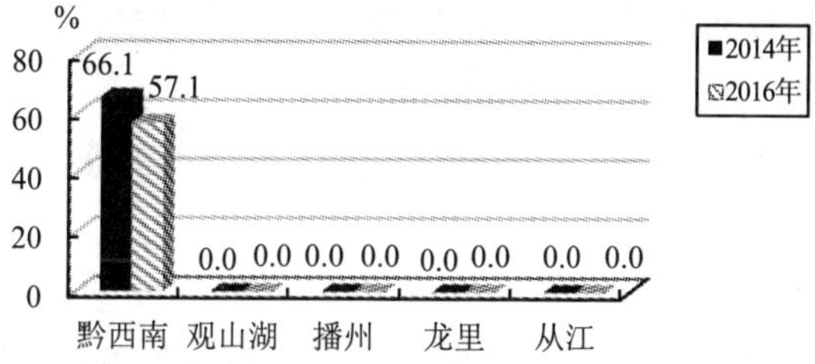

图 4-45　改革前后对照法院再审审查询问率比较

第三，试点法院的再审审查询问率的提升明显好于对照法院。2016 年两类法院的该指标不具有显著差异（P=0.171），但试点法院在改革后呈明显上升而对照法院则相反；且前者的再审审查询问工作全面铺开，但对照法院仅一花独秀，如表 4-25 所示。

表 4-25　试点法院和对照法院再审审查询问率比较　（%）

2014 年					2016 年				
试点法院	审查询问	对照法院	审查询问	相比	试点法院	审查询问	对照法院	审查询问	相比
六盘水中院	24.14	黔西南中院	66.1	-41.96	六盘水中院	30.68	黔西南中院	57.14	-26.46
花溪法院	33.33	观山湖法院	0.00	33.33	花溪法院	50.00	观山湖法院	0.00	50.00
汇川法院	57.14	播州法院	0.00	57.14	汇川法院	100.00	播州法院	0.00	100.00
贵定法院	0.00	龙里法院	0.00	0.00	贵定法院	66.67	龙里法院	0.00	66.67
榕江法院	/	从江法院	/	0.00	榕江法院	/	从江法院	/	/
试点平均	27.03	对照平均	54.17	-27.14	试点平均	34.62	对照平均	47.62	-13.00

课题组认为：

第一，再审审查询问率是促进司法公开、透明、有效的重要举措。通过改革，改变封闭式再审审查的传统做法，通过听取当事人对有关再审申请理由、争议事实、证据的说明和意见，决定案件是否进入再审程序，提升当事人对司法公正的感受度。

第二，再审审查询问尚未在对照法院普遍开展的情形应当尽早改变。

5. 执行异议案件听证率

执行异议案件听证率是开展听证的执行异议案件数与执行异议案件结案数之比。其计算公式为：执行异议听证率=执行异议听证案件数/执行异议案件结案数。

调查数据显示：

第一，基层试点法院执行异议案件听证率保持全覆盖。4家基层试点法院的执行异议案件听证率在改革前后皆保持100%。六盘水中院改革后实现零的突破，达到三成的听证率，如图4-46所示。

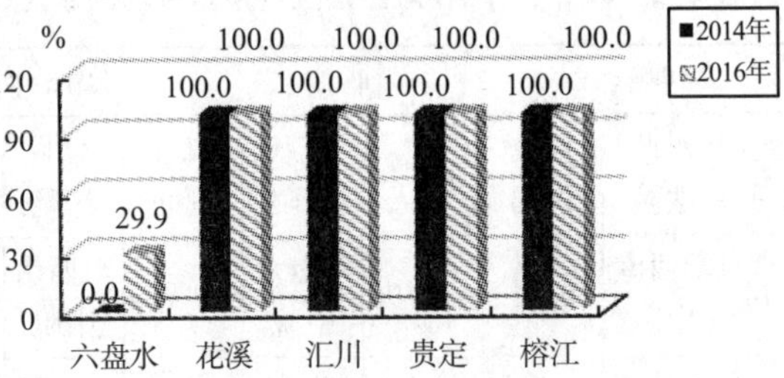

图4-46　改革前后试点法院执行异议听证率比较

第二，对照法院的执行异议案件听证率普遍上升但成效相对不显。同期对照法院的均执行异议案件听证率从一成七到五成五，上升37个百分点。龙里法院反降22个百分点，观山湖法院虽有小幅上升但听证率不足一成。仅2家法院达到十成，如图4-47所示。

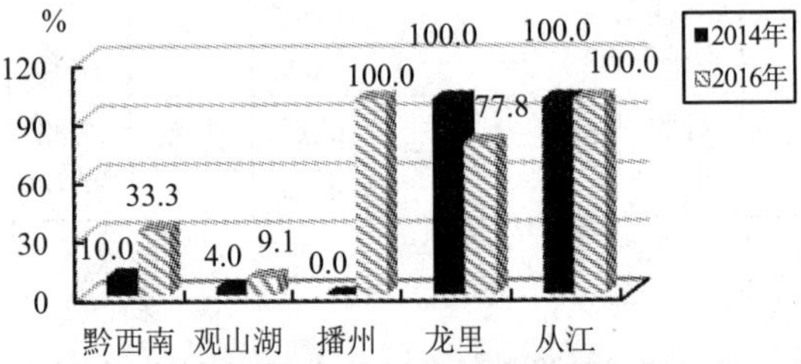

图4-47　改革前后对照法院执行异议听证率比较

第三,试点法院执行异议案件听证率优于对照法院。2016 年两类法院在该指标上无显著差异(P=0.085),但试点法院均听证率达七成,高出对照法院 15 个百分点,如表 4-26 所示。

表 4-26 试点法院和对照法院执行异议案件听证率比较 (%)

2014 年					2016 年				
试点法院	异议听证	对照法院	异议听证	相比	试点法院	异议听证	对照法院	异议听证	相比
六盘水中院	0.00	黔西南中院	10.00	-10.00	六盘水中院	29.85	黔西南中院	33.33	-3.48
花溪法院	100.00	观山湖法院	4.00	96.00	花溪法院	100.00	观山湖法院	9.09	90.91
汇川法院	100.00	播州法院	0.00	100.00	汇川法院	100.00	播州法院	100.00	0.00
贵定法院	100.00	龙里法院	100.00	0.00	贵定法院	100.00	龙里法院	77.78	22.22
榕江法院	100.00	从江法院	100.00	0.00	榕江法院	100.00	从江法院	100.00	0.00
试点平均	94.23	对照平均	17.39	76.84	试点平均	70.25	对照平均	54.76	15.49

课题组认为:

第一,执行异议案件听证率是提高执行程序公开、透明、有效的重要手段。通过执行异议听证程序,一是有利于及时有效查清涉案事实,提高法院办案质效,保护案外人合法权益;二是增加执行透明度,真正实现"阳光执行",树立法院良好形象。

第二,试点基层法院执行异议案件听证率的全覆盖,体现了这一举措的可行性和有效性,司改中应继续推广。

6. 减刑、假释、暂予监外执行案件公开率

减刑、假释、暂予监外执行案件公开率是在互联网上公开的减刑、假释和暂予监外执行案件数与减刑、假释和暂予监外执行结案总数之比。其计算公式为:"减、假、暂"案件公开率=在互联网上公开的"减、假、暂"

案件数/“减、假、暂”结案总数。

调查数据显示：

第一，适用减刑、假释和暂予监外执行的法院较少。2014 年所有研究样本法院均未适用，2016 年仅六盘水试点中院 5 件，黔西南和播州两对照法院分别有 1598 件和 21 件。

第二，试点法院和对照法院的减刑、假释、暂予监外执行案件公开率均为 100%。

课题组认为：

第一，减刑、假释、暂予监外执行案件公开率反映法院执行三类案件的规范性和透明度，体现法院对减刑、假释、暂予监外执行案件的标准尺度和刑罚执行效果的落实，确保刑罚执行面前人人平等。

第二，贵州法院的减刑、假释、暂予监外执行案件公开获得“满分”。将办理流程、结果和裁定文书均在互联网上公开，以司法公开促进司法公正，必将有助司法公信力提高。

7. 裁判文书上网率

裁判文书上网率是上传至互联网的裁判文书数与同期生效案件数之比。其计算公式为：裁判文书上网率 = 上传互联网的裁判文书数/同期生效案件数。

调查数据显示：

第一，试点法院的裁判文书上网率大幅提升，皆逾四分之三。试点法院的均上网率从改革前的六成一提高至改革后的八成三，提升 22 个百分点。其中榕江升幅达 60 个百分点。有 3 家法院的上网率超过九成，六盘水中院保持 100%，如图 4-48 所示。

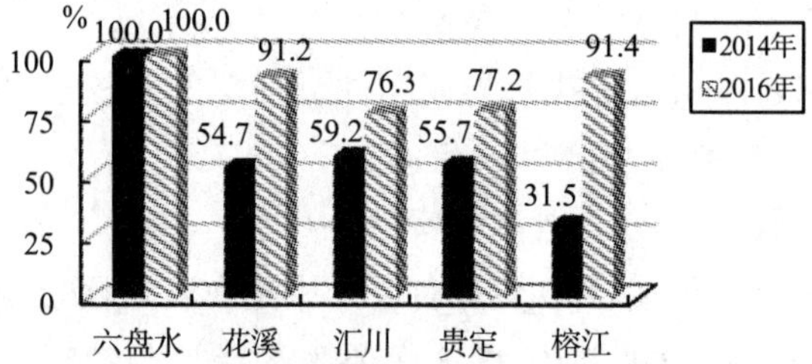

图 4-48　改革前后试点法院裁判文书上网率比较

第二，对照法院的裁判文书上网率也皆有提升但幅度较小。其均上网率从五成到六成一，提升了 11 个百分点，上升最多的从江法院达 58 个百分点，但仍有 2 家法院低于四成六，如图 4-49 所示。

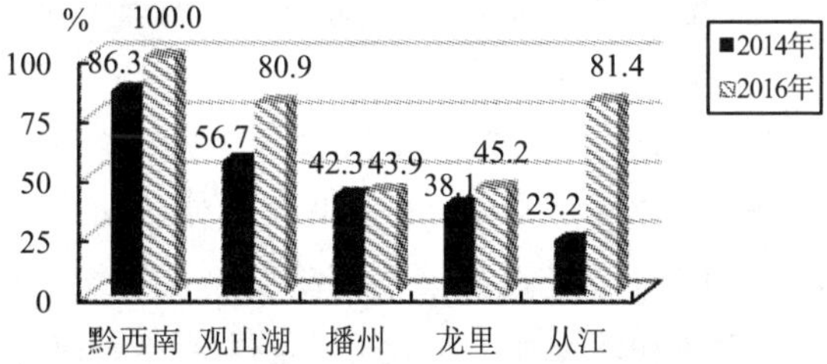

图 4-49　改革前后对照法院裁判文书上网率比较

第三，试点法院裁判文书上网率明显优于对照法院。2016 年两类法院的该指标无显著差异（P＝0.06），但试点法院均上网率较对照法院高 22 个百分点。从个体上看，除两家中院的上网率同为十成，其他试点基层法院皆超出对照法院 10 个百分点以上，其中汇川和贵定两院均高出同类对照法院 32 个百分点，如表 4-27 所示。

表 4-27　试点法院和对照法院裁判文书上网率比较　（%）

2014 年					2016 年				
试点法院	文书上网	对照法院	文书上网	相比	试点法院	文书上网	对照法院	文书上网	相比
六盘水中院	100.00	黔西南中院	86.33	13.67	六盘水中院	100.00	黔西南中院	100.00	0.00
花溪法院	54.68	观山湖法院	56.71	-2.03	花溪法院	91.15	观山湖法院	80.93	10.22
汇川法院	59.20	播州法院	42.28	16.92	汇川法院	76.27	播州法院	43.85	32.42
贵定法院	55.70	龙里法院	38.09	17.61	贵定法院	77.19	龙里法院	45.16	32.03
榕江法院	31.45	从江法院	23.16	8.29	榕江法院	91.42	从江法院	81.35	10.07
试点平均	60.82	对照平均	49.54	11.27	试点平均	83.01	对照平均	60.85	22.15

课题组认为:

第一,裁判文书上网率是司法公正的“全民检阅”。该指标反映了法院推进司法公开、维护司法公正的情况。通过裁判文书上网,“晒”出裁判的公平正义,接受开放性的检验;倒逼法官更加谨慎负责,努力提升裁判文书质量。

第二,所有研究样本法院的裁判文书上网率皆在司改后明显提升,其当是“阳光司法”理念及机制进一步生根使然。

第三,最大限度地将裁判文书上网接受社会监督,必将进一步“倒逼”法院的审判质效和放大司改的民众“获得感”。因此,试点法院裁判文书上网率高值得充分肯定和持续推广。

(二)审判规范

“审判规范”下有 19 项三级指标,包括“一审民商事案件调解率”“民商事案件撤诉率”“行政机关负责人出庭应诉率”等。试点法院在与对照法院的横向比较中,除抗诉案件维持率外其他 18 项指标更优,其中“上诉率”有显著差异。在与改革前的自身比较中,6 项指标退步,[①]13 项指标进步,[②]其中“二审改判率”和“裁判自动履行率”有显著差异。

8. 一审民商事案件调解率

一审民商事案件调解率是一审民商事案件调解结案数与一审民商事案件结案数之比。其计算公式为:一审民商事案件调解率=一审民商事案件调解结案数/一审民商事案件结案数。

调查数据显示:

第一,试点法院一审民商事案件调解率普遍下降,且低于三成。试点法院均值从改革前的二成九到改革后近二成三,下降了 6.3 个百分点。除贵定外的 4 家法院皆有明显下降,其中榕江降幅超 19 个百分点。所有试点法院的一审民商事案件调解率均低于三成,花溪仅一成六,如

---

① 退步的 6 项指标分别为:“民商事案件撤诉率”、“行政案件结案率”、“裁定再审率”、“抗诉案件维持率”、“实际执行率”和“执行标的到位率”。

② 进步的 13 项指标分别为:“一审民商事案件调解率”“行政机关负责人出庭应诉率”“生效行政案件的政府败诉率”“上诉率”“二审发回重审率”“二审改判率”“申诉率”“生效案件发回重审率”“生效案件改判率”“生效案件服判息诉率”“裁判自动履行率”“妨害司法罪裁判数”“拘传、罚款、拘留数”。

图 4-50 所示。

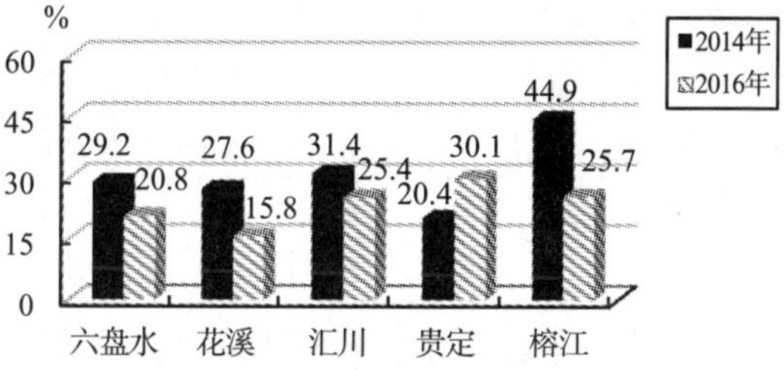

图 4-50 改革前后试点法院民商案件调解率比较

第二,对照法院一审民商事案件调解率也呈下降态势。同期对照法院该指标均值从三成二降至近二成七,下降了 5 个百分点。除龙里外 4 家法院皆呈下降趋势,其中从江降幅高达 17 个百分点,但仍有 3 家法院逾三成,如图 4-51 所示。

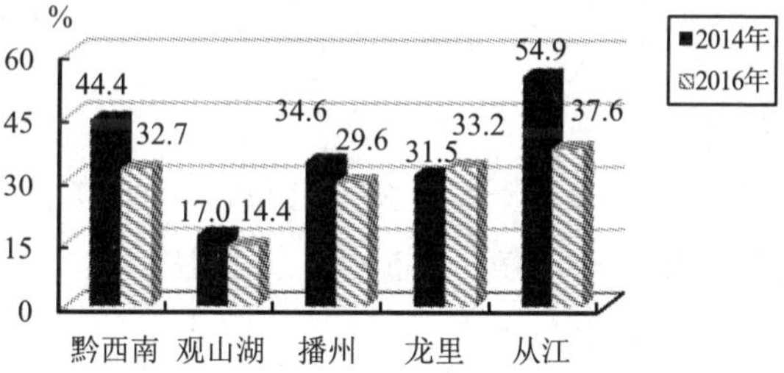

图 4-51 改革前后对照法院民商案件调解率比较

第三,试点法院一审民商事案件调解率下降程度好于对照法院。2016 年两类法院的该指标并无显著差异(P=0.085),但试点法院的均调解率从低于对照法院 2 个百分比增至 4 个百分点,差距拉大。同时,除花溪外 4 家试点法院的该项指标均明显低于对照法院,如表 4-28 所示。

表 4-28 试点法院和对照法院一审民商事案件调解率比较 (%)

2014 年					2016 年				
试点法院	案件调解	对照法院	案件调解	相比	试点法院	案件调解	对照法院	案件调解	相比
六盘水中院	29.23	黔西南中院	44.44	-15.21	六盘水中院	20.75	黔西南中院	32.69	-11.94

续表

2014年					2016年				
试点法院	案件调解	对照法院	案件调解	相比	试点法院	案件调解	对照法院	案件调解	相比
花溪法院	27.62	观山湖法院	16.97	10.65	花溪法院	15.80	观山湖法院	14.36	1.44
汇川法院	31.38	播州法院	34.56	-3.18	汇川法院	25.42	播州法院	29.62	-4.20
贵定法院	20.37	龙里法院	31.46	-11.09	贵定法院	30.06	龙里法院	33.23	-3.17
榕江法院	44.90	从江法院	54.86	-9.96	榕江法院	25.66	从江法院	37.62	-11.96
试点平均	29.11	对照平均	31.55	-2.44	试点平均	22.78	对照平均	26.52	-3.74

课题组认为:

第一,一审民商事案件调解是提升公正司法的“柔性手段”。该指标旨在反映法官化解民事纠纷的多重能力,反映法庭对“案结事好”的不懈追求。

第二,研究样本法院的一审民商事案件调解率普遍下降。在民商事案件数量大幅上升的情况下,裁判而非调解在客观上有助于减缓法官的办案压力。同时该指标的下降也在一定程度上表明,当办案法官行使的裁判权更为充分之时更要重视并发挥调解激励机制的作用,从而确保“应调则调、当判则判”,促使该指标理性回归。

第三,主客观原因导致试点法院一审民商事案件调解率的下降甚于对照法院。一是试点法院员额法官减少,调解工作主要由法官助理完成。部分助理调解经验不足可能导致调解率下降;二是试点法院均已开展诉前调解,对进入诉讼程序的案件再次调解的空间已相当有限。

9. 一审民商事案件撤诉率

一审民商事案件撤诉率是一审民商事案件撤诉结案数与一审民商

事案件结案数之比。其计算公式为:一审民商事案件撤诉率=一审民商事案件撤诉结案数/一审民商事案件结案数。

调查数据显示:

第一,试点法院一审民商事案件撤诉率略有下降。试点法院该指标均值从改革前的二成七到改革后二成四,下降了3个百分点。其中汇川和贵定法院分别下降8个和4个百分点,如图4-52所示。

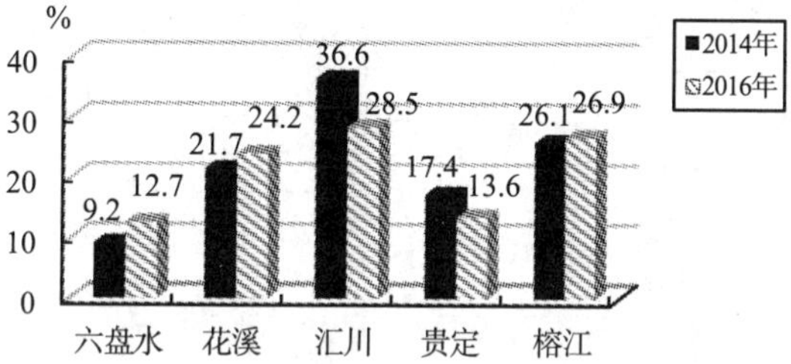

图4-52　改革前后试点法院民商案件撤诉率比较

第二,大多对照法院一审民商事案件撤诉率小幅上升,但未超二成五。同期对照法院均值基本持平。波动大的黔西南上升8个百分点,龙里下降7个百分点,如图4-53所示。

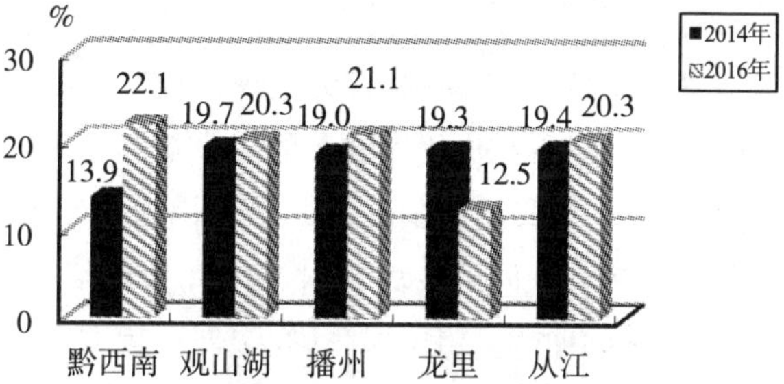

图4-53　改革前后对照法院民商案件撤诉率比较

第三,试点法院一审民商事案件撤诉率仍高于对照法院。2016年两类法院该指标无显著差异(P=0.562),但试点法院均值仍高于对照法院近5个百分点。其中汇川法院高出7.5个百分点,如表4-29所示。

表 4-29 试点法院和对照法院一审民商事案件撤诉率比较 (%)

2014 年					2016 年				
试点法院	案件撤诉	对照法院	案件撤诉	相比	试点法院	案件撤诉	对照法院	案件撤诉	相比
六盘水中院	9.23	黔西南中院	13.89	-4.66	六盘水中院	12.68	黔西南中院	22.12	-9.44
花溪法院	21.67	观山湖法院	19.66	2.01	花溪法院	24.17	观山湖法院	20.30	3.87
汇川法院	36.63	播州法院	18.96	17.67	汇川法院	28.54	播州法院	21.05	7.49
贵定法院	17.40	龙里法院	19.31	-1.91	贵定法院	13.61	龙里法院	12.50	1.11
榕江法院	26.12	从江法院	19.43	6.69	榕江法院	26.94	从江法院	20.32	6.62
试点平均	27.36	对照平均	19.16	8.20	试点平均	24.39	对照平均	19.58	4.80

课题组认为：

第一，一审民商事案件撤诉率是提升公正司法的“柔性结果”。撤诉既是当事人对其诉讼权利行使处分权的表现，也是法院终结案件审理的一种方式，体现法官化解纠纷、让当事人息诉的能力。

第二，试点法院一审民商事案件撤诉率有所下降与其一审民商事案件调解率下降密切相关。诉讼实践中，不少纠纷缘于当事人对法律的误解，或者基于对人脉的期待。当争议明确、法外影响力下降时，当事人会更多寻求法院以外双方皆可接受的方式解决纠纷，这是进步的标志，也是调解撤诉的契机。因此，贵州法院应当在诉前调解的基础上，运用各种有效机制加大审判中的调解力度，尽可能以成本小、柔性大的其他纠纷解决机制达到“定分止争”的社会效果。

10. 行政机关负责人出庭应诉率

行政机关负责人出庭应诉率是行政案件一审开庭时作为被告的行政机关相关负责人出庭应诉案件数与一审行政案件开庭数之比。其计算公式为:出庭应诉率=负责人出庭应诉的一审行政开庭案件数/一审行政案件开庭数。

调查数据显示:

第一,试点法院行政机关负责人出庭应诉率大幅攀升。2016 年仅六盘水和汇川两院有行政诉讼,①均出庭率超二成,上升了 17.5 个百分点。

其中,六盘水中院取得了零的突破,汇川法院的出庭应诉率高达半数以上,如表 4-30 所示。

表 4-30　试点法院行政机关负责人出庭应诉率比较　(%)

法院名称	2014 年			2016 年			应诉率比较
	一审开庭数	出庭应诉数	应诉率	一审开庭数	出庭应诉数	应诉率	
六盘水中院	13	0	0	179	16	8.94	8.94
汇川法院	26	1	3.85	60	32	53.33	49.48
均值	19.5	0.5	2.56	119.5	24	20.08	17.52

第二,多数对照法院行政机关负责人出庭应诉率提高但均值不足一成。2016 年 4 家有行政诉讼的对照法院均出庭应诉率从一成五跌破一成,下降了约 6 个百分点。尽管龙里法院 30 个百分点的降幅是主因,且 2 家对照法院实现了该项指标的零的突破,但均值仍处于较低的水平,如表 4-31 所示。

① 2015 年 5 月 1 日新《行政诉讼法》施行。该法第 18 条第 2 款规定:“经最高人民法院批准,高级人民法院可以根据审判工作的实际情况,确定若干人民法院跨行政区域管辖行政案件。”此后,贵州依法推行行政案件跨区域统一审理,由辖区内经最高人民法院批准的特定法院集中管辖审理。目前贵州 9 个市(州)共有 25 个基层法院被确定为集中管辖法院,包括作为对照组的观山湖、龙里和播州基层法院,但试点组的花溪、贵定、汇川和榕江四基层法院和对照组的从江基层法院皆未在其列。此外,遵义中院考虑到汇川法院是试点法院,因而以交叉管辖的方式将红花岗法院的行政案件交由汇川法院审理。由此,行政机关负责人出庭应诉率、行政案件结案率和生效行政案件的政府败诉率等 3 项指标的分析样本仅限于 6 家样本法院,包括两家中院、被指定集中管辖审理的观山湖、龙里和播州 3 家基层法院以及以交叉管辖方式审理行政案件的汇川法院。其中试点组法院 2 家、对照组法院 4 家。

表 4-31 对照法院行政机关负责人出庭应诉率比较 (%)

法院名称	2014 年			2016 年			应诉率比较
	一审开庭数	出庭应诉数	应诉率	一审开庭数	出庭应诉数	应诉率	
黔西南中院	3	0	0.00	78	18	23.08	23.08
观山湖法院	21	0	0.00	245	5	2.04	2.04
播州法院	25	2	8.00	29	3	10.34	2.34
龙里法院	18	8	44.44	123	18	14.63	-29.81
均值	16.75	2.50	14.93	118.75	11.00	9.26	-5.67

课题组认为:

第一,行政机关负责人出庭应诉具有“一举多面向”的结果。其表明行政机关对司法权威的尊重,也说明行政机关不再“惯性”地将其与当事人争议的解决路径依赖权力而是依仗法院的公正裁决,同时还改变了以往行政诉讼中“告官不见官”的局面,有效保障当事人合法权益。

第二,试点和对照两类法院行政机关负责人出庭应诉率普遍提高,在多面向的指标上取得显著的正向效果。其表明贵州整体法治环境趋好以及司法公信力的塑造和维护。

11. 行政案件结案率

行政案件结案率是行政案件结案数与行政案件收案数之比。其计算公式为:行政案件结案率=行政案件结案数/行政案件收案数。

调查数据显示:

第一,改革后试点法院的行政案件结案率皆有下降,但仍维持较高水平。2016 年有行政诉讼的六盘水和汇川两院的该指标分别下降 0.6 个和 7.8 个百分点,但均值仍在九成五以上。

第二,对照法院的行政案件结案率皆有上升,但均值仅八成七。2016 年有行政诉讼案件的 4 家对照法院在结案率上有不同程度地提升,但仍有 2 家在九成以下,低于全省平均水平 5 个百分点,其中观山湖法院仅七成。

第三,试点法院的行政案件结案率分别优势于全省和对照法院。2016 年全省法院行政案件收、结案数明显上升,分别提高 2.47 倍和 2.43 倍,但结案率从九成四下降至不足九成三。在此背景下,改革后试点法院的行政案件收、结案数虽然也同向提高且提高程度类似全省(分别提升 2.73 倍和 2.67 倍),但均结案率却高于全省 3 个百分点,也高于对照法院 8 个百分点,如表 4-32 所示。

课题组认为:

第一,行政案件结案率是提高行政诉讼公正审理的前提。该指标反映法院认真履行职责,有效发挥行政审判在化解行政争议、保护合法权益、监督依法行政的作用。

表 4-32　试点法院和对照法院行政案件结案率比较　(%)

类型	法院名	2014 年			2016 年			相比
		收案数	结案数	结案率%	收案数	结案数	结案率%	
试点法院	六盘水中院	109	106	97.25	332	321	96.69	-0.56
	汇川法院	41	41	100.00	77	71	92.21	-7.79
试点均值		75	73.5	98.00	204.5	196	95.84	-2.16
对照法院	黔西南中院	61	50	81.97	216	194	89.81	7.85
	观山湖法院	21	11	52.38	245	172	70.20	17.82
	播州法院	433	425	98.15	222	220	99.10	0.95
	龙里法院	32	29	90.63	164	157	95.73	5.11
对照均值		136.75	128.75	94.15	211.75	185.75	87.72	-6.43
全省法院		4776	4495	94.12	11787	10929	92.72	-1.40
试点均值与全省相比				3.88			3.12	
对照均值与全省相比				0.03			-5.00	

第二,准确判断贵州法院行政案件结案率的现状。行政案件管辖机

制改革后,行政区域与司法管辖区域相对分离,为法院依法独立公正行使行政案件审判权提供了制度保障。2015 年以来,全省行政案件迅猛增加。其中,2016 年全省法院受理行政案件 11787 件,比 2014 年的 4776 件增加 146.8%,翻了近 1.5 倍,[①]案件的审理难度也大幅提高。然而,包括试点法院在内全省的行政案件结案率仅有 1.4 个百分点的微幅下降的同时,政府败诉率却“奇迹”般地“定格”在 25.91%,超过全国同期平均水平的 14.62%的近八成,着实反映了该省现代治理、依法行政和社会正义理念及其举措的全方位提升和具体落实,生动反映出该省法院主动“切割”利益、依法独立审判、自觉捍卫公正的势头和未来。当然,应当更及时地动态调整员额法官充实于行政审判第一线,以有效应对行政诉讼领域中急剧增长的案多人少的矛盾。

12. 生效行政案件的政府败诉率

生效行政案件政府败诉率是生效行政案件的政府败诉数与行政案件结案数之比。其计算公式为:生效行政案件的政府败诉率=生效行政案件政府败诉案件数[②]/行政案件结案数。

调查数据显示:

第一,试点法院的政府败诉率有所上升且皆超一成。2016 年有行政诉讼的六盘水和汇川两院的政府败诉率分别提高了 1.8 个和 2.6 个百分比,达到超一成和近二成。

第二,对照法院的政府败诉率多有下降且均值不足零点七成。同期有行政案件的有 4 家对照法院,除播州外 3 家法院的该指标都明显下降,其中黔西南下降了近 10 个百分点。

第三,试点法院的政府败诉率高于对照法院。改革后试点法院该指标均值远超对照法院,六盘水和汇川两院皆高于对照法院逾 8 个百分点,如表 4-33 所示。

---

① 2014 年全省法院受理行政案件 4776 件,审结 4495 件,结案率 94.12%。2015 年全省法院受理行政案件 10391 件,审结 9416 件,同比分别上升 117.57%和 109.48%。2016 年全省法院受理行政案件 11787 件,审结 10929 件,同比分别上升 13.43%和 16.07%。2017 年 1~5 月受理案件 8283 件,审结 3217 件,同比分别上升 45.6%和 23.92%。

② 生效行政案件的政府败诉案件数是指行政诉讼原告诉讼请求全部或部分得到支持而行政机关败诉的案件数。

表 4-33　试点法院和对照法院政府败诉率比较　(%)

类型	法院名	2014 年			2016 年			相比
		败诉数	结案数	败诉率%	败诉数	结案数	败诉率%	
试点法院	六盘水中院	9	106	8.49	33	321	10.28	1.79
	汇川法院	7	41	17.07	14	71	19.71	2.64
试点均值		8	73.5	10.88	23.5	196	11.99	1.11
对照法院	黔西南中院	6	50	12.00	4	194	2.06	-9.94
	观山湖法院	1	11	9.09	4	172	2.33	-6.76
	播州法院	7	425	1.65	14	220	6.36	4.71
	龙里法院	8	29	27.59	29	157	18.47	-9.12
对照均值		5.50	128.75	4.27	12.75	185.75	6.86	2.59

课题组认为：

第一，生效行政案件的政府败诉率是测量审判公正的“风向标”。该指标准确反映法院通过行政审判，促进行政机关依法行政、保障原告合法权益、提升社会公信力的情况。

第二，政府败诉案件和败诉率的逐年提升具有反向的双重意义。一方面，其证明了法院审判独立和公正的加强，让违法者承担法律责任，促进行政及管理提升“含法量”。另一方面，其表明行政机关的依法行政意识和能力尚待继续加强。

13. 上诉率

上诉率是一审裁判案件上诉数与一审案件结案数之比。其计算公式为：上诉率=二审收案数/一审案件结案数（一审判决和裁定驳回起诉、不予受理和管辖异议结案数）。

调查数据显示：

第一，试点法院的上诉率全面降至二成以下。试点法院的均上诉率从改革前的一成五到改革后的近一成四，降幅达 1.4 个百分点。其中六盘水中院下降了 38 个百分点。改革后贵定、榕江两院的上诉率皆在 8%

以下，如图 4-54 所示。

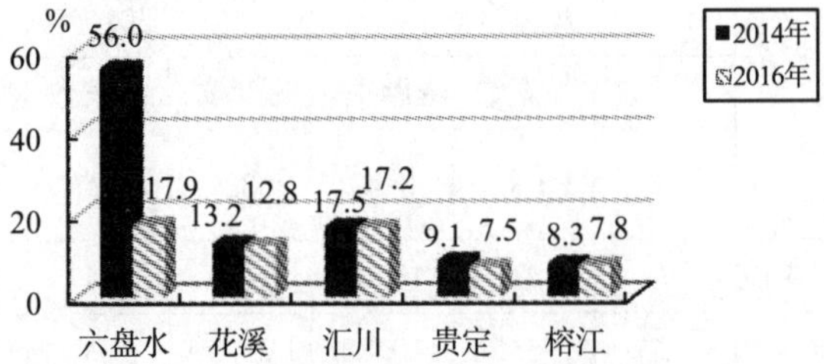

图 4-54　改革前后试点法院上诉率比较

第二，对照法院上诉率多有上升。同期对照法院的均上诉率从近一成升至一成八，其中播州法院升幅达 12 个百分点，但黔西南中院下降了 49 个百分点，下降逾七成，如图 4-55 所示。

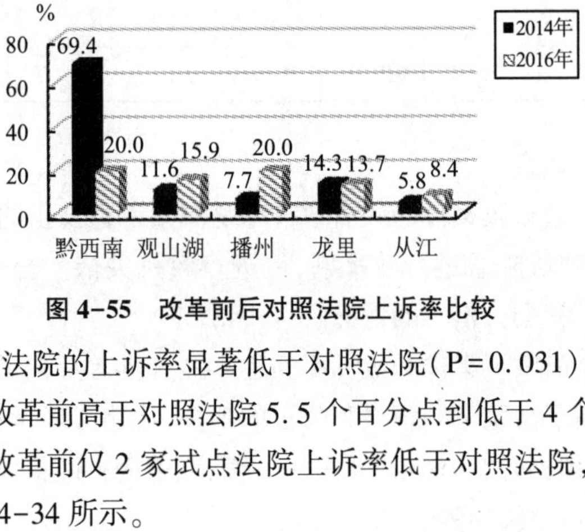

图 4-55　改革前后对照法院上诉率比较

第三，试点法院的上诉率显著低于对照法院（P=0.031）。试点法院的均上诉率从改革前高于对照法院 5.5 个百分点到低于 4 个百分点，明显逆转；同时，改革前仅 2 家试点法院上诉率低于对照法院，改革后"全线飘红"，如表 4-34 所示。

表 4-34　试点法院和对照法院上诉率比较　（%）

2014 年					2016 年				
试点法院	上诉率	对照法院	上诉率	相比	试点法院	上诉率	对照法院	上诉率	相比
六盘水中院	56.03	黔西南中院	69.41	-13.38	六盘水中院	17.85	黔西南中院	20.00	-2.15

续表

2014 年					2016 年				
试点法院	上诉率	对照法院	上诉率	相比	试点法院	上诉率	对照法院	上诉率	相比
花溪法院	13.24	观山湖法院	11.64	1.60	花溪法院	12.78	观山湖法院	15.87	-3.09
汇川法院	17.48	播州法院	7.70	9.78	汇川法院	17.17	播州法院	20.01	-2.84
贵定法院	9.07	龙里法院	14.25	-5.18	贵定法院	7.48	龙里法院	13.74	-6.26
榕江法院	8.29	从江法院	5.83	2.46	榕江法院	7.78	从江法院	8.44	-0.66
试点平均	15.06	对照平均	9.55	5.51	试点平均	13.67	对照平均	17.71	-4.05

课题组认为:

第一,上诉是对当事人权利的救济保障,上诉率体现当事人对一审裁判质量的信服和对自身权利的保护。只有当事人不服一审裁判时才会启用权利的救济制度。由此上诉率的高低不仅反映当事人对裁判质量的感受程度,而且也反衬了一审裁判的公正程度。

第二,试点法院上诉率的降低明显优于对照法院,更值得一提的是,2 家中院上诉率显著降低,或许因其狠抓审判质效所致,相关机制值得总结和推广。

14. 二审发回重审率

二审发回重审率是一审上诉案件被二审法院发回重审的数量与二审法院结案数之比。其公式为:二审发回重审率=二审被发回重审案件数/(对判决上诉案件)二审结案数。

调查数据显示:

第一,试点法院二审发回重审率略有下降。试点法院该指标均值从改革前近 7%下降至 5%。除六盘水外 4 家基层法院皆有所下降,其中汇川下降 4 个百分点。所有法院的二审发回重审率都低于一成,其中榕江不足0.6%,如图4-56所示。

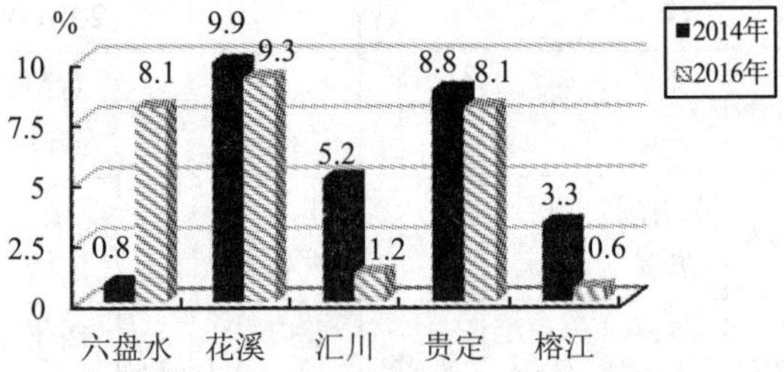

图4-56　改革前后试点法院二审发回重审率比较

第二,对照法院二审发回重审率略有上升。同期对照法院的均值仅下降0.2个百分点。其中黔西南等3院有所上升,观山湖升幅近12个百分点,达一成五,如图4-57所示。

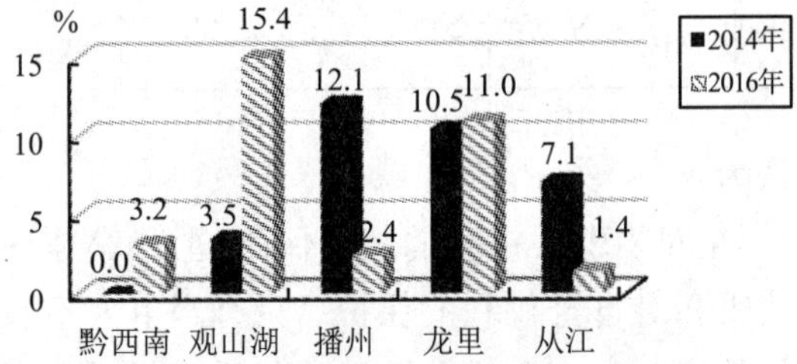

图4-57　改革前后对照法院二审发回重审率比较

第三,试点法院二审发回重审率下降成效优于对照法院。2016年两类法院的二审发回重审率无显著差异(P=0.532),但试点法院与对照法院的差距从0.8个百分点增至改革后逾2个百分点,其中花溪与对照法院的差值下降了12.5个百分点,从高于走向低于,如表4-35所示。

表4-35　试点法院和对照法院二审发回重审率比较　(%)

2014年					2016年				
试点法院	二审发回	对照法院	二审发回	相比	试点法院	二审发回	对照法院	二审发回	相比
六盘水中院	0.80	黔西南中院	0.00	0.80	六盘水中院	8.06	黔西南中院	3.16	4.90

续表

2014年					2016年				
试点法院	二审发回	对照法院	二审发回	相比	试点法院	二审发回	对照法院	二审发回	相比
花溪法院	9.94	观山湖法院	3.50	6.44	花溪法院	9.28	观山湖法院	15.36	-6.08
汇川法院	5.15	播州法院	12.12	-6.97	汇川法院	1.20	播州法院	2.41	-1.21
贵定法院	8.79	龙里法院	10.48	-1.69	贵定法院	8.05	龙里法院	10.96	-2.91
榕江法院	3.28	从江法院	7.14	-3.86	榕江法院	0.56	从江法院	1.37	-0.81
试点平均	6.92	对照平均	7.71	-0.79	试点平均	5.30	对照平均	7.56	-2.26

课题组认为：

第一，二审发回重审是反映一审案件质量的“纠偏装置”，也是对当事人权利进行救济的重要途径。

第二，试点法院二审发回重审率较对照法院下降明显，说明一审判决得到二审更多的专业认可，生动表明司改在提升一审裁判质量方面已初见成效。

15. 二审改判率

二审改判率是一审上诉案件被二审法院改判的数量与二审法院结案数之比。其计算公式为：二审改判率=二审被改判案件数/（对判决上诉案件）二审结案数。

调查数据显示：

第一，试点法院二审改判率显著下降（P=0.016）。均二审改判率从改革前近13%降至约6%。除榕江外4家试点法院的二审改判率皆半成左右，如图4-58所示。

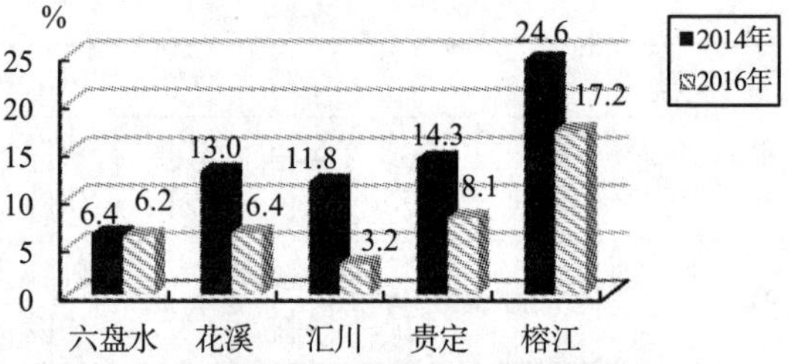

图 4-58　改革前后试点法院二审改判率比较

第二，对照法院二审改判率升多降少。同期对照法院均二审改判率仅下降 2 个百分点，维持在 11%。其中黔西南、观山湖和从江 3 个法院均呈上升趋势，涨幅最大的从江超过 5 个百分点。仍有 3 家对照法院的该指标逾一成，如图 4-59 所示。

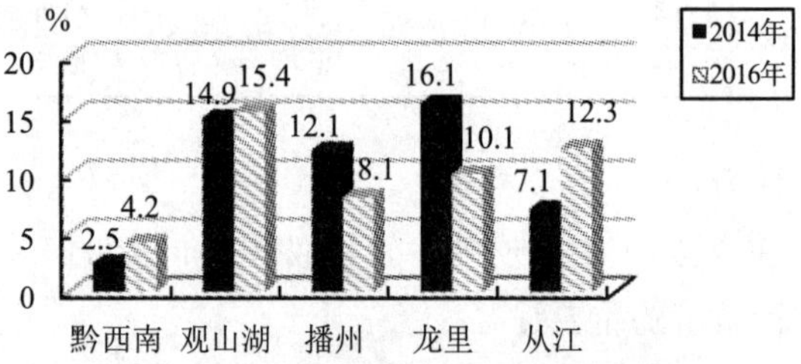

图 4-59　改革前后对照法院二审改判率比较

第三，试点法院二审改判率下降优于对照法院。2016 年两类法院的二审改判率无显著差异（P=0.501），但试点法院的均改判率从改革前与对照法院持平，到改革后降低约 4.5 个百分点。同时，改革后试点法院该指标的下降幅度全部胜于对照法院，如表 4-36 所示。

表 4-36　试点法院和对照法院二审改判率比较　（%）

2014 年					2016 年				
试点法院	二审改判	对照法院	二审改判	相比	试点法院	二审改判	对照法院	二审改判	相比
六盘水中院	6.40	黔西南中院	2.47	3.93	六盘水中院	6.16	黔西南中院	4.21	1.95

续表

2014 年					2016 年				
试点法院	二审改判	对照法院	二审改判	相比	试点法院	二审改判	对照法院	二审改判	相比
花溪法院	12.96	观山湖法院	14.87	-1.91	花溪法院	6.44	观山湖法院	15.36	-8.92
汇川法院	11.82	播州法院	12.12	-0.30	汇川法院	3.23	播州法院	8.12	-4.89
贵定法院	14.29	龙里法院	16.13	-1.84	贵定法院	8.05	龙里法院	10.09	-2.04
榕江法院	24.59	从江法院	7.14	17.45	榕江法院	17.22	从江法院	12.33	4.89
试点平均	12.62	对照平均	12.58	0.04	试点平均	6.20	对照平均	10.63	-4.43

课题组认为：

第一,二审改判率是体现一审案件质量的显性指标。二审改判率越低,一审案件质量越高。

第二,试点法院二审改判率的下降幅度远超对照法院,证明通过提升办案法官的中立性和专业性,定可有效提高案件审理过程中的事实判断准确性和法律适用正确性,进而提高裁判质量。

16. 申诉率

申诉率是申诉案件收案数与各类案件结案数之比。其计算公式为:申诉率=申诉案件收案数/各类案件结案数。

调查数据显示：

第一,试点法院申诉率明显下降。改革后试点法院均申诉率不足3‰,降幅超 5 个千分点。除花溪法院略有上升外,其他法院均呈下降态势,其中,六盘水中院降幅近 35 个千分点。4 家基层法院的申诉率皆低于 3‰,如图 4-60 所示。

第二,对照法院申诉率也有所下降但降幅较小。同期对照法院的均申诉率从 7‰下降到 6‰,降幅不到 2 个千分点。观山湖法院大幅上升了

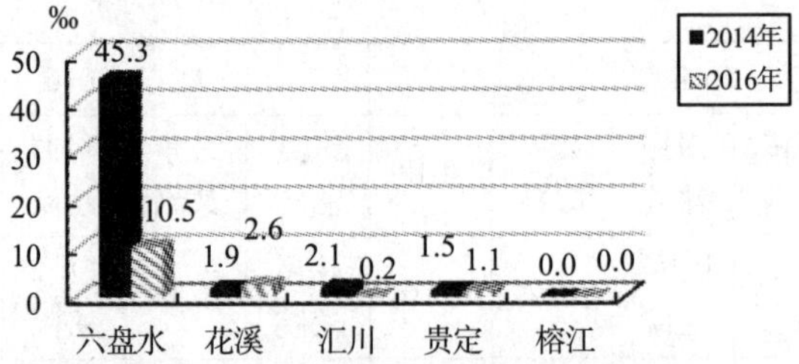

图 4-60 改革前后试点法院申诉率比较

近 9 个千分点,是最大的"反向作用力"。同时,2016 年仍有 3 家对照法院的申诉率超过 4‰,如图 4-61 所示。

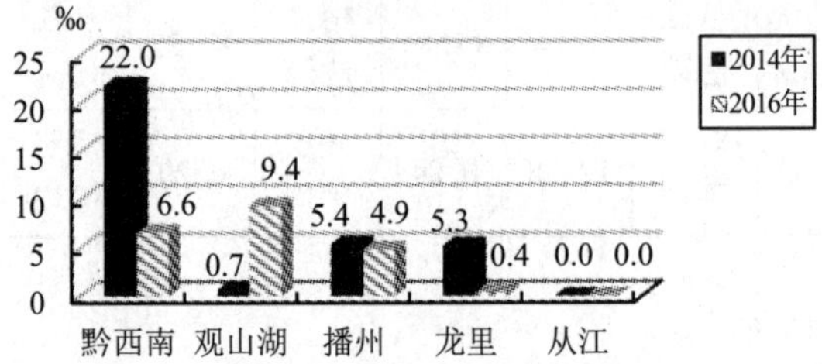

图 4-61 改革前后对照法院申诉率比较

第三,试点法院申诉率远低于对照法院。2016 年两类法院的申诉率无显著差异(P=0. 515),但试点法院下降的显著性(P=0. 351)较对照法院(P=0. 568)更强,且试点法院的均申诉率仅为对照的一半,如表 4-37 所示。

表 4-37 试点法院和对照法院申诉率比较 (‰)

2014 年					2016 年				
试点法院	申诉率	对照法院	申诉率	相比	试点法院	申诉率	对照法院	申诉率	相比
六盘水中院	45. 28	黔西南中院	21. 99	23. 29	六盘水中院	10. 46	黔西南中院	6. 62	3. 84
花溪法院	1. 91	观山湖法院	0. 69	1. 22	花溪法院	2. 57	观山湖法院	9. 36	-6. 79

续表

2014 年					2016 年				
试点法院	申诉率	对照法院	申诉率	相比	试点法院	申诉率	对照法院	申诉率	相比
汇川法院	2.12	播州法院	5.41	-3.29	汇川法院	0.21	播州法院	4.85	-4.64
贵定法院	1.46	龙里法院	5.27	-3.81	贵定法院	1.12	龙里法院	0.37	0.75
榕江法院	0.00	从江法院	0.00	0.00	榕江法院	0.00	从江法院	0.00	0.00
试点平均	7.94	对照平均	7.08	0.86	试点平均	2.75	对照平均	5.55	-2.80

课题组认为：

第一，申诉是当事人法定的诉讼权利，申诉率也体现着当事人对裁判质量的信服和对自身权利的保护。申诉率从客观上体现了已生效裁判的质量，从主观上反映了当事人及相关人的服判程度。

第二，试点法院的申诉率下降明显且优于对照法院，从另一个角度证明了司法体制改革在提高裁判质量上的实效。通过改革，一方面从实体和程序上坚持“以事实为根据，以法律为准绳”，确保裁判质量；另一方面，将纠纷解决的端口前移，在一审、二审甚至在诉前进行化解，降低申诉的可能性。

17. 裁定再审率

裁定再审率是本院裁定进入再审、上级法院指令再审、上级法院提审案件数之和与申诉案件结案数之比。其公式为：裁定再审率=（裁定+指令+提审）案件数/申诉案件结案数。

调查数据显示：

第一，试点法院裁定再审率基本保持稳定，基层法院下降明显。试点法院[1]的均裁定再审率从改革前的一成六到改革后近一成八，小升

① 2014 年和 2016 年榕江法院均无申诉案件。

1.8个百分点,但仅六盘水中院上升约5个百分点,花溪和汇川分别下降了约7个和14个百分点,如图4-62所示。

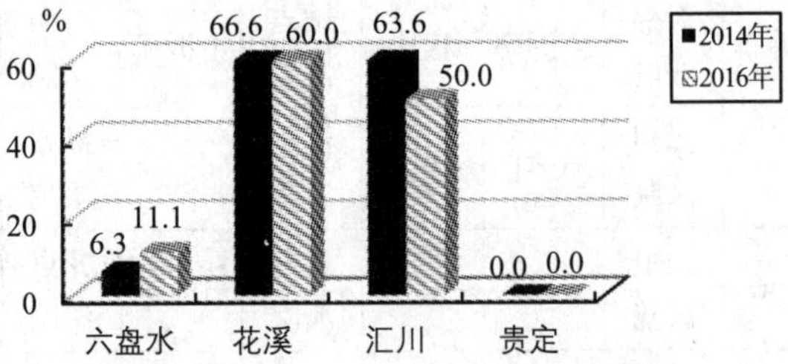

图4-62 改革前后试点法院裁定再审率比较

第二,对照法院裁定再审率大幅上升。同期对照法院[①]的均裁定再审率上升超过24个百分点,从二成九升至五成三。其中黔西南中院上升近1.5倍[②],如图4-63所示。

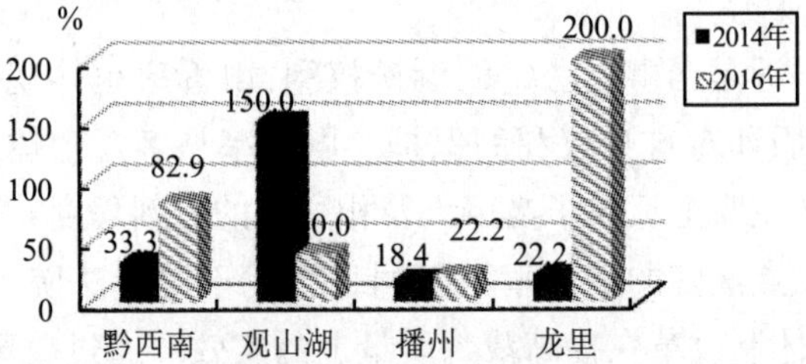

图4-63 改革前后对照法院裁定再审率比较

第三,试点法院裁定再审率的下降好于对照法院。从总体看,2016年两类法院的裁定再审率并无显著差异(P=0.352),但试点法院的均裁定再审率低于对照法院约36个百分点。其中六盘水中院在改革后低于对照法院近72个百分点,如表4-38所示。

① 2014年和2016年从江法院均无申诉案件。

② 除黔西南之外,升幅更大也是最大的龙里法院同期超过8倍。这是因为该院的2014年和2016年裁定再审、指令再审和提审数量皆为2件;但2014年申诉案件结案数为9件,2016年仅为1件。可见,之所以出现裁定再审率高于100%的情形,完全是旧存案件使然。

表 4-38　试点法院和对照法院裁定再审率比较　（%）

2014年					2016年				
试点法院	裁定再审	对照法院	裁定再审	相比	试点法院	裁定再审	对照法院	裁定再审	相比
六盘水中院	6.32	黔西南中院	33.33	-27.01	六盘水中院	11.11	黔西南中院	82.86	-71.75
花溪法院	66.60	观山湖法院	150.00	-83.40	花溪法院	60.00	观山湖法院	40.00	20.00
汇川法院	63.63	播州法院	18.42	45.21	汇川法院	50.00	播州法院	22.22	27.78
贵定法院	0.00	龙里法院	22.22	-22.22	贵定法院	0.00	龙里法院	200.00	-200.00
榕江法院	/	从江法院	/	/	榕江法院	/	从江法院	/	/
试点平均	16.10	对照平均	29.24	-13.14	试点平均	17.88	对照平均	53.49	-35.61

课题组认为：

第一，裁定再审率是衡量生效案件质量的关联指标。虽然再审程序的法定启动门槛较低，且再审的案件并不一定被改判或者被发回重审，但该指标还是可以结合再审改判、发回重审率等指标共同形成对生效案件质量的综合判断。

第二，试点法院的裁定再审率较对照法院稳定在相对较低的水平，此在相当程度上表明放权后的贵州法官群体并不“任性”以及职业水准的提高，同时也证明该省“以案定员”“以案定补”和“以案定责”的探索是合理并富有成效的。

18. 生效案件发回重审率

生效案件发回重审率是法院再审案件被发回重审数与生效案件数之比。其计算公式为：生效案件发回重审率=再审案件被发回重审数/生效案件数。

调查数据显示：

第一，试点法院生效案件发回重审率基本不变。试点法院均值从逾

1%下降至 0.9%。除六盘水中院升至 4.5%之外,4 家基层法院皆不足 1%,其中榕江不到 0.1%,如图 4-64 所示。

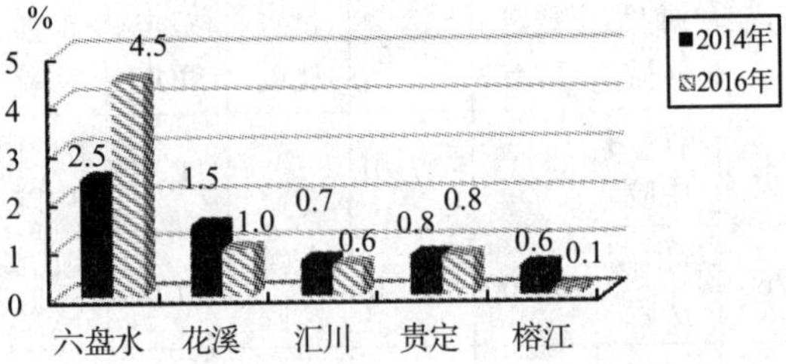

图 4-64 改革前后试点法院生效案件重审率比较

第二,对照法院的生效案件发回重审率略有上升。同期对照法院的均值从近 0.7%上升至 1.1%。2016 年仍有 3 家对照法院的该项指标在 1.1%~1.5%之间,如图 4-65 所示。

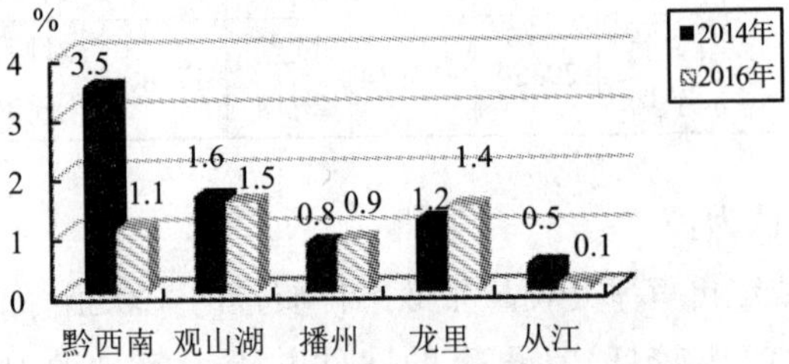

图 4-65 改革前后对照法院生效案件重审率比较

第三,改革前后试点法院的生效案件发回重审率从高于走向低于。2016 年两类法院该指标无显著差异(P=0.645),但试点法院的均值从原高于对照法院 0.36 个百分点到低了 0.21 个百分点。其中榕江的向好变化最为明显,如表 4-39 所示。

表 4-39 试点法院和对照法院生效案件发回重审率比较 (%)

2014 年					2016 年				
试点法院	生效重审	对照法院	生效重审	相比	试点法院	生效重审	对照法院	生效重审	相比
六盘水中院	2.45	黔西南中院	3.49	-1.04	六盘水中院	4.46	黔西南中院	1.09	3.37

续表

2014 年					2016 年				
试点法院	生效重审	对照法院	生效重审	相比	试点法院	生效重审	对照法院	生效重审	相比
花溪法院	1.47	观山湖法院	1.63	-0.16	花溪法院	0.97	观山湖法院	1.53	-0.56
汇川法院	0.74	播州法院	0.84	-0.10	汇川法院	0.63	播州法院	0.89	-0.26
贵定法院	0.83	龙里法院	1.21	-0.38	贵定法院	0.81	龙里法院	1.44	-0.63
榕江法院	0.60	从江法院	0.46	0.14	榕江法院	0.09	从江法院	0.13	-0.04
试点平均	1.05	对照平均	0.69	0.36	试点平均	0.90	对照平均	1.11	-0.21

课题组认为：

第一，生效案件发回重审率是体现生效案件质量的“召回机制”。生效案件发回重审率越高，生效案件质量越差。

第二，试点法院生效案件发回重审率的下降幅度优于对照法院，间接说明确保主审法官地位以及优化司法责任制等对提升审判质量具有积极作用。

19. 生效案件改判率

生效案件改判率是法院再审案件被改判数与生效案件数之比。其计算公式为：生效案件改判率=再审案件被改判数/生效案件数。

调查数据显示：

第一，试点法院的生效案件改判率改革前后无明显差别但微降。试点法院该指标均值从改革前 0.4‰到改革后 0.3‰。其中最明显的六盘水下降近 8 个千分点，如图 4-66 所示。

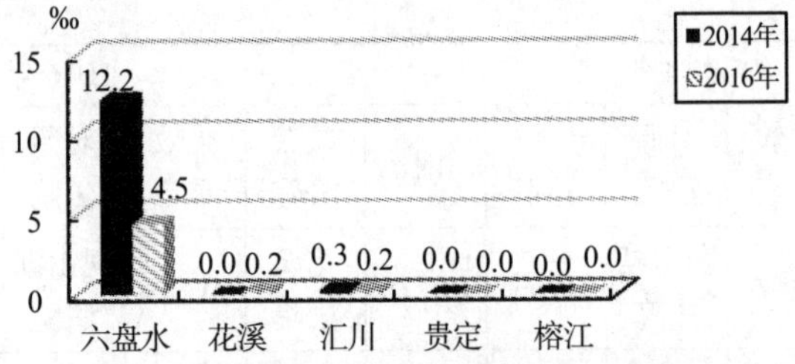

图 4-66　改革前后试点法院生效案件改判率比较

第二，对照法院的生效案件改判率同样较低但略升。黔西南中院被改判案件数超过生效案件数 10‰。所有对照法院均值从 0.2‰上升到 0.5‰，翻了一番多，如图 4-67 所示。

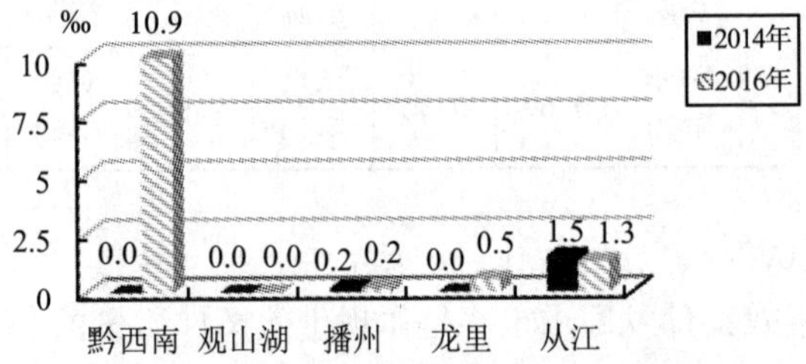

图 4-67　改革前后对照法院生效案件改判率比较

第三，试点法院的生效案件改判率下降优于对照法院。2016 年两类法院的该指标并无显著差异（P=0.263），但试点法院的均值从改革前高于对照法院约 0.2 个千分点，到改革后低了近 0.2 个千分点，其中六盘水中院与对照法院的差值下降了近 19 个千分点，如表 4-40 所示。

表 4-40　试点法院和对照法院生效案件改判率比较　（‰）

2014 年					2016 年				
试点法院	生效改判	对照法院	生效改判	比较	试点法院	生效改判	对照法院	生效改判	比较
六盘水中院	12.24	黔西南中院	0.00	12.24	六盘水中院	4.46	黔西南中院	10.90	-6.44
花溪法院	0.00	观山湖法院	0.00	0.00	花溪法院	0.19	观山湖法院	0.00	0.19

续表

2014年					2016年				
汇川法院	0.25	播州法院	0.18	0.07	汇川法院	0.17	播州法院	0.15	0.02
贵定法院	0.00	龙里法院	0.00	0.00	贵定法院	0.00	龙里法院	0.53	-0.53
榕江法院	0.00	从江法院	1.53	-1.53	榕江法院	0.00	从江法院	1.28	-1.28
试点平均	0.39	对照平均	0.20	0.19	试点平均	0.33	对照平均	0.51	-0.18

课题组认为：

第一，生效案件改判率是体现生效案件质量的标尺。生效案件改判率越低，生效案件质量越好。

第二，试点法院在短短两年中让生效案件改判率趋好并优于对照组法院，在一定程度上表明"让审理者裁判、由裁判者负责"的理念和机制有助于案件审判质量的提高。

20. 抗诉案件维持率

抗诉案件维持率是抗诉案件中法院予以维持或驳回的结案数与抗诉案件结案数之比。其计算公式为：抗诉案件维持率＝抗诉案件维持结案数/刑事二审、再审抗诉案件结案数。

调查数据显示：

在样本法院中，所有基层法院鲜有抗诉案件。[1] 就六盘水和黔西南两家中院而言，抗诉案件维持率均有明显下降，两者分别下降了近30个和27个百分点，但试点法院的下降幅度略高于对照法院。同时改革后六盘水中院的抗诉结案数下降，而对照中院则相反，如表4-41所示。

[1] 2014年和2016年，仅播州法院分别有1件和3件抗诉案件。

表 4-41 试点法院和对照中院抗诉案件维持率比较 (%)

类别	2014 年			2016 年			相比数		
	抗诉结案数	维持结案数	维持率	抗诉结案数	维持结案数	维持率	抗诉结案数	维持结案数	维持率
全省	169	59	34.91	145	28	19.31	-24	-31	-15.6
六盘水中院	11	6	54.55	8	2	25.00	-3	-4	-29.55
黔西南中院	10	6	60.00	12	4	33.33	2	-2	-26.67
相比	1	0	-5.45	-4	-2	-8.33	-7	-4	-12.59

课题组认为:

第一,抗诉案件维持率是反映抗诉和审判双向质量的"质检关"。检察院对已生效裁判发现错误的,有权按照监督程序提起抗诉,人民法院应当再审,因而该指标既反映法院生效案件质量,也从侧面反映了检察院对法院裁判监督的成效。

第二,试点法院抗诉结案数的下降或许从一个侧面表明抗诉案件数有所下降,折射出案件总体质量正在提升。①

第三,两家中院抗诉案件维持率明显下降释放出两元信号——既说明检察机关抗诉的合理性和监督的有效性,又反映法院在个别案件审理上存有瑕疵。因此,贵州法院应进一步把好裁判"质量关",精化对疑难案件的审理;同时加强与检察院的沟通交流,统一对事实认定和法律适用的标准。

21. 生效案件服判息诉率

生效案件服判息诉率是生效案件数中未提起申诉案件数与生效案件数之比。其计算公式为:生效案件服判息诉率=扣除申诉案件的生效案件数/生效案件数。

---

① 经查,六盘水中院 2014 年和 2016 年的抗诉案件收案分别为 12 件和 8 件;同期黔西南中院为 10 件和 12 件。

调查数据显示：

第一，试点法院的生效案件服判息诉率普遍提升且保持较高水平。试点法院该指标均值改革前后皆超过九成九，改革后又上升了 0.7 个百分点。除花溪法院略有下降外，其他法院均呈上升态势。同时，改革后有 4 家试点法院服判息诉率逾 99.5%，如图 4-68 所示。

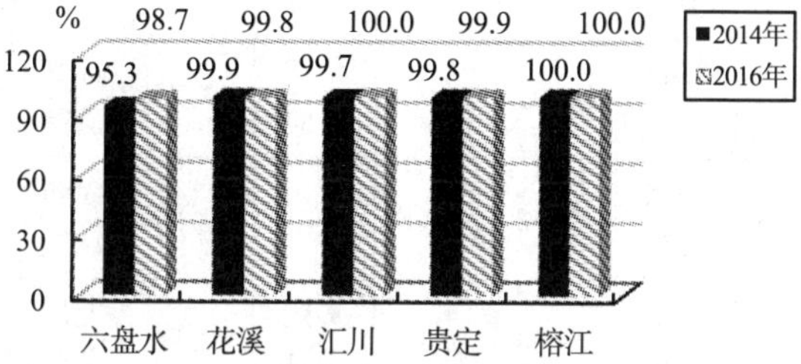

图 4-68　改革前后试点法院服判息诉率比较

第二，对照法院的生效案件服判息诉率基本持平。同期对照法院均生效案件服判息诉率上升不足 0.1 个百分点。其中黔西南、龙里两家法院上升，观山湖和播州两家法院下降。2016 年仍有两家对照法院的服判息诉率低于九成九，如图 4-69 所示。

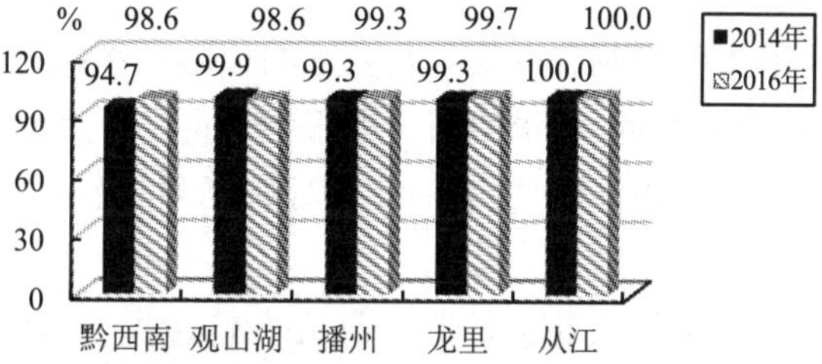

图 4-69　改革前后对照法院服判息诉率比较

第三，试点法院的生效案件服判息诉率提升优于对照法院。2016 年两类法院的该指标无显著差异（P=0.111），但试点法院的均值从改革前与对照法院持平，到改革后高出 0.6 个百分点，达到近十成，如表 4-42 所示。

表 4-42 试点法院和对照法院生效案件服判息诉率比较 (%)

2014 年					2016 年				
试点法院	服判息诉	对照法院	服判息诉	相比	试点法院	服判息诉	对照法院	服判息诉	相比
六盘水中院	95.28	黔西南中院	94.72	0.56	六盘水中院	98.73	黔西南中院	98.60	0.13
花溪法院	99.94	观山湖法院	99.92	0.02	花溪法院	99.75	观山湖法院	98.62	1.13
汇川法院	99.73	播州法院	99.32	0.41	汇川法院	99.97	播州法院	99.29	0.68
贵定法院	99.80	龙里法院	99.34	0.46	贵定法院	99.86	龙里法院	99.66	0.20
榕江法院	100.00	从江法院	100.00	0.00	榕江法院	100.00	从江法院	100.00	0.00
试点平均	99.04	对照平均	98.98	-0.06	试点平均	99.71	对照平均	99.07	0.64

课题组认为:

第一,生效案件服判息诉是裁判公正的核心。法院行使国家审判权应当以解决纠纷为目的,尽量使当事人服判息诉,终结纠纷,实现诉讼经济、高效的目标。该项指标高,表明案件处理结果比较公正,得到双方当事人的认可。

第二,样本法院的生效案件服判息诉率普遍提升,体现了法院理念从"结案了事"到"案结事了"的转变,尤其反映出该省在司法责任制改革下法官裁判公正性和当事人满意度的继续提高。试点法院生效案件服判息诉率优于对照法院,更充分证明司改取得实质效果。在案件数量大幅上升、员额法官相对减少的情况下取得如此佳绩,实属不易。

22. 裁判自动履行率

裁判自动履行率是具有执行内容的生效裁判案件未申请执行而自动履行数与具有执行内容的生效案件数之比。其计算公式为:裁判自动履行率 = 1 - 执行案件收案数/具有执行内容的生效裁判数。

调查数据显示:

第一,试点法院的裁判自动履行率大幅提高(P=0.04)。均值从改革前的七成四到改革后超八成五,升幅高达 11 个百分点。改革后试点法院的裁判自动履行率皆超八成,其中花溪高达九成二,如图 4-70 所示。

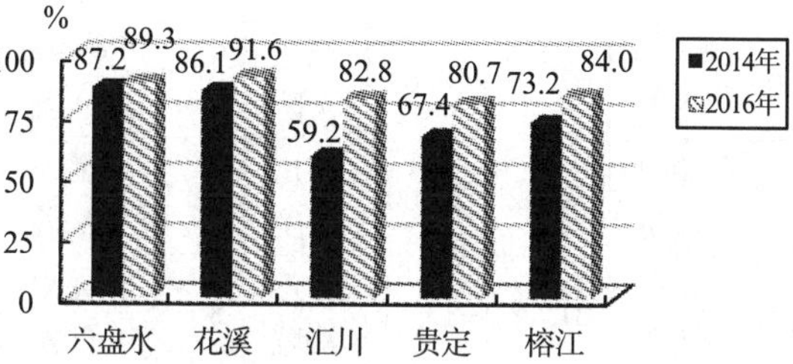

图 4-70　改革前后试点法院裁判自动履行率比较

第二,对照法院的裁判自动履行率明显下降。同期对照法院该项指标均值从六成二跌至四成三,降 19 个百分点。其中观山湖降 44 个百分点,不足四分之一,如图 4-71 所示。

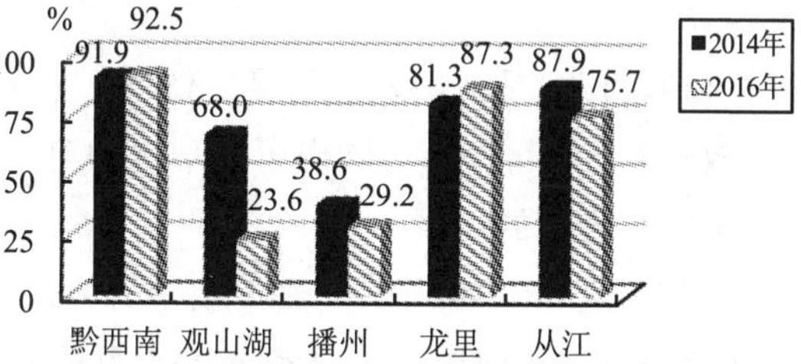

图 4-71　改革前后对照法院裁判自动履行率比较

第三,试点法院裁判自动履行率明显好于对照法院。2016 年两类法院的裁判自动履行率无显著差异(P=0.139),但试点法院均值比对照法院高出 1 倍。改革后 3 家试点法院远高于对照法院,其中,花溪法院高出 68 个百分点,如表 4-43 所示。

表 4-43 试点法院和对照法院裁判自动履行率比较 (%)

2014 年					2016 年				
试点法院	自动履行	对照法院	自动履行	相比	试点法院	自动履行	对照法院	自动履行	相比
六盘水中院	87.15	黔西南中院	91.91	-4.76	六盘水中院	89.32	黔西南中院	92.47	-3.15
花溪法院	86.06	观山湖法院	67.98	18.08	花溪法院	91.59	观山湖法院	23.60	67.99
汇川法院	59.22	播州法院	38.62	20.60	汇川法院	82.76	播州法院	29.21	53.55
贵定法院	67.42	龙里法院	81.28	-13.86	贵定法院	80.65	龙里法院	87.28	-6.63
榕江法院	73.16	从江法院	87.89	-14.73	榕江法院	84.02	从江法院	75.72	8.30
试点平均	74.05	对照平均	61.89	12.16	试点平均	85.22	对照平均	42.88	42.34

课题组认为:

第一,裁判自动履行率是裁判公正的最终体现。是否自动履行生效裁判,反映出生效裁判的审理效果,体现了当事人对裁判的认同和自觉履行,对法院的中立和公正的认可。

第二,试点法院裁判自动履行率全面大幅上升,体现了审判质量以及法院权威的显著提高。在对照法院自动履行率明显下降的同时,试点法院“逆流而上”并达到较高水平,其加强诉中释法明理、加大诉后联动协调,进而有力化解“执行难”问题的做法值得充分肯定。

23. 实际执行率

实际执行率是执行案件中执行完毕结案数与和解并履行完毕数之和与执行案件结案数之比。其计算公式为:实际执行率=(执行完毕结案数+和解并履行完毕数)/执行案件结案数。

调查数据显示:

第一,试点法院实际执行率显著下降(P=0.01)。试点法院的均执行率从改革前八成五到改革后五成四,下降了 31 个百分点,花溪猛降 39

个百分点。除汇川之外，改革后其他试点法院实际执行率皆不足五成五，如图 4-72 所示。

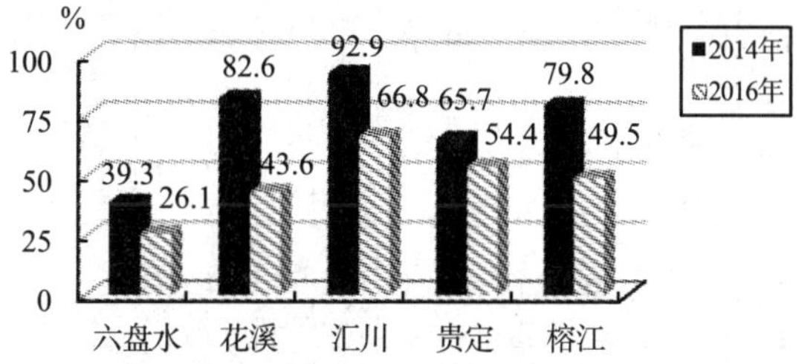

图 4-72　改革前后试点法院实际执行率比较

第二，对照法院的实际执行率也大幅下降（P=0.023），其均执行率从八成到四成七，下降了 33 个百分点，其中观山湖降了 46 个百分点。各法院执行率皆不足五成三，最低的黔西南中院仅一成八，如图 4-73 所示。

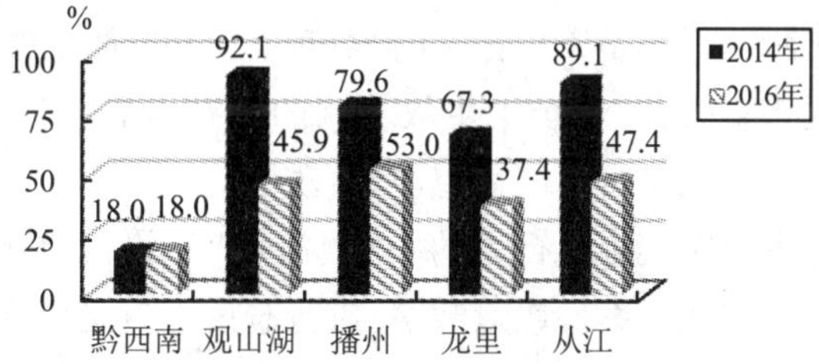

图 4-73　改革前后对照法院实际执行率比较

第三，试点法院的实际执行率仍高于对照法院。2016 年两类法院的实际执行率无显著差异（P=0.097），但试点组均值高出对照组 7 个百分点。同时，4 家试点法院改革后的该指标高于对照者，其中贵定高 17 个百分点，如表 4-44 所示。

表 4-44　试点法院和对照法院实际执行率比较　（%）

2014 年					2016 年				
试点法院	实际执行	对照法院	实际执行	相比	试点法院	实际执行	对照法院	实际执行	相比
六盘水中院	39.29	黔西南中院	17.95	21.34	六盘水中院	26.07	黔西南中院	17.99	8.08

续表

2014 年					2016 年				
花溪法院	82.63	观山湖法院	92.09	-9.46	花溪法院	43.57	观山湖法院	45.89	-2.32
汇川法院	92.90	播州法院	79.56	13.34	汇川法院	66.84	播州法院	52.95	13.89
贵定法院	65.67	龙里法院	67.25	-1.58	贵定法院	54.37	龙里法院	37.41	16.96
榕江法院	79.75	从江法院	89.08	-9.33	榕江法院	49.47	从江法院	47.40	2.07
试点平均	84.73	对照平均	79.70	5.03	试点平均	54.14	对照平均	47.12	7.02

课题组认为:

第一,实际执行率是审判公正的“兑现”。法院通过对生效裁判的实际执行,实现当事人债权,维护生效裁判的既判力和执行力。实际执行率高,反映人民法院执行力度大,裁判质效好。

第二,样本法院实际执行率的明显“滑坡”或许因挤出水分、还原真实所致。同时,在执行案件数量激增、执行难度上升的情况下,通过资源集中和机制调整解决“执行难”的问题也迫在眉睫。

24. 执行标的到位率

执行标的到位率是各案件实际得以执行的标的额占案件申请执行金额之比的平均数。计算公式为:执行标的到位率=Σ(案件实际执行的标的额/案件申请执行金额)/案件数。

调查数据显示:

第一,试点法院的执行标的到位率显著下降($P=0.025$)。均值从改革前的五成七到改革后的四成三,下降近 14 个百分点,降幅最大的贵定法院约 49 个百分点。仅花溪、榕江两院的该项指标逾五成,如图 4-74 所示。

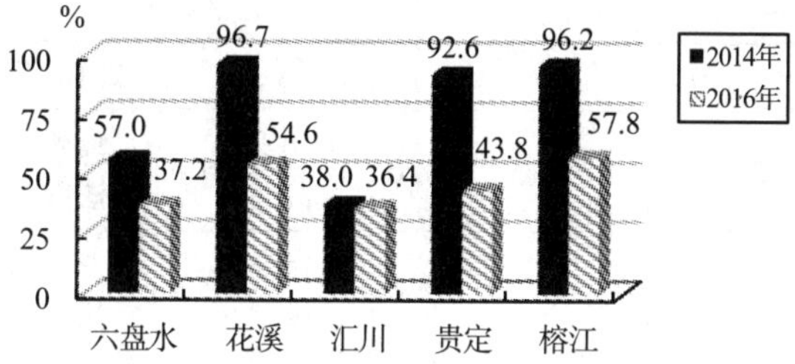

图 4-74　改革前后试点法院执行标的到位率比较

第二,对照法院的执行标的到位率也大幅下降。均值从四成七到一成七,下降约 30 个百分点,降幅最大的龙里法院达 47.2 个百分点。2016 年,仅从江法院降幅就逾五成,如图 4-75 所示。

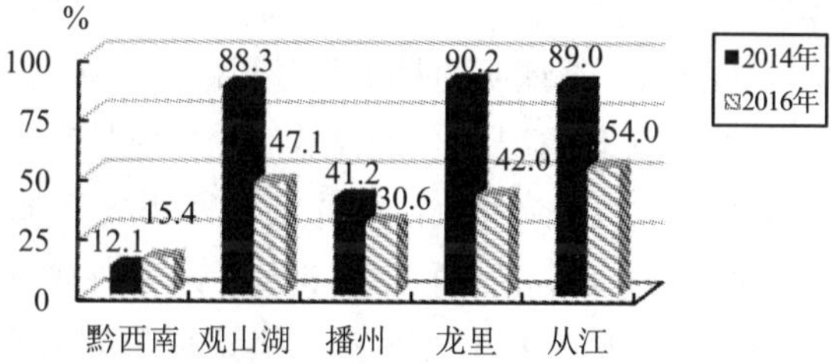

图 4-75　改革前后对照法院执行标的到位率比较

第三,试点法院的执行标的到位率远高于对照法院。2016 年两类法院无显著差异(P=0.083),但试点法院的均到位率从原高出对照法院 10 个百分点,扩大到约 27 个百分点;同时每家试点法院在改革后皆高于对照者,其中,六盘水中院高出对照中院近 22 个百分点,如表 4-45 所示。

表 4-45　试点法院和对照法院执行标的到位率比较　(%)

2014 年					2016 年				
试点法院	执行标的	对照法院	执行标的	相比	试点法院	执行标的	对照法院	执行标的	相比
六盘水中院	57.00	黔西南中院	12.09	44.91	六盘水中院	37.18	黔西南中院	15.38	21.80
花溪法院	96.72	观山湖法院	88.29	8.43	花溪法院	54.64	观山湖法院	47.13	7.51

续表

2014 年					2016 年				
汇川法院	37.95	播州法院	41.15	-3.20	汇川法院	36.42	播州法院	30.62	5.80
贵定法院	92.60	龙里法院	90.20	2.40	贵定法院	43.79	龙里法院	41.96	1.83
榕江法院	96.20	从江法院	89.03	7.17	榕江法院	57.77	从江法院	54.02	3.75
试点平均	57.08	对照平均	46.98	10.10	试点平均	43.33	对照平均	16.55	26.78

课题组认为:

第一,执行标的到位率证明的是审判公正的“兑现”。该指标旨在体现胜诉当事人债权的实现情况和合法权益的受保障情况。

第二,贵州9家样本法院的执行标的到位率明显下降。其可能原因是:一是执行难度攀升。执行案件尤其是大标的案件增多,无财产可供执行的情形增加。二是统计口径不妥。统计以案件申请标的额为基数,①但实践中不少当事人自愿或在执行人员调解下放弃部分权利,导致统计数据偏低。然而,在此“逆境”中试点法院仍明显优于对照法院的结果,体现了司法改革方向的正确性。因此,除了通过司法体制改革进一步加大执行力度,也建议调整考核指标中统计的基数,以生效判决或调解确定的应履行金额作为“分母”。

25. 妨害司法罪裁判数

妨害司法罪裁判数是法院对诉讼阶段发生的扰乱法庭秩序罪、拒不执行法院判决罪,以及非法处置查封、扣押、冻结的财产罪等妨害司法罪的惩处情况。

调查数据显示:

试点法院和对照法院的妨害司法罪裁判数逐年减少且前者明显低于后者。改革前后试点法院中仅花溪法院有此数据,分别为7件和2

① 本指标数据直接在贵州法院绩效信息管理系统中获取,其算法采用的是最高人民法院2011年《全国案件质量评估指标》中的相关公式。

件，呈下降趋势；同期对照法院的妨害司法罪裁判总数从 19 件降至 10 件，其中播州法院下降的 10 件成为下降的"主因"，如表 4-46 所示。

表 4-46　试点法院和对照法院妨害司法罪裁判数比较　（件）

2014 年					2016 年				
试点法院	司法妨害	对照法院	司法妨害	相比	试点法院	司法妨害	对照法院	司法妨害	相比
六盘水中院	0	黔西南中院	0	0	六盘水中院	0	黔西南中院	0	0
花溪法院	7	观山湖法院	0	7	花溪法院	2	观山湖法院	0	2
汇川法院	0	播州法院	18	-18	汇川法院	0	播州法院	8	-8
贵定法院	0	龙里法院	0	0	贵定法院	0	龙里法院	1	-1
榕江法院	0	从江法院	1	-1	榕江法院	0	从江法院	1	-1
试点总数	7	对照总数	19	-12	试点总数	2	对照总数	10	-8

课题组认为：

第一，减少妨害司法罪裁判是提高审判公正的履职保障。法院对妨害司法罪的惩处，体现了其排除不当干扰、维护司法公正和司法权威的能力和水平。

第二，试点法院的妨害司法罪裁判数相对更少是司法公信力和司法权威提升的间接象征。结合服判息诉率、回访好评率等指标的明显提升，试点法院的整体审判环境和审判成效可能优于对照法院。

26. 拘传、罚款、拘留数

拘传、罚款、拘留数是法院在诉讼及执行中，对拒不履行法律义务以及妨害诉讼的当事人采取拘传、罚款和拘留的情况。

调查数据显示：

第一，试点法院的拘传、罚款、拘留数明显上升。拘传、罚款、拘留数总和从改革前 11 件到改革后 179 件。其中“主力”汇川法院从 0 件上升到 134 件，如图 4-76 所示。

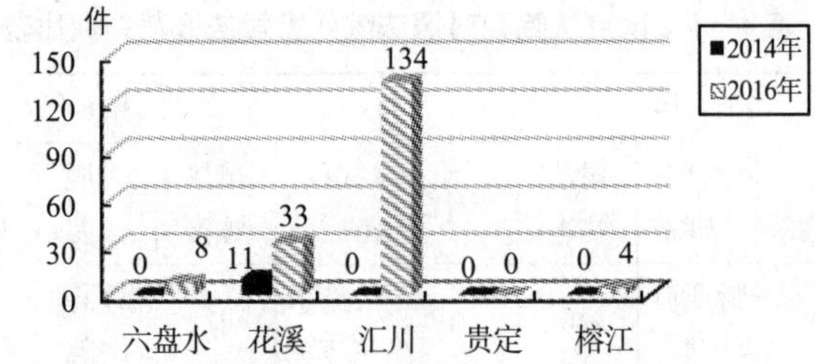

图 4-76　改革前后试点法院拘传、罚款、拘留比较

第二，对照法院的拘传、罚款、拘留数基本持平。同期均三数总和仅从 51 件到 54 件，如图 4-77 所示。

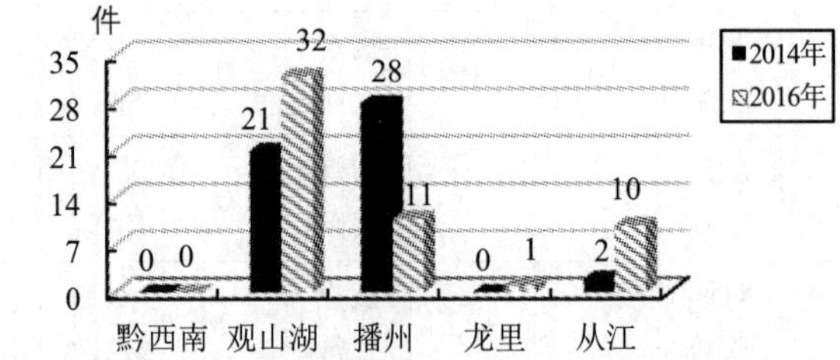

图 4-77　改革前后对照法院拘传、罚款、拘留比较

第三，试点法院拘传、罚款、拘留数明显高于对照法院。2016 年两类法院无显著差异（P=0.367），但试点法院的该指标总和从改革前低于对照法院 40 件，到改革后高出 125 件，变化明显。有 3 家试点法院高于对照法院，其中，汇川高出对照的播州法院 123 件，如表 4-47 所示。

表 4-47　试点法院和对照法院拘传、罚款、拘留案件案件数比较　（件）

2014 年					2016 年				
试点法院	拘罚留数	对照法院	拘罚留数	相比	试点法院	拘罚留数	对照法院	拘罚留数	相比
六盘水中院	0	黔西南中院	0	0	六盘水中院	8	黔西南中院	0	8

续表

2014 年					2016 年				
花溪法院	11	观山湖法院	21	-10	花溪法院	33	观山湖法院	32	1
汇川法院	0	播州法院	28	-28	汇川法院	134	播州法院	11	123
贵定法院	0	龙里法院	0	0	贵定法院	0	龙里法院	1	-1
榕江法院	0	从江法院	2	-2	榕江法院	4	从江法院	10	-6
试点总数	11	对照总数	51	-40	试点总数	179	对照总数	54	125

课题组认为：

第一，拘传、罚款、拘留数是司法权威的强制力量。其体现法院排除不当干扰、维护司法公正和司法权威的能力和水平。

第二，试点法院的拘传、罚款、拘留数明显多于对照法院，或许说明试点法院的整体审判生态和法官审判质量趋好，因而更有利于向拒不履行法律义务及妨害诉讼的当事人“亮剑”，捍卫司法权威。

（三）人权保障

“人权保障”包括 6 项三级指标，分别是“刑事案件辩护率”“非法证据排除案件数”“证人、鉴定人、侦查人员出庭率”“无罪判决数”“认罪认罚从宽适用率”“司法赔偿率”。除“非法证据排除案件数”保持不变之外，其他 5 项指标在试点法院自身比较皆向好，其中，“刑事案件辩护率”“证人、鉴定人、侦查人员出庭率”“认罪认罚从宽适用率”均具有显著性差异。同时，试点法院较对照法院所有指标都更优，其中，“刑事案件辩护率”具有显著差异性。

27. 刑事案件辩护率

刑事案件辩护率是在刑事案件审理中律师参与辩护的被告人人数与判处 3 年以上有期徒刑罪犯人数之比。其计算公式为：刑事案件辩护率 = 有律师参加辩护的被告人人数/3 年以上有期徒刑罪犯人数。

调查数据显示:

第一,试点法院刑事案件辩护率显著上升(P=0.016)。试点法院的该指标均值从改革前的四成六升至改革后的约六成八,上升了近22个百分点,其中,榕江法院上升了46个百分点。4家试点法院的辩护率达六成及以上,六盘水中院甚至高达九成四,如图4-78所示。

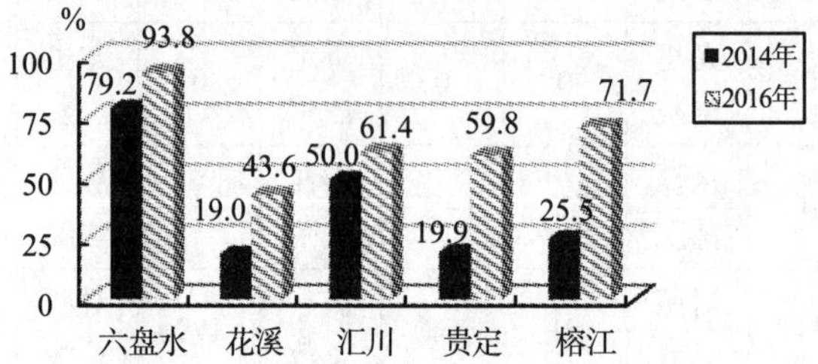

图4-78 改革前后试点法院刑事案件辩护率比较

第二,对照法院刑事案件辩护率有所上升但幅度较小。同期对照法院的均辩护率从二成到近三成五,上升了14个百分点,其中升幅最大的黔西南中院达51个百分点,但播州法院下降了6个百分点。2016年仅有1家法院的辩护率逾六成,如图4-79所示。

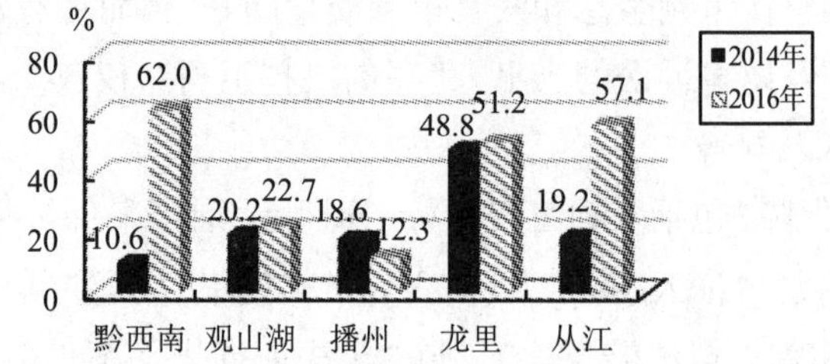

图4-79 改革前后对照法院刑事案件辩护率比较

第三,试点法院刑事案件辩护率明显优于对照法院。2016年两类法院的刑事案件辩护率存在显著差异(P=0.025),且试点法院的均辩护率高出对照法院近1倍。从个体看,改革前仅3家试点法院的该指标优于对照法院,改革后5家试点法院皆更优,其中,汇川法院较对照法院高出49个百分点,如表4-48所示。

表 4-48　试点法院和对照法院刑事案件辩护率比较　(%)

2014 年					2016 年				
试点法院	刑事辩护	对照法院	刑事辩护	相比	试点法院	刑事辩护	对照法院	刑事辩护	相比
六盘水中院	79.20	黔西南中院	10.62	68.58	六盘水中院	93.81	黔西南中院	62.00	31.81
花溪法院	19.00	观山湖法院	20.23	-1.23	花溪法院	43.55	观山湖法院	22.73	20.82
汇川法院	50.00	播州法院	18.58	31.42	汇川法院	61.40	播州法院	12.30	49.10
贵定法院	19.85	龙里法院	48.84	-28.99	贵定法院	59.84	龙里法院	51.22	8.62
榕江法院	25.53	从江法院	19.23	6.30	榕江法院	71.74	从江法院	57.14	14.60
试点平均	46.16	对照平均	20.19	25.97	试点平均	67.67	对照平均	34.50	33.17

课题组认为：

第一，刑事案件辩护率是保护被告人人权、防止冤假错案的“屏障”。该指标旨在反映法院依法对犯罪嫌疑人、被告人合法权益的保护程度，是现代刑事司法理念的体现。

第二，贵州样本法院的刑事案件辩护率普遍上升，显现了司改背景下贵州法院对人权保障理念的强化和落地，表明该省法院与律师间已逐步形成双向互动的良性氛围。

第三，试点法院刑事案件辩护率的提升明显向好，充分证明司改的深入与成效。通过改革，强化诉权保护措施，实现庭审实质化，让刑事辩护律师作为一种制约和监督公正司法的力量参与到审判中来，推动刑事审判更加公平、公正。

28. 非法证据排除案件数

非法证据排除案件数是法院在审判过程中对非法取得的供述和非法搜查扣押取得的证据予以排除的案件总数。

调查数据显示:

贵州试点法院对照法院的非法证据排除案件数均很少且呈下降态势。2014年仅花溪法院和黔西南中院各有1件和2件,2015年均为零,2016年仅六盘水中院有1件。

课题组认为:

第一,非法证据排除案件数是保障司法公正的“过滤器”。该指标旨在反映法院保障人权、减少冤假错案和推进以审判为中心的诉讼制度改革方面的工作情况。

第二,贵州样本法院的非法证据排除案件数较少或许存在两个面向:一是进入诉讼程序的非法证据原本较少;二是法院适用非法证据排除规则不容乐观。非法证据排除规则的适用,既是对实体正义的追求,也是对程序正义的实现。建议贵州法院进一步重视对非法证据的排除,确保证据的证明力和诉讼参与人的人权保障,切实维护司法公正。

29. 证人、鉴定人、侦查人员出庭率

证人、鉴定人、侦查人员出庭率是刑事案件中证人、鉴定人、侦查人员出庭的案件数与刑事案件开庭数之比。其计算公式为:证人、鉴定人、侦查人员出庭率=三类人员出庭案件数/刑事案件开庭数。

调查数据显示:

第一,试点法院的证人、鉴定人、侦查人员出庭率显升(P=0.021)。改革前仅汇川出庭率为7‰,其他法院为零。改革后试点法院的均出庭率超10‰,如图4-80所示。

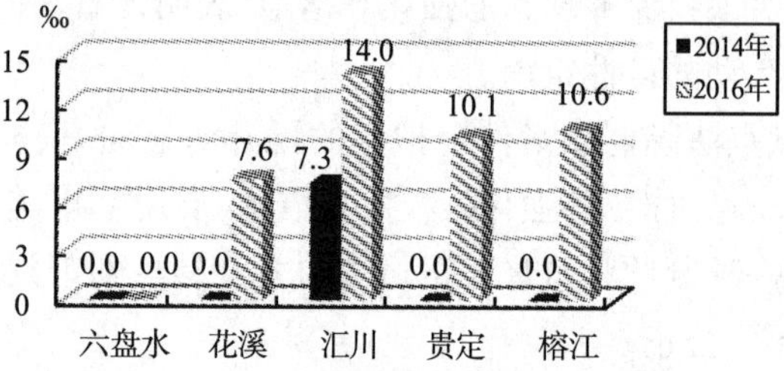

图4-80 改革前后试点法院出庭应诉率比较

第二，对照法院的证人、鉴定人、侦查人员出庭率实现零的突破但水平较低。2016 年起 5 家对照法院皆开始证人、鉴定人、侦查人员出庭的实践，均出庭率达到 6.5‰，但每家对照法院的出庭率皆低于 8‰，最低的龙里不足 5‰，如图 4-81 所示。

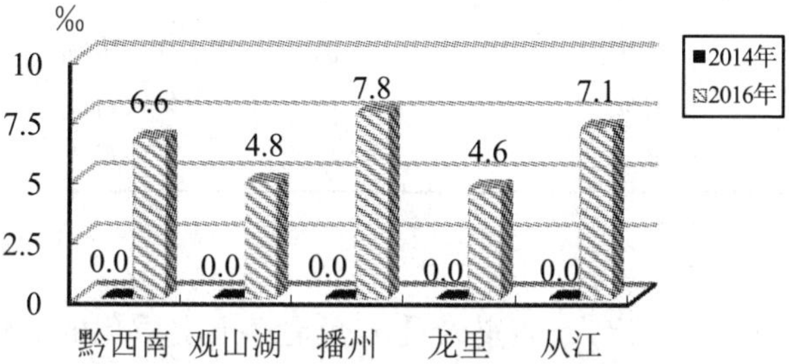

图 4-81　改革前后对照法院出庭应诉率比较

第三，试点法院的证人、鉴定人、侦查人员出庭率优于对照法院。2016 年两类法院的出庭率无显著差异（P=0.388），但试点法院的均出庭率高于对照组 4 个千分点。除六盘水中院尚未实践之外，其他试点法院在改革后皆高于对照法院，其中汇川超出对照的播州 6 个千分点，如表 4-49 所示。

表 4-49　试点法院和对照法院证、鉴、侦人员出庭应诉率（‰）比较　（‰）

2014 年					2016 年				
试点法院	出庭应诉	对照法院	出庭应诉	相比	试点法院	出庭应诉	对照法院	出庭应诉	相比
六盘水中院	/	黔西南中院	/	/	六盘水中院	/	黔西南中院	6.64	/
花溪法院	/	观山湖法院	/	/	花溪法院	7.55	观山湖法院	4.84	2.71
汇川法院	7.31	播州法院	/	7.31	汇川法院	13.95	播州法院	7.77	6.18
贵定法院	/	龙里法院	/	/	贵定法院	10.10	龙里法院	4.61	5.49

续表

2014 年					2016 年				
试点法院	出庭应诉	对照法院	出庭应诉	相比	试点法院	出庭应诉	对照法院	出庭应诉	相比
榕江法院	/	从江法院	/	/	榕江法院	10.58	从江法院	7.14	3.44
试点平均	7.31	对照平均	/	/	试点平均	10.34	对照平均	6.51	3.83

课题组认为:

第一,证人、鉴定人、侦查人员出庭是庭审实质化的关键,也是提升审判公信力的前提。该指标旨在反映法院推进以审判为中心的诉讼制度改革落实情况,保证庭审还原事实的功能实现;同时也体现侦查机关对审判权威的尊重。

第二,试点法院的三类人员出庭率提升优于对照法院的结果,反映出诉讼制度改革初见成效,庭审实质化正在加强,但全省法院的三类人员出庭率还有较大的提升空间。

30. 无罪判决数

无罪判决数是在生效刑事案件中,犯罪嫌疑人或被告人被法院作出无罪判决的人数。

调查数据显示:

试点法院和对照法院的无罪判决数均很少。其中,试点的六盘水中院 2016 年有 1 件,花溪法院 2014 年有 2 件;2016 年对照法院中的播州法院和龙里法院分别有 7 件和 2 件,其他法院均无无罪判决案件。

课题组认为:

第一,无罪判决数是司法独立的体现。该指标反映以审判为中心的诉讼制度和罪刑法定、疑罪从无等法律原则的落实情况,彰显法院在独立行使审判权、保障人权、减少冤假错案方面的成效。

第二,贵州无罪判决案件数量很少或可作出正面评价。结合该省申诉率和司法赔偿率逐年下降并保持较低水平的结果看,该省的司法环境较好,法院独立性和权威性较强,冤假错案数量极少。

31. 认罪认罚从宽适用率

认罪认罚从宽适用率是基层[①]法院一审刑事案件中被告人认罪认罚并得到从宽处理的案件数与一审刑事案件结案数之比。其计算公式为：认罪认罚从宽适用率=一审中从宽处理的刑事案件数/一审刑事案件结案数。

调查数据显示：

第一,试点法院的认罪认罚从宽适用率显著上升(P=0.032)。均适用率从改革前七成七升至约八成三,上升5.5个百分点。其中升幅最大的榕江升了8个百分点,逾九成四。改革后所有试点法院皆达到或逾八成,如图4-82所示。

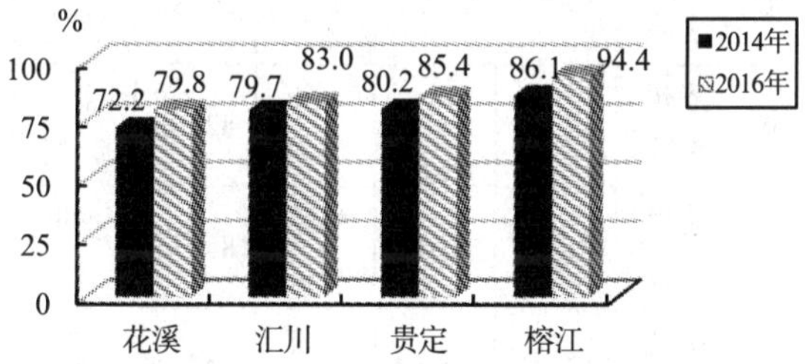

图4-82　改革前后试点法院认罪认罚适用率比较

第二,对照法院的认罪认罚从宽适用率升降不一,且皆低于3/4。同期对照法院的从宽适用率从五成四到五成七,上升不足3个百分点。其中从江上升了20个百分点,但不足三成六,龙里则下降5个百分点,如图4-83所示。

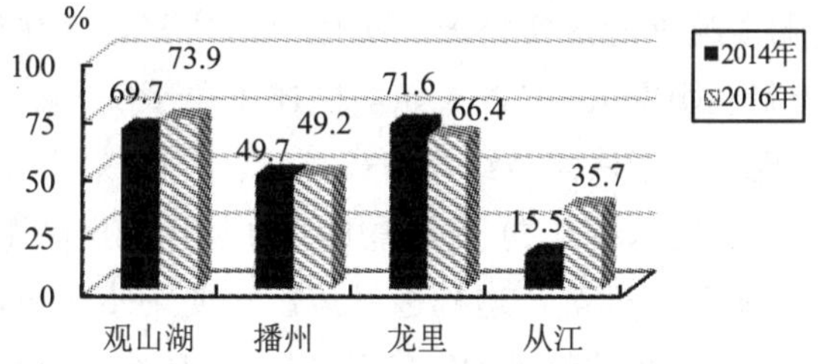

图4-83　改革前后对照法院认罪认罚适用率比较

① 为响应最高人民法院精神,贵州指定了包括8家样本基层法院在内的16家基层法院开展认罪认罚从宽适用试点。

第三,试点法院认罪认罚从宽适用率明显高于对照法院。2016 年两类法院的认罪认罚从宽适用率无显著差异(P=0.09),但试点组该指标上均值高出对照法院约 26 个百分点。同时,所有试点法院在改革后都保持高于对照组的优势并继续扩大。其中,榕江超出对照法院的从江 59 个百分点,如表 4-50 所示。

表 4-50 试点法院和对照法院认罪认罚从宽适用率比较 (%)

2014 年					2016 年				
试点法院	从宽适用	对照法院	从宽适用	相比	试点法院	从宽适用	对照法院	从宽适用	相比
花溪法院	72. 20	观山湖法院	69. 72	2. 48	花溪法院	79. 83	观山湖法院	73. 85	5. 98
汇川法院	79. 68	播州法院	49. 71	29. 97	汇川法院	82. 98	播州法院	49. 22	33. 76
贵定法院	80. 19	龙里法院	71. 56	8. 63	贵定法院	85. 35	龙里法院	66. 36	18. 99
榕江法院	86. 09	从江法院	15. 45	70. 64	榕江法院	94. 44	从江法院	35. 71	58. 73
试点平均	77. 28	对照平均	54. 18	23. 11	试点平均	82. 79	对照平均	57. 00	25. 79

课题组认为:

第一,认罪认罚从宽处理是提高司法公信力的创新实践。其体现了宽严相济的刑事政策的落实情况。实体上的从宽处理和程序上的从简处理,有利于犯罪嫌疑人、被告人如实供述犯罪事实,减少社会对抗,修复社会关系,也有利于法院节约司法成本,提高司法效率和公信力。

第二,试点法院认罪认罚从宽适用率的上升明显高于对照法院,体现出刑事诉讼体系的科学合理构建已迈出重要一步。通过探索认罪认罚从宽处理制度,在案件数量大幅攀升、社会矛盾容易激化的环境下,合理配置司法资源,实现司法公正与效率的平衡。

32. 司法赔偿率

司法赔偿率含审判案件司法赔偿率和执行案件司法赔偿率。分别指因错判被赔偿案件数与生效裁判案件数之比和因执行违法导致司法赔偿的执行案件数与执行案件结案数之比。计算公式为：司法赔偿率=（错判赔偿案件数/生效裁判案件数）+（执行违法司法赔偿的案件数/执行案件结案数）。

调查数据显示：

试点法院与对照法院的司法赔偿率极低。一是六盘水和黔西南中院在2014年和2016年分别各有1件错判赔偿案件；除花溪法院2016年有1件赔偿案件外，其他基层法院均为零。二是试点法院和对照法院两年中均未发生因执行违法导致的司法赔偿。

课题组认为：

第一，司法赔偿是审判公正和执行公正的救济途径。该指标旨在说明原审实体判决错误和执行违法的情况。司法赔偿率越低，越能反映案件审判和执行的质量好。

第二，所有样本法院的司法赔偿率趋于零，反映了贵州法院整体的审判质量，也期盼该省在未来继续从源头上遏制案件错判和执行违法。

（四）司法为民

"司法为民"含3项三级指标，即裁判案件回访及好评率、12368诉讼平台服务总次数和12368短信推送率。在试点法院自身比较中皆向好，在与对照法院横向比较中皆更优。

33. 裁判案件回访率及好评率

裁判案件回访率和回访好评率分别指裁判案件回访数与裁判案件数之比和裁判案件回访好评数与裁判案件回访数之比。计算公式为：裁判案件回访率=裁判案件回访数/裁判案件数；回访好评率=裁判案件回访好评数/裁判案件回访数。

调查数据显示：

第一，试点法院的裁判案件回访率明显提升，好评率居高。改革后试点法院全部开展了裁判案件回访工作。其均回访率从改革前的一成九到改革后的三成，提升了11个百分点；均好评率从改革前的九成九七到改革后的九成九六，基本不变。其中，贵定法院最优，回访率上升了逾71个百分点，且好评率保持十成，如图4-84和图4-85所示。

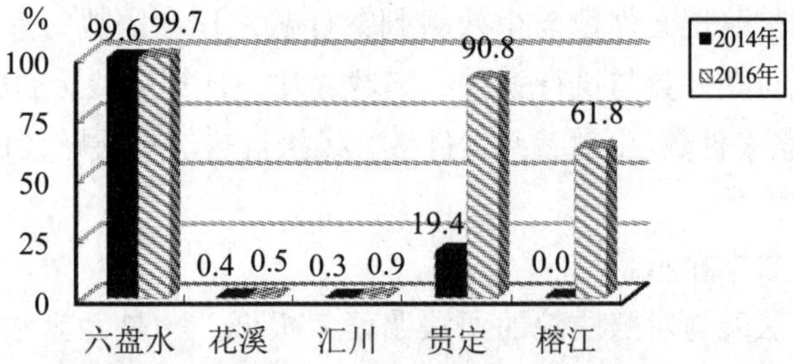

图 4-84　改革前后试点法院裁判案件回访率比较

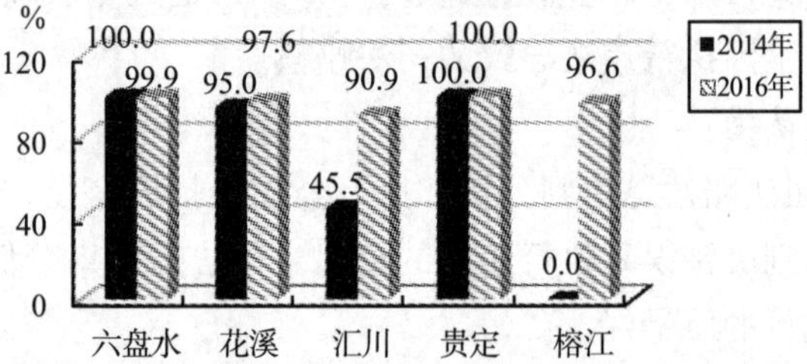

图 4-85　改革前后试点法院裁判案件回访好评率比较

第二，对照法院裁判案件回访率略提升，好评率显著提高，但占比相对不高。改革后 4 家对照法院开展此工作，其中 2 家回访不足一成。均回访率从 3%升至 4.5%。均好评率从八成五到九成四，提升 9 个百分点。其中成效最好的龙里上升 4 个百分点，好评率达到 100%，如图 4-86、图 4-87 所示。

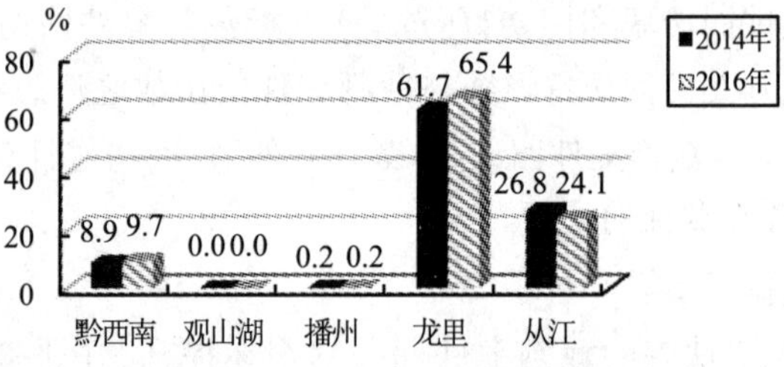

图 4-86　改革前后对照法院裁判案件回访率比较

第三，试点法院裁判案件回访率和好评率明显好于对照法院。2016 年两类法院的裁判案件回访率（P＝0.134）和好评率（P＝0.069）无显著差异，但试点法院的均回访率高出对照法院 25 个百分点，均好评率高出

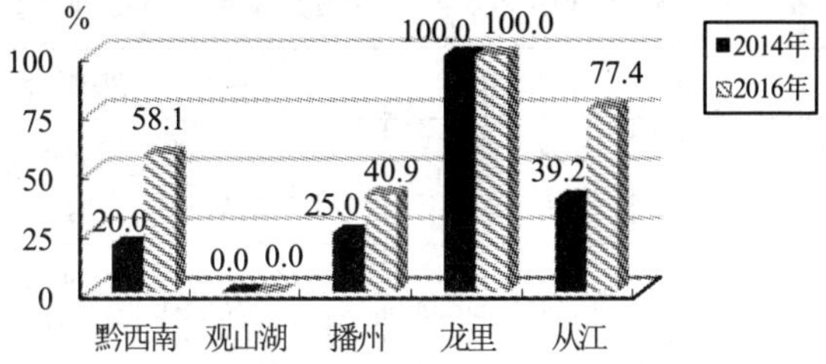

图 4-87　改革前后对照法院裁判案件回访好评率比较

5.5 个百分点。各试点法院改革后在回访率和好评率上均高于对照法院,如表 4-51 和表 4-52 所示。

表 4-51　试点法院和对照法院裁判案件回访率比较　(%)

2014 年					2016 年				
试点法院	案件回访	对照法院	案件回访	相比	试点法院	案件回访	对照法院	案件回访	相比
六盘水中院	99.62	黔西南中院	8.93	90.69	六盘水中院	99.73	黔西南中院	9.66	90.07
花溪法院	0.42	观山湖法院	0.00	0.42	花溪法院	0.54	观山湖法院	0.00	0.54
汇川法院	0.27	播州法院	0.17	0.10	汇川法院	0.89	播州法院	0.24	0.65
贵定法院	19.36	龙里法院	61.67	-42.31	贵定法院	90.82	龙里法院	65.41	25.41
榕江法院	0.00	从江法院	26.84	-26.84	榕江法院	61.80	从江法院	24.07	37.73
试点平均	19.02	对照平均	3.06	15.96	试点平均	29.68	对照平均	4.53	25.15

表 4-52 试点法院和对照法院裁判案件回访好评率比较 (%)

2014 年					2016 年				
试点法院	回访好评	对照法院	回访好评	相比	试点法院	回访好评	对照法院	回访好评	相比
六盘水中院	100.00	黔西南中院	20.00	80.00	六盘水中院	99.91	黔西南中院	58.06	41.85
花溪法院	95.00	观山湖法院	/	/	花溪法院	97.62	观山湖法院	/	/
汇川法院	45.45	播州法院	25.00	20.45	汇川法院	90.91	播州法院	40.91	50.00
贵定法院	100.00	龙里法院	100.00	0.00	贵定法院	100.00	龙里法院	100.00	0.00
榕江法院	/	从江法院	39.22	/	榕江法院	96.58	从江法院	77.38	19.20
试点平均	99.70	对照平均	85.19	14.51	试点平均	99.63	对照平均	94.09	5.54

课题组认为:

第一,裁判案件回访是一项兼具双向功能的指标。在现阶段,其可增进(法)官民(众)互动,让更多百姓走近法院和诉讼,达到"案结事好"的社会效果;同时也让法官和法院背负一定回访压力,促进审判质效的提高。然而,值得强调的是,裁判案件回访必为双刃之剑,其有正向作用,也有负面效应,而且后者的效能将更为长期。[①] 据此,更应将其视为一项过渡性的指标,以更好地扬其长而避其短。

第二,裁判案件回访的开展在贵州基层法院显现出明显的地域

---

① 回访的负面作用主要表现为:其一,被回访人的诉讼当事人身份导致理性评价并不必然。在司法实践中,绝大多数当事人并不具有法律专业背景,故对裁判结果不一定有理性认知,官司的"输赢"往往在很大程度上决定了其对法官的好恶和对裁判的认同或者抗拒,这在基层法院尤为明显。其二,法官审理案件仅"以事实为依据,以法律为准绳",即便其审理和裁判并不为当事人认可乃至称赞。因而,经由诉讼当事人传递的不当压力有可能让审判的基本原则"变味",尤其在群体性案件的审判中更盛。正因如此,现代国家鲜见让诉讼当事人给专业审判工作打分。

性,即地处农村和边远少数民族地区的两对法院更为重视。案件回访更多的是针对当下部分地区百姓法律意识不强、法律素质不高所做出的“权宜之计”,以增强审判质效。

第三,试点组法院裁判案件回访率和回访好评率明显好于对照法院,充分证明司法改革的有效性。通过改革,推进“司法为民”,转变“就案办案、一判了之”的观念,加大对群众满意度和感受度的关注。通过电话回访、带案回访、上门走访,针对性地开展案件回访活动,促进社会矛盾的化解,提升民众法律意识。同时对当事人普遍反映、特别关注的问题,进行归纳分析,进一步提升法院工作质效。

34. 12368 诉讼平台服务总次数

12368 诉讼平台服务总次数是法院通过该方法应当事人要求提供法律专业服务的次数。

调查数据显示:

试点法院的服务次数明显多于对照法院。试点法院与对照法院均在改革后开通 12368 诉讼平台服务。尽管两类法院的服务次数无显著差异(P=0.067),但试点法院的服务总次数是对照法院的近 3.5 倍,且各试点法院皆明显高于对照法院,其中六盘水中院高出黔西南中院 149 次,如表 4-53 所示。

表 4-53　2016 年试点法院和对照法院 12368 诉讼平台服务总次数比较

试点法院	12368 服务	对照法院	12368 服务	相比
六盘水中院	250	黔西南中院	101	149
花溪法院	52	观山湖法院	1	51
汇川法院	94	播州法院	0	94
贵定法院	56	龙里法院	26	30
榕江法院	0	从江法院	0	0
试点总数	452	对照总数	128	324

课题组认为:

第一,12368 诉讼服务平台是司法便民的主渠道。其将进一步满足群众多元的司法需求,促进诉讼服务的转型。

第二，试点法院 12368 服务次数明显高于对照法院，体现了“司法为民”理念在这些法院及其所在地区的深入程度。其更有利于赢得民众对法院的信任和信赖。当然，贵州法院运用平台拓展司法服务仍有较大的上升空间。

35. 12368 短信平均推送率

12368 短信平均推送率是通过 12368 向当事人发送短信数与结案数之比。其计算公式为：12368 短信平均推送率＝12368 向当事人发送短信数/结案数。

调查数据显示：

第一，试点法院的 12368 短信平均推送率增加较快。试点法院的均推送率从三成七到六成三，提高了 26 个百分点，其中贵定法院达到了 100%，如图 4-88 所示。

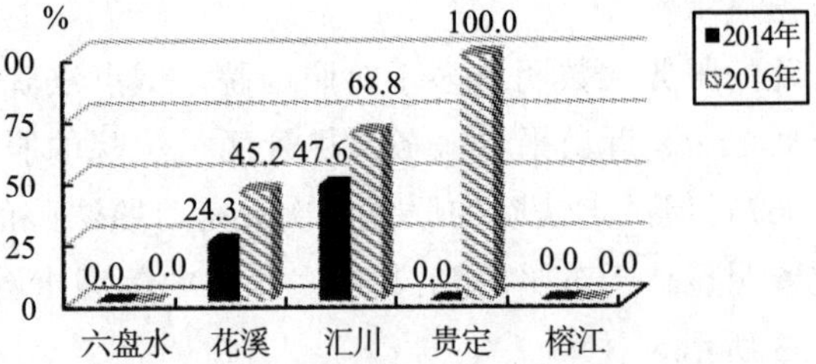

图 4-88　改革前后试点法院 12368 短信推送率比较

第二，对照法院初步开展 12368 短信推送但使用率较低。目前，仅 3 家对照法院开展此项工作，均推送率为四成三。其中，黔西南中院成效较好，达九成二，如图 4-89 所示。

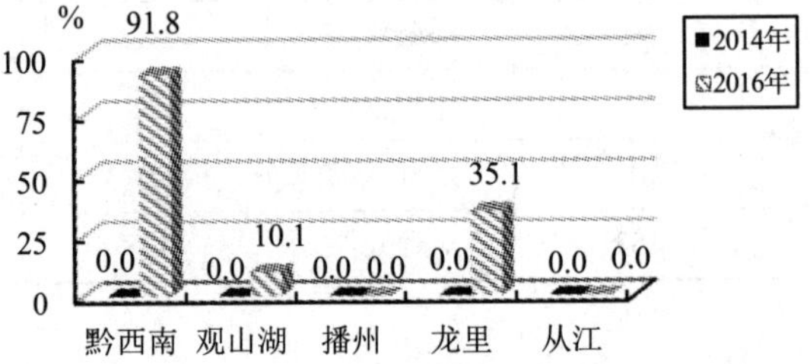

图 4-89　改革前后对照法院 12368 短信推送率比较

第三,试点法院12368短信平均推送率明显好于对照法院。2016年两类法院的推送率并无显著差异(P=0.629),但试点法院高出对照法院20个百分点,且有3家试点法院的推送率明显高于对照法院,其中汇川和贵定法院皆超出同类对照法院逾60个百分点,如表4-54所示。

表4-54 试点法院和对照法院12368短信平均推送率比较 (%)

2014年					2016年				
试点法院	短信推送	对照法院	短信推送	相比	试点法院	短信推送	对照法院	短信推送	相比
六盘水中院	0.00	黔西南中院	0.00	0.00	六盘水中院	0.00	黔西南中院	91.76	-91.76
花溪法院	24.32	观山湖法院	0.00	24.32	花溪法院	45.24	观山湖法院	10.05	35.19
汇川法院	47.56	播州法院	0.00	47.56	汇川法院	68.77	播州法院	0.00	68.77
贵定法院	0.00	龙里法院	0.00	0.00	贵定法院	100.00	龙里法院	35.06	64.94
榕江法院	0.00	从江法院	0.00	0.00	榕江法院	0.00	从江法院	0.00	0.00
试点平均	36.91	对照平均	0.00	14.38	试点平均	62.71	对照平均	42.96	19.75

课题组认为:

第一,12368短信推送率是司法便民的有力手段。通过推送短信的手段,及时向当事人告知案件流程关键节点信息,对当事人进行诉讼权利义务提醒,与当事人进行互动交流,有利于提升案件的效率和当事人的满意度。

第二,试点法院12368短信推送使用情况明显占优,说明司法为民和司法公开以及审判效率和公正是高度统一的。

(五)社会服务

"社会服务"包括"司法建议数"和"公报、指导性案例入选数"2项三级指标。从试点法院自身比较看,前者有显著提升,后者不变。从横向比较看,两项指标皆低于对照法院。

36. 司法建议数

司法建议数是法院针对案件中有关单位的问题所提出的司法专业建议的数量。

调查数据显示:

试点与对照法院的司法建议数均呈上升态势。试点法院改革前后的司法建议数具有显著差异(P=0.037),而对照法院的同期比较不具有差异性(P=0.137)。在数量上,试点法院和对照法院各增加了9次,总量分别达到14次和15次。其中试点的汇川法院达到7件,而观山湖和贵定法院的司法建议数在数据采集年份中始终为零,如表4-55所示。

表4-55 试点法院和对照法院司法建议数比较 (次)

2014年					2016年				
试点法院	司法建议	对照法院	司法建议	相比	试点法院	司法建议	对照法院	司法建议	相比
六盘水中院	0	黔西南中院	0	0	六盘水中院	2	黔西南中院	3	-1
花溪法院	0	观山湖法院	0	0	花溪法院	3	观山湖法院	0	3
汇川法院	4	播州法院	0	4	汇川法院	7	播州法院	5	2
贵定法院	0	龙里法院	0	0	贵定法院	0	龙里法院	1	-1
榕江法院	1	从江法院	6	-5	榕江法院	2	从江法院	6	-4
试点总数	5	对照总数	6	-1	试点总数	14	对照总数	15	-1

课题组认为:

第一,司法建议是"定分止争"目的的延伸和强化。作为化解社会矛盾、完善社会治理的重要切入点和有效方法,司法建议反映法院参与社会治理的责任心和主动性，是审判效果的“放大器”，有利于防患于未然，保障社会和谐。

第二，试点与对比法院都在积极进行司法建议。其说明改革以来贵州法院重视发挥司法的社会引导作用，延伸司法审判职能，有效实现审判的法律效果与社会效果相统一。当然，该省法院的此项工作仍需几何级数地推广和加强。

37. 公报、指导性案例入选数

公报、指导性案例入选数是在统计期内入选最高人民法院公报和指导性案例的数量。

调查数据显示：

对照法院的公报、指导性案例入选数较试点法院高。近 3 年中，试点法院的入选数为 0，对照法院中的播州法院于 2014 年入选 1 篇，黔西南中院和龙里法院于 2016 年分别入选 2 篇和 1 篇。

课题组认为：

第一，公报、指导性案例入选是裁判质量提高的“示范”。该指标旨在衡量法律适用统一性和裁判尺度基本相同性，反映法官总结审判经验的能力与水平。

第二，试点法院的公报、指导性案例入选数为 0 拟作进一步观察。此或许折射出试点法院在提高裁判质量、形成“精品案例”方面有待加强；或许也因案件自身不具备新颖的、前瞻的特征所致。

（六）司法廉洁

“司法廉洁”包括“廉政投诉办结率”和“违法违纪数”2 项三级指标。其中前者在改革前后的试点法院和对照法院中皆为十成；后者试点法院的下降至零，优于对照法院。

38. 廉政投诉办结率

廉政投诉办结率是法院相关部门对廉政投诉处理数与通过各种途径收到的廉政投诉数之比。其计算公式为：廉政投诉办结率 = 廉政投诉处理数/廉政投诉收到数。

调查数据显示：

第一，试点法院的廉政投诉增长幅度高于对照法院，办结数也同比增加,增幅分别为四成二和二成七,如表4-56所示。

第二,试点和对照法院改革前后廉政投诉案件办结率均为100%。

表4-56 试点法院和对照法院廉政投诉办结数比较 (件)

2014年					2016年				
试点法院	投诉办结	对照法院	投诉办结	相比	试点法院	投诉办结	对照法院	投诉办结	相比
六盘水中院	43	黔西南中院	52	-9	六盘水中院	64	黔西南中院	46	18
花溪法院	3	观山湖法院	8	-5	花溪法院	12	观山湖法院	20	-8
汇川法院	10	播州法院	5	5	汇川法院	12	播州法院	14	-2
贵定法院	3	龙里法院	5	-2	贵定法院	2	龙里法院	7	-5
榕江法院	7	从江法院	1	6	榕江法院	4	从江法院	3	1
试点总数	66	对照总数	71	-5	试点总数	94	对照总数	90	4

课题组认为:

第一,廉政投诉办结率是司法廉洁公正的必要途径。该指标既反映了群众对法院工作的监督力度,也反映其对法院工作的满意程度。

第二,贵州两类法院廉政投诉办结率均为百分之百,体现该省法院对廉政建设的高度关注。但日后若能进一步反映办结的具体结果,查实有无问题以及何种问题,廉政建设方可真正取得明显成效。

39. 违法违纪数

违法违纪数是统计期内法官违法违纪的数量。

调查数据显示:

第一,试点法院无违法违纪案件。改革前仅榕江法院有1起违法违纪案件,改革后所有试点法院均无违法违纪案件发生。

第二，对照法院违法违纪数有所上升。同期对照法院的违纪违法总数从 1 件上升到 4 件，其中观山湖法院、龙里法院和从江法院分别有 2 起、1 起、1 起违法违纪案件，如表 4-57 所示。

表 4-57　试点法院和对照法院违法违纪案件数比较　（件）

2014 年					2016 年				
试点法院	违纪违法	对照法院	违纪违法	相比	试点法院	违纪违法	对照法院	违纪违法	相比
六盘水中院	0	黔西南中院	0	0	六盘水中院	0	黔西南中院	0	0
花溪法院	0	观山湖法院	0	0	花溪法院	0	观山湖法院	2	-2
汇川法院	0	播州法院	1	-1	汇川法院	0	播州法院	0	0
贵定法院	0	龙里法院	0	0	贵定法院	0	龙里法院	1	-1
榕江法院	1	从江法院	0	1	榕江法院	0	从江法院	1	-1
试点总和	1	对照总和	1	0	试点总和	0	对照总和	4	-4

课题组认为：

第一，违法违纪数是衡量廉洁司法的“底线”。该指标的高低反映了法官廉洁自律的情况。

第二，两类样本法院的违法违纪都处于低发状态，反映了贵州法院在反腐倡廉机制建设及运行方面所取得的成效。

第三，试点法院的违法违纪同期发生数低于对照法院，说明了司改对司法队伍建设的“利好”。通过改革，明细职责权力，落实司法责任，从源头上防治违法违纪行为。

第四节　改革成效的典型个案分析

从前文的指标分析结果来看,改革后贵州试点法院履行"审判公正且高效"法定职责的能力和水平迅速提高,"努力让人民群众在每一个司法案件中感受到公平正义"的成效充分显现。同时,贵州各法院的改革也呈现"百花齐放"之势,从审判方式、审判规范、审判公开和审判技术等方面展开积极的探索和实践,努力让审判效率和公正审判成为所有法院工作者的不懈追求。课题组结合省内典型个案的具体观察,以求更全面地评估该省法院系统司改的实际成效。

一、以轻刑快审的审判方式增效率和公正

【案件一——任某某盗窃案】

(一)基本案情

2017 年初,被告人任某某采用扒窃手段盗得被害人手机一部,在逃离现场过程中被公安人员当场抓获。破案后,涉案手机经公安机关扣押并已发还被害人。遵义市红花岗区人民法院于 4 月 6 日收到公诉机关起诉书后当日立案,鉴于案情简单、事实清楚、证据充分,立案庭将该案分配到"快速审理"办案组。① 次日,向被告人送达起诉书副本,并就适用快速办理机制听取其意见,被告人表示无异议。4 月 10 日,法院刑事审判庭审判认为,公诉机关指控被告人任某某犯盗窃罪的事实清楚,证据确凿、充分。综合考虑被告人到案后的坦白、退赃等情节,量刑时从轻处罚,法院当庭判决被告人任某某犯盗窃罪,判处有期徒刑 6 个月,并处罚金人民币 1000 元。

(二)典型意义

"轻刑快审"是繁简分流的配套机制之一,全称轻微刑事案件快速办理机制,其适用于案情简单、事实清楚、犯罪嫌疑人认罪的 10 类轻微刑

---

① 红花岗法院在刑事审判庭中设置专门办案小组,负责"轻刑快审"案件的办理。办案小组配备法官、法官助理和书记员各 2 名。

事案件。[①] 2015年3月，贵州省高级人民法院指定红花岗等12家基层法院[②]，先行试点"轻刑快审"，另有4家基层法院[③]经申请批准，亦同步开展试点工作。

在"任某某盗窃案"中，法院适用"轻刑快审"的审判方式。该案庭审时间仅为8分钟，且当事人未提起上诉。作为贵州法院实行"轻刑快审"的"缩影"，该案的意义是：

一是审判方式的改革可以促进司法资源的节约和审判效率的提高。在此案中，红花岗法院通过简化办案环节和庭审程序，简化文书格式，实行当日立案、集中开庭和当庭裁判模式，大大提高了审判效率。

二是审判方式的改革可以提升服判息诉的良好社会效果。在此案中，红花岗法院依法对被告人适用了认罪认罚从宽处理，让程序从简和实体从宽统一，减少社会对抗，修复社会关系，使我国"宽严相济"的刑事政策获得了良好的社会效果。

二、以行政机关负责人出庭应诉的审判规范促效率和公正

【案件二——原告丁某某诉被告贵州省人民政府资源行政管理土地行政复议案】

（一）基本案情

2014年4月，原告丁某某在遵义县遵金村和十余户村民签订了《土地流转协议》，流转了46亩土地种植紫荆花。2015年6月，因白黔高速公路项目建设需要，丁某某流转的部分土地及苗木被征收。丁某某认为，土地征收依据《遵义市人民政府办公室关于印发白黔高速公路工程建设项目征地拆迁安置补偿方案的通知》（以下简称《通知》）违法，向贵州省人民政府（以下简称贵州省政府）申请复议。贵州省政府审查后认为，该复议申请不属于行政复议范围，作出驳回行政复议申请的决定。丁某某不服该决定，以贵州省政府为被告，于2016年2月向贵阳市中级

---

① 包括危险驾驶、交通肇事、伤害、盗窃、抢夺、诈骗、寻衅滋事、非法拘禁、毒品犯罪、在公共场所实施的扰乱公共秩序罪。

② 被指定的12家基层法院是：南明区、云岩区、观山湖区、红花岗区、汇川区、钟山区、西秀区、七星关区、碧江区、都匀市、凯里市、兴义市人民法院。

③ 经申请批准的4家基层法院是：遵义县、纳雍县、玉屏县、瓮安县人民法院。

人民法院提起行政诉讼,请求撤销贵州省政府作出的《驳回行政复议申请决定书》,责令其受理原告提出的行政复议申请。贵阳市中院当日立案,并于4月11日公开开庭审理。贵州省副省长陈鸣明出庭应诉,并同原告丁某某就《通知》是否属于行政复议受案范围及驳回行政复议申请的决定是否合法两大争议焦点展开法庭辩论。贵阳市中院审判认为,《通知》是针对建设项目征地拆迁安置补偿方案的内部通知,并未针对具体行政管理相对人,而相关法律、法规对补偿安置争议规定了救济渠道。因此,原告的行政复议申请不属于行政复议的受案范围。贵州省政府在复议过程中受理、补正、决定、送达等程序均未违反法律规定,其作出的驳回行政复议申请的决定并无不当。综上,法院判决驳回原告诉讼请求。

(二)典型意义

根据《行政诉讼法》关于"被诉行政机关负责人应当出庭应诉"的规定,贵州省人民政府法制办制定了《贵州省行政机关行政应诉办法(试行)》,省高级人民法院、省人民政府法制办联合发布《关于行政机关负责人出庭应诉工作的意见》,贵州省司法部门和行政部门积极推进行政机关负责人出庭应诉机制的落实。本案中,贵州省副省长陈鸣明出庭应诉,成为全国首位出庭应诉的省级行政领导。贵州法院抓住契机,以行政诉讼为抓手,强化审判的规范性。

第一,审判规范的提升有利于"疏通"流程梗阻,提速审判效率。在此案中,副省长的出庭有效改变庭审功能虚置问题,缓解了双方当事人的对立情绪,使法院通过法庭辩论准确快速地查明案情、洞悉争点,减少庭审调查时间。同时,该举措还可以避免法院因当事人质疑而耗费大量时间核实出庭人员情况甚至反复开庭审理,减少司法资源浪费。

第二,审判规范的提升有利于钝化"官民"矛盾,使人民群众切实感受到公平正义。借由行政机关负责人出庭应诉,使传统封闭对抗型行政诉讼模式向开放合作的方向转换。[①] 一方面,有利于行政机关尤其是负责人对本单位行政行为可能存在的违法性或不当性有直接深入的了

① 参见喻少如:《功能主义视阈下的行政机关负责人出庭应诉制度》,载《法学评论》2016年第5期。

解,进而有针对性地整改落实;另一方面,从过去的"告官不见官"到面对面沟通,更易于达成相互理解,从根源上化解行政纠纷。

第三,行政机关负责人出庭应诉有利于树立司法权威,形成国家机关和人民群众的良性互动。本案中副省长出庭应诉,向社会传递了行政机关尊重司法、接受司法监督的强烈信号,表达了政府在法院主导下解决行政争议的诚意和姿态,从而有助于建立人民群众对法治的信心、对司法的信任,具有极强的示范意义和榜样作用。这种"形式"上的微改变,也将带来理念信仰上的大扭转,形成法治文化的"蝴蝶效应"。贵州全省的行政机关负责人出庭应诉率从2015年5月修订后的《行政诉讼法》实施时的16%上升至2016年底的33%。

三、以文书公示的审判公开亮效率和公正

【案件三——贵州省人民政府、息烽诚诚劳务有限公司、贵阳开磷化肥有限公司申请确认人民调解协议效力案】

(一)基本案情

2012年6月,贵阳开磷化肥有限公司委托息烽诚诚劳务有限公司承担第三方污泥渣的清运工作,将污泥渣运往开磷公司的矿渣场堆放,但后者未办理任何"堆存手续"。2016年11月,贵州省环境保护厅委托相关机构,对此环境污染损害进行鉴定评估,并出具"环境污染损害评估报告"。2017年1月22日,省政府指定省环境保护厅就此生态环境损害赔偿事宜,与上述公司在省律协的组织下自愿磋商并达成协议。根据《贵州省高级人民法院关于环境保护案件指定集中管辖的规定》,①向清镇市人民法院申请司法确认。法院当场立案受理,由全国首个环境保护法庭——生态保护法庭②进行审查。该庭除了对协议的合法性、自愿性进行"形式审查"外,还对协议内容的合理性以文书公示的方式进行了"实质审查",即在贵州省法院门户网站上对协议内容和修复方案进行为期15天的公示,广泛征求公众意见。在此基础上,2017年3月28日法院出

① 该规定将全省9个地级行政区划分为4个环保司法板块,并对其案件实行跨行政区划集中管辖。

② 该法庭于2007年11月成立,专门受理生态环境保护案件。

具民事裁定书,对调解协议进行司法确认,赋予协议内容强制执行效力。

(二)典型意义

2015年12月,中共中央办公厅、国务院办公厅印发《生态环境损害赔偿制度改革试点方案》(以下简称《方案》),明确提出,“试点地方省级政府经国务院授权后,作为本行政区域内生态环境损害赔偿权利人,可指定相关部门或机构负责生态环境损害赔偿具体工作”,“经调查发现生态环境损害需要修复或赔偿的,赔偿权利人根据生态环境损害鉴定评估报告,就损害事实与程度、修复启动时间与期限、赔偿的责任承担方式与期限等具体问题与赔偿义务人进行磋商……达成赔偿协议。”贵州是7个试点省份之一。[①] 在本案中,以省政府为赔偿权利人,以磋商为解决方式,以调解协议公示为审查创举,快速有效地解决生态环境纠纷。本案是《方案》印发后,全国法院办结的首例由省级人民政府提起生态环境损害赔偿申请司法确认的案件,具有示范意义。

第一,审判公开的方式有利于审判整体效率的提升。本案引入文书公示的方法,虽然增加了法院审查环节的耗时,但却避免了因损害社会公众的知情权以及环境利益导致的“返工”,节约了司法资源。此外,协议形成过程中,无论是磋商的形式还是专业第三方的介入,在一定程度上也达到了快速解决生态环境赔偿纠纷的效果。

第二,审判公开的方式有利于实体公正的保障。环境诉讼除涉及私人利益,更涉及社会公众的环境利益。通过文书公示,一方面接受公众监督,倒逼法官提高办案能力,把好审判质量关;另一方面听取公众意见,完善协议内容,使生态环境能够以最优的方式进行修复,达到当事人和社会公众之间的利益平衡。

第三,审判公开的方式有利于各方法治意识的树立。本案通过公示调解协议,引导公众参与环境治理监督,促使政府、企业加大对环境保护的重视,取得“审理一案教育一片”的社会效果,有助于进一步强化政府、企业和社会公众的法治意识。

---

① 另外6个分别为吉林省、江苏省、山东省、湖南省、重庆市、云南省。

四、以司法大数据的审判技术强效率和公正

【案件四——被告人龙某某故意伤害案】

（一）基本案情

2015 年 11 月，被告人龙某某（17 周岁）与小航等共 4 人（另案处理）受杨某（另案处理）所请，帮其向被害人赵某索要工钱。赵某以老板未结账为由拒绝支付。后龙某某、小航等 4 人以持刀和拳打脚踢的方式对被害人进行殴打，致其右顶部头皮裂伤，右顶骨骨折。经法医鉴定，赵某之损伤为轻伤二级。2016 年 8 月，公安民警将被告人龙某某抓获，2017 年 5 月 15 日，西秀检察院提起公诉。6 月 7 日，西秀区人民法院开庭审理，当庭宣判被告人龙某某犯故意伤害罪，判处有期徒刑 1 年零 2 个月。次日送达判决文书。该法院作为 4 家大数据应用试点基层法院之一，[①] 在审判过程中借助智能审判辅助系统办理案件。

（二）典型意义

贵州省司法大数据应用如同体制机制改革，是深化司法改革的“车之两轮”“鸟之双翼”，对审判公正和效率两大价值的实现具有不可替代的重要意义。

第一，司法大数据的应用为法官“减负”，提升审判效率。就本案而言，在案前准备环节，借助系统完成登录当事人基本信息等工作；在审判环节，借助系统自动提取、自动分析、自动归纳案件事实，自动生成裁判文书模板，大大减轻了法官的工作量。本案从立案到结案共历时 23 天，远低于 2015 年本院近 55 天的故意伤害案件平均审理时间。

第二，司法大数据的应用为法官“增能”，提速审判公正。本案中，在案前准备环节，借助法院、检察院、公安之间的司法数据信息互联共享功能，从源头上确保证据要素齐全；在审判环节，系统根据案件的关键要素，精准匹配并适时推送类似案例和裁判法律依据，统一裁判尺度。同时，系统对案件审理过程进行实时监控、全程留痕，对案件裁判结果进行偏离度分析，实现对法官的全覆盖监督和柔性监督。

---

① 另外 3 家大数据应用试点基层法院为花溪区、红花岗区、织金县人民法院。

第三,司法大数据的应用为当事人形成“预判”,提高审判质效的获得感。审判法官将大数据软件系统设计的审判流程向公诉人、辩护人、被告人及其他诉讼参与人当庭展示,并通过审判模拟,引导当事人建立合理诉讼预期,增强当事人对裁判的认同度。

第五章　组织结构改革　贵州法院改革成效的组织基础

组织结构与组织功能相互制约，共同消长。然而，作为行使国家审判权的我国人民法院，组织结构的确定必须受制于宪法的定位和政治体系的架构，组织结构的改革和完善理当决定于并服务于法定的组织功能——"公正且高效审判"。

为了真正发挥提升审判效率、实现司法公正的法定功能，贵州法院在本轮司改中首先从组织要素和组织结构入手，分别在员额法官和合议庭等审判组织、审判委员会、内设业务庭以及内设管理机构等五个方面进行组织结构改革的有益探索，获得了较好的改革成效，形成了一些规律性的制度提炼，为改革的持续全面深化提供了生动的实践经验、有效的组织模型和理性的制度设计。本章着重围绕该省动态法官员额制的改革及其理念和成效展开研究，同时对未来有关员额法官、审判团队以及审委会等法院中微观层面的三项组织结构改革之顶层设计及其国家法律修改提出我们的思考。

第一节　以案定员　动态法官员额制的创新

法官员额制的改革是法院组织结构改革的重中之重，是实现法官专业化和职业化的关键，是回归审判组织审判功能的基础,是完善司法责任制的前提,是提升办案质效、实现审判公平效率的保障。藉此,最高人民法院院长周强首席大法官在本轮司改之初便强调指出:

“要积极稳妥地推进法官员额制改革。法官员额制改革是按司法规律配置审判人力资源,实现法官队伍正规化专业化职业化的重要制度,是实行法院人员分类管理的基础,也是完善司法责任制的基石。”“要积极稳妥地推进法官员额制改革,让优秀法官人才充实到审判一线。”①

一、“以编定员”到“以案定员”——员额制的顶层设计和地方探索的互动

(一)“以编定员”的提出

对法官员额的法律规定,最早见于2001年修正的《法官法》第50条:

“最高人民法院根据审判工作需要,会同有关部门制定各级人民法院的法官在人员编制内员额比例的办法。”

时隔近14年,最高人民法院于2015年2月发布的《最高人民法院关于全面深化人民法院改革的意见——人民法院第四个五年改革纲要(2014—2018)》(以下简称《四五改革纲要》),法官员额制终于在本轮司改的顶层设计中首次出现:

“49. 建立法官员额制度。……,科学确定四级法院的法官员额。……完善法官员额的动态调节机制。……。”

此后,最高法、司法部于2015年5月20日联合发布的《人民陪审员制度改革试点工作实施办法》,首次在全国顶层设计层面确定了法官员额的具体比例。其第5条第2款规定:

“试点期间……法官员额数暂按中央政法专项编制的39%计算。”

上述有关法官员额比例的法律规定等顶层设计的要旨为三:一是“以编定员”,即法官员额的比例在法院人员编制范围内确定;二是“各级

① 参见罗书臻:《周强在司法体制改革试点工作推进会上强调 深刻领会党中央关于司法体制改革的精神 珍惜机遇坚定信心确保改革沿着正确道路健康发展》,载《人民法院报》2015年7月26日,第1版。

可异”，即各级法院的法官员额比例可有所不同；三是“动态调节”，即法官员额可因时制宜，其比例在本轮改革初期被定为法院人员编制的39%。

（二）“以案定员”的探索

贵州在推进法官员额改革的实践中，坚持在现行法制框架内立足于根治“案多人少”的痼疾，夯实“让人民群众在每一个司法案件中感受到公平正义”的组织基础。在充分调研、反复论证，依托翔实数据分析和通过多重线性检验的基础上，贵州省司法改革工作领导小组于2015年9月29日批复了贵州省高级人民法院上报的《贵州省司法改革试点法院法官员额确定暂行办法》（以下简称《贵州试点法院法官员额暂行办法》）。《贵州试点法院法官员额暂行办法》开宗明义地规定，“以案定员”、“严控比例”和“动态调整”，[①]即在中央政法专项编制39%的“比例红线”内，探索建立“以案定员”的动态法官员额制。实践证明，该探索既恪守司法规律，贯彻中央整体部署，又重视问题导向，尊重地方客观实际，较好地发挥了法官员额制提升司法资源配置能力的制度功能，让司法改革的顶层设计目标以更切合地方实际的方式实现。这一独具创新的法官员额制在推动司改、攻坚克难的进程中被充分肯定为“贵州方案”，承担起司改试点省份“发现问题、完善政策”[②]的职责和托付。

2015年6月23日，周强院长在贵州上报的《以案定员重构基层法院审判格局》内参稿子上批示：

“贵州法院司法改革实际，工作细致，方案科学，措施有力，初见成效，要认真总结。”

2016年7月18日，时任中共中央政法委书记孟建柱同志在吉林召开的全国司法体制改革推进会上指出：

“要针对试点过程中暴露出来的问题，进一步完善政策，最大限度激发全面推开司法责任制改革的内生动力。中央确定的以省为单位、以政

---

① 《贵州试点法院法官员额暂行办法》第1条规定，“以案定员。以案件数量作为确定法官员额的基础，因案设岗，以案定员定编。”关于“严控比例”和“动态调整”，详见本章第一节“（一）准确定义的基本要素”以及第204页脚注②、③和第205页脚注①、②、③。

② 参见李阳：《孟建柱在全国司法体制改革推进会上强调　统一思想增强信心攻坚克难坚定不移推动司法责任制改革全面开展》，载《人民法院报》2016年7月20日，第1版。

法专项编制为基数的员额比例,总体上是符合实际的。但我国地域辽阔,不同地方经济社会发展水平差异大,在确定法官检察官员额比例和基数时不宜'一刀切'。"①

二、准确定义与理性建模——"以案定员"的科学基础

(一)准确定义的基本要素

法官员额制是指法院中从事审判工作的法官人数按照一定标准予以限定的法官管理制度。其中,有关员额数量的配置标准,现行法律尚无明确规定。

贵州探索建立的法官"以案定员"制,是指在全省中央政法专项编制的39%以内,以案件的数量及其特点等为主要依据,确定全省各法院的法官员额数,并根据案件增减、类型变化以及人员变动等情况,定期对全省各法院法官员额数量进行适当调整,允许员额法官在规定范围内流动的法官管理制度。可见,"以案定员"制下法官员额比例的确定必须通盘考虑五大基本要素:第一,坚持以39%的总量控制为"封顶红线";②第二,坚持以案件的数量、类型、难易程度以及审理方式和诉讼程序,法官承办案件的能力,法院的级别和地域管辖特性,以及城乡差别、民族因素、人口状况等地区差异四大类十个方面为定额的主要依据;③第三,坚持以全省各级法院法官员额比例的关键指标相同但权重不同为定额的类型要素;④第四,坚持随定额主要依据的变动而动态调整法官员额为核

---

① 参见李阳:《孟建柱在全国司法体制改革推进会上强调　统一思想增强信心攻坚克难坚定不移推动司法责任制改革全面开展》,载《人民法院报》2016年7月20日,第1版。

② 《贵州试点法院法官员额暂行办法》第2条规定,"严控比例。严格按照中央政法委员会批复的有关法官员额比例标准确定法官员额"。

③ 《贵州试点法院法官员额暂行办法》在第一章"基本原则"第5条首先明确了确定法官员额的基本原则之一,即"符合司法实际。确定法官员额要遵循司法的特性和规律,充分考虑案件类型、审理方式、诉讼层级等因素,符合本地司法工作实际"。又在第二章第6条至第15条详细规定了十项"法官员额确定依据"。这些依据是:"案件数量"、"案件的单位工作量"、"案件类型"、"案件难易"、"审理方式"、"诉讼程序"、"地区差异"、"法官素质"、"审判辅助人员情况"和"司法保障条件"。

④ 2015年1月9日中共贵州省委全面深化改革领导小组印发《贵州省法院司法体制改革试点工作实施方案》,在"二、改革目标和任务"的"(一)完善人员分类管理制度"之"2.员额管理"中规定,"省高、中、基层法院法官员额分别定为33%、36%、40%"。

心本质;[①]第五,坚持定期对全省各法院的法官员额予以增减并原则上在市(州)范围内流动为动态变化的范围和周期。[②]

（二）理性建模的主要考量

“以案定员”的上述定义隐含着一个实现前提,即案件量与员额数之间如何通过科学量化手段进行转换。为此,贵州创造性地构建了“以案定员”数量关系模型,精准连接并匹配“案”“员”间的量化关系。

首先,测算“以案定员”的建模参数。贵州省高院以4家试点法院近3年2.2万余件不同类型案件的数据为基础,一是确定测算案件数量的参数,包括地区经济发展状况(GDP增长水平)、常住人口数量、常住人口文化程度、外来人口数量、工业增长情况、辖区面积等;二是确定测算法官办理案件平均时间的参数,包括法官办理刑事简易(独任)、刑事简易(合议)、刑事普通、民事简易、民事普通、行政、行政非诉审查等案件时在阅卷、调查、庭审、调解、合议、制作审理报告、制作裁判文书等各个环节所花费的时间数据;三是确定测算法官平均有效工作时间的参数,包括所有试点法院法官的工作时间数据。

其次,创设“以案定员”的数量关系模型。在确定参数基础上,贵州省高院重点考虑案件受理的数量、司法管辖的地域范围及特性、法院受理案件的类型及人口规模、外来人口比例、经济发展水平、城镇化水平等指标,逐一建立“案件数量模型”、“法官办理案件平均时间模型”和“法官平均有效工作时间模型”三个子模型,继而开拓性地构建出“以案定员”的法官员额数量关系综合模型。该模型的文字公式如下:

$$\text{法官员额}(r)=\frac{\text{案件数量}(y)\times\text{法官办理案件平均时间}(t)}{\text{法官平均有效工作时间}(T)}$$

其中,“案件数量”“法官办理案件平均时间”“法官平均有效工作时

① 《贵州试点法院法官员额暂行办法》第22条规定,“动态调整。各试点法院应跟踪案件变化以及法院人员变动等情况,每年一次对法官员额占比进行评估。主要根据案件的增减相应调整法官员额,报省法院核定”。

② 《贵州试点法院法官员额暂行办法》第22条规定,“动态调整。各试点法院应跟踪案件变化以及法院人员变动等情况,每年一次对法官员额占比进行评估。主要根据案件的增减相应调整法官员额,报省法院核定”。另参见2017年6月9日贵州省高级人民法院、省检察院联合印发的《贵州省法官、检察官员额动态管理办法(试行)》(黔高法〔2017〕69号)第5条规定。

间”分别用以下模型测算：

(1)案件数量(y)模型：

$$y=\alpha+\beta F$$

【注】在模型中，y 表示地区案件总数预测值(件)，F 表示由该地区综合因子(合成因子)预测的案件值。其中，F 的测算公式为：$F=\sum_{1}^{i}\lambda_i f_i$，公式中的 f_i 表示反映该地区社会、经济、文化等方面情况的诸多因子，如地区常住人口数量(万人)、地区生产总值(亿元)、地区工业增加值(亿元)、辖区面积等。

(2)法官办理案件平均时间模型：

$$t=\frac{\sum x_i t_i}{\sum x_i}\quad i=1\cdot\cdots 7$$

【注】在模型中，t_i 表示地区 7 类案件的平均审判时间(小时)，该 7 类案件分别为刑事简易程序案件(独任审理)、刑事简易程序案件(合议审理)、刑事普通程序案件、民商事简易程序案件、民商事普通程序案件、行政案件、行政非诉审查案件；x_i 表示对应的每类案件数(取样值)。

(3)法官平均有效工作时间：

$$T=\frac{T_1+T_2+T_3+\cdots+T_n}{n}$$

【注】在模型中，T 表示一个法院法官平均有效工作时间(小时)，$T_{1\text{-}n}$ 表示一个法院每个法官有效工作时间(小时)。

最后，确定员额法官的首配数量。先由各中院、基层法院根据模型测算出本院员额法官应配数，广泛征求院内全体干警意见，经充分论证后确定法官员额实配数并逐级上报审核，最终经省高院批准后完成全省各法院员额法官的首次配置数量。①

三、动态、兼顾、快速、精英——“以案定员”的制度优势

贵州选择“以案定员”的法官员额方案，将案件量及其特点作为配置法官员额数的主要标准，其较于“以编定员”方案的制度优势至少体现在

① 参见《贵州试点法院法官员额暂行办法》第三章“法官员额确定步骤”第 16 条至第 20 条的规定。

如下四大方面：

首先，从司法规律看，法官员额的数量首先取决于案件数量及其特点，这是一种最为基本的联系，而案件这一决定性因素又在很大程度上制约于特定区域的人口数量、幅员特色、经济发展、司法环境与办案条件。因此，相比较仅仅取决于政法编制人数一定比例的“以编定员”，以综合考虑各种影响案件数量及办案因素的“以案定员”更有利于全国各级法院案件量与员额数的相对匹配，更能有效解决全国不同区域、不同审级法院因司法资源配置不平衡所导致的法院间“忙闲不均”和区域性“案多人少”等矛盾，实现法官员额从相对静态平衡向绝对动态平衡转变。

其次，从审判效果看，“以案定员”既能将法官办案数量限缩在合理范围，防止法官长期超负荷工作，影响审判质量，损害司法公正；又能将法官办案数量始终维持在合理的较高水平，发挥法官最大工作效率，节约审判资源，提高审判效率，实现审判公正和效率从单方倚重向双方兼顾转变。

再次，从“案”“编”属性看，“案”的快速变化和“编”的相对固化是一种常态，其决定了在法官办案压力过大以致审判质量可能甚至已经受损之时，“以案定员”更能准确反映、快速响应办案压力的变化，从而能更为及时调整、有效缓解办案质效的制约因素，实现司法资源配置调整从绝对滞后向相对同步转变。

最后，从职业发展看，“以案定员”意味着当案件数量稳定下降或者办案单元时间因数据技术优势而大幅减少时，部分员额法官将“暂时”离开审判一线甚至退出员额。这段“空窗期”保障法官有学习、休假和承担研究任务的时间和空间，利于法官提升审判实务技术，增加理论素养厚度，减少审判行为任意性，促进法官队伍职业化和精英化，实现法官队伍从当下职业化向未来精英化转变。

四、两点一面——“以案定员”的实现进路

贵州法院“以案定员”的实现进路主要包括三项制度性安排：以多重遴选制度拓宽员额法官的“入口点”并提升法官队伍的专业水平，以多元

退出制度疏通员额法官的“出口点”并确保法官队伍具有恰当的审判负荷,以动态调整制度优化员额法官的“流动面”富有适宜的张力和弹性。三大机制紧密相联,彼此制约,共同服务于审判效率的提升和审判公正的保障。

第一,规范遴选与疏通退出——员额法官的“进出口”管理。

规范员额法官的“入口”与畅通其“出口”是实现“动态调整”的结构性前提和配套性机制。由此,贵州在改革中充分重视法官遴选和退出机制的科学确立和稳妥施行,如表5-1所示。

表5-1　贵州四个阶段员额法官遴选方法

	第一批试点基层法院员额法官首次遴选①(2015年9月)	第二批试点中院、基层法院员额法官首次遴选②(2016年6月)	全省其他中院、基层法院员额法官首次遴选③(2016年9月)	全省员额法官遴选④(2017年10月)
直接入额	/	/	/	省高院院长
省高院院长提名推荐	/	/	/	省高院副院长、其他班子成员、审判委员会专职委员及厅级审判员和市县两级法院院长
考核	具有法律职务的班子成员、审判委员会专职委员	院长	院长	/

---

① 参见2015年9月11日省法官检察官遴选委员会制定的《贵州省司法体制改革第一批试点法院员额制法官首次遴选规定》(黔遴委发〔2015〕1号)第9条。

② 参见2016年2月15日省法官检察官遴选委员会制定的《贵州省司法体制改革第二批试点法院员额制法官首次遴选规定》(黔遴委发〔2016〕1号)第9条。

③ 贵州法院于2016年10月全面启动改革。省法官检察官遴选委员会制定的《贵州省全面推开司法体制改革各中级、基层法院员额制法官首次遴选规定》出台。详见该规定第9条。

④ 参见2017年10月24日贵州省法官检察官遴选委员会印发的《贵州省员额制法官检察官遴选办法(试行)》(黔遴委发〔2017〕1号)第11条。

续表

	第一批试点基层法院员额法官首次遴选①(2015年9月)	第二批试点中院、基层法院员额法官首次遴选②(2016年6月)	全省其他中院、基层法院员额法官首次遴选③(2016年9月)	全省员额法官遴选④(2017年10月)
考核+考试(或者面试)	60%+考试40% 审判委员会委员、庭长、副庭长、审判员	60%+面试40% 具有法律职务的其他领导班子成员、审判委员会专职委员	70%+面试30% 副院长、审委会专职委员和其他具有法律职务的领导班子成员	70%+面试30% 中院和基层法院副院长、其他班子成员和审判委员会专职委员
考核+考试+面试	40%+40%+20% 助理审判员	40%+40%+20% 审判委员会委员、庭长、副庭长、审判员、助理审判员	40%+30%+30% 审判委员会委员、庭长、副庭长、审判员、助理审判	40%+30%+30% 各法院审判委员会委员、审判员、助理审判员、法官助理

与时俱进遴选制度,规范员额入口。全方位规范员额法官遴选制度。主要包括:

其一,坚持遴选方式的多种组合。针对不同的入额候选人员,设计单独或组合多种遴选方式,并不断加以完善。上表显示,贵州从2015年9月首批4家试点基层法院员额法官首次遴选到2017年6月全省各法院员额法官第二次遴选,期间经历了四个发展阶段。随着员额法官的遴选从试点法院扩大到全省法院,从首次到第二次,遴选机制在规范中不断完善,更符合贵州的实际情况。其中,遴选方式从三种到四种;单纯考核从有到无;提名推荐从无到有;多种遴选方式组合权重渐趋合理(如“考核+考试”方式中的考核权重从60%提升至70%,考试权重从40%降至30%,以更突出强调办案业绩考核为主和专业知识考试为辅的遴选原则);同类候选人员的遴选方式不断完善(如审委会专职委员从最初的“考核”方式调整为之后的“考核+考试”,以强调遴选标准的相对统一和注重专业素养的不断提高)。

其二,坚持入额候选法官的差额提出原则。多次明确拟入额候选法官按照 1∶1.2 的差额提出为原则、等额提出为特殊,[①]以支持候选入额法官间的良性竞争,强调遴选程序的公平专业,保障优秀人才在“好中选优”中脱颖而出。

其三,坚持遴选标准向业务能力看齐。以业务能力评价为主要遴选标准,摈弃论资排辈和简单减员,保持年龄结构合理梯次,[②]坚持把最优秀的审判人才遴选入额。

其四,坚持遴选程序公开公正公示。[③] 其中报名环节从严审核,考核环节注重民主推荐,考试环节委托第三方独立开展,答辩环节聘请院外专家考评,做到程序公开、考评公正、结果公示。

其五,坚持逐级遴选审慎启动。明确规定逐级遴选的适用范围、基本原则、数量限制、区域限定、遴选组织、遴选程序、遴选周期和遴选条件,逐步实现上级法院员额法官主要从下级法院员额法官中择优选拔产生的状态,确保法官能力依法院层级而正相关提升,并拓宽下级法院法官的遴选空间。[④]

多方考量退出机制,疏通员额出口。一方面,规定工作变动、自愿选

---

① 参见《贵州首批试点法院员额法官首次遴选规定》第 10 条第 4 项、《贵州第二批试点法院员额法官首次遴选规定》第 11 条第 5 项和《贵州省全面推开司法体制改革各中级、基层法院员额制法官首次遴选规定》第 11 条第 5 项的规定。除“原则上差额提出候选人”之外,还规定“班子成员、审判委员会专职委员原则上等额提出入额候选人”。

② 2015 年 9 月施行的《贵州试点法院法官员额暂行办法》将“结构合理”作为“基本原则”,其第 3 条规定,“确定法官员额时要保持老、中、青法官结构合理。”2016 年 10 月出台的《贵州各中级、基层法院员额制法官首次遴选规定》第 6 条进一步细化了“结构要求”,规定“合理确定各年龄段员额制法官比例,努力形成老、中、青员额法官年龄结构合理梯次,原则上 36~50 岁的员额法官数不低于 50%,35 岁以下和 51 岁以上的员额法官应各占适当比例。”

③ 《贵州试点法院法官员额暂行办法》第 4 条规定的“基本原则”是,“公开公平竞争。在确定法官员额时要坚持公开、公平、竞争原则,保证优秀的人才进入法官队伍”。

④ 参见 2017 年 5 月 19 日出台的《贵州省法官、检察官逐级遴选办法(试行)》第 2 条至第 8 条。规定“省市两级法院法官……一般通过逐级遴选方式,从下一级法院法官……中公开择优选拔”,“(逐级)遴选范围一般限于辖区内法院法官”,“逐级遴选法官……原则上可一年开展一次”,“逐级遴选法官,按照以下程序进行:(一)发布公告;(二)报名与资格审查;(三)考核考试;(四)组织考察;(五)讨论决定和任职。”

择、履职淘汰、廉洁瑕疵等四类员额法官退出情形及其退出方式①,既尊重员额法官的工作调动或个人意愿,又着眼法官能力与任职要求的匹配程度,还保证法官队伍清正廉洁的本色。另一方面,规范退出程序,明确退出要求,既疏通法官出口的制度障碍,又便于员额法官自主明晰出额预期,自觉约束职业行为。前者如规定退出的受理和处理主体、复议申请及处理;②后者包括再任限制③等。

第二,定期评测案件量与动态调整员额数——员额法官的“流动面”管理。

动态调节是“以案定员”的应有之义,更是员额制改革最具活力的关键。唯有打通此“瓶颈”,才能确保法官资源的科学合理调配得以持续,才能建立与案件增长始终相协的员额法官配置机制,才能为夯实审判公正和高效的组织基础不断提供人力“燃料”。因此,贵州在 2016 年 10 月全面完成全省法官首次遴选入额后,迅即开始员额动态管理的机制建设。9 家试点法院再次率先探索动态员额,以破解难题获取实践“钥匙”。2017 年 6 月,贵州省高院会同省检察院及时总结试点法院员额动态调整的有益做法,颁布了《贵州省法官、检察官员额动态管理办法(试

---

① 如《贵州省司法改革试点法院独任法官选任管理办法》第 12 条和《贵州省司法改革试点法院合议庭法官选任管理办法》第 15 条均规定了四种退出方式。其中第 1 项规定“工作调动”的退出,第 2 项涉及“廉洁瑕疵”的退出,第 3 项有关“履职淘汰”的退出,第 4 项明确“自愿选择”的退出。具体规定是,“独任(合议庭)法官有下列情形之一的,应当免除其职务:(一)因上级法院遴选或交流到其他机关的;(二)因违法审判、严重违纪,或因故意或重大过失,造成严重后果,受到撤职以上处分的;(三)因身体健康状况难以继续履行独任法官职责的;(四)本人提出辞职或申请退休,并被批准的”。又如,《贵州省司法改革试点法院法官审判责任追究办法》第 17 条规定:“法官在一年中多次被追究案件差错责任的,可对其暂缓提请晋升法官等级或提请降低法官等级,或将其调离审判岗位。如系主审法官的,可提请法官遴选、惩戒委员会免去其主审法官资格。”

② 参见《贵州省司法改革试点法院法官审判责任追究办法》第 28 条和第 30 条规定。

③ 如《贵州省司法改革试点法院独任法官选任管理办法》第 12 条第 2 款和《贵州省司法改革试点法院合议庭法官选任管理办法》第 15 条第 2 款分别规定,“因违法审判、严重违纪,或因故意或重大过失,造成严重后果,受到撤职以上处分的……被免去独任/合议庭法官职务的,三年内不得再参加选任独任/合议庭法官”。

行)》,法官员额制改革的核心——动态管理机制初步形成。[①] 其主要包括:

第一,动态管理的原则——省级统筹、倾斜基层。全省法官按照省级统筹、总量控制、以案定员、倾斜基层的原则实行动态管理。员额配置重点向基层办案一线倾斜、向案件量大的地区倾斜。[②]

第二,动态管理的依据——规范标准、定期测算。案件量评测是动态调整的主要依据。贵州省高院定期[③]对案件数量和质量、法官经验和绩效、信息化应用程度等进行测算,并综合考虑辖区面积、机构设置变化等其他因素,为在员额总量内进行调整提供依据。[④]

第三,动态调整的空间范围——以市(州)为限、流动法官。在员额法官数量既定的"盘子"内确保动态调整的可行性和可"兑现"性,员额法官的"准库存"或"虚拟库存"的安排当属关键。贵州的设计是:尽管员额的调整须由各法院主动申请,但省高院酌情既可按照系统层级从上至下进行纵向流动,也可在行政区域内进行同层级横向流动,原则上在市(州)范围内调整。[⑤]

第四,动态调整的时间周期——以年为限、特殊除外。同样基于动态调整的可行性和经济性,在确保员额流动更加符合办案实际需要的前提下,调整时间的适当安排也是重要环节。贵州的设计再次凸显一般和特殊的兼顾,将原则和灵活同时嵌入时间这一程序装置。其明确规定,员额调整原则上每年进行一次,特殊情况可以适时调整。[⑥]

五、法官队伍专业化与员额管理动态化——"以案定员"的初见成效

有效实现法官队伍专业化和员额管理动态化,无疑是法院切实履行

---

① 贵州于 2016 年 10 月基本完成全省员额法官的首次遴选。在试点法院探索员额法官动态调整的基础上,该省自 2017 年 6 月 5 日起在全省范围内全面开展员额法官的首次动态调整。由于本书稿完成提交时,全省性的员额比例动态调整已完成但拟增补员额法官的遴选工作尚在进行,因而未来得及对面上呈现的普遍性、规律性的现象进行总结和提炼。

② 参见《贵州省法官、检察官员额动态管理办法(试行)》第 2 条。

③ 目前每季度测算一次。

④ 参见《贵州省法官、检察官员额动态管理办法(试行)》第 3 条。

⑤ 参见《贵州省法官、检察官员额动态管理办法(试行)》第 5 条。

⑥ 参见《贵州省法官、检察官员额动态管理办法(试行)》第 5 条。

公正审判和审判效率两项法定职能和改革目标的组织保障。

经过两年的设计及实施，"贵州方案"的现状和实效是：

(一)"以案定员"改革的现状

在试点法院层面，2015 年 9 月 10 日和 2016 年 1 月 28 日起，省内 2 批次 9 家法院(含 1 家中院和 8 家基层法院)先后开始法官员额制的改革试点。共配置员额法官 243 名，占政法专项编制的 25.8%。其中试点中院遴选员额法官 35 名，占编制的 25.9%；试点基层法院配置员额法官 208 名，占编制的 25.7%。2016 年 10 月，法官员额的动态调整开始试点。根据案件量增加较快①的实际情况，9 家试点法院对法官员额进行了增补，共增补员额法官 23 名，占首次遴选员额法官数的9.5%，员额法官的比例也由此增至 28.2%。

在全省法院层面，2016 年 10 月，法官员额制改革在贵州法院全面推开，并于当月基本完成。全省法院首次共遴选员额法官 2742 人，占全省中央政法专项编制数 9761 人的 28.09%，距离 39%的封顶线"结余"近 11 个百分点；其中，贵州省高院为 24.03%，中院为 30.39%，基层法院为 27.99%，分别距离中共贵州省委全面深化改革领导小组计划的 33%、36%和 40%"结余"了近 9 个、6 个和 12 个百分点。全省范围内员额法官的首次动态调整已于 2017 年 6 月上旬启动。至本书截稿之日，员额比例的动态调整已完成，拟增补员额法官的遴选工作尚在进行。根据调整，全省将增补员额法官 137 名，员额法官的比例将增至 28.59%，距离 39%的封顶线仍有逾 10 个百分点的"结余"。

(二)"以案定员"改革的实效

虽然贵州迄今仅进行了法官员额的首轮实践，即先后在全省范围内完成了员额法官的首次遴选和首次动态调整，但法官队伍专业化、员额动态化的制度预期已清晰呈现。

其一，法官队伍专业化程度大幅提升，年龄学历专业结构更趋合理。法官员额制后，专业化提升迅速。一是橄榄型年龄结构日趋稳定。首批试点的基层法院员额法官平均年龄 42 岁，全省逾六成的员额法官处于

---

① 9 家法院 2016 年 1～6 月上半年收案数 3107.77 件，较 2015 年同期平均上升 32.23%，其中，升幅最大的为 42.43%，升幅最小的为 13.78%。

36~50 岁的中青年年龄段,较改革前超三成,[①]实现了“原则上 36~50 岁的员额法官数不低于50%”之“结构合理”的制度设计初衷和目标。二是高学历法官比例稳中有升。全省法院近 98%的员额法官拥有大学本科及以上学历,较改革前上升近 5 个百分点;[②]9. 85%和 0. 26%的员额法官拥有硕士和博士学历,该指标较改革前分别上升了 5. 35%、62. 50%。三是法律专业人才比例增加。全省法院逾 88%的员额法官毕业于法律专业,较改革前上升了 4 个百分点。[③]

其二,员额动态管理机制基本形成,改革持续性可期。以“两点一面”为主体的贵州法院法官员额动态管理体系基本形成,全省员额法官数量较改革前减少过半,在全省中央政法专项编制数中不足三成,[④]远低于中央 39%的“比例红线”。员额比例的不意“留白”,为今后法官遴选留有余地,也让员额的动态管理有“额”可管,法官办案压力相对可控。

其三,审判效率显著提高,公正审判明显加强。本书第四章的研究结论表明,贵州 5 个试点法院的审判效率明显提高,公正审判切实加强,两类指标双双明显向好。表现为:

办案效率指标大幅提升。具体为:一是“审判效率”一级指标变化非常显著。其不仅表现为 2016 年度较对照法院的显著优势(P=0. 00),也体现为改革后自身的显著优化(P=0. 00)。二是体现“审判效率”的“审判独立”和“司法为民”两个二级指标明显进步。其中,“审判独立”指标不仅在改革后与对照法院相比具有显著性差异(P=0. 008),且自身与改革前相比同样具有显著性差异(P=0. 008);“司法为民”指标明显优于对

---

① 法官员额制后,60. 39%的员额法官处于 36 岁~50 岁的中青年年龄段,该年龄段员额法官数量较改革前上升 31. 1%。

② 法官员额制改革后,97. 7%的员额法官拥有大学本科以上学历,较改革前上升了 4. 7 个百分点。

③ 全省法院改革前法官 5527 名,其中法律专业毕业的 4648 名,占 84. 1%;改革后员额法官 2742 名,其中法律专业毕业的 2421 名,占 88. 29%。

④ 法官员额制改革后,全省法院法官从改革前的 5527 人减少到 2742 人,占全省中央政法专项编制 9761 人的比例从改革前的 56. 62%下降至 28. 09%,下降幅度超过 50%。

照法院(P=0.008),且自身进步极其显著(P=0.000)。[①] 三是佐证"审判效率"的21项三级指标中的绝大多数在改革后具有显著进步,在2014年度和2016年度自身纵向比较中,向好的指标共16项,占76.2%,其中显著差异(P<0.05)的8项;在2016年度与对照法院的横向比较中,优于对照法院的17项,占80.95%,其中显著差异(P<0.05)的7项。例如,当场立案率提升逾37个百分点,当庭裁判率提升近9个百分点,法官年人均结案数增加近3倍。[②]

公正审判指标明显提升。具体为:一是"公正审判"一级指标具有非常显著的变化。其表现为改革后较对照法院具有明显优势(P=0.000),也体现在改革后自身的进步(2014年P=0.001)。二是在证明"公正审判"的两个二级指标上显著变化。其中"人权保障"指标试点法院在改革后较对照法院具有显著性差异(P=0.004),且自身比较也具有显著进步(2014年P=0.002)。"审判公开"指标在改革后与对照法院比较中虽无显著性差异(P=0.064),但与改革前自身比较具有显著性差异(P=0.001)。"审判规范"和"司法为民"指标在改革后与对照法院相比皆无显著性差异(2016年P=0.062,P=0.503),但前者存在优势放大趋势(2014年P=0.480)。[③] 三是在反映"审判公正"的39个三级指标中的绝大多数在改革后具有显著提升,在2014年度和2016年度自身纵向比较中,向好的指标共29项,占74.4%,其中具有极其显著性差异(P值=0.00)的6项;在2016年度与对照法院的横向比较中,优于对照法院的33项,占84.6%,其中极其显著性差异(P值=0.00)的2项。例如,试点法院二审改判率的降幅过半;裁判自动履行率超八成五;上诉率同期降幅较对照法院高9.5个百分点。

---

① "审判规范"指标也有一定进步,在改革后与对照法院相比具有弱显著性差异(P=0.057),且该差异比改革前更为明显(2014年P=0.891)。"优化配置"因可供检验的数据较少而未作T检验分析。

② 法官年人均结案数从改革前的2014年度约50件到改革后2016年度的近193件。

③ "司法为民"指标因相关工作在改革前多数法院未开展,所以未对2014年的横向比较以及两组法院的纵向比较进行T检验。同时,另两项反映公正审判的二级指标——"社会服务"和"司法廉洁"因数据较少而无法进行T检验。

第二节　标本兼治　多“元”组织结构丛的理顺

作为行使国家审判权的我国人民法院,组织结构的确定必须受制于宪法的基本定位和政治体系的主要架构,组织结构的改革和完善理当决定于并服务于法定的组织功能——“公正且高效审判”。

由此,立足于本轮司改目标和法院法定职责,下文着重就现阶段法院组织结构改革中显现的“人”、“队和庭”以及“委”之三“元”难题进行学理分析并提供对策建议,以期实现:在反思并完善顶层设计,加强国家政策引领和储备的同时,坚持依法“释法”,依法“变法”,以法治思维及其方式引领司改,将经过实践检验的司改成果及时上升为法律。

一、未入额法官和超额法官的分流当多元拓宽

法官是法院最基本的组织结构和功能单位。因此,员额法官这一“细胞”的再生质量直接关乎法院这一“生命体”在自我进化后的能力和能量,关乎其能否在深刻的法治中国供给侧改革中更好地履行公正且高效审判的法定职责。为此,结合贵州员额制的改革现状,课题组建议在国家层面的后续顶层设计和《人民法院组织法》《法官法》的修改上高度重视两大“分流”问题,即第一,如何分流当下相当规模的“存量”法官——现未入额的原在编法官;第二,如何处理未来数量可能不小的“增量”法官——现已入额的未来“超额”法官。

就“存量”而言,各地完成首轮员额制改革后,相当数量乃至半数以上①的原在编法官因未入额而面临分流。就“增量”而言,其产生主因主要有两个:一是某些类型的案件数量可能局部性临时下降,即社会变迁和法律变化等客观因素导致某些类型的案件在某些地区某些时段“短

① 例如,因产业结构的调整、社会治理的补“短板”以及违章建筑的大量拆除和流动人口的相对减少,某直辖市 M 区法院 2017 年 1~5 月的收案数明显下降:共收案 22154(除以下四类还有极少量的非诉保全、强制清算案件),较上年同期 24152 件同比下降 8.27%。其中刑事案件收案 936 件,较上年同期 1298 件同比下降 27.9%;民事案件收案 14613 件,较上年同期 15965 件同比下降 8.47%;行政案件收案 182 件,较上年同期 229 件同比下降 20.52%;执行案件收案 6402 件,较上年同期 6630 件同比下降 3.44%。

时”下降；[①]二是法官的办案生产力因信息技术辅助而大获解放，即信息技术进步的巨大优势导致人工智能将大量取代人力。如“人工智能分案系统”以每件5秒的高效取代原一名资深法官耗时15分钟完成的立案分类；“庭审语音识别系统”可将庭审时间平均缩短20%～30%；“裁判文书辅助生成系统”基于电子卷宗可实现常规诉讼文书一键生成并辅助生成裁判文书；又如，“人工智能刑法执行变更系统”可让一所中院处理减刑假释案件的人手减至三分之一。[②]

倘若说分流未入额法官或许仅仅是本轮司改面临的过程性问题或者“一过性”问题，但其涉及法院人员分类管理制度改革的继续推进，关乎着司改成功的人心向背。倘若说某类案件数量的可能下降所引发的法官“超额”仅仅是一种局部的、临时的、偶然的和非本质的现象，那么，信息技术进步带来的法官生产力的巨大解放将是普遍的、长期的、必然的和本质的，且这一革命性的技术进步完全可能将再次“触发”法院细胞的自我代际更新。

因此，应当在统一思想认识的基础上，尽早对“未入额”之近忧和“超额”之远虑储备妥善且系统的应对之策，以确保员额制改革的终获成功。我们的建议是：多元拓宽法官分流渠道，系统配套辅助人员职称序列改革。具体包括：

（一）分流渠道之一——打开审判辅助人员单独职务序列改革通道

在员额制改革中，多数未入选法官转岗法官助理。这批“老法官”无疑因从一线办案转为辅助办案而产生巨大的心理落差。同时，法官助理究竟为法官的来源还是法官的辅助，未卜的前景也给能否留住尚未入额的青年俊才带去相当大的不确定性和难度。由此，明确法官助理的定位已成为人员分流方案设计中的至要，也是司法人员分类管理改革必须回应的关键。其实，作为法官的事务助理或者法官的学术助理，法官助理如同企事业单位的专业技术人员，是拥有特定的法律专业技能，并以这

---

① 以贵州为例，改革前全省共有在编法官5527名。除已入额法官2742人之外，目前需分流2785人，分流比例高达50.39%。

② “人工智能分案系统”和“裁判文书辅助生成系统”均为贵州法院智能辅助系统的组成部分。

一专业技能从事辅助审判的专业工作。所不同的仅仅是,法官助理是公务员,在法院这一国家机关从事法律专业工作。然而,正是基于法律知识和审判工作极强的专业性,不少国家的法官助理需要经过从业的职业考试,获颁注册执业证书。

因此,从尊重审判助理职业特点这一规律出发,课题组更倾向于将法官助理定位于法官的助理而非法官的来源,令其如同法官成为自成体系的专业技术人员。建议借鉴国内外医护人员的技术职称管理,[①]尽早建立法官助理的单独职务序列及薪酬制度,并以专业学历、任职资历、业务能力、辅助业绩等为主要标准赋予法官助理初级、中级和高级等技术职称任职资格,[②]以激发法官助理对职业发展的正向期盼,提升职业荣誉感和使命感,牢固构建栓心留人、广聚人才的机制,真正实现人尽其才和才尽其用。当下,根据最高人民法院和中央有关部门提出的《法官助理、检察官助理和书记员职务序列改革试点方案》,贵州正在抓紧推进和落实此项改革。2017 年 5 月发布的《贵州省法官助理、检察官助理和书记员管理办法(试行)》,具体规范了法官助理单独职务序列的适用范围、等级设置、晋升方式、职数比例、审批权限等。[③] 该办法的实施有利于提高职业保障水平,拓宽职业发展空间,稳定职业预期。

当然,审判辅助人员的单独职务序列制度尚需在地方试点的基础上予以构建并逐步完善。需突破的关键难点有两个:

一是将技术职称任职资格与职务序列同步建设。此项人事政策的重大调整不仅需谨慎"游离"或"有别"现行的普通公务员管理制度,而且更需在重新定位司法辅助人员职业性质及其特点的基础上进一步凝

① 护士如同医生亦有自成体系的技术职称系列。除了具有初级职称的护士和护师之外,还有中级职称的主管护师和高级职称的正副主任护师。

② 北京市第三中级人民法院在试点中,结合审判实务客观规律,对法官助理试点分级分类管理制度,按照德才表现、工作实绩、资历等因素对法官助理进行人员分级,包括初级、中级和高级法官助理。参见刘茵、宋毅:《法官助理分类分级管理和职业化发展新模式研究》,载《法律适用》2016 年第 5 期。

③ 详见《贵州省法官助理、检察官助理和书记员管理办法(试行)》第 13 条、第 14 条,第四章、第五章和第六章。该办法确立了与法官助理职位特点相符的 5 个职务层次,设置了与 5 个职务层次相对应的、包括较高级别在内的 15 个级别,明确了职务设置及职数比例,规范了任职定级以及职务升降和免职。

聚共识。2016年7月8日，中共中央办公厅、国务院办公厅印发了《专业技术类公务员管理规定（试行）》。① 其在建立符合专业技术类公务员特点的管理制度，提高管理效能和科学化水平，建设高素质专业化公务员队伍方面作出了可贵的制度示范。其明确了11个层次的专业技术类公务员职务序列；明确每一个层次职务序列的专业技术类公务员所应具备的相应的专业技术任职资格，包括高级、中级、初级；②明确专业技术任职资格评定办法和晋升专业技术类公务员职务的任职年限；强调专业技术类公务员在年度考核中被确定为不称职的降低一个职务层次任职的原则。③ 对此，法官助理职务序列的改革当充分借鉴。④

二是中高等法学教育将法官和法官助理作为不同的职业去向予以分别招生和培养。⑤

（二）分流渠道之二——打开探索限权法官机制的通道

员额制在很大程度上是对相当长时期内持续存在的案多人少的回应。导致人案矛盾不断尖锐的主因之一是大量的简单案件需要调解和审判。由此，建议借鉴日本的做法，各级法院尤其是基层法院可以结合自身职能定位，对法官的分类设置进行创新。例如，在基层法院设置一定数量的治安、家事、小额诉讼等限权法官，以专门负责轻罪、离婚、小额民事等简单案件的调解和审判。⑥ 这些限权法官既区别于员额法官，又能充分发挥自身特长，从而既能减轻法院案累，让员额法官更多地专注

---

① 同时印发的还有《行政执法类公务员管理规定（试行）》。

② 该试行规定第8条第2款规定了11个层次的职务序列，“通用职务名称由高至低依次为：一级总监、二级总监、一级高级主管、二级高级主管、三级高级主管、四级高级主管、一级主管、二级主管、三级主管、四级主管、专业技术员，”第13条规定了3种专业技术任职资格以及所对应的职务序列，“专业技术任职资格由高至低依次为高级、中级、初级。高级包括正高级和副高级。任一级、二级总监和一级高级主管，应当具备正高级专业技术任职资格；任二级、三级、四级高级主管，应当具备副高级以上专业技术任职资格；任一级、二级主管，应当具备中级以上专业技术任职资格；任三级、四级主管和专业技术员，应当具备初级以上专业技术任职资格。”

③ 详见《专业技术类公务员管理规定（试行）》第13条第3款、第14条第2款和第15条。

④ 我国员额法官的职务序列建设也可参照借鉴，尤其是专业技术任职资格的增设以及晋升和降低。

⑤ 参见傅郁林：《以职能权责界定为基础的审判人员分类改革》，载《现代法学》2015年第4期。

⑥ 参见何帆：《法官多少才够用》，载《人民法院报》2013年6月7日，第5版。

于复杂疑难案件的解决,又能分流未入额法官,维系其职业尊荣感。

(三)分流渠道之三——打开员额法官"评聘分离"的通道

借鉴国内普遍采用的高校教师技术职称"评聘分离"制度,建立员额法官的"评聘分离"机制。对非因个人原因不得不暂别审判一线而成为"超额"法官的,在制度层面予以员额资格保留和待遇保障,并建立不同于遴选的"复额"程序。此策不仅有利于保护既非依个人愿望主动退出又非依工作绩效或行为瑕疵被动退出的"超额"法官的积极性,而且对应付各种特殊情况而保留的员额法官"蓄水池"多有益处。

(四)分流渠道之四——打开全国区域间和省内上下级法院之间的通道

一方面,现阶段优秀的审判人员主要集中在大城市和发达地区,因而若员额法官的选任限于各法院内部,则极易出现发达地区的优秀法官遴选不上,而欠发达地区不得不"短中取长"。相反,若打通地区内和地区间不同法院之间的通道,发达地区或上级法院未能入额的优秀法官便可参与基层或偏远地区的员额遴选。① 另一方面,全国不同省份、不同审级法院、不同案件种类、不同法官专业水平等资源配置不平衡所导致的法院间"忙闲不均"和区域性"案多人少"的矛盾依然突出,因而省内乃至全国分区域的交流性安排可以在一定程度上减轻和减缓部分地区的法官"超额"压力。

贵州近期的探索性改革可资借鉴。该省施行的《贵州省法官、检察官员额动态管理办法(试行)》规定,"超额"法官可在市(州)范围内进行从上至下的纵向交流,也可在同层级法院进行横向分流。

当然,采用此通道分流"超额"法官时还需配套熟虑四个问题:其一,各地各级法院的各级别法官比例多有规定,交流法官的级别计入原法院还是现法院有待研究。其二,上级法院法官交流到下级法院后可能会出现"高职低配"现象,待遇如何安排亦不可忽视。其三,地区差异导致的交流法官收入减少,以及夫妻分居、孩子求学等一系列问题也需细

---

① 参见朱礫昊:《利益牵涉下的"逆向选择"——员额制改革中法官分流错位的解析与疏导》,载《全国法院第二十六届学术讨论会论文集:司法体制改革与民商事法律适用问题研究》(2015年4月8日)。

致处理。改革或许需要牺牲局部或者个人利益,但改革的成本和"阵痛"不宜全数让个人承担和面对。其四,借鉴援边援藏机制向法治环境和审判资源相对落后地区"输出"优秀员额法官的年限、职级以及待遇皆需统筹安排。

(五)分流渠道之五——打开向外输送和交流的通道

定期分批将工作绩效优秀、专业素养突出的员额法官跨系统地输送到国家监察部门和行政机关任职,尤其是将入额的法院领导干部交流到党政机关,推动依法执政、依法行政。

(六)分流渠道之六——打开提早退休通道

向法院系统内外分流法官,此举多是一种"权宜之计",是一种"变相"分流和退出,未入额法官或者"超额"法官的总量并未得以任何程度的消化和改变。因此,可以系统考虑并建立如下制度:

一是建立改革过渡期的退休留薪制度。给予改革过渡期内退休的法官以入额法官的薪酬待遇,但不再赋予审判权。

二是建立提前退休制度。对一定比例的不愿或不宜继续留在审判岗位的分流人员,包括工龄达30年或临近退休的在编法官允许其提前退休,不再参与员额法官的遴选。

三是法官的附条件退休制度。作为一种治本之策,法官的附条件退休也应尽早成为国家层面分流未入额人员的机制安排。

当然,此项分流措施可先在部分地区试点,以减少试错成本,增加成功效益。

综上所述,未入额和超额两类法官的六大分流渠道有标本两策,隐性的"准"分流和显性的减少法官数量定将各得其所,并行不悖,彼此增效。

二、审判团队的组建当谨慎探索

在本轮司改中,审判团队作为落实司法责任制的重要方式以及新的审判权力运行机制,开始在司改试点省份探索[①]并逐渐推广至全国。该项改革客观上对现有的法院组织结构构成一定的冲击,甚至有向"准审

---

① 详见《最高人民法院关于完善人民法院司法责任制的若干意见》第48条。

判组织”演变的趋势。然而,这种演变并不完全符合司法责任制的初衷,也很难彻底实现“审理者裁判,裁判者负责”的改革目标。因此,是否以及如何继续推行,应当慎重决断。

(一)设置初衷与制度隐忧

2015年9月,最高人民法院印发《最高人民法院关于完善人民法院司法责任制的若干意见》(以下简称《意见》,法发〔2015〕13号)。该《意见》对“审判团队”的组建和运行共提出两条意见,分别规定在“二、改革审判权力运行机制”下的“(一)独任制与合议庭运行机制”和“三、明确司法人员职责和权限”下的“(二)院长庭长管理监督职责”之中。它们是:

“4.基层、中级人民法院可以组建由一名法官与法官助理、书记员以及其他必要的辅助人员组成的审判团队,依法独任审理适用简易程序的案件和法律规定的其他案件。

人民法院可以按照受理案件的类别,通过随机产生的方式,组建由法官或者法官与人民陪审员组成的合议庭,审理适用普通程序和依法由合议庭审理的简易程序的案件。案件数量较多的基层人民法院,可以组建相对固定的审判团队,实行扁平化的管理模式。

人民法院应当结合职能定位和审级情况,为法官合理配置一定数量的法官助理、书记员和其他审判辅助人员。”

“22.庭长除依照法律规定履行相关审判职责外,还应当从宏观上指导本庭审判工作,研究制定各合议庭和审判团队之间、内部成员之间的职责分工,负责随机分案后因特殊情况需要调整分案的事宜,定期对本庭审判质量情况进行监督,以及履行其他必要的审判管理和监督职责。”

上述规定表明,审判团队的制度设计基于四方面的基本考量并体现出以下要点:

第一,关于审判团队的组建——并非“一概”设立。根据《意见》第4条规定,作为法定审判组织的一种办案组织,审判团队的组建具有两要。首先,适合组建审判团队的情形仅有两种:一是主要适用于基层和中级人民法院的独任审理。其中,根据三大诉讼法规定,中级人民法院独任审理的案件仅限于行政诉讼。① 二是有条件地适用合议庭。对合议制审理的案件,以随机产生的方式组建合议庭。若要组建审判团队,有三方面的限制,即"基层法院"、"案件数量较多"、人员"相对固定"。其次,审判团队的组建并非"必须"。《意见》规定基层、中级人民法院"可以"而非"应当"组建审判团队。此说明其仅是选修的改革事项,并非必修的改革任务。

第二,关于审判团队的构成——三类人员为主。《意见》第4条表明,办案主体由改革前的法官、书记员两类变为改革后主要有法官、法官助理和书记员三类人员②构成。如何定位法官助理在审判团队中的性质,可参考《意见》第19条③的规定。从该规定列举的法官助理7项职责中可得出如下判断:其一,法官助理分担了部分原由法官完成的工作,让法官更加专注案件审判。其二,法官助理的7项职责无一例外地或是"协助"法官或是基于法官的"指导"、"要求"、"指派"、"受托"或者"交办"履行。其三,法官助理的7项职责均为审判程序上的辅助工作,不涉及独立判断或自由裁量。由此,法官助理在审判团队中应以辅助法官行使审判权力为其职责,履行的是从改革前法官职能中剥离出来的非核心的审判辅助职能。

第三,关于审判团队的专业定位——不改变审判组织。审判组织是指"人民法院审理案件时审判庭的组织形式",④也可简单表述为开庭时

---

① 2014年修改后的《行政诉讼法》第七章第三节增加了关于简易程序的规定。其第83条明确"适用简易程序审理的行政案件,由审判员一人独任审理"。根据《民事诉讼法》第157条规定,采用独任审理的简易程序,仅适用于基层人民法院和其派出的人民法庭,并不适用于中级人民法院。根据《刑事诉讼法》第208条规定,简易程序仅适用于基层人民法院管辖的案件。

② 《意见》第4条规定,除三类人员之外,还有"其他必要的辅助人员"。根据《意见》第46条的规定,"其他审判辅助人员"主要包括执行员、司法警察、技术调查官等。

③ 该条规定法官助理在法官的指导下履行以下职责:"(1)审查诉讼材料,协助法官组织庭前证据交换;(2)协助法官组织庭前调解,草拟调解文书;(3)受法官委托或者协助法官依法办理财产保全和证据保全措施等;(4)受法官指派,办理委托鉴定、评估等工作;(5)根据法官的要求,准备与案件审理相关的参考资料,研究案件涉及的相关法律问题;(6)在法官的指导下草拟裁判文书;(7)完成法官交办的其他审判辅助性工作。"

④ 大辞海编辑委员会:《大辞海·法学卷》,上海辞书出版社2003年版,第264页。

的组织形式,其分为独任庭和合议庭两种。[①] 审判团队的组建并未改变法定的审判组织。首先,改革后审判组织的主体仍是法官,形式仍是独任庭和合议庭。按照《意见》第 4 条的表述和最高人民法院发布《意见》时的官方介绍,审判团队的组建似乎确有"探索改革审判组织模式"之意图,[②]但从实质上看,独任审理主体的变化,即"基层、中级人民法院可以组建由一名法官与法官助理、书记员以及其他必要的辅助人员组成的审判团队,依法独任审理适用简易程序"的规定并未导致法定审判组织的真正变化。这是因为法官助理履行的辅助法官行使审判权之职责决定了其职权属性实为辅助审判权。换言之,以判断权为本质[③]的审判权本身依然由审判组织中的法官完整行使。其次,从审判责任角度看,根据《意见》第 29 条至第 31 条的规定,审判责任的承担主体仅为独任法官、合议庭成员和审委会委员,并不包括审判团队。若将审判团队定位为审判组织,则有违权责统一,不利于司法责任制的落实。

第四,关于审判团队的行政架构——未解构审判庭。审判庭是依

---

① "审判组织"在《法院组织法》尚无明确规定,但在刑事和民事两大诉讼法上都有具体表述。其中《民事诉讼法》第三章以"审判组织"作为章名,章下第 39 条至第 43 条具体规范了独任庭和合议庭两类审判组织的组成、适用的程序和合议庭的评议原则等。第 200 条第 7 项将"审判组织的组成不合法"作为"再审"的情形之一。《刑事诉讼法》第三编第一章也以"审判组织"作为章名,章下第 178 条至第 180 条也仅具体规范了独任庭和合议庭两类审判组织的组成、适用的程序和合议庭的评议原则。第 227 条第 4 项将"审判组织的组成不合法"作为发回重审的情形之一。此外,"独任庭和合议庭是审判组织"之观点在最高人民法院的《意见》第 6 条中也清晰可见。

② "9 月 21 日,最高人民法院召开新闻发布会,最高人民法院司改办主任贺小荣介绍了《最高人民法院关于完善人民法院司法责任制的若干意见》(以下简称《意见》)的有关情况。探索改革审判组织模式　为减少审判权运行的行政化弊端,……"徐隽:《违法审判七种情形须追责》,载《人民日报》2015 年 9 月 22 日,第 2 版。

③ 关于判断权是审判权之本质的观点当是共识,审判实践部门、理论研究人员以及司改的顶层设计者都认同这一论断。《四五改革纲要》在基本原则部分提到:"——尊重司法规律,体现司法权力属性。人民法院深化司法改革,应当严格遵循审判权作为判断权和裁量权的权力运行规律,彰显审判权的中央事权属性,突出审判在诉讼制度中的中心地位,使改革成果能够充分体现审判权的独立性、中立性、程序性和终局性特征。""审判权是司法权的核心,它实质是一种判断权。"引自陈兴良:《独立而中立:刑事法治视野中的审判权》,载《华东政法大学学报》2007 年第 6 期。"审判权在本质上是一种判断权,是法官基于自己对案件事实的认定和对法律的理解而对案件处理作出决定的权力,它包括审理权和判决权两个部分。"转引自谭世贵:《司法权的界定、调整与优化》,载《学习与探索》2012 年第 4 期。

《法院组织法》的规定[①]而设立。审判团队建立后,审判庭的地位和职能有何改变,可从《意见》第6条[②]和"(二)院长庭长管理监督职责"下第22条[③]的规定中得以推断。两条规定表明,审判团队组建后,尽管庭长的裁判文书审签权受到明显限缩,但其除了履行法定的审判职责外,仍然并且应当负有本部门审判工作的宏观指导、合议庭和审判团队及其成员职责分工、随机分案调整、审判质量监督等行政管理、审判管理和监督之责。可见,审判团队建立的同时并不解构和替代"审判庭"。

综上所述,作为司改中创建的、尚未法定化的审判团队,虽然增加了承担部分程序性审判辅助工作的法官助理,但其只是独任庭和基层法院合议庭的一种办案组织,并未改变法定审判组织的人员构成和审判庭既有的管理职能。

此外,由于《意见》的逻辑不尽自洽,审判团队的制度设计本身存在一些不容忽视的隐忧。它们是:

首先,法官可能承担责任瑕疵,司法责任制难以完全落地。设立审判团队的主要目的之一是建立落实司法责任制。然而,《意见》在某种程度上恰恰成为实现目标的"绊脚石"。《意见》第29条规定,"独任制审理的案件,由独任法官对案件的事实认定和法律适用承担全部责任"。第32条规定,"审判辅助人员根据职责权限和分工承担与其职责相对应的责任。法官负有审核把关职责的,法官也应当承担相应责任"。于审判团队中的法官而言,如此规定似有不可承受之重,难免无辜代人受过。

---

① 这些规定是《人民法院组织法》第18条、第23条、第26条和第30条。四条条文分别规定,"基层人民法院可以设刑事审判庭、民事审判庭和经济审判庭,庭设庭长、副庭长"、"中级人民法院设刑事审判庭、民事审判庭、经济审判庭,根据需要可以设其他审判庭。"、"高级人民法院设刑事审判庭、民事审判庭、经济审判庭,根据需要可以设其他审判庭"和"最高人民法院设刑事审判庭、民事审判庭、经济审判庭和其他需要设的审判庭。"

② 《意见》第6条规定:"独任法官审理案件形成的裁判文书,由独任法官直接签署。合议庭审理案件形成的裁判文书,由承办法官、合议庭其他成员、审判长依次签署;审判长作为承办法官的,由审判长最后签署。审判组织的法官依次签署完毕后,裁判文书即可印发。除审判委员会讨论决定的案件以外,院长、副院长、庭长对其未直接参加审理案件的裁判文书不再进行审核签发。"

③ 《意见》第22条规定:"庭长除依照法律规定履行相关审判职责外,还应当从宏观上指导本庭审判工作,研究制定各合议庭和审判团队之间、内部成员之间的职责分工,负责随机分案后因特殊情况需要调整分案的事宜,定期对本庭审判质量情况进行监督,以及履行其他必要的审判管理和监督职责。"

一方面，《意见》并不要求审判团队中的独任法官亲历所有审判环节，部分环节的审判辅助之责由法官助理承担。在主体和程序二元分离的情况下，没有任何一项制度能够确保法官助理的履职意愿、能力和效果与其所辅助的法官完全相同。另一方面，至少在现阶段，没有任何确保法官助理完全忠实于法官，尽职尽责地为其服务的机制安排。相反，入额过程中的竞争还可能使双方关系产生微妙变化。此时，让法官为其助理之过买单，既不符合“过错原则”，也不符合“权责一致”原则。此外，因审判责任悉数落于法官，势必造成法官为避免出现违法审判责任而尽可能亲历所有环节，这又导致法官助理形同虚设。

其次，审判团队尚属“非法生”，难以承担法定之责。根据《意见》规定，审判团队“依法独任审理适用简易程序的案件和法律规定的其他案件”。但迄今为止，审判团队尚未被任何一部法律确认并规范。因此，这种新型办案组织本身的合法性缺位，也不尽符合“重大改革于法有据”的理念。

（二）推广现状与运行实效

尽管《意见》仅适用于中央确定的司改试点法院和最高法确定的审判权力运行机制改革试点法院，[①]然而，目前审判团队的设置已由个别试点发展为全面推广，且推广也不再拘泥于《意见》的制度框架，其适用范围和层级已由基层、中级人民法院的独任庭和基层人民法院的合议庭扩及高级、中级人民法院的合议庭。[②]

实践证明，审判团队对建立健全符合司法规律的审判权力运行机制带来可观的“正能量”。主要包括三个方面：

首先，去“行政化”促进法官独立审判。嵌入法官助理和取消院庭长部分裁判文书审签权是审判团队制度的两大“亮点”。借此构建更扁平、更专业的办案组织的设计完全符合“同素异构”的原理。[③] 改革前的院

---

① 详见《意见》第48条规定。

② 例如，安徽省高级人民法院在构建审判团队的基础上，由院庭长作为团队一员组成合议庭开庭审理。参见唐欢：《省高院新审判团队首次开庭》，载《安徽法制报》2017年3月14日，第1版。

③ 该原理认为：群体中成员的数量和素质相同，但权责结构和协作关系相异时，便可产生不同的协同效应。因而将传统的“金字塔型”科层式管理结构向扁平化管理结构转变，压缩层次，拓宽跨度，便能增强组织的适应性和灵活性，有效发挥组织成员的积极性、创造性和主动性。

庭长审批案件模式存在信息传递缓慢、违背审判独立和亲历等缺陷，尤其在当下案件数量剧增、法官人数减少的状况下更无法满足审判高效且公正的需求。因此，限制院庭长的裁判文书审签权，有利于消减案外因素对审判的干扰，真正使法官从行政约束中解放出来，独立行使判断权并独立承担审判责任，促成更加高效优质的裁判。改革以来，贵州 4 家首批试点基层法院的独任庭、合议庭直接裁判率由改革前 2014 年的 25.81%上升为 2016 年的 82.29%，升幅超过 2 倍；一审案件上诉率由 2014 年的 14.02%下降至 2016 年的 13.47%，申诉率由 2014 年的1.80‰下降至 2016 年的 1.17‰，降幅分别为近半成和达到三成五。在审判权回归法官的同时，审判质量正在稳步上升。

其次，重“集约化”强化团队办案力量。根据“帕累托优化”理论，[①]对既有审判资源予以优化配置，可有助于“人案矛盾”的有效解决。审判团队的组建和运行至少在三个方面具有明显的“集约”优化特征。一是人员配备上的“集约”。即在审判团队中配备员额法官、法官助理、书记员，甚至执行员和司法警察等，转“孤军奋战”为“协同作战”。二是分工协作上的集约。由于法官助理分担了大量程序性、辅助性工作，从而使法官从繁杂的基础性事务工作中解脱出来，专注于案件的审理、裁判和文书说理等核心工作。久而久之，彼此信任、相互默契的审判团队还将进一步提质增效。三是专门化审判上的集约。如贵州法院不仅以不同的事项对审判团队进行分类，组建立案团队、速裁团队、小额诉讼团队、执行团队等，而且以不同的案件类别对审判团队进行分类，包括家事纠纷团队、环境纠纷团队等，充分发挥不同审判团队的专业化办案能力，推进案件的类型化、专业化审判。改革以来，贵州 4 家首批试点基层法院的法官年人均结案数由改革前 2014 年的 57.46 件快速上升到 2016 年的 216.31 件，增长近 3 倍；二审改判率由 2014 年的 13.44%下降至 2016 年的 6.21%，二审发回重审率由 2014 年的 7.72%下降至 2016 年的 5.01%，降幅分别超过五成和三成五。由此可见，在审判效率高企的基础上审判质量也正在显著提升。

---

① 帕累托优化（Pareto Improvement）理论是指在资源分配中，假定可分配的资源和人群数量固定不变，但改变分配状态，即可在没有使任何人境况变坏的前提下，至少让一个人变得更好。

最后,入额法官进团队推动院庭长办案。贵州法院组建审判团队后,将院庭长编入团队带头办案,并且对院领导的审理案件类型、数量进行了具体细化规范,[①]推动院庭长到审判一线直接办案。此举不仅有利于削弱院庭长在审判工作中的"领导"色彩,还原其"法官"本色,而且充分发挥其专业和经验优势,提高案件,尤其是疑难复杂案件的审判质量。此外,还能对年轻法官起到"传帮带"的积极作用。改革以来,贵州4家首批试点基层法院的院庭长年人均办案数由改革前2014年的113.10件上升到2016年的165.58件,增幅近五成;生效案件服判息诉率由2014年的99.78%上升至2016年的99.91%,裁判自动履行率由2014年的72.89%上升到至2016年的84.75%,分别上升超过百分之一成和一成六。尤其是生效案件服判息诉率,上升的绝对百分点虽不高(0.13个百分点),但在几乎至顶的比率上,每提高一小点都需付出更加巨大的努力。

毋庸讳言的是,借助"拆庙送神"之举,审判团队获得了丰厚的"制度红利",推进了"去行政化",保障了法官的独立审判,为落实司法责任制奠定了逻辑基础。但与此同时,实践中也逐步显现出弊端和问题。

首先,科层组织"叠床架屋"。在审判庭依然保留的情况下,团队的建立无疑增加了一个管理层级和单元,管理成本也相应增加。如果定位不准、职责不清,加之协调磨合不顺,极易导致"庭"与"队"的互相消耗、彼此虚化,有悖扁平化管理的实现。贵州等地法院在审判团队改革试点中,也存在因审判权、审判监督权和审判管理权的角色错位而产生权力混同、边界不清等情况,以致有些地方以撤销或者不设审判庭来"拨乱反正"。[②] 然而,此举尽管有助扁平化管理的推进和实现,但新的问题也随之产生。暂且不论在现行《法官法》《人民法院组织法》和诉讼法对"庭长"及其职责皆有明确规定[③]的前提下,"擅自"取消审判庭所面临的合

① 参见《贵州省高级人民法院关于全省法院院领导办理案件的暂行规定》第3条、第5条。

② 如珠海横琴新区人民法院自2013年底挂牌,推行"法官+法官助理+书记员"的审判团队运行模式,成为全国首个不设审判庭的法院。参见罗恬漩:《司法体制改革的横琴实践》,载《团结》2016年第1期。

③ 如《人民法院组织法》第9条第4款规定:"合议庭由院长或者庭长指定审判员一人担任审判长。"《法官法》第6条规定,"院长、副院长、审判委员会委员、庭长、副庭长除履行审判职责外,还应当履行与其职务相适应的职责。"

法性疑问,仅就当下绝大多数法院尚未实现行政事务集中管理①的状况而言,必要的审判管理(诸如研究制定各合议庭和审判团队之间、内部成员之间的职责分工)②、监督管理(要求独任法官及合议庭报告特定案件进展和评议结果)③和其他行政管理职能(诸如人员晋职晋级、工资补贴发放、安全教育检查、评奖评优等)也将“无处落地”。因而,贸然取消审判庭无异于“破釜沉舟”。

其次,人员配备“捉襟见肘”。按照《意见》的设计初衷,为了确保审判能力及其水平的提升,审判团队当尽可能相对固定而非临时随机搭配。④ 各试点法院审判团队组建的实践虽因区域差异而各有千秋,但几乎大同小异。一般而言,针对独任庭,围绕一名法官组成“1+1+1”⑤或“1+N+N”⑥的团队;针对合议庭,可以以 3 名法官为中心组成“3+N+N”⑦的团

---

① 根据《意见》第 7 条的规定,这也是试点法院的选择性改革项目。

② 详见《意见》第 22 条规定。

③ 详见《意见》第 24 条规定。

④ 最高人民法院更倾向审判团队的组建为“随机”还是“固定”,可从其司改释疑、新闻报道等素材中窥见一二。例如,《最高院司改办权威解答:司法改革热点问题的问答》就“如何科学组建审判团队? 审判团队与审判庭的关系如何协调?”的提问中答道:“审判团队是人民法院为了推进案件公正高效办理,促进人力资源优化配置,组建的包含法官、审判辅助人员的审判力量配置单元,具有相对固定、密切协作、扁平管理等特点。”载《人民法院报》2017 年 4 月 8 日,第 2 版。又如,2017 年 4 月 8 日周强院长在蚌埠市中级人民法院考察时表示:“以业务骨干为核心组建专门的审判团队,是很好的探索,要继续深化改革,积极完善相关机制……”转引自宁杰:《周强在安徽调研时强调　大力弘扬改革创新精神　不断提高司法为民公正司法水平》,载《人民法院报》2017 年 4 月 9 日,第 1 版。可见,要保证“业务骨干”成为审判团队的核心,“相对固定”的组建方式显然比“随机产生”更优越。

⑤ 例如,贵州省在基层试点法院主要采取此种团队组成方式。

⑥ 例如,江苏省江阴市法院推行此种团队组成方式。参见刘希平:《司改探路的江阴样本》,载《浙江人大》2016 年第 7 期。

⑦ 各地对法官助理、书记员的设置比例结合地方具体情况各有不同。例如,宁夏固原市中级人民法院组建“3+1+1”的审判团队,参见梁志龙:《固原中院“三步走”深入推进司法责任制改革》,载宁夏法院网:http://www. nxfy. gov. cn/jcdt/gy/201701/t20170113_4199535. html,2017 年 6 月 28 日访问。又如,连云港中院组建“3+N+N”审判团队,引自《连云港中院全面启动“3+N+N”审判团队模式》,载法制网:http://bj. legaldaily. com. cn/content/2014-10/30/content_5823829. htm?node=34628,2017 年 6 月 28 日访问。

队,甚至组成"N+N+N"①的团队。但问题是,现阶段法官助理的主要来源是未入员额的原在编法官。这一群体中的不少或因年龄、健康状况而选择自愿离开,或因履职淘汰、廉洁瑕疵而被动退出,因而真正愿意并具备履职条件、能力和水平的法官助理相当有限,以致审判团队的组建有计划但缺人手,无人可配,捉襟见肘。法官助理严重不足必然导致绝大多数审判团队只是一种临时的、松散的组合,有的试点法院审判资源和审判能量的"帕累托优化"遭遇"人荒"不测,入额法官成为光杆司令而"苦不堪言"。倘若这只是"一过性"问题,倘若这只是"不得不"作出的次好选择,那么,临时组合而成的团队成员间的磨合难度也远远超出预计,经审判资源优化配置而达致的审判合力优势必将大打折扣。

再次,权责清单"模糊未清"。审判团队是改革产生的新型办案组织,尚无经验可资借鉴。不少试点法院改革至今已两年多,部分审判团队亦建立多时,但运行还处于磨合阶段,法官、法官助理与书记员各自的权责尚未厘清,分工协同的合作机制尚未顺畅运转,团队的合力发挥还不充分。

最后,审判庭长"有权无力"。审判团队设立后,庭长仅具有行政管理、审判管理和监督职能,审判团队负责人则带领团队独立负责案件审判,缺乏针对庭长的向心力。久而久之,庭长上述职责的履行必将如"无源之水""无本之末"。

(三)完善对策和具体建议

着眼未来,首先应当坚持推行司法责任制和确保法官独立办案的改革目标。同时,控制改革成本,注重就地取材,尽可能以较小的成本实现改革预期。善于利用既有的制度架构和善于挖掘既有制度的新功能解决新问题,避免废旧立新、大破大立的高成本改革。依循上述两大思

① 例如,成都市中级人民法院组建的"5+5±N"的团队模式,由5名法官(包括1名资深法官、2名有一定审判经历的法官、2名入职时间不长的法官)、5名审判助理组成基本规模的审判团队,根据案件数量灵活决定具体人数。参见胡建萍、杨咏梅:《构建以资深法官为核心的审判团队及其运作模式》,载《人民司法(应用)》2016年第31期。又如,深圳市罗湖区人民法院的"4+2+2"审判集团模式,由4名法官(包括3名普通法官和1名速裁法官)、2名法官助理和2名书记员组成。参见张润:《完善合议庭办案责任制——以深圳特区法院的探索为视角》,载《楚天法治》2014年第7期。

路,课题组建议通过强化制度自洽、重视既有相关制度对接和给未来制度留下接口,以及加强改革落实的协同来对审判团队制度作出更为系统、整体和可行的对策调整,并建议或作顶层设计上的安排,或启动相关法律的解释或者修改。具体建议包括两个面向的五项制度安排或调整。

第一,继续保留"庭"的设置但仅司管理监督之责。如前文所述,《法院组织法》虽要求"设"或"可设"审判庭,[①]但对其职能却未作任何规定。从《人民法院组织法》和《刑事诉讼法》《民事诉讼法》等法律条文中可以找到"庭长"所承担的审判职能以外的管理职责,如合议庭审判长的指定。[②] 作为法院系统内部的规范性文件,《意见》对庭长也规定了一系列的审判管理和监督之权。[③] 此外,法院如同其他任何国家机构,在其独立运行中不可避免地"需要"具有人员晋职晋级、工资补贴发放等行政管理职能。这些正常运行中必要的行政管理活动往往又通过内部行政组织逐级向下传递,并最终在审判庭层面得到具体落实。在尚未实现行政事务集中管理的法院,庭长也往往成为最基层的管理者及其责任承担者。可见,除了审判管理和监督,审判庭还承担着必要的行政管理职能。若要撤销审判庭,前提必须是如数"转嫁"所有管理职能。然而,无论是转赋给审判组织还是审判团队都极为不妥。就审判组织而言,其仅仅存在于案件审理的开庭阶段,日常行政管理勉为其难。就审判团队而言,其组建初衷就是为了彻底"端掉"审判庭审判行政两手都抓所导致的职能"交错与混合",[④]有效遏制法院行政管理权对审判权的侵蚀。因而将审判庭的行政管理职能转赋给审判团队无异于重蹈覆辙、重走老路。因此,作为《人民法院组织法》法定的管理单元,审判庭既是审判管理专业

---

① 《意见》第6条规定:"独任法官审理案件形成的裁判文书,由独任法官直接签署。合议庭审理案件形成的裁判文书,由承办法官、合议庭其他成员、审判长依次签署;审判长作为承办法官的,由审判长最后签署。审判组织的法官依次签署完毕后,裁判文书即可印发。除审判委员会讨论决定的案件以外,院长、副院长、庭长对其未直接参加审理案件的裁判文书不再进行审核签发。"

② 例如,《人民法院组织法》第9条、《民事诉讼法》第41条、《刑事诉讼法》第178条均规定,合议庭由院长或者庭长指定审判员一人担任审判长。院长或者庭长参加审判案件的时候,自己担任审判长。

③ 详见《意见》第22条的规定。

④ 苏力:《论法院的审判职能与行政管理》,载《中外法学》1999年第5期。

化的制度成果,也是完善审判监督的"关口",还是法院行政管理的层级,在尚未实现行政事务院级统管的情况下,必须保留审判庭的设置。①当然,审判庭应当结合各级法院的审级职能、办案数量、人员编制等情况因地制宜地设置,并与司法责任制、法官员额制、审判辅助人员管理制度等改革有效衔接、同步推进,②防止"为编设庭"带来的人浮于事及忙闲不均。在此前提下,严格限定庭长之责仅审判管理、审判监督和行政管理。同时,应当坚持取消庭长的裁判文书审签权。

第二,继续试点审判团队但须行机制整合。尽管审判团队首当其冲的问题是与审判庭之间"叠床架屋"造成管理层级、难度和成本增加而管理效率下降,进而"消融"团队改革带来的审判效率提高。但此并非基因隐忧,更非不可避免,而是制度设计不够系统、改革落实不尽协同的可控瑕疵。立足于制度完善中的扬长避短,应当调整或者增加四方面的制度设计,继续推进审判资源的集约化③管理。

一是明确审判团队和审判庭的法律定位并赋予其相应职责。《法院组织法》规定了法院的审判组织——独任庭和合议庭,也规定了法院的行政组织——刑事审判庭、民事审判庭、经济审判庭等。建议尽早以法律解释或者修改的方式增加对法院办案组织——审判团队的规定。尽

---

① 根据2006年《法院组织法》第18条、第23条,第26条和第30条关于基层法院"可以设"审判庭和中院高院、最高院"设"审判庭的规定,审判庭是法院的法定内设机构无可争议。虽然《法院组织法》在本书稿交付后上梓前的2018年10月完成了新的修订,修订后的第27条关于法院设立审判庭的表述与2006年的规定似乎有所不同,但课题组认为"设立审判庭"仍是其立法本意,也是对本书研究结论的印证,与作者提出的制度建议相吻合。因为新的规定在一般性要求法院"可以设"审判庭的同时,规定不设立审判庭的法院须满足两个要件,即"中级和基层人民法院"和"法官员额较少"。换言之,只要不满足上述两个要件的法院均应当设立审判庭。循此立法逻辑,该法条中"可以"一词的原意是指"可以"设立"专业审判庭",也"可以"设立"综合审判庭",而并非指"可以设",也"可以不设"审判庭。

② 详见2016年8月中央机构编制委员会办公室和最高法联合印发的《省以下人民法院内设机构改革试点方案》"一、指导思想和基本原则"的规定。

③ "集约化"是经济术语。原意是指在最充分利用一切资源的基础上,更集中合理地运用现代管理与技术,充分发挥人力资源的积极效应,以提高工作效益和效率的一种形式。马克思当年在《资本论》的"地租理论"中论及到粗放经营和集约经营,这是"集约化"概念的雏形。苏联经济学家于20世纪60年代初首次使用"粗放增长"和"集约增长"术语并阐述相关原理。该概念也于20世纪60年代同步传入我国。参见吴敬琏:《怎样才能实现增长方式的转变》,载《经济研究》1995年第11期。如今,"集约化"管理的思路在我国被越来越多地运用于管理领域。

管“审判庭”因管辖案件的类型不同而分类,审判庭的调整也因主要案件类型变化而决定,[①]但其目的是根据不同种类案件的审判管理特点,更好地对不同类型的案件及其审判进行分类管理。从立法本意和操作实践来看,审判庭是法院内部设置的一级行政组织而非直接办案的审判组织。因此,其职责理当仅限于管理,包括行政管理、审判监督管理和部分审判管理。“审判团队”是本轮司改中各地开展司法责任制改革后的新生事物,相关法律及权威文献对其组织性质鲜有描述,仅最高人民法院的“司法改革热点问答”对审判团队的性质有如下表述:“审判团队是人民法院为了推进案件公正高效办理,促进人力资源优化配置,组建的包含法官、审判辅助人员的审判力量配置单元”。[②] 的确,审判团队是审判力量配置的结果。尽管审判力量可以做不同类别的配置,但唯一不变的是其配置的目的——始终服务于独任庭和合议庭等法定“审判组织”的办案,为法院开庭审理裁判案件的审判组织提供审判力量的支撑。因此,建议将审判团队定性并定义为“办案组织”,以对应《人民法院组织法》关于法院“审判组织”和“行政组织”的规定。同时明确“承担审判职能”是审判团队的主业,其也行使部分因履行审判职责而附带产生的审判管理权。必须指出,在两个组织的定位和职责分担中,最为困难的就是如何具体划定“审判庭”和“审判团队”所分别行使的审判管理的权限范围。相信随着改革的不断深入和经验的不断积累,这一“黄金分割线”或许将会逐渐明朗。

具体规定可考虑:“各级人民法院依照案件类型设置行政管理组织,包括刑事审判庭、民事审判庭和经济审判庭,也可以根据需要设其他审判庭。审判庭设庭长、副庭长,负责案件的审判管理、审判监督和日常行政管理”,“各审判庭下设置若干办案组织,服务于独任庭、合议庭的案

---

① 1983年9月2日第六届全国人大常委会第二次会议上,时任全国人大常委会秘书长、法制委员会副主任王汉斌同志在《关于修改“人民法院组织法”、“人民检察院组织法”的决定和“关于严惩严重危害社会治安的犯罪分子的决定”等几个法律案的说明》中提道:“几年来,基层法院受理的经济纠纷案件日益增多,许多基层法院已设立了经济审判庭。根据这一情况,决定草案将‘人民法院组织法’第十九条第二款中关于‘基层人民法院可以设刑事审判庭和民事审判庭’的规定,修改为‘基层人民法院可以设刑事审判庭、民事审判庭和经济审判庭’。”

② 详见《司法改革热点问答》,载《人民法院报》2017年4月5日,第2版。

件审判,同时履行案件的审判管理。办案组织可以是相对固定的审判团队,也可以是临时组建的审判团队。团队设法官、法官助理、书记员和其他必要的审判辅助人员若干名","审判和审判辅助人员少或者案件数量少的地区,可以暂不设置办案组织。案件审理及其管理和监督按照既有模式实施。"

二是相对细化审判团队的组建。结合已有的试点经验和制度创设初衷,尽早通过顶层设计对审判团队的组合提出相对细化的规范和方向。所谓"相对细化",一要充分兼顾不同地区审判资源的异同,而非"一刀切";二要充分前瞻人工智能开发和利用将带来的办案生产力的巨大解放和办案生产方式的"改朝换代",而非"近视化";三要充分兼顾诉讼的级别管辖、地域管辖以及新型案件和专门化审判,而非"单一化";四要充分兼顾审判团队组建的"相对固定"和"随机",而非"绝对化";五要充分兼顾资源配置的优化和廉政风险的防范,而非"一边倒"。

具体建议是:"各审判庭下设置若干相对固定的审判团队,根据需要庭长也可以设置临时的审判团队","审判团队由法官一至数人、法官助理一至数人和书记员一人组成;也可以由法官一至数人和法官助理一至数人组成。其中适用简易程序、小额诉讼程序、刑事速裁程序等的案件,一般由法官、法官助理和书记员各一人组成的审判团队办理","审判团队相对固定的,应当定期交流,也可以随合议庭的定期交流而变动"。①

三是同步进行法官助理单独职务序列制度的改革。足够的法官助理数量是审判团队组建的充分必要条件。反之,审判团队将名不符实。如同本章第二节关于"人的去留"的分析,②应当尽早试点法官助理的单独职务序列及薪酬制度,并以专业学历、任职资历、业务能力等为主要标准赋予法官助理初级、中级和高级等技术职称任职资格,以激发法官助理对职业发展的正向期盼,提升其职业荣誉感和使命感,牢固构建拴心留人、广聚人才的机制。

---

① 最高人民法院《关于进一步加强合议庭职责的若干规定》(法释〔2010〕1 号)第 2 条规定:"合议庭由审判员、助理审判员或者人民陪审员随机组成。合议庭成员相对固定的,应当定期交流。人民陪审员参加合议庭的,应当从人民陪审员名单中随机抽取确定。"

② 详见本章第二节的相关内容。

四是创新审判质量管理机制。审判团队设立后,原有的管理单元"碎片化""独立化",尤其在审判庭放权大部分审判管理职能的情况下,"同案不同判"等审判质量问题在制度磨合和适应时期可能成为一大困惑。因此,在不断加强审判团队行使审判管理职能水平的同时,全面创新提升和管控审判质量的组织管理机制、运行管理机制,更要充分运用司法大数据和人工智能的技术优势,将审判质效的提高与科学技术高度融合。

综上所述,审判团队的试点实践已体现出弱化案件审批、强化专业审理、推动领导办案、优化人力配置等制度优势,但审判团队的实践短板和后发弊端不容忽视,要不断总结实践中的问题,评估改革的实效,包括关注和总结法官赋权与问责平衡机制、法官亲历与法官助理辅助的平衡机制、审判团队合力形成并发挥"1+1>2"效果的机制,真正让审判团队成为有助审判效率和司法公正实现的新的办案组织。

三、审判委员会的定位当还权赋能

审委会是我国特有的审判组织结构,审委会的审判职能是特定历史条件下的产物,其目的在于保障复杂、疑难、重大案件的审判质量,其理论基础在于"集体智慧优于个人智慧"或者"多个程序把关可提升裁判的质量"。[①] 在我国社会主义法制建设起步初期及以后相当长一段时期,审委会制度在解决司法资源匮乏、提高法官审判能力、防止法官滥用权力等方面发挥过不可忽略的关键作用。然而,随着法治进程的发展和司法体制改革的攻坚,审委会审判职能行使的非亲历性和不可追责性的固有缺陷日益凸显。审委会能否调整定位,使审判回归司法规律,并在司法改革大格局中实现功能的优化,是顶层设计必须回应的问题。

(一)未能一以贯之:审委会审判职能的法律设计和相关解释并不一致

第一,组织法仅赋予审判会"准"审判职能且始终如一。自 1979 年《人民法院组织法》赋予审委会"总结审判经验、讨论重大或疑难的案件和其他有关审判公正的问题"之职以来,各法院审委会在"重大或疑难案

---

① 廖永安、李世锋:《我国审委会制度的运行现状与反思——以中部某落后地区基层法院民事审判为考察对象》,载《东方法学》2007 年第 3 期。

件”等关乎审判公正的工作中发挥着重要作用。然而,因该法并未同时定性审委会为“审判组织”,[①]因而前述职责仅以“讨论”方式履行。审委会自身并无“决定”之权,合议庭等也无“执行”之责。之后,《人民法院组织法》虽经1986年和2006年两次修改,[②]但关于案件审理的“准”审判权限始终如一。[③]

第二,《行政诉讼法》从未赋予审委会任何审判职能。1989年出台的《行政诉讼法》仅在审判监督程序中规定了审委会“决定是否再审”[④]的职责,2017年修改后的《行政诉讼法》在“审理和判决”章中的“第五节　审判监督程序”继续这一制度的设计及其表述,仅将“应当提交审判委员会讨论决定”再审的具体情形予以专条列举。[⑤]

第三,现行《民事诉讼法》已废止审委会“审判组织”及其审判职能的规定。1982年面世的《民事诉讼法(试行)》不仅将审委会和独任庭、合议庭一并列入“第三章　审判组织”,而且第39条具体规定:“重大、疑难的民事案件的处理,由院长提交审判委员会讨论决定。审判委员会的决定,合议庭必须执行。”然而,对“审判组织”的确认、对审委会“决定”重大、疑难民事案件职权的明确,以及对合议庭“必须执行”审委会前述

---

① 严格地讲,1979年《人民法院组织法》并无任何“审判组织”的表述出现。由于《人民法院组织法》在第10条“人民法院审判案件,实行合议制”的规定中除了明确由“合议庭”进行审判的案件范围之一般规定之外,仅对除合议庭之外的进行审判的组织作出了“简单的民事案件、轻微的刑事案件和法律另有规定的案件”的例外规定。另外,诚如正文所析,由于该法仅赋予审委会“讨论”之权,因此,可逻辑推演审委会并非“审判组织”当是《人民法院组织法》的立法原意。

② 本书出版前,《人民法院组织法》于2018年10月完成新的修订。

③ 需要说明的是,尽管1979年、1983年、1986年《人民法院组织法》第14条和2006年《人民法院组织法》第13条分别规定审委会有权“处理”再审案件,即“各级人民法院院长对本院已经发生法律效力的判决和裁定,如果发现在认定事实上或者在适用法律上确有错误,必须提交审判委员会处理。”由于此处的“处理”并无明确指代,故可推定为需“处理”的既有可能为“是否再审”这样一个程序性事项,也有可能为“怎样再审”这样一个实体性内容,还有可能为两者兼有。在法院审委会的“处理”实践中,多为决定“是否再审”而非“如何再审”。需要说明的是,在本书出版前2018年10月底新修订的《人民法院组织法》第37条规定:“审判委员会履行下列职能:……(三)讨论决定本院已经发生法院效力的判决、裁定、调解书是否应当再审;……印证了课题组的上述研究。”

④ 1989年《行政诉讼法》第63条规定:“人民法院院长对本院已经发生法律效力的判决、裁定,发现违反法律、法规规定认为需要再审的,应当提交审判委员会决定是否再审。”

⑤ 详见2014年《行政诉讼法》第91条和第92条的规定。

决定的强制性规定，皆在1991年公布的《民事诉讼法》中得以“拨乱反正”，全部废止。得以保留的仅仅是“审判监督程序”章下关于“提交审判委员会讨论决定”院长“认为需要再审”[①]的案件。[②] 经2007年、2012年和2017年三次修改后的现行《民事诉讼法》均延续了1991年的所有设计，依然不再赋予审委会审判权限，[③]同时现行《民事诉讼法》仅在审判监督程序中将决定是否再审的范围从发现确有错误且已发生法律效力的“判决、裁定”扩大至“判决、裁定、调解书”。

第四，《刑事诉讼法》自出台至今始终赋予审委会有条件地行使“讨论决定”“重大或疑难案件”的权力。1979年我国恢复法制建设。作为与《法院组织法》同日面世的《刑事诉讼法》，自诞生之日起便在审委会的性质及其职能上与《法院组织法》的规定有所相异。其首先将审委会和独任庭、合议庭一并列入第三篇“第一章　审判组织”，并在107条明确规定：“凡是重大的或者疑难的案件，院长认为需要提交审判委员会讨论的，由院长提交审判委员会讨论决定。审判委员会的决定，合议庭应当执行。”此规定不仅赋予院长启动审委会审判职能之权，而且明确由院长提交审委会讨论决定的是“所有”的重大疑难案件，同时还强调了审委会的决定对合议庭具有约束力。1996年和2012年《刑事诉讼法》历经两次[④]整体性修改，但前述设计被继续默认，相关表述亦被基本“原样”保留，仅在“有条件”上作出两处微调。一是提交审委会讨论决定的案件对象“有条件”地有所扩大，从原先的“重大的或疑难的案件”调整至现行的“疑难、复杂、重大的案件”。二是提交审委会讨论的程序“有条件”地有所从严，从原有的“凡是”重大的或疑难的案件和“院长认为需要提交”讨论的两个要件调整至现行的“合议庭认为难以作出决定”的疑难、复杂、重大的案件，“由合议庭先提请院长再由院长决定提交”的两个程

---

① 详见1991年《民事诉讼法》第177条的规定。

② 需说明的是，1991年《民事诉讼法》继续“缩小”审委会的职权范围，不仅在“审判监督程序”章下废止了1982年关于申诉案件处理程序中的审委会讨论决定权（第158条），而且在执行程序中废止了1982年关于执行异议处理程序中的审委会讨论决定权（第162条）。

③ 分别详见2007年、2012年和2017年《民事诉讼法》第177条和第198条的规定。

④ 本书出版前，《刑事诉讼法》于2018年10月底完成第三次修正。

序要素。换言之，即加强了庭审，[①]增加了“合议庭开庭审理并且评议后，应当作出判决”的要求，又将启动审委会讨论决定的主动权交给了合议庭。[②]

或许因《法院组织法》《刑事诉讼法》《民事诉讼法》《行政诉讼法》等四部基本法律的规定不同，或许也因审判实践的客观需要，法律的逻辑不得不服从现实的逻辑。有意思的是，完成这一“变法”重任的并非我国法定的立法机关——全国人大及其常委会，而是我国最高审判机关——最高人民法院。

1998 年起，最高人民法院通过相关司法解释和指导性意见对《刑事诉讼法》关于审委会有条件地对特定刑事案件依法行使审判“决定”权的规定进行了扩张性解释。1998 年 9 月，最高人民法院发布《最高人民法院关于执行〈中华人民共和国刑事诉讼法〉若干问题的解释》（法释〔1998〕23 号）的司法解释，自 1998 年 9 月 8 日起施行。该解释对当时生效的 1996 年《刑事诉讼法》第 149 条作了如下两大方面的细化和改变：[③]一是对审委会讨论决定的“疑难、复杂和重大”的案件进行了列举和概括的规定，包括“人民检察院抗诉的”和“其他需要由审判委员会讨论决定的”。二是将审委会讨论决定的案件范围从普通程序审判的案件扩大到独任程序审判的案件，即“独任审判的案件，开庭审理后，独任审判员认为有必要的，也可以提请院长决定提交审判委员会讨论决定”。[④]

---

① 参见《关于〈中华人民共和国刑事诉讼法修正案（草案）〉的说明——1996 年 3 月 12 日在第八届全国人民代表大会第四次会议上》。“三、完善庭审方式，对职能管辖、免予起诉等作了修改”，“第一，完善审判方式。为了更好地加强庭审，发挥控辩双方的作用，草案作了以下修改补充：1. 发挥合议庭在审判中的决定作用。刑事案件由合议庭依法判决，只有疑难、复杂、重大的案件，合议庭认为难以作出决定的，由合议庭提请法院院长决定提交审判委员会讨论决定。”载《中华人民共和国全国人民代表大会常务委员会公报》1996 年第 3 期。

② 分别详见 1996 年和 2012 年《刑事诉讼法》第 149 条和第 180 条的规定。2018 年 10 月 26 日第三次修正为《刑事诉讼法》第 185 条保留该规定。

③ 最高人民法院《关于执行〈中华人民共和国刑事诉讼法〉若干问题的解释》第 114 条第 2 款规定，“对下列疑难、复杂、重大的案件，合议庭认为难以作出决定的，可以提请院长决定提交审判委员会讨论决定：（一）拟判处死刑的；（二）合议庭成员意见有重大分歧的；（三）人民检察院抗诉的；（四）在社会上有重大影响的；（五）其他需要由审判委员会讨论决定的。”

④ 详见最高人民法院《关于执行〈中华人民共和国刑事诉讼法〉若干问题的解释》第 114 条第 4 款。

2010年1月最高人民法院印发经中共中央批准的《关于改革和完善人民法院审判委员会制度的实施意见》(以下简称《实施意见》)。该《实施意见》对现行《人民法院组织法》和《刑事诉讼法》《民事诉讼法》《行政诉讼法》三大诉讼法对审委会性质和职能的扩张性解释乃至于具体修改不可谓不大。这些改变主要体现为三个“进一步”:一是进一步强化了审委会的性质为“最高审判组织”。[①] 二是进一步扩张了地方法院审委会行使审判“讨论决定”的案件范围。其中,高级和中级人民法院审委会讨论决定的案件包括“同级人民检察院依照审判监督程序提出抗诉的刑事案件”、“拟在法定刑以下判处刑罚或者免予刑事处罚的案件”、“拟宣告被告人无罪的案件”、“拟就法律适用问题向上级人民法院请示的案件”和“认为案情重大、复杂,需要报请移送上级人民法院审理的案件”。[②] 尤其是后两项的规定几乎将审委会的审判“触角”伸进了民事案件和行政案件。三是进一步虚化了地方法院审委会行使审判“讨论决定”的程序制约,一笔“隐去”了1996年《刑事诉讼法》修改时特别强调的合议庭庭审和提交审委会讨论决定的启动权,仅仅强调“法院审理的下列案件应当提交审判委员会讨论决定。”[③]

不得不说明的是,最高法《实施意见》的三个“进一步”并未吸收到2012年《刑事诉讼法》和2017年《民事诉讼法》的修改之中。[④] 暂且不论最高法的扩张性解释是否与现行《立法法》第45条和第104条关于“立法解释”[⑤]和“司法解释”[⑥]的权限规定相符,也暂且不遑论最高法此类解

---

① 详见《关于改革和完善人民法院审判委员会制度的实施意见》第3条。

② 详见《关于改革和完善人民法院审判委员会制度的实施意见》第9条。关于应当由最高法和地方基层法院审委会讨论决定的案件范围,详见该实施意见第8条和第10条。

③ 详见《关于改革和完善人民法院审判委员会制度的实施意见》第8~10条。

④ 值得说明的是,在本书交稿后出版前完成了第三次修正的《刑事诉讼法》依然未采纳最高法《实施意见》的三个“进一步”规定。

⑤ 《立法法》第45条规定:“法律解释权属于全国人民代表大会常务委员会。法律有以下情况之一的,由全国人民代表大会常务委员会解释:(一)法律的规定需要进一步明确具体含义的;(二)法律制定后出现新的情况,需要明确适用法律依据的。”

⑥ 《立法法》第104条规定,“最高人民法院、最高人民检察院作出的属于审判、检察工作中具体应用法律的解释,应当主要针对具体的法律条文,并符合立法的目的、原则和原意。遇有本法第四十五条第二款规定情况的,应当向全国人民代表大会常务委员会提出法律解释的要求或者提出制定、修改有关法律的议案。”

释的“合法性”,仅从司法规律、审判组织的职责与司法责任制的视角出发,上述加强“把关”的做法完全可能扭曲独任庭、合议庭与审委会之间的关系,成为人民法院高效公正行使审判权的“关隘”。

(二)不能承受之重:审委会应将审判职能回归审判组织

需要进一步论证的是,倘若审委会的性质及其审判职能确因我国国情和审判实践所需,那么,审委会的组织构成以及议事程序和决定方式是否足以挑起此重担?

现行法律仅规定各级法院审委会委员的任命程序,并未明确其任职资格与条件。长期以来,各地各级法院审委会的成员往往与行政职务挂钩,几乎清一色由院领导“垄断”。2006 年《中共中央关于进一步加强人民法院、人民检察院工作的决定》规定,审委会根据工作需要,可以设置专职委员两名左右,按照同级党政部门副职规格和条件,从具备良好政治业务素质、符合任职条件的法官中产生。以贵州省高院为例,改革前审委会 7 名成员中,除两名专职委员,其余皆为法院的院长、副院长和其他党组成员。毋庸置疑的是,如此构成与审委会的实际功能定位高度契合,即让法院党政领导更多发挥把控政治方向、保障政治安全的作用。如此政治化为重的考量导致审委会更“擅长”于在减少死刑、保障人权以及审慎处理群体性案件等方面发挥游刃有余且极其重要的“专业”作用。然而,30 多年的审判实践同样表明,审委会并非因此更有资格成为“最高审判组织”,更有专业能力和水平去决定所有疑难、重大、复杂的案件。正因如此,本轮司改开始重视审委会这一组织结构的改革,有些试点地区高度重视组织构成上的专业化“移植”再造,加大审委会成员中法律专业力量的注入。①

① 例如,贵州省早在 2007 年就对审委会“专业化”建设进行了探索。2017 年 6 月 29 日,贵阳市人大常委会审议批准对贵阳市中级人民法院有关人员为审委会委员的任命,率先启动了在法院审委会框架内设立刑事专业委员会和民事行政专业委员会的重大改革。其中刑事专业委员会将负责讨论决定判处死刑(含死缓)的案件等 12 类案件及事项;民事行政专业委员会将负责讨论决定对适用法律认识、意见不统一、分歧较大的案件等 16 类案件及事项。并规定,专委会组织上受院审委会领导,业务上受院审委会指导,工作上受院审委会监督。院审委会的决议,专委会必须执行;专业委员会的决议,合议庭必须执行。参见欧阳晨雨:《专业化能否去除审委会之弊》,载《民主与法制》2007 年第 17 期。又如,2015 年 9 月 17 日,北京知识产权法院开全国先河,由审委会直接开庭审案。该院审委会有 7 位委员,由 3 名院长、副院长(接下页)

然而,即便审委会的组织改革到位,“精英不精”的问题得以解决,但若继续采用对个案进行“闭门开会”的议事方式和行政化决策的运行程序,依然无法避免如下三大问题:

第一,审委会承担审判职能,影响或弱化各方作用发挥。对审委会而言,随着实践中审委会讨论的案件数量逐年增加,审委会过多着力于微观个案讨论,容易导致其宏观指导职能被挤压甚至“空转”。对合议庭而言,复杂、疑难、重大案件长期由审委会讨论、决定,无形中会对审判权造成“行政化”侵蚀,也削弱合议庭对该类案件的审判能力。

第二,审委会承担审判职能,有违司法规律。首先,参与疑难等案件讨论决定的审委会成员名单以及是否与案件存在利害关系、讨论的过程和内容都不对当事人公开,有违公开审判原则。① 其次,审委会讨论决定疑难等案件实行的是民主集中制,这种“会议制”而非“审理制”的审判,有违直接言辞原则。② 最后,合议庭必须或者应当执行审委会的讨论决定,③有违审判独立原则与“审理者裁判,裁判者负责”的规律。

第三,审委会承担审判职能,妨碍或者“破坏”司法问责的真正落地。司法责任制是本轮司改的核心和基石,是建设公正高效权威的社会主义司法制度的必由之路。④ 然而,审委会制度被诟病最多的恰恰就是“审者不判,判者不审”的错位现象。该错位的致命所在就是无法确保审判主体的清晰并进而落实司法问责。具体而言,审委会承担审判职能至少在两个层面造成责任不明:一是当合议庭的意见与审委会的决定不一致但又不得不执行审委会决定时,审判责任在合议庭与审委会之间应如何划

(接上页)和4名庭长组成,且7名委员均是具有近20年知识产权审判经验的资深法官。公开开庭审理一起商标行政诉讼案,7名审判委员会委员全部参加庭审。其后,北京知识产权法院召开新闻发布会,发布了该院审委会制度改革的相关举措,明确审委会主要审理两类案件:一类是涉及国家外交、安全和社会稳定的重大复杂案件,一类是疑难、复杂、重大案件中的法律适用问题。参见王逸吟、刘华东:《法院审判委员会变局》,载《光明日报》2015年9月18日,第10版。

① 详见《宪法》第130条。

② 参见顾培东:《人民法院内部审批运行机制的构建》,载《法学研究》2011年第4期。

③ 参见《刑事诉讼法》第180条。1993年《最高人民法院审判委员会工作规则》第10条规定:审判委员会的决定,合议庭或法院其他有关单位应当执行,不得擅自改变,如有异议,须报经院长或副院长决定是否提交审判委员会重新讨论决定。

④ 参见张雨:《中共中央政治局委员中央政法委书记孟建柱:坚定不移推动司法责任制改革全面开展》,载《法制日报》2016年10月20日,第1版。

分？二是审委会依民主集中制做出的审判决定,其审判责任在审委会委员之间又应如何划分？根据2015年最高人民法院《关于完善人民法院司法责任制的若干意见》第31条规定,“审判委员会讨论案件时,合议庭对其汇报的事实负责,审判委员会委员对其本人发表的意见及最终表决负责”,并根据合议庭和审委会的过错分为四种情形追究审委会委员及合议庭的审判责任,包括不承担责任、承担全责、部分承担责任和共同承担责任。[①] 然而,不得不强调的是,这些责任制的安排尚有一些商榷之处。一则诸如“是否故意曲解法律发表意见”“合理确定委员责任”的规定因过于“模糊”而令其流于形式、形同虚设,仅具有“宣示”的效用;二则审委会委员凭借合议制而非亲历性和直接言辞导致决定中的“过错”,这种客观上的制度安排瑕疵和主观上的个人责任承担不具有合理性和匹配性。由此,虽然我们可能在形式上暂时化解审委会司法责任的“黑洞”,但必然面临的是“审理者裁判、裁判者负责”无法无缝对接,司法责任最终也势必因其无法彻底和一贯而从根基上得以毁坏。

课题组认为,从全面推进依法治国的国家战略的高度上看,司法体制改革进入“深水区”势在必行,而司法责任制改革是突破当前改革瓶颈的重要切入点。以落实审判责任为保证推动审判权力配置的正当化,是将现有司法体制改革继续推向纵深的一条必经、直接且有效的途径。

本轮司改重点任务之一,是“合理定位审判委员会职能”,[②]还权于合议庭和独任庭,推动法官独立公正审判的实现。从长远看,审委会当应还权赋能——逐步取消审判职权,全面强化指导功能。具体而言,一方面,应当将完整的审判权回归可以以自己的名义独立承担责任的合议庭;另一方面,审委会的主要职能应转变为专业咨询指导和程序性事项决定等方面。所谓咨询指导包括总结审判经验和讨论合议庭提交的复杂疑难案件。在案件讨论中,审委会更多应当扮演类似“主任医生”的角

---

① 四种情形分别为:(1)根据审委会是否故意曲解法律发表意见的情况,合理确定委员责任;(2)审委会改变合议庭意见的,由持多数意见的委员共同承担责任,合议庭不承担责任;(3)审委会维持合议庭意见的,由合议庭和持多数意见的委员共同承担责任;(4)合议庭故意隐瞒主要证据或者重要情节,或者故意提供虚假情况,导致审委会作出错误决定的,由合议庭成员承担责任,审委会根据具体情况承担部分责任或者不承担责任。

② 参见《四五改革纲要》第32条。

色，审委会委员“查房”“会诊”，充分发表审判意见，并最终以审委会的名义形成附说理部分的咨询意见供合议庭参考。合议庭以独立判断为前提，在审判中决定是否采纳或者是否部分采纳审委会的专业咨询意见，并对案件审判结果承担完全的审判责任。如此，既能发挥审委会经验丰富、集思广益的优势，又能明确各自权力边界和审判责任，真正实现责任落实对权力行使的倒逼，建立权责统一的司法责任体系。

（三）不可一蹴而就：审委会审判职能的剥离应当循序渐进

任何重要制度的变迁都需要一个徐图渐进的过程，以确保改革之路蹄疾步稳。对审委会审判职能的变革，可在现有法制框架下“三步走”平稳达到变革目标，再通过修法将变革成果予以固化，最后推广到全国。

第一步，重塑审委会行使审判职能的谦抑性。一是改革审委会人员构成。[①] 最高人民法院在2010年的《关于改革和完善人民法院审判委员会制度的实施意见》中已提出，“各级人民法院应当加强审判委员会的专业化建设，提高审判委员会委员的政治素质、道德素质和法律专业素质，增强司法能力，确保审判委员会组成人员成为人民法院素质最好、水平最高的法官”，要求审委会除由院长、副院长、庭长担任委员外，“还应当配备若干名不担任领导职务，政治素质好、审判经验丰富、法学理论水平较高、具有法律专业高等学历的资深法官委员”。[②] 这一规定本身说明，最高审判机关早已意识到以目前审委会的人员构成绝对无法承受“审判决定”之重，同时也为地方各级法院改革并完善审委会制度、提高审判工作质量和效率提供了具有共识性的指导意见。以贵州省高院为例，审委会委员从上一届的5位“清一色”院领导和两位专职委员，到本届增加7位庭长、4位审判执行、监督、研究等部门负责人。非院领导者占比超六成，大大提高了专业能手的“成色”，显著提升了审委会委员的多样性和专业性。二是限缩审委会讨论案件的范围。建立审委会议事过滤机制，形成明确的审委会讨论决定案件的正面清单，并将清单局限于目前不宜、不能由合议庭和独任庭独立审判的案件。2013年制定的

---

① 本书出版前，于2018年新修订的《法院组织法》第36条，“审判委员会由院长、副院长和若干资深法官组成”的规定吸纳了本课题组的研究结论。

② 详见《实施意见》第6条。

《贵州省高级人民法院审判委员会工作规则》（以下简称《审委会工作规则》）已将审委会的审判职能限于12类案件。结合改革实践，2017年1月修改的《审委会工作规则》进一步将确需审委会“会诊”或者决定案件限缩为9类。[①] 三是规范讨论决定程序。尤其对审委会行使审判职能中存在的程序性瑕疵进行“对症下药”，包括明确审委会成员公开及回避制度、采用亲历式讨论方式、[②]建立合议庭异议救济途径等。贵州在2013年的《审委会工作规则》中就已建立了审委会委员参与案件讨论决定的回避制度[③]和合议庭对审委会决议有异议时的复议制度[④]，为合议庭和独任庭在案件审判中形成独立的审判立场提供较宽松的制度环境。四是重视审判职能回归的衔接。在审判职能回归过程中，要防止审委会“松手”过快与合议庭“接手”不力造成的权力与能力的不相匹配，避免因此损害审判质量。

第二步，点面结合地试“错”审委会审判职能的取消。选择若干个省、自治区、直辖市的部分基层法院进行试点，也选择个别省份的地方各级人民法院开展试点。就基层法院的试点而言，一方面，案件性质相对简单。基层法院有必要提交审委会讨论决定的案件比例较低。最高人民法院认为，审委会主要讨论“涉及国家外交、安全和社会稳定的重大复杂案件，以及重大、疑难、复杂案件的法律适用问题”[⑤]，而基层法院受理的案件大多是民商事案件和一般刑事案件，其复杂程度和社会影响普遍较小。以贵州省基层人民法院中案件量最大的贵阳市南明区法院为例，2015年结案数11882件，其中审委会讨论的案件数为214件，占比

---

① 具体而言，删除了原规定中的“合议庭意见有重大分歧、难以作出决定的案件”“法律规定不明确，存在法律适用疑难问题的案件”“其他需要提交审判委员会讨论的敏感、疑难、重大案件”“案件处理结果可能产生重大社会影响的案件”，增加了“经法官联席会讨论并形成意见，合议庭经复议决定不采纳法官联席会意见的重大、复杂、疑难、敏感案件”。此外，将“省人民检察院提出或者支持抗诉的案件”从“应当”提交审委会讨论的事项调整为“可以”提交审委会讨论的事项。

② 例如，对可能判处死刑的案件由审委会直接参与合议庭的庭审。

③ 参见2013年《贵州省高级人民法院审判委员会工作规则》第7条，同见2017年规定第9条。

④ 参见2013年《贵州省高级人民法院审判委员会工作规则》第11条，同见2017年规定第14条。

⑤ 参见2015年《最高人民法院关于完善人民法院司法责任制的若干意见》第9条。

1.95%;2016年结案数为15809件,其中审委会讨论的案件数为194件,占比1.23%。另一方面,现有审判机制绰绰有余。对基层法院的重大、疑难、复杂案件,可以通过入额院庭长办案、法官联席会等机制予以解决,有效利用并用足、用好现有的优质司法资源和机制。例如,贵州首批四家试点法院在2016年的入额院庭长人均办案数近165件,其中贵阳市花溪法院超过227件,收效显著。又如,贵州省高院在2017年1月制定《贵州省高级人民法院法官联席会工作规则(试行)》对法官联席会的人员组成、讨论范围和讨论程序进行了规定。[①] 就个别省份的中、高级法院试点而言,取消审委会审判职能的困难程度因其案件性质、审判程序不同而提升,因此,借助个别省份的"体温表",将改革的试错风险尽可能控制在低烧乃至正常的范围。

第三步,条件成熟时全面彻底取消审委会的审判职能。将审判权完整回归合议庭和独任庭,真正实现"让审理者裁判,由裁判者负责"。在此过程中,一方面,要加强机制补位,发挥法官联席会的咨询功能。在"还权法官"的同时,通过"改良"院内法官联席会为非限于本院、非限于法官的"审判专业咨询委员会",由来自不同部门的法官、立法者、法学者和律师共同参加专业咨询机构对审判中的疑难问题提供类似"院外医学专家会诊"的指导意见,为法官正确理解和适用法律,妥善处理重大、复杂、疑难、敏感案件提供智力支持。另一方面,要还权赋能,强化自身"主业"。如前文所述,要注重发挥审委会宏观业务指导、法定程序性事项决定等职能,要将其审判职能转变为审判管理、审判监督职能,如审判经验

---

① 《贵州省高级人民法院法官联席会工作规则(试行)》第2条规定,"法官联席会分为立案申诉及执行法官联席会、刑事法官联席会、民商事法官联席会、行政及国家赔偿法官联席会。由相应审判团队负责人、审判委员会委员、审判组组长及资深优秀法官组成。资深优秀法官人员名单由审判组推荐,政治部商审判团队负责人拟定,报院党组研究决定";第3条规定,"法官联席会的讨论范围(一)类型化案件法律适用及裁判标准问题;(二)总结研讨本审判团队在审判执行工作中遇到的新情况、新问题及审判经验;(三)本审判团队审理的分歧较大,难以形成决议的重大、复杂、疑难、敏感案件;(四)具有参考意义的典型案例;(五)协调沟通本审判团队内部或不同审判团队之间的审判、管理、改革等事项;(六)法官联席会召集人认为确有必要提交讨论的其他事项";第7条规定:"法官联席会讨论议题,先由承办人汇报,提交议题的审判组组长补充,然后由法官联席会成员及相关部门的参会人员就相关问题进行询问并发表意见,最后由主持人发表意见。法官联席会成员及相关部门的参会人员充分发表意见后,主持人应当归纳总结,按照多数人意见拟出意见并付诸表决。"

的总结、指导性案例或参考性案例的讨论、类案类判工作机制的推进等,并注重细化具体规则和配套制度,以最终实现审判职能回归审判组织的同时完成审委会自身职能的回归。

(四)不忘改革初心:审委会审判职能的改革成果应当及时固化

当审委会职能变革达到预期且趋于稳定后,应及早总结经验,着手修法,将制度红利分享到全国其他法院。在修法过程中,应针对现有法律不尽完善,甚至法律间不相一致之处进行修改,逐步完善,最终将改革中可推广可复制的经验成果通过修法惠及全国。

在此,课题组提出或不成熟的建议思路,为改革后期的系统性修法抛砖引玉。我们的建议是:修改《刑事诉讼法》,回归《人民法院组织法》对审委会功能的定位。一方面,确保审委会是总结审判经验、制定有关政策的组织。它对重大案件有听取合议庭意见、提出咨询意见的功能,但司法责任仍然由合议庭承担。另一方面,在涉及死刑的疑难案件中,可以组成主要是审委会成员参加的合议庭审判。此外,赋予法院院长有重大案件启动再审的权限。经由这样的救济途径,确保审委会回归主业,同时确保司法责任制落到实处。

第六章　运行机制改革　贵州法院改革成效的机制保障

机制是协调系统内部各组织之间关系以更好发挥系统功能的具体运行方式。因此，运行机制的再造质量直接影响着系统功能的实现程度。

贵州法院在司改试点工作中积极探索审判权运行机制的改革，力求实现效率与公正两大法定功能的倍率产出。试点初期，贵州法院探索建立"简化立案、精化审判、强化执行、细化监督"的审判运行机制，并以"优化保障"为支撑，以"实化责任"为保证，推动贵州法院审判机制改革落地见效。其中充分体现贵州地方法院系统集体智慧的"矛盾纠纷多元化解决 1357 机制"从源头上加强了纠纷的多元处理，将部分纠纷化解在诉讼之前，为减少社会对司法诉讼的过度依赖和纠纷向法院的过度集中发挥了良好的社会引导力。① 此外，在两年多的改革过程中，

---

① 黔东南州法院首创并实施的矛盾纠纷多元化解决 1357 机制取得显著成效，2012 年以来至 2016 年年底，试点寨民事纠纷下降 70%，调成率 90%以上，法庭受案下降 35%。2016 年 11 月，最高人民法院周强院长在全国人大常委会委员罗亮权关于"贵州黔东南州法院实施矛盾纠纷多元化解决'1357'模式"的信上批示："黔东南州法院紧紧依靠党委领导、人民监督、群众支持，结合当地实际，创造性地实施矛盾纠纷多元化解决'1357'模式，成效明显，受到当地各族群众欢迎，其做法和经验值得推广。"罗亮权委员在信中说，"黔东南州法院的经验既符合法院实际，又创新社会管理，有较强的针对性、普适性、厚重和精到，具有较强的政治敏锐度和历（转下页）

贵州法院创建的繁简分流机制也已上升为国家顶层设计。本报告主要围绕该省审判权运行中繁简分流机制及其成效进行研究,以期提炼能更好服务于全国司改大局的“贵州经验”。

第一节 繁简分流 分类分层办案机制的探索

所谓繁简分流,至少包括广、狭两义。狭义的繁简分流仅指“把案件按简单复杂程度分类并纳入不同的程序中去处理”;②广义的繁简分流还包括庭审方式和裁判文书的繁简分流。③

一、繁简分流的顺势而为——现实需求、法律支撑、政策导向的三方融合

(一)繁简分流的现实需求

近年来,全国法院案件数量持续大幅增长,始终保持高位运行。特别是随着立案登记制、司法责任制、诉讼管辖制度改革的快速推进,审判任务和工作压力越来越重。④ 其在一定程度上反映出法院在国家社会治理中的地位和作用越发重要,审判机关的国家治理功能日益显现。然而,随着《行政诉讼法》等法律的修改或制定,随着法官员额制⑤和立案登记制⑥的改革“叠加”,“案多人少”的矛盾越发凸显,亦越发严重。

(接上页)史穿透力。”参见最高法司法人民法院改革领导小组办公室编:《把人民法院止争息纷的诚意送到山区群众心坎上》,载《司法改革动态》总第186期(第19期),2016年12月13日。

② 王亚新:《司法效率与繁简分流》,载《中国审判》2010年第12期。

③ 参见李少平:《深化“繁简分流”改革,破解“案多人少”矛盾》,载《人民法院报》2016年6月8日,第5版。

④ 2015年全国地方各级人民法院受理案件1951.1万件,同比上升24.7%,参见《2016年最高人民法院工作报告》;2016年全国地方各级人民法院受理案件2303万件,同比上升18%,参见《2017年最高人民法院工作报告》。

⑤ 以贵州法院为例,2016年10月贵州省全面推开司法体制改革首批员额制法官遴选完成后,共遴选法官2742名,法官数较改革前下降50.39%。

⑥ 2015年5月1日立案登记制度实施以来,人民法院立案量快速上升。2015年5月1日至2017年3月,全国法院登记立案数量超过3100万件,同比上升33.92%。参见罗书臻:《最高法院通报立案登记制改革两周年情况》,载《人民法院报》2017年5月19日,第1版。

2015年最高人民法院工作报告将“案多人少”的定性从“比较严重”上升为“突出”，将案件数量的描述从“持续增长”调整为“持续快速增长”；[①] 2016年和2017年最高人民法院工作报告更是将此问题分别具体化为“人民法院受理案件数量持续增长，新类型案件大量增加，办案压力和难度越来越大，一些法官长期超负荷工作”，[②]“人民法院受理案件数量持续增长，一些法院办案压力巨大，有的法官常年超负荷工作，身心状况堪忧。”[③]如何破解“案多人少”这一顽症，突破这一制约审判效率和公正审判的瓶颈，无疑是本轮司法改革亟待并必须解决的重要任务。

（二）繁简分流的法律支撑和政策导向

应该说，繁简分流机制并非本轮司改的首创，其制度思想早在1991年颁布的《民事诉讼法》第142条中便初现端倪：

“基层人民法院和它派出的法庭审理事实清楚、权利义务关系明确、争议不大的简单的民事案件，适用本章（同法第十三章：简易程序——笔者注）规定。”

《刑事诉讼法》第208条[④]亦有相同规定。《行政诉讼法》第82条也明确了一审行政案件简易程序的具体适用范围。[⑤]

2014年6月27日，第十二届全国人大常委会第九次会议表决通过了《关于授权最高人民法院、最高人民检察院在部分地区开展刑事案件速裁程序试点工作的决定》（以下简称《决定》），授权最高法和最高人民检察院在北京、天津、上海等18个城市开展刑事案件速裁程序试点工作，对符合《决定》规定的案件，“进一步简化刑事诉讼法规定的相关诉讼

① 参见《最高人民法院工作报告（摘要）》，载《人民法院报》2015年3月13日，第2版。

② 参见《最高人民法院工作报告（摘要）》，载《人民法院报》2016年3月14日，第2版。

③ 参见《最高人民法院工作报告（摘要）》，载《人民法院报》2017年3月13日，第2版。

④ 《刑事诉讼法》第208条规定：基层人民法院管辖的案件，符合下列条件的，可以适用简易程序审判：（一）案件事实清楚、证据充分的；（二）被告人承认自己所犯罪行，对指控的犯罪事实没有异议的；（三）被告人对适用简易程序没有异议的。人民检察院在提起公诉的时候，可以建议人民法院适用简易程序。需要补充说明的是，在本书交稿后出版前完成第三次修正的《刑事诉讼法》第214条也作出同样的规定。

⑤ 根据《行政诉讼法》第82条的规定，人民法院审理四类第一审行政案件，认为事实清楚、权利义务关系明确、争议不大的，可以适用简易程序。四种法定情形是：被诉行政行为依法当场作出、案件涉及款额2000元以下、属于政府信息公开案件和当事人各方自愿选择适用。

程序”。这一授权决定,不仅首开司法领域“试验性立法”之先河,而且为繁简分流机制的提出及其探索提供了法制化的基础。

2015 年 7 月 23~24 日,司改试点工作推进会在上海召开。时任中共中央政法委书记孟建柱同志在会议上强调“要坚持顶层设计和基层创新相结合”,并结合贵州等地围绕着“轻刑快审”的改革试点,首次明确提出“要坚持繁简分流”,以“通过改革,进一步挖掘内部潜力,让有限的司法资源得到最有效的利用,努力在更高层次上实现公正与效率的平衡”。① 2016 年 1 月,孟建柱同志在中央政法工作会议上再次强调,“推进繁简分流,构建普通程序、简易程序、速裁程序等相配套的多层次诉讼制度体系……有效化解案多人少矛盾。”②

2016 年是全面深化司法体制改革的攻坚之年。最高人民法院将进一步推进案件繁简分流改革作为当年司改的重点任务之一。继当年 3 月 14 日《最高人民法院工作报告》明确提出的“实现繁简分流”之后,2016 年 7 月“两高三部”印发的《关于推进以审判为中心的刑事诉讼制度改革的意见》提出要“推进案件繁简分流,优化司法资源配置”。同年 9 月 13 日最高人民法院出台《关于进一步推进案件繁简分流优化司法资源配置的若干意见》(以下简称《意见》)。《意见》纲举目张地提出,“为进一步优化司法资源,提高司法效率,促进司法公正,减少当事人诉讼成本,维护人民群众合法权益”,要“遵循司法规律推进繁简分流。科学调配和高效运用审判资源,依法快速审理简单案件,严格规范审理复杂案件,实现简案快审、繁案精审”。无疑,作为最高法出台的繁简分流改革的司法指导文件,《意见》将成为今后一段时期指导全国法院进行繁简分流改革的纲领性文件。

---

① 罗书臻:《孟建柱在司法体制改革试点工作推进会上强调 坚定信心决心 深入推进改革试点 为完善具有中国特色符合司法规律的司法体制创造经验》,载《人民法院报》2015 年 7 月 25 日,第 1 版。

② 李阳:《孟建柱在中央政法工作会议上强调 坚持以改革创新为引领 防控风险服务发展 为全面建成小康社会创造良好环境》,载《人民法院报》2016 年 1 月 23 日,第 1 版。

二、繁简分流的贵州探索——环环相扣、循序渐进、切实管用的发展深化

(一)繁简分流的基本含义和运行要件

贵州探索建立的“案件审判繁简二八分”机制,又称“两个二八分流模式”(以下视表述需要简称二八分流或繁简分流)。其是借鉴经济学的“二八定律”①和“长尾理论”②以解决法院“案多人少”矛盾的审判权运行机制。该机制针对基层法院适用简易和普通程序案件各占80%和20%左右的特点,以优化资源配置、规范审判流程、创新审判方式等为主要手段,用20%左右的审判人力资源办理80%左右的简易程序案件,同时用80%左右的审判人力资源办理20%左右的普通程序案件。该机制包括立案和审理两次二八分流。其中,在立案环节以案件类型、诉讼标的、可能裁判结果等为主要依据,对案件适用程序进行分流;在审理环节按照“简案快审、繁案精审”的原则,对案件事实和争点进行分流。

“二八分流”机制的建构必须通盘考虑六大运行要件:

第一,坚持以解决“案多人少”为二八分流的运行目标;

第二,坚持以“两个二八”模式为二八分流的运行原则;

第三,坚持以优化资源配置、规范审判流程、创新审判方式等为实现二八分流的运行手段;

第四,坚持以立案和审理为二八分流的运行环节;

第五,坚持以案件类型、诉讼标的、可能裁判结果等为立案环节二八分流的运行依据;以案件适用程序为立案环节二八分流的运行结果;

第六,坚持以简案快审、繁案精审为审判环节二八分流的运行方式;

---

① 二八定律又名80/20定律、帕累托法则,也叫最省力的法则、不平衡原则等。其由意大利经济学者、社会学家维尔弗雷多·帕累托于1897年提出。该定律认为,在任何大系统中,约80%的结果是由该系统中约20%的变量产生的。该定律被广泛应用于经济学、社会学和管理学。在理论运用上,人们更习惯重点关注顶端的20%而非底部的80%。

② 长尾理论是网络时代兴起的一种新理论,由美国《连线》杂志前任主编、学者克里斯·安德森于2006年提出。该理论主张,只要产品的存储和流通的渠道足够大,需求不旺或销量不佳的产品所共同占据的市场份额可以和那些少数热销产品所占据的市场份额相匹敌甚至更大,即众多小市场汇聚成可产生与主流相匹敌的市场能量。该理论被认为是对传统的“二八定律”的叛逆、修正和补充。

以案件事实和争点为审理环节二八分流的运行结果。

(二)繁简分流的建构脉络

从1991年《民事诉讼法》关于简易程序的规定到2016年最高人民法院关于繁简分流的纲领性文件,中央层面以繁简分流机制"破局"法院供给侧结构性矛盾的顶层设计逐步清晰、渐趋具体、不断完善。然而,此项改革措施的"完美"现身是"下工夫发现基层的有益探索"①的结果,是总结地方创新做法的重要体现。其中贵州的探索和创新,为全国积累了可推广可复制的经验。

贵州繁简分流机制的形成大致经历了如下几个阶段:

第一,投石问路,开启繁简分流机制探索。早在本轮全国司改开启前9个月,贵州省委政法委于2014年1月10日发布了《关于建立轻微刑事案件快速办理机制的若干规定(试行)》(黔政法〔2014〕2号)。该规定通过对国家法律和中央政策的把握、对司法规律的研究以及对现实困境的剖析,提出建立"轻微刑事案件快速办理机制"(以下简称轻刑快审),要求人民法院等"尽可能缩短办案期限,提高办案效率,确保轻微刑事案件快速办理机制有序高效运行"。尽管"轻刑快审"只是刑事案件审理方式的"简化",但其贯穿的优化配置审判资源的理念却使其成为"繁简分流"机制的雏形。换言之,该省对审判领域"繁简分流"机制的探索由此开启。同年4月,铜仁市中院根据省委政法委的通知精神,出台实施意见,在全市范围率先开展"轻刑快审"试行工作。

第二,"两个二八",确立"繁简分流"基本思路。2014年下半年,按照省司法改革领导小组的安排和部署,贵州省高级人民法院多次派出考察组,赴各地开展调研,学习取经,交流研讨有关破解人案矛盾的思路和机制安排。2014年8月,根据贵州基层法院分别适用简易和普通程序审理的案件各占80%和20%左右的最大实情,贵州省高院在《贵州司法改革构想的报告》中提出"用占法官员额20%的简易程序法官办理占案件总数80%的简易程序案件,提高案件审理效率;用占法官员额80%的普通程序法官办理占案件总数20%的普通程序案件,确保案件质量"。该

① 参见《习近平主持召开中央全面深化改革领导小组第五次会议》,载《人民日报》2014年9月30日,第1版。

模式可概括为"'两个二八'模式"。自此,贵州的案件审理"二八分流"机制正式命名。

第三,以点取胜,积累"繁简分流"实践经验。2014年12月10日,贵州省高院下发《贵州省高级人民法院贯彻〈关于建立轻微刑事案件快速办理机制的若干规定〉实施细则(试行)的通知》(黔高法〔2014〕1号),将简化程序的改革思路和"轻刑快审"的具体举措结合起来,既逐一规范了"轻刑快审"的基本要求、适用范围、审理程序及其程序终止,[①]又具体设计了"轻刑快审"的"告知书"和"刑事判决书"格式,还明确规定了此项工作的启动时间、试点法院和组织保障。[②] 从2015年1月1日起,经指定分布在全省所有地级辖区的12家基层法院和4家经申请批准的基层法院[③]同步开展试点。自此,作为"试水"繁简分流机制的"轻刑快审"在全省范围内得以正式推进。一年中,先行试点法院纷纷探索和实施快速立案审查、缩短开庭时间、集中逐案开庭、简化文书制作、简化审批流程等五项简化性流程,审判效率明显提高,案件质量亦同步提升。2015年,全省16家试点法院"轻刑快审"机制适用率为四分之一,即适用该机制办理案件2947件,占同期刑事案件结案总数的25.19%;均审理期限缩短五分之二,即适用该机制的案件均审理期限7.45天,比同期适用简易程序审理的其他案件平均审理期限12.96日节省5.51日,效率提高1.74倍;当庭裁判率提升三分之一,即适用该机制的案件均当庭裁判率86.77%,比试点法院同期刑事案件当庭裁判率52.19%提高34.58个百分点;息诉服判率提高半成,即适用该机制的案件均服判息诉率96.54%,比同期使用简易程序审理的其他案件息诉服判率高5.08个百分点;认罪认罚从宽充分体现,即适用该机制减少了审前羁押期限,对

---

① 详见《贵州省高级人民法院贯彻〈关于建立轻微刑事案件快速办理机制若干规定〉实施细则(试行)的通知》的"一"、"二"、"三"和"四"部分的规定。

② 详见《贵州省高级人民法院贯彻〈关于建立轻微刑事案件快速办理机制若干规定〉实施细则(试行)的通知》"一"、"二"和"四"部分的规定。

③ 指定试点的12家法院是:贵阳地区的南明区、云岩区、观山湖区法院,遵义地区的红花岗区、汇川区法院,六盘水地区的钟山区法院,安顺地区的西秀区法院,毕节地区的七星关区法院,铜仁地区的碧江区法院,黔南地区的都匀市法院,黔东南地区的凯里市法院和黔西南地区的兴义市法院。申请试点的4家法院是:遵义市的遵义县法院、毕节市的纳雍县法院、铜仁市的玉屏县法院和黔南州的瓮安县法院。

认罪被告人从宽处罚,判处1年以下有期徒刑、拘役、管制、缓刑、单处罚金、免处占的86.21%。如此“漂亮”的佳绩有力佐证了五项简化流程的合理和可行,为“繁简分流”机制中的如何简化提供“点”的实践摹本。

在试行“轻刑快审”的同时,2014年11月贵州司改试点正式启动。首批4家试点基层法院聚焦解决“人案矛盾”这一改革任务,着手探索繁简分流办案模式,通过对诉前环节纠纷调解、立案环节案件分配、审判环节程序适用、执行环节裁判生效以及入额院庭长编入审判团队等举措,为繁简分流机制的形成积累“线”的实践经验。

第四,点石成金,推动“繁简分流”拓展深化。2015年4月17日,贵州省司法改革工作领导小组会议通过了贵州省高院上报的《贵州省高级人民法院关于适用简易程序审理案件的规定》。自此,繁简分流的探索进入多面向、全流程、规范化的阶段。一是从“刑事速裁程序”拓宽至“适用简易程序审理的民事案件和刑事案件”等对象;二是从“立案、审理”延伸至起诉、送达、庭审方式、宣判、裁判文书、执行等环节;三是规范六个“当日”,即逐一规范当日立案受理、当日确定开庭日期、当即开庭审理、当庭宣判、当日送达法律文书、当日执行的条件和程序。[①] 这些创新性的“实招”为日后全国层面加强繁简分流的政策导向提供了可推广可复制的试点范本。

第五,星火燎原,建立繁简分流制度体系。2015年12月,贵州司改试点法院扩展至9家,繁简分流在此后1年得到更多基层探索并逐步推广到全省各法院。2017年1月和4月,贵州省高院陆续制定下发《审判委员会工作规则》《法官联席会工作规则(试行)》《关于全省法院院领导办理案件的暂行规定》等一系列审判权运行机制规范,就积极发挥审判委员会对疑难复杂案件的讨论决定、法官联席会对疑难复杂案件的咨询会商、院领导对疑难复杂案件的直接审理等作用作了明确规范。[②] 在这些规范性文件中,坚持在更高层次上实现公正审判和审判效率平衡的基

---

① 详见贵州省司法改革工作领导小组2015年4月7日审议通过,当月17日印发的《黔高院适用简易程序规定》第2条至第14条。

② 详见《审判委员会工作规则》第1条第1项第1目、第13条、第14条;《法官联席会工作规则》第1条、第8条第2款;《关于全省法院院领导办理案件的暂行规定》第3条第2款。

本理念贯彻始终;在具体规定中,不以牺牲公平追求效率,不以放弃效率恪守公正的设计聚合叠加,形成了良性“聚变”效应。至此,贵州较为系统地构建起“繁简分流、简案快审、繁案精审”机制的主要框架及其重要举措。

(三)繁简分流的制度内容

繁简分流的本质要义,在于根据案件繁简情况优化审判资源配置,力求简案快审、繁案精审,集约利用有限的审判资源,实现审质审效的同步提升。为此,贵州在制度设计上探索出一条以“繁简二八”为运行原则、以“多重分流”为运行基础、以“两分两高”为运行方式的实践进路。

一是坚持“繁简二八”的运行原则,确保制度“不走样”。

根据基层法院繁简案件的“二八”结构,贵州法院形成“繁简二八分流”的运行原则。一方面,通过简案快调快审,加快类型化案件办理进度,减轻当事人诉累;另一方面,通过繁案精审细审,加大疑难复杂案件资源投入,确保审判质量。通过繁简兼顾、精快兼顾,实现审判公正和效率的最佳平衡。

二是坚持“多重分流”为运行基础,确保制度“行得通”。

案件“繁简”的相对性、动态性决定了办案“分流”的绝对性、多重性。

第一,立案前阶段进行诉非“首次分流”。由立案服务窗口对大量来诉案件进行诉非分流。将案件合理分流到立案程序和调解程序,减轻立案压力,提高立案效率。具体做法是:对案情简单、争议不大的民事案件、刑事自诉案件和其他轻微刑事案件,由导诉人员引导当事人进行社会多元调解;对婚姻家庭、物业服务等类型纠纷,由立案庭分流至诉调对接中心进行委派调解,不成功的可采取诉前调解,仍达不成协议的进入立案审判。对调解成功达成协议的,尽快进入立案程序启动司法确认程序予以法律确认。

第二,立案阶段进行案件繁简“二次分流”。对进入立案程序的案件,由立案法官根据案件类型、诉讼标的、可能裁判结果等因素将案件分为简单案件、复杂案件,并在分流后严格简转普的适用标准和审批程序。

第三,审理阶段进行庭审环节繁简的“三次分流”。根据送达情况,当事人是否进行诉讼保全评估、鉴定,诉讼主体是否追加,法律关系是否单一等情形进行分流,明确庭审各流程环节的“繁简”。

第四,庭前会议进行案件事实和争点“四次分流”。事实分流,即甄别各方诉辩主张,将各方的无争议事实和有争议事实分别析分出来,形成审理重点;争点分流,即组织各方举证、质证,将有争议事实分流为若干争议焦点,明确庭审重点,提高当庭认证水平和当庭宣判率。

第五,裁判阶段进行裁判文书繁简的“五次分流”。根据法院审级、案件类型、庭审情况等对裁判文书的体例结构及说理进行繁简分流,真正实现繁案精写,简案简写。复杂案件的裁判文书围绕诉讼各方争议焦点和未予采纳的诉讼主张针对性说理和说明;新类型、具有指导意义的简单案件,加强说理;其他简单案件使用令状式、要素式、表格式等格式化裁判文书,建成裁判文书自动生成机制,简化说理;当庭宣判案件可以简化裁判文书;当庭即时履行的民事案件,经征得各方当事人同意后在法庭笔录中记录相关情况,不再出具裁判文书。①

第六,执行阶段进行裁判文书当日送达与否的“六次分流”。为打通审判质效“最后一公里”,贵州法院针对简易程序、普通程序案件不同特点,加强案件判后的文书送达。对简易程序案件,利用短信、电话、邮件等加快送达速度,做到当日送达,②提高案件审结速度。对普通程序案件,采取专人送达、建立乡村联络员等委托送达方式,提高送达效率。

第七,执行阶段进行不同执行方式的“七次分流”。对小额诉讼、简易程序和调解结案的案件,推行当即履行、限期履行、分期履行等模式,提高执结率。对被申请人不主动履行的,配强执行力量,加大执行措施、曝光不诚信被执行力度,推行执行警备化改革,强调执行的强制性和效率性,促进执结效率。同时加强横向联系,建立信息交换承建机制,与16个省建立异地执行协作机制,打造执行云建设,解决“执行难”问题。

除上述“多重分流”,确保诉讼各个阶段分案准确之外,贵州一些基层法院还探索了“三级调控”,实现分案均衡。具体是,在法院层面,院领导结合全院案件办理情况,强化管控,科学调度,完善全院繁简分流的均

① 参见《贵州省高级人民法院关于全省法院工作的情况报告》(2016年11月8日)。

② 参见《贵州省高级人民法院关于适用简易程序审理案件的规定》第13条、第14条。

衡;在立案团队层面,立案团队根据各审判团队办案和存案情况,合理分案,实现团队间繁简分流的均衡;在审判团队层面,庭长根据各审判组办案情况合理分案,实现团队内繁简分流的均衡。①

三是坚持"两分两高"运行方式,确保制度"出实效"。

"繁简分流"机制的运行,主要通过"分流配案"和"分类审案"的"两分"流程,达到"简案高效"和"繁案高质"的"两高"效果。具体而言,法院通过对收案进行难易区分的"分流配案",将案件经审判团队分配到审判组,由审判组根据案件的难易类型进行"分类审案"。上述两个流程互补相成,贯穿立案和审判两个环节,并共同推动实现简单案件的高效审判和复杂案件的高质审判。具体而言:

第一,以"剪裁"和"嫁接"打开"简案高效"的"快车道"。通过"剪裁"办案流程,剪去不必要的形式要求,裁掉低效率的案件拖沓;将办案流程进行"嫁接",接通不同办案环节的间隙,打通办案主体之间的壁垒。法院将简案交由速裁团队或者速裁组办理后,一方面,对办案流程进行简化再造。例如,对民事简易程序案件,当事人可以口头起诉、口头答辩,法院可以捎口信等简便方式进行传唤;②对适用"轻刑快审"的案件,可以依条件集中开庭、远程视频开庭、简化庭审程序;③对适用简易程序审理的案件,应当在受理时当日立案、当日确定开庭日期,在审理时当庭宣判、当日送达、当日执行。④ 另一方面,对衔接机制进行理顺畅通。例如,对"轻刑快审"案件,根据贵州省高级人民院、贵州省人民检察院、贵州省公安厅共同制定的《刑事案件基本证据要求》(黔高院〔2016〕47号),⑤试点法院与当地公检司等部门积极沟通协调,共同推进打通案件

① 参见《赤水市人民法院关于繁简分流做法的情况报告》(2017年2月4日)。

② 参见《黔高院适用简易程序规定》第4条、第6条、第7条。

③ 参见《贵州省高级人民法院贯彻〈关于建立轻微刑事案件快速办理机制的若干规定〉实施细则(试行)》第16条至第18条。

④ 参见《黔高院适用简易程序规定》第10条至第14条。

⑤ 贵州省高院联合省人民检察院、省公安厅针对当前贵州省公、检、法机关对刑事证明标准的理解不统一,在刑事案件证据的收集、固定、保存、审查和运用上不规范等问题,共同研究,深入调研,广泛征求意见,历时1年,于2016年4月27日印发贵州省《刑事案件基本证据要求》。该《证据要求》对各类刑事案件都通用的基本证据要求予以规范,并对故意杀人和伤害案件、抢劫抢夺和盗窃案件、毒品案件几类常见案件等提出个别化的证据要求。

办理快速通道,严格证据审查运用,先后建立具体操作工作规范、专门负责工作机制、案件质量保障机制,有效实现轻微刑事案件审理流程的简化和审判效率的提高。[①]

第二,以“强将”和“智库”保障“繁案高质”的“生产力”。将案情复杂、矛盾集中的复杂案件交由优秀团队办理,并通过推行庭前会议制度和院庭长办案制度、加强法官联席会咨询功能、慎用审委会讨论决定案件权力,提高繁案审判质量。具体而言,其一,精化办案人员。在员额制改革基础上,将入额院庭长编入审判团队,并明确规定院庭长办案类型、办案数量和办案情况通报,[②]推动入额院庭长带头办理复杂疑难案件,提升难案审判质量。其二,强化智库咨询。发挥法官联席会为重大、复杂、疑难、敏感案件提供参考咨询[③]的作用,为难案审判集思广益,但其意见“对合议庭、审判组、审判团队不具有强制约束力”,[④]以防止对审判权的不当影响。其三,发挥审委会优势。在对审委会案件讨论范围进行规范和限缩[⑤]的同时,审慎保留其对特定案件的讨论决定权力,在合议庭、法官联席会对个别复杂疑难案件无统一意见时,发挥审委会委员在审判经验、条文理解、精审把握等方面的优势,提高难案的审判质量。

三、繁简分流的制度优势和实践成效——优势逐级体现与质效双重提升

(一)法官动力　法院功能　国家治理:三级制度红利

繁简分流机制是在不增加或者基本不增加审判资源条件下,通过对大量案件的甄别分类、类型化分流和类案集中连续审理,实现审判效率和审判质量的双重提升。该制度对解决当下制约深化司法体制改革的

---

① 《贵州省高级人民法院贯彻〈关于建立轻微刑事案件快速办理机制的若干规定〉实施细则(试行)》规定了“轻刑快审”具体操作工作规范。其中第2条提出了案件质量保障要求,第10条规定了专门负责工作机制,第19条(从轻从宽处罚情形)、第24条~第26条(程序终止情形)的规定也有利于保障案件质量。

② 参见《贵州省高级人民法院关于全省法院院领导办理案件的暂行规定》第3条、第5条、第8条。

③ 参见《贵州省高级人民法院法官联席会工作规则(试行)》第1条。

④ 参见《贵州省高级人民法院法官联席会工作规则(试行)》第8条。

⑤ 参见《贵州省高级人民法院审判委员会工作规则》第1条。

"人案矛盾""瓶颈",至少具有着以下三方面制度优势。

其一,从办案动力看,繁简分流有益于激发法官办案的内生性动力。繁简分流制度体现了每个案件不同的难易程度,打破了以前法官办案数量和法官工作量之间的简单对等关系,建立起法官办案数量、案件权重系数和法官工作量之间的新型量化关系,有效杜绝法官对案件"挑肥拣瘦"的不良习惯。通过案件繁简分流,法官工作量得到真实反映和相对均衡配置,法官办案公平和责任公平得到进一步促进。在此前提下,法官更愿意多办案、办难案,以获得更高更好的绩效评价,从而激发自觉办案甚至争相办案的内生性动力。

其二,从法院功能看,繁简分流机制有助于实现审判效率和公正的法定功能。繁简分流制度的落脚点在于实现"简案快审、繁案精审"。用20%左右的审判资源通过简易程序集中快速审理法院80%左右的简单案件,提速审判效率;用80%左右的审判资源通过普通程序精确审理法院20%左右的疑难复杂案件,提升公正审判。如此,该繁则繁,当简则简,繁简得当,实现办案人员、案件数量以及诉讼程序有机高效的无缝衔接,才能最大限度地释放办案潜力,提高法官生产力,从而努力让人民群众有更易的可及性和更多的获得感。

其三,从国家治理看,繁简分流有利于促进审判体系和审判能力现代化。案件数量的持续增长将是我国未来相当长时间内始终面临的问题。长期的审判实践证明,破除"案多人少"的困境,已不能再寄希望于简单的增加人员编制、延长工作时间,而是凭借审判权的优化配置和审判权运行机制的完善,向改革要生产力。除了通过多元化纠纷解决机制,向外分流一部分案件之外,在法院系统内部,一方面要充分运用大数据的技术力量,迅速解放并提升办案生产力;另一方面则要努力打造繁简分流的系统工程。以繁简分流为"牛鼻子",多措并举、综合施策,统筹推进法官员额制、司法责任制等其他司改举措,并进而促进审判体系和审判能力现代化。

(二)审质与审效全面提升:双重实际成效

1. 法官的办案能力和职业尊荣感双双提升

繁简分流改革后,法官的办案能力明显提升。其中最突出的表现是审理程序中简转普的案件越来越少。同时，各项配套综合改革让法官从大量的庭前准备等事务性及程序性工作中解脱出来，“司法民工”的不平衡心理大大降低，职业尊荣感达到前所未有的水平。

2. 案件的审质与审效双双提升

以贵州首批试点的四家基层法院为例，法官员额制实施后法官数量减量显著，[①]但繁简分流机制以及配套举措的运行结果是，无论是案件整体，还是简易程序案件或者普通程序案件，审判效率和审判公正均有显著提升。

(1)从案件整体看，“繁简分流”通过优化审判资源分配，解放法官“生产力”，达到提速增能、解决人案矛盾的目的。一方面，审判效率显著提升。改革后2016年与改革前2014年的数据比较结果显示：当庭裁判率普遍升高，从四成六提高至五成五，其中汇川法院达到六成一。法定审限内结案率显著提升，从97.83%提高到99.36%，近乎十成。其中汇川法院达到99.86%。人均结案率明显提升，从57件提升到216件，翻了2.8倍，其中汇川法院在法官数减少至三分之一的同时实现人均结案量翻倍。另一方面，审判公正明显优化。改革后2016年与改革前2014年的数据比较结果显示：生效案件改判率和发回重审率保持低位，分别为0.01%和0.74%。二审案件改判率和发回重审率明显下降，前者从13.4%降至6.2%，后者从7.7%降至5.0%。生效案件服判息诉率攀高，从99.78%升至99.91%。上诉率稳中有降，在同类对照法院上诉率翻倍的情况下，从14%降至13.5%。此外，判决文书质量普遍提高。采用T独立检验对试点法院100份样本判决书[②]进行质量评查的结果显示：民事、刑事和行政判决文书的制作质量在司改后皆有提升。其中行政判决文书的质量变化非常显著（P=0.000），民事判决文书的质量稳中有升（P=0.448），刑事判决文书的质量略有上升。各有三分之一、三分之二和九成刑事判决书、民事判决书和行政判决书中的一级指标均值显

① 4家试点基层法院2015年首批遴选法官99名，较2014年年底222名法官数降幅达55.41%。

② 此100份判决书中的80份来自首批试点的4家试点基层法院，另外20份出自第二批试点的六盘水中院。

著提升（详见本研究报告附件一《贵州法院改革前后判决文书质量评查》）。

（2）从简易程序案件看，在确保审质的基础上最大限度提高审效，大大节约司法资源。一审当庭裁判率小幅提高。均当庭裁判率从五成六升至六成，提高 4 个百分点，其中贵定法院提高 10 多个百分点。一审当庭送达率迅速提升。从一成一提高到四成，其中贵定法院从百分之一升至近四成八。“轻刑快审”案件的审质审效显著进步。2016 年全省各试点法院[①]适用“轻刑快审”机制审理案件的平均审理时限降幅超过四成，而当庭裁判率达八成七、息诉服判率近九成七，达到效率与公正的统一。

（3）从普通程序案件看，将“好钢用在刀刃上”，促进“案结事了”，减少案件“返工”，提高司法资源的有效利用。二审发回重审率与改判率均呈明显下降趋势。两项指标皆为百分之五，分别下降了三成和六成。生效案件发回重审率和改判率均降幅明显，且保持在低位。两项指标分别仅 0.43%、0.03%，分别下降了 37% 和 21%。院庭长办案数量增幅快速。年人均办案数从 113 件升至近 166 件，升幅近半。繁案精审细审，审质审效同步提升（详见本章附录《贵州法院“繁案精审”实例》）。

3. 社会各界满意度和国家层面肯定度双双提升

一方面，贵州的“二八分流”机制在提升对审判效率和公正的获得感方面获得社会各界的普遍关注和积极评价。当事人、律师普遍感受到法院立案更加便捷，简易程序适用率、当庭宣判率、当庭送达文书率等大幅提升，减少了往返法院的次数，降低了诉讼成本，减少了当事人的诉累，当事人对判决结果更“服气”了，对裁判结果满意率达到 99% 以上。法学专家充分肯定诉前调解和诉调对接的强化，繁简分流的推进，普通程序、简易程序和速裁程序等相配套的多层次诉讼制度体系的贵州探索。全国和贵州省人大代表、政协委员普遍点赞贵州法院在繁简分流机制构建中坚持“切口准、深度改、出特色”，在改革中注重创新、创新中注重求实、求实中注重实效；尤其充分肯定信息技术辅助定罪量刑、行政审

---

① “轻刑快审”的 16 家试点法院中仅汇川法院 1 家为司改试点法院，故此处选用 16 家法院的改革成效数据。

判异地交叉集中管辖、环保和旅游法庭建设、异地执行协作机制等效果好,走在全国前列,为放大繁简分流的整体效能、解决制约审判效率瓶颈、提升司法公信力方面创造了贵州法院的好做法、好经验,提供了可复制可借鉴可推广的经验。①

另一方面,贵州的"二八分流"机制以及在有效化解人案供需悬殊矛盾上的显著成效得到中央领导的高度重视和肯定。经过数年运行检验,繁简分流机制的制度预期与法院法定功能和司法体制改革目标之间具有强契合度。2016 年 1 月 23 日,时任中共中央政法委书记孟建柱同志在中央政法工作会议上充分肯定了贵州等地创立的"繁简二八分"机制,指出"案多人少矛盾突出,当通过多元化解、繁简分流等改革办法予以破解。广东、贵州等地法院用 20%的司法人力资源办理 80%的简易案件,用 80%的司法人力资源办理 20%的疑难复杂案件,提高了司法资源配置质量和效率。"②2016 年 9 月 13 日最高人民法院发布《关于进一步推进案件繁简分流优化司法资源配置的若干意见》,正式将贵州等地的繁简分流经验吸收成为司改的顶层设计。

第二节 系统协调 多"化"权力运行机制的畅通

如同审判权行使主体的理顺改革,国家审判权运行机制的协调畅通也必须受制于并服务于法院的法定功能——"公正且高效审判"。

由此,立足于提高司法公信力的改革目标以及法院的法定职责,结合贵州法院审判运行机制改革至今所面临的难题,在"简化立案""精化审判""强化执行""实化责任""细化监督"和"优化保障"等六"化"机制的协调优化上提供点滴对策思考。

---

① 参见贵州省高级人民法院研究室:《"全国人大代表贵州行"代表发表的感受和建议意见》(根据录音整理),2016 年 7 月 15 日;《人大代表政协委员及有关领导对贵州法院司法改革工作的评价》,2017 年 5 月 12 日。

② 商西、程姝雯:《立案制改革后"案多人少"矛盾凸显 通过繁简分流等破解难题》,载《南方都市报》2016 年 1 月 23 日,第 AA04 版。

一、简化立案——统筹外部分流和内部分流的关系

改革以来，贵州法院着力简化立案流程，努力做到有案必立、有诉必理。一方面，是落实立案登记制度，确保立案平等性。另一方面，是创新便民立案机制，提高立案便捷性。

立案登记制度的改革敞开了法院大门，极大地提高了公众司法救济的可及性。[①] 但是，案件数量的大增会将法院作为矛盾化解最后一道防线逼到前线。因此，应当统筹立案的简化和立案压力的缓解，兼顾法院系统内外的分流，从根源上解决“案多人少”的矛盾，建立矛盾纠纷的多元化解机制成为必要。

然而，倘若激励员额法官“苦练内功”、推进法院人员分类管理改革、发挥不同诉讼程序作用来增能增效是法院的“份内事”，构建多元立体的纠纷解决机制、在立案之前进行“诉非”分流衔接，则是由党政主导、法院推进、社会协同的“总动员”。因此，应当对此加强顶层设计，鼓励地方探索，构建多层次、多领域齐抓共管的合力，确保社会矛盾得到多样化、低成本、少张力的化解，确保法院始终处于矛盾化解的最后一道防线的位置。其中多元化纠纷解决机制的制度设计必须与司法权威、审判独立、裁判终局的司法规律并行不悖。

二、精化审判——打通繁简分流机制的多个接口

精化审判意味着，一方面，对疑难复杂案件要“精”审，另一方面，对“精”审的案件数量要“精”简。其要义在于该繁则繁，当简则简，繁简得当。当下，仍要围绕人、案两个核心要素，着重打通相关接口，完善制度，扩大功效。

（一）动态打通简案与繁案的关系

繁简分流的基本前提是明确各个阶段“繁案”和“简案”的区分标准。标准的恰当与否直接影响着繁简分流机制的活力和功效，直接关系着“人案”供需矛盾的减缓或加剧，直接掣肘着审判质量和效率。尽管最高人民法院的司法解释和各地的改革实践已对《刑事诉讼法》《民事诉讼

① 贵州全省法院 2016 年立案数 42.26 万件，较改革前的 27.99 万件增长 50.98%。

法》《行政诉讼法》等三大诉讼法关于案件繁简标准的原则规定予以细化,然而,社会发展是绝对的、快速的,审判实践是丰富的、发展的,案件繁简的甄别必然也是动态的、变化的。因此,最高人民法院应当加强各类案件审判的典型案例的公布,加强全国范围内的指导;各省高院应当结合当地实际,定期发布并修改繁简案件甄别标准的规范性文件,以确保繁简分流始终具有鲜活的生命力。

(二)同步打通主要制度和配套机制的关系

繁简分流是一项系统工程。为了充分激活并落实现有的繁简分流制度,应当同步构建、统筹推进“关联度高、耦合性强”①的“制度丛”,不仅要“做好”繁简分流机制本身,同时要“做强”各项配套举措,包括优化现行诉讼程序、构建多层次诉讼制度体系、落实司法责任制,让主、配制度相互“咬合”,充分释放出最大的制度协同效应。

(三)系统打通运行机制与组织结构的关系

顺畅“简案快审、繁案精审”的路径,既要通过案件分流减轻法官负担,又要通过优化审判组织结构、强化法官专业性来解放“人”的“生产力”。其中,推进类型化审判、推广专业化审判是“精化审判”的有效举措。对此,最高人民法院发布的《关于进一步推进案件繁简分流优化司法资源配置的若干意见》提出,“在充分考虑法官办案能力、经验及特长等因素的基础上,根据案件的不同类型确定审理类型化案件的专业审判组织。”值得一提的是:近年来贵州法院紧紧围绕着全省的发展战略进行专业化审判的改革探索,取得了不少成功的经验。如围绕“大生态”战略,推动生态环境保护案件集中管辖,在全省各中院普遍设立环境资源审判庭,在各中院辖区选择1~3个基层法院设立环境资源审判庭,大力开展环境刑事、民事、行政公益诉讼,落实以生态环境修复为中心的损害救济制度,引导公众有序参与环境治理。又如,围绕“大旅游”战略,在全省法院设置第一批12个“旅游法庭”,并同时出台《关于进一步加强民事审判工作　为我省大旅游战略提供司法保障的意见》。可见,这些专业化的审判不仅让法院及其审判活动为该省的发展大格局提供了司法保

① 参见罗书臻:《激活机制　优化资源　挖掘潜力　最高人民法院出台意见推进案件繁简分流提高“司法生产力”》,载《人民法院报》2016年9月4日,第1版。

障，同时也尽可能让自身“轻松自如”地守住生态底线、促进旅游井喷发展。

（四）充分打通传统人力分案模式和科技“智能分案”系统的关系

借助大数据对案件的繁简难易程度进行量化判断，既大大提高立案效率，又确保了分案标准的统一性；同时结合法官工作量饱和度和综合审判能力对案件进行分配，既从案件数量上做到均衡分案，避免因法官存案堆积而降低审判效率，又从案件难度上做到分配给法官和审判团队的案件难易程度搭配适当，同时克服传统考核管理粗放的缺陷。

总之，要在未来的制度安排中充分重视上述四对关系的协调处理，从而真正实现办案人员、案件数量以及司法程序有机高效无缝衔接，最大限度地挖掘办案潜力，提高司法生产力。

三、强化执行——系统推进人工智能化的执行查控系统、联合惩戒系统和信用体系的建设

执行是判决的延伸，是保障胜诉当事人合法权益的“最后一公里”。案件的执行效果直接影响了人民群众对司法公正的切身感受。空有公平正义的判决，确无有效实现的权益，将导致公平正义大打折扣，也必将有损司法权威。

贵州法院在司改试点工作中积极探索以审执分离为重点的执行体制改革。完善“一中心两机构”的工作架构，通过执行指挥中心、执行实施机构和执行审查机构，既凝聚执行力量，又优化执行监督管理。2016年4月21日，贵州省高院党组通过《贵州省高级人民法院实行审判权与执行权相分离体制改革试点方案》和《六盘水市中级人民法院及花溪区等八个基层人民法院实行审判权与执行权相分离体制改革试点方案》。2016年6月12日，最高人民法院作出《关于同意贵州部分法院实行审判权与执行权相分离体制改革试点工作的批复》。2017年3月，贵州省高院印发《关于全省法院实行审判权与执行权相分离体制改革的指导意见》，在全省各级法院有序推进执行改革。

近两年来，贵州法院将执行观念前置到立案、审判环节，强调全过程关注执行，以切实提高生效判决的实际执行率。通过强化执行行为的规

范、提高执行行为的透明度、健全工作架构与机制、依托信息加大惩戒等执行举措,执行效率和效果双双提升。在执行效率方面,2016年全省法院受理各类执行案件95763件,执结88814件,同比分别上升37.27%和45.36%;执行到位金额124.68亿元,同比上升18.23%。在执行效果方面,截至2017年2月,全省法院在95763件执行案件中将33615人纳入失信被执行人名单库,罚款86人,司法拘留2750人,追究刑事责任13人,有效维护司法权威,收到较好社会效果,为"基本解决执行难"问题,奠定了良好基础。

当下,普遍引进人工智能技术,对继续推动法院执行工作摆脱被动实现主动具有关键作用。因此,要转变执行工作理念,强化人工智能技术与执行工作的整合程度,高度重视网络执行查控系统、联合信用惩戒系统的建设,系统推进信用体系建设,实现执行模式的历史性变革。

四、实化责任——辅成以审判为中心诉讼制度改革

本轮司法改革的核心在于"让审理者裁判,让裁判者负责",这意味着,既要保障法官对案件事实和适用法律的判断权、裁决权,又要防止法官滥用裁量权,确保"放权而不放任"。因此,必须实行司法责任制,实现权责高度统一。

贵州法院在司改中以落实司法责任制为抓手,建立科学的审判责任体系。首先,在责任落实"进口端"建立科学的办案权责清单。先后制定《贵州省高级人民法院关于审判权运行办案权责清单的暂行规定》《贵州省司法改革试点法院法官审判责任追究办法》《审判执行团队工作职责规定》《贵州省司法改革试点法院法官助理、书记员职责规定》《贵州省司法改革试点法院审判委员会工作规定》等一系列制度,明晰权责界限,防止权力"跑偏"、行为"出轨"、责任"失控"。其次,在责任落实"出口端"建立严格的审判责任认责和追责机制。一方面,为法官依法办案戴上"紧箍咒"。贵州省高院制定《贵州省司法改革试点法院法官审判责任追究办法》,明确归责事由,统一认定标准,合理设定责任承担形式,落实办案质量终身负责制和错案追究制。另一方面,为法官独立办案戴上"护身符"。在定责追责的同时,贵州法院还建立了法官的"职业豁免制

度”,将责任追究与权益保障结合起来,保护法官依法独立审判的权力。如《关于审判权运行机制改革的实施意见》第 6 条第 1 款第 1 项列举了法官认知、当事人因素、证据改变、法律变更等 8 种免责情形,让法官责任落实更加客观、科学和人性化。

司法责任制的改革与以审判为中心的诉讼制度改革是相辅相成的。因此,在法院内部明确并运行办案权责清单的基础上,适时借助院外力量,以进一步做实审判责任。对此,学界关于提供两造当事人抗辩清单,允许律师对审判活动进行专业的、较真的“挑剔”等建议,或许也是一方良策。①

五、细化监督——理顺审判权与审判管理权、审判监督权的关系

“放权”与“控权”的结合,是司法责任制的“一体两面”。在做强法官独立性和自主性的同时,必须做实“有权必有责、用权受监督、失职要问责、违法要追究”。

贵州法院在改革中,注重建立行之有效的监督机制。在监督主体上,制定了《贵州省高级人民法院关于审判权运行机制改革的实施意见》,对院长、副院长、庭长和审判监督部门的审判监督权作了详尽规定,规范其审判监督管理责任,多策并举地依法强化对审判权的监督和制约。在监督方式上,严肃审级监督,建立发回重审、改判案件研判沟通机制;加强类案类判,规范类案类判的发现、梳理、实现和保障机制;建立案件质量评查机制,综合运用内部评查和外部第三方评查方法,构建多维评查体系;加大司法公开力度,全面推行电子卷宗、生效裁判文书上网公示。

值得重视的是,审判权运行机制改革后,审判权、审判管理权、审判监督权呈现新的特点。诸如新型审判团队建立后,传统审判庭的监督管理职能逐渐弱化。因此,要进一步理顺审判权与审判管理权、审判监督权的关系,对审判监督和管理机制进行重新构建,真正在制度层面落实“放权不放任,监督不越位”。此外,要进一步利用并放大大数据技术优势,建立面向法官的从立案到裁判全过程的数据化监督模式,通过类案

① 参见季卫东等著:《中国的司法改革》,法律出版社 2016 年版,序言第 2 页。

推送、裁判偏离度评价和全程留痕等方式,以更"柔性"的方式开展全程监督,减少"司法任意性"。

六、优化保障——完善司法人员职务序列及其薪酬待遇的顶层设计

薪酬保障和职业保障,是保证法官依法公正办案、增强法官职业尊荣感的两个有效途径。在薪酬保障方面,贵州自2016年10月起在全省范围内实施员额法官、审判辅助人员、其他工作人员薪酬按照公务员序列薪酬分别高于50%、20%、20%且同步增长。同时依靠人工智能优势,探索建立"以案定补"科学薪酬机制,激发法官办案积极性。在职业保障方面,一是确保法院法官聚焦审判主业。贵州省委对全省法院正确行权和法官高效行权给予大力支持,专门发文保障法院依法独立公正履行主业主责,剥离法院非审判职能,提高法院审判质效。二是保障法官依法裁判不受干涉。严格落实中央办公厅等关于防止干预、过问案件的"两个规定",保障法官依法裁判,实现公正审判。在内部通过审判权去行政化,逐渐杜绝行政权力对审判权力运行的不当干扰和影响,在外部发布《关于全省法院系统防范过问案件的暂行规定》,净化法官履职环境,促进公正裁判。

由于法院工作人员将逐步脱离公务员序列形成单独职务等级序列,也由于法官因交流退出时身份转换时需与行政级别对应,因此,建议在未来的顶层设计中予以统筹。

附录

贵州法院"繁案精审"实例

【案例一——被告人梅某等非法吸收公众存款案】

(一)基本案情

2013年4月,被告人梅某(系四川省广安市广安区第五届人大代表)以实际出资人身份成立遵义市汇生行理财咨询有限公司(以下简称遵义汇生行公司),并聘请被告人杨某为总经理,被告人游某某为副总经理。被告人梅某通过精心策划,利用遵义汇生行公司核准的投资理财、居间服务经营资格,以签订居间服务合同的形式作掩护,公开宣传"为闲置资

金客户提供安全可靠的投资渠道、为急需资金的客户寻找合法的资金来源”，承诺有抵押、无风险、到期还本，以月利率1.5%为诱饵，向社会不特定群众吸收资金，再以月利率2%借贷给民营企业，从中赚取利差。此外，被告人梅某利用虚假注册的3家公司，编造借款用途、伪造担保抵押财产欺骗集资对象，给存款者造成了不可挽回的巨大经济损失。自2013年5月起至2014年12月31日止，遵义汇生行公司向2327人吸收存款共计21512.00万元，借贷给21个企业（项目），已偿还3356.00万元，支付利息934.18万元，尚有本金18156.00万元未归还。被告人冉某某系遵义市新泽野房地产开发有限责任公司、遵义市云腾房地产开发有限责任公司法定代表人，于2013年两次向遵义汇生行公司借款，后与梅某合作开发房地产项目，并为其吸收资金提供帮助。2014年12月中旬，因遵义汇生行公司不能支付到期集资款本息，引发大量集资参与群众到省市党委、政府上访、闹访。公安部、省公安厅直接调度指挥案件侦办，国务院处置非法集资部际联席会议办公室专门就此案召集贵州、四川两省相关部门在京开会协调本案，当地市区领导就本案召开了二十余次维稳调度工作会议。12月20日，被告人杨某配合政府相关部门工作主动向公安机关交代其掌握的案件情况。汇川公安分局在掌握相关证据后于12月22日对被告人梅某等涉嫌非法吸收公众存款罪立案侦查。汇川法院于2015年12月受理本案，随案移送侦查卷宗700册、审计报告1本（500页）、审讯光盘14张、U盘7个（电子证据）。本案由汇川法院副院长亲自办理。

经当庭举证、质证，被告人杨某、游某某、冉某某对所有证据无异议。关于被告人梅某并非遵义汇生行公司股东和法定代表人、不参与经营决策和利润分配的辩护意见，合议庭查明，公司重要部门负责人均由其亲友负责，项目审核、资金调度等重要事务均由其决策掌控，向社会吸收的资金中有部分用于其个人购置房产和投资经营，因而不予采信。此外，梅某以受到刑讯逼供为由，申请排除其全部供述。合议庭启动非法证据排除程序，经调查确认侦查机关不存在采用刑讯逼供等非法方法收集证据的情形，且书证和证人证言与被告人供述能相互印证，均合法有效。

（二）裁判结果

历时3天的开庭审理后，2016年12月15日，汇川法院判决认为，被告人梅某、杨某、游某某、冉某某的行为均构成非法吸收公众存款罪。其中，被告人梅某在侦查期间供述主要罪行后又翻供，在审理中有拒不认罪悔罪的情节，依法从重处罚；被告人杨某、游某某主动投案，并如实供述自己罪行，审理中认罪悔罪，依法减轻处罚；被告人冉某某犯罪较轻，犯罪以后自动投案，如实供述自己的罪行，并积极提供财产和资金线索，挽回存款人损失的态度较好，可依法免除处罚。判处梅某有期徒刑10年，并处罚金50万元；判处杨某、游某某有期徒刑2年，并处罚金10万元；判处冉某某免予刑事处罚。同时，追缴涉案单位或个人违法所得合计26164.8万元，追缴到位后返还集资参与人。

（三）典型意义

本案之“繁”在于两个方面：一是在于事实认定之“繁”。主犯梅某利用其亲友和驾驶员的身份登记成立遵义市汇生行公司，招聘人员管理公司，再利用公司核准的“居间服务”经营范围，蒙骗法律意识淡薄的群众，大肆非法吸收公众存款。但其在幕后操纵控制，整个犯罪过程中未留下任何管理、操控的直接证据，且在侦查期间供述主要罪行后翻供，并以受到刑讯逼供为由申请排除供述证据，为案件事实的认定和证据的运用带来困难。二是在于社会影响之“繁”。被告人梅某系四川省广安市广安区人大代表，在四川、贵州等多地涉嫌犯罪，涉及受害群众人数众多，涉案金额巨大。本案能否公正审理裁判、准确定罪处罚，对维护社会稳定、遏制当地非法集资或非法吸收公众存款犯罪泛滥蔓延势头具有重要的法律意义和社会意义。

作为“繁案”，本案在办案过程中充分发挥“繁简分流”机制的优势。在案件分配时，考虑其属于敏感、疑难、复杂、有重大影响的案件，决定由副院长作为入额法官、团队负责人，组成合议庭进行审理，并配备3名法官助理、4名书记员负责程序性、事务性工作。在案件办理过程中，两次召开庭前会议，固定法律事实，归纳案件争点，依法分别就非法证据排除、回避、管辖等进行论证，并讨论庭审提纲、分工，制定审判预案，明确办案过程中程序性和实质性的重点。

本案的办理全程充分体现了“繁案精审”的原则。其一，确保庭审规范。合议庭依申请启动非法证据排除程序，对侦查机关收集证据的合法性进行了调查。除公诉人出示证据外，还通知侦查人员到庭说明、证人出庭作证，通过庭审实质化，尽可能还原事实，促进审判公正。其二，加强人权保障。对自愿认罪的被告人，根据其参与犯罪的程度、在犯罪中的地位和情节，作出相应处罚，体现宽严相济的刑事政策，认罪从宽的司法理念。其三，强化庭审控制。本案开庭期间有近千余人次旁听，审判长熟练驾驭庭审，开庭审理期间秩序良好；庭审中充分听取控辩双方意见，归纳辩论焦点，严格依法依规进行庭审事项，对被告人依法作出公正裁决。其四，优化文书质量。合议庭在准确认定事实、适用法律的基础上，做实对证据的分析和运用，加强文书的说理性，形成长达103页、逾6万字的判决书。

“繁案精审”的效果无疑是显著的。其一，达到个案公正的效果。本案在较大的社会影响和舆论关注下得到公正判决，坚持“罪责刑相适应”，使犯罪分子受到应有的惩罚，也维护了法院公正司法的社会形象和功能发挥。同时，为严厉打击非法吸收公众存款类违法犯罪活动、切实保障金融秩序安全和社会公众的财产安全打响了重要一枪。其二，达到化解社会矛盾的效果。通过旁听庭审，集资参与群众认识到被告人以合法成立的公司为掩护、以高额回报为诱饵损害他人财产权的行为系犯罪行为，应当由犯罪行为人承担相应罪责。经过庭审的释法明理，案件审理至今，受害群众未再大量到政府聚集施压。其三，达到培养年轻法官的效果。副院长带头办案，充分发挥其作为资深法官对年轻法官的“传帮带”作用，将成熟的审判经验和优良的传统作风传承下去。

【案例二——大田煤矿、黄某某诉陈某某等财产损害纠纷系列案】

（一）基本案情

2012年，六科村勒沟片（六科村四、九、十、十一组）村民反映其房屋因受大田煤矿开采影响而有不同程度的损坏，并多次要求当地政府部门协调处理。10月25日，盘县国土资源局委托贵州地矿六盘水一一三地质工程勘察公司进行地质灾害技术调查并查明地质灾害形成的原因。

12月25日,该勘察公司作出《成因分析论证报告》,对村民民房的受损情况和受损原因进行分析。2013年7月25日,盘县工农关系协调办公室(以下简称协调办)委托盘县大众房地产评估有限公司(以下简称大众评估公司)对六科村61户村民房屋损害赔偿价格进行评估。2014年1月25日,该评估公司作出《房屋受损赔偿估价报告》,对受损房屋情况和补偿金额等内容进行评估,计算的单价为大田煤矿和村民共同协商确定市府发〔2010〕19号文件和市府发〔2012〕19号文件中标准的平均值(以下简称新老文件标准均值)。该报告经产权方、村镇代表共同签字确认。

《房屋受损赔偿估价报告》作出后,大田煤矿和当地村民就补偿标准产生争议。为此,2014年10月11日,盘县协调办再次召开协调会,形成意见仍按新老文件标准均值进行补偿。双方皆同意该处理意见,但大田煤矿处于整合期,之后未按该方案补偿。

2015年1月27日,盘县县政府召集相关职能部门、大田煤矿负责人黄某某和部分村民代表就村民房屋受损赔偿事宜进行专题研究并形成《关于研究乐民镇六科村部分村民反映乐民镇大田煤矿采掘活动导致房屋开裂有关事宜的会议纪要》,将2014年10月11日协调会上达成的补偿标准等有关事项作为处理依据,并应居民所请,由盘县协调办委托原房屋评估单位对需要复核的房屋进行复核。2015年3月17日,评估公司作出《房屋受损赔偿复核估价报告》。次日,盘县协调办召集相关职能部门、大田煤矿负责人和部分村民代表进行专题研究协商并形成《调处意见》,明确采用新老文件标准均值进行补偿,对塌陷范围内需搬迁的房屋,按100%进行补偿,需实行异地搬迁的,正房按20000元/间给予补偿。双方当事人在该《调处意见》上签字同意。

根据该《调处意见》,2015年4月13日,盘县国土资源局委托贵州省有色金属和核工业地质勘查局二总队对当地村民居住地进行地质灾害危险性评估,形成《危险性评估报告书》,建议对因采煤活动导致地质灾害可能性较大的六科村九、十、十一组村民进行搬迁。19日,因原评估过程中遗漏了部分受损房屋,大众评估公司对七处受损房屋进行补充评估。

2015年12月23日,房屋受损村民向盘县人民法院提交诉状,要求大田煤矿及其合伙人履行补偿义务。盘县法院于2016年2月18日公开开庭进行了审理，并于3月18日判决。大田煤矿、黄某某不服一审判决，提起上诉。六盘水中院于7月14日立案后，依法组成合议庭进行审理，于9月6日判决驳回上诉，维持原判。

(二)裁判结果

盘县人民法院一审认为，第一，关于补偿责任。贵州地矿六盘水一一三地质工程勘察公司和贵州省有色金属和核工业地质勘查局二总队具有地质灾害危险性评估的资质，其报告应属有效。报告显示大田煤矿的开采行为与该地区村民房屋受损存在因果关系，因此，大田煤矿应当承担补偿责任。第二，关于补偿金额。应当以当事人一致同意的《调处意见》和大众评估公司《评估报告》确定的标准为依据，并对需要整体搬迁的居民按照100%的比例补偿。第三，关于连带责任。补偿款系大田煤矿在生产经营过程中对外产生的债务，且房屋受损时黄某某、马某某、罗某某、胡某某均是大田煤矿的合伙人，应承担无限连带责任。

二审经审理查明的事实与一审判决认定的事实一致，并围绕五大争议焦点展开分析：(1)原审被告马某某、罗某某、胡某某是否属赔偿主体；(2)本案是否超过诉讼时效；(3)《成因分析论证报告》与《危险性评估报告书》能否作为本案认定事实的依据；(4)《调处意见》能否作为本案认定事实的依据；(5)《损失评估报告》和《房屋受损赔偿估价报告》能否作为本案认定事实的依据和赔偿依据。针对焦点一，3人应依法承担连带责任，理由同一审；针对焦点二，权利人多次向各级政府和有关国家机关反映问题，故诉讼时效一直因主张权利而发生中断，在向一审法院起诉时并未超过诉讼时效；针对焦点三、四、五，《调处意见》得到当事人双方签名同意，对双方产生约束力。其他3份报告皆为《调处意见》的基础，报告出具机构及鉴定人具有相应资质，应当作为认定事实的依据。据此，二审判决驳回上诉，维持原判。

(三)典型意义

该系列案之“繁”可从两个方面体现：一是证据认定之“繁”。本案因涉及对房屋受损的《成因分析论证报告》、《危险性评估报告书》、《损失评估报告》和《房屋受损赔偿估价报告》中内容的逐一认定，涉及卷宗

118本,证据量繁杂。二是社会影响之"繁"。该系列案共分为59件独立案件处理,涉及村民241人,当事人众多,处理不当易引发群体性事件。同时,因煤矿开采导致村民住房受损,直接影响村民的生产生活和国计民生,损害村民的切身利益,属于涉民生案件。当事人反应强烈,引起国家信访局重视,并对此案进行督办。本案能够得到及时公正的审理,关乎百姓民生、社会稳定,也对作为国内著名"煤田"的六盘水推进资源开采与环境保护的平衡起到重要的警示作用。

该系列案作为"繁案",充分发挥了"繁简分流"的制度力量。在立案前,立案法官首先对当事人进行诉前调解,耗时近1个月,对争议较小的案件进行及时的矛盾化解。在立案时,考虑到各当事人的受损情况和诉讼标的额不一,将该案分为59个案件进行单独立案,既避免当事人"抱团"为矛盾解决增加难度,也避免因个别当事人的争议和诉求影响案件的整体进度。在案件分配时,考虑到案件的复杂性和敏感性,决定由审判经验丰富的民一庭庭长承办。

在案件办理过程中,切实做到"繁案"的"精审"、"细审"。其一,做足庭前准备工作。承办人亲赴案发地,实地查看房屋受损情况,并用近两个月的时间对大田煤矿法定代表人和241名当事人的诉讼代表人及诉讼代理人做好析法明理工作。其二,落实司法便民原则。为方便当事人,合议庭决定案发地所在法院即盘县法院开庭,并在庭前准备充足的情况下,将59件案件进行合并审理,体现案件办理繁简得当。其三,加强庭审过程控制。对上诉审中提供的证据进行认真认证、质证,充分听取双方当事人及其辩护人的诉求和意见,准确归纳辩论焦点,并在二审调解不成的情况下依法作出判决,维护当事人合法权益。其四,确保文书以理服人。合议庭在准确认定事实、适用法律的基础上,对每一个案件的证据,尤其是涉及争议焦点的证据展开缜密的分析,循循善诱,以理服人。平均每一案件的判决书达28页、逾14000字。

通过开展"繁案精审",有效实现了案件的效率和公正两大价值。其一,达到"案结事好"的社会效果。本案二审从立案到判决不到两个月,宣判后双方当事人均无异议,且无一人信访。生效判决由上诉人赔偿被上诉人经济损失480万元,目前逾85%的款项已汇入当地政府创建的公共账户,并由政府分发至涉案村民手中,保障了村民的合法权益。其二,达到安全生产的生态效果。本案的办理过程中,充分注重与政府及其部门的沟通和互动,提高政府对环境生态保护、地质性灾害预防等方面的重视,促进地区经济可持续发展。

第七章 信息技术革命 贵州法院改革成效的科技支撑

科技能有效深入组织、机制所无法触及的问题盲区,获得后者无法企及的效用状态,并对组织、机制改革发挥“增益”效果,从而事半功倍地克服制约改革目标实现的固有障碍,为改革释放“科技创新红利”。

2015年2月,《人民法院第四个五年改革纲要(2014~2018)》正式发布。作为45项改革举措之一,“深化司法统计改革,以‘大数据、大格局、大服务’理念为指导,建立司法信息大数据中心”的要求首次以“官方”方式将“大数据”这一先进科技成果引入司法领域,为新一轮司法体制改革的推行注入全新的活力。同年9月初,国务院发布《促进大数据发展行动纲要》,10月底,十八届五中全会首次明确提出“实施国家大数据战略”。纲要的出台和公报的宣告,标志着发展大数据正式成为我国的国家战略,自此进入国家层面的顶层设计和统筹布局。

自2016年3月起,贵州法院抓住该省作为全国大数据综合试验区的重大机遇,充分发挥科技创新在司法体制改革创新中的引领作用,开发并不断完善大数据和人工智能,依托科学技术切实解决组织和机制层面难以有效破解甚至无法突破的瓶颈,为司改的提效增能进行“增强”和“补白”,从而与法院的组织机制改革形成“车之两轮,鸟之双翼",合力实现公正与高效的双重目标。本章主要围绕该省以"大数据"为代表的信息技术对司法改革的"助力"路径及其效果进行研究,以客观并准确判断其在司改中的地位、作用以及未来走向。

第一节　"瓶颈"凸显　制约改革的新旧难题

贵州法院在全面推进司改中,通过"以案定员、以案定责、以案定补、繁简分流"等措施,大大激发了体制活力,释放了原有体制机制的能量,切实提高了审判质效。但是,随着司法改革的深入推进,组织机制改革所带来的边际效用逐步递减,一些深水区问题依然存在,成为改革进程以及目标上的"巨大"路障。这些痼疾主要是:

一、"案多人少"的老问题

近年来,贵州的案件量全面攀升。2012 年至 2014 年,贵州法院年均收案量为 25.22 万件,年均增长 8.26%,法官年人均办案量为 45.63 件。2015 年、2016 年收案量快速上升至 38.06 万和 45.32 万件,同比增幅分别达到 34.13%和 19.07%。与此同时,2016 年 10 月完成全省三级法院员额法官遴选,共遴选员额法官 2742 名,减少在编法官 2785 名。2016 年法官年人均办案量增加至 165.28 件,是改革前 45.63 件的 3.6 倍。因此,在 2016 年案件量绝对增加近 1 倍但办案法官减少一半的现状下,在未来数年案件量依然逐年增加且增幅一定远高于员额法官的可预见性下,贵州法院人案矛盾在穷尽制度创新所释放的生产力提升空间后将再次凸显,同时通过体制改革化解人案失衡的难度也必然呈几何级数的上升。

二、"放权不放任"的真命题

此轮司改的核心是落实"审理者裁判,裁判者负责"的司法责任制。在放权的同时,如何确保"放权而不放任、放权而不任性"是改革亟需解决的关键问题。改革前采取的层级审批制虽无"令之不行,政之不立"之忧,却有"审者不判,判者不审"之虞。本轮司改通过组建以员额法官为主体和核心的审判团队，构建成员间平等、交互式的新型业务关系，形成上下级法院的良性指导关系，切实将裁判权回归办案法官，实现"谁办案，谁签发，谁负责"。然而，改革前以自上而下的强制约束力为依托的质效监管纠偏机制，却因与新型审判团队的运行理念及其模式不相吻合而难以经改造后融入审判团队的管理。如此，在审判团队层面，"放权不放任"成为其面临的首要难题；在法院层面，有效防范、及时发现和依法纠正错案也出现机制性的真空。

三、统一裁判尺度的大难题

信息传媒技术尤其是自媒体的迅猛发展，使不同时空发生的相同或相似个案在网络平台上迅速聚合。如此，同案不同判的问题在信息社会大环境下不断发酵和"聚变"，从而引发社会的广泛关注，也影响了群众对法院审判公平正义的感受度。虽然法官员额等众多改革创举在很大程度上提升了法官的综合素养，但受制于地方经济社会发展水平、法官成长经历和个体认知等因素的影响，同案同判的需求无法通过审判主体能力的提升而获得圆满兑现。统一裁判尺度的手段缺乏和力度低下成为社会不断发展进步后面临的又一棘手难题。

四、业外知识更新的新话题

经济社会高速发展，各领域，尤其是电子信息技术、生物医药技术、环境污染控制技术等高新科技领域产生的法律纠纷所涉及的专业知识更加精深。随着新领域知识层出不穷、新类型案件不断涌现，客观上给法官高效公正地处理法律纠纷设置了知识上的"坎"。与此同时，认知规律和学习能力的绝对制约，使掌握甚至同步更新案件所涉专业领域的所有知识成为可望而不可即的渺茫愿望。尽管办案主体可以借助法官联席会议、审委会等的专业咨询和指导提升审判能力和水平，然而业外专业知识的无法及时更新必然成为提升审判质效的又一难以克服的制约因素。

五、其他各项新难题新需求

在提高国家治理能力的现代化进程中，司法体制改革将不可避免地面临一系列新的需求和新的问题：群众对审判活动参与和知悉的期盼与司法机关公开信息能力不足的冲突问题、民众对以员额法官为核心的扁平化审判权力运行模式的认同问题、法官员额的动态调整标准缺乏客观统一评价抓手的问题、多劳多得和优绩优酬的绩效管理缺少评价机制保障的问题、以“条”为限的信息壁垒现状与推进刑事证据标准统一指引的冲突问题；等等。这些都是司改中涌现的、必须面对的新难题。

第二节　破解困境　助燃改革的科技引擎

时任中共中央政法委书记孟建柱同志在出席全国第一期政法领导干部专题培训班开班式上强调：“谁率先拥有、善于利用大数据，谁就能掌握主动、赢得未来。”①贵州法院紧紧把握大数据时代的发展机遇，按照“大力推进信息化建设，推动人民法院工作现代化，促进司法公正提升司法公信力”②的要求，以“服务审判和执行、服务人民群众、服务监督管理、服务科学决策”③为主线，坚持以需求为导向、以应用为核心两大原则，在大数据平台的建设、运用和发展上真干、实干、大干和巧干，由简到繁、由易到难、蹄疾步稳，不断推进信息化建设上更高层次、达更高水平，使其成为法院改革的引擎和法院现代化的载体。

一年多来，贵州的司法大数据工程遵循夯实信息平台、开展数据分析、深化智能应用“三步走”的“施工”路径逐步建成。

一、坚持以需求为导向　夯实信息化的四大建设基础

在无现成模式借鉴的前提下，贵州法院在绘制司法大数据的“蓝图”中始终紧扣“审判效率”和“司法公正”两大法定职责的履行，充分利用

---

① 张先明：《孟建柱在第一期政法领导干部学习贯彻习近平总书记重要讲话精神专题培训班开班式上强调　更好地把握大局　提高思想政治和法治素养　提升新形势下维护社会和谐稳定的能力》，载《人民法院报》2014年4月23日，第1版。

② 参见罗书臻：《孟建柱在最高人民法院调研时强调　以法治化引领信息化　推动人民法院工作现代化　促进司法公正　提升司法公信力》，载《人民法院报》2014年12月5日，第1版。

③ 参见罗书臻：《周强在最高人民法院信息化建设工作领导小组会议上强调　加快建设“智慧法院”推进审判体系和审判能力现代化》，载《人民法院报》2016年7月15日，第1版。

大数据领域的技术优势,聚焦问题、对接需求,夯实四大数据平台,在信息资源整合、互联互通、共建共享等方面取得较大进展,从而让司法数据信息在“真”和“全”的基础上得以激“活”,实现数据的“用对用活”。

(一)真:统一数据标准,升级全省法院办案系统

大数据的生命力在于数据的全面、真实和准确。2015 年以前,贵州法院混合使用单机版、网络版和补丁版采撷和填报各类司法信息数据。由于统计标准、统计口径等相互交叉且不统一,因而数据失真和缺失较为严重,导致信息技术无法从这些非真和非全的“死”数据中准确地提炼规律性和相关性特征,进而无法有效服务人民群众、审判执行、监督管理和科学决策。对此,贵州法院坚持“统一设计、统一部署、统一招标、统一施工”的工作思路,按照“全程留痕、信息真实、有效服务”的基本要求,搭建全省法院案件审判流程信息填报、采撷和管理同质化平台,实现全省法院在同一办案系统平台上进行立案、庭审和执行,强化流程管理,实现所有案件信息数据实时自动生成,真正建立标准与口径“双统一”的案件数据信息生产大系统。此外,2017 年 6 月再启动全省诉讼服务中心改造,以全面实现案件文档的无纸化,减少数据“搬运”环节,实现案件数据同步更新。此举从源头上为司法大数据技术的运用奠定“真”的基础,提供“实”的可能。

(二)活:整合信息资源,建立数据管理运行平台

仅拥有海量数据而缺乏有效的提取和整合,必将导致供需链断裂,数据得不到“激活”和“使用”,最终只能“暴殄天物”甚至“望洋兴叹”。对此,贵州法院依托“贵州云”建设项目,对接实际需求,建立数据储存和提取管理运用平台作为司法大数据信息池,将审判过程中需运用的法律法规、案例、行业知识以及相关判决标准等“碎片化”数据进行汇聚和归整,形成“智库”,发挥智能审判助手的作用。同时,攻破了司法数据提取运用上的壁垒,将数据提取使用的权限从原来的数据公司“独享”转变为法院实际用户“分享”,让数据池里的数据全盘“活”起来。

(三)通:打破数据隔离,搭建信息互联共享平台

过去的信息数据往往处于条块分割的“孤岛”状态,分别掌握在办案各环节所涉及的不同单位或部门手中,“深藏闺中”不具可及性。为了打

破数据“壁垒”，连通信息“孤岛”，贵州法院与社会各方搭建共享桥梁，使数据信息得以“唤醒”和“互通”，发挥各方多维效用。

一方面，在司法机关内部建立信息互通渠道，释放办案新能量。面对人案矛盾再次凸显的可能乃至必然，贵州法院未雨绸缪，将解决之道拓展至大数据领域，向信息技术要生产力。2016 年 10 月以来，在贵州省委领导、省委政法委推动和省政府支持下，法院与检察院、公安、监狱（以下简称四机关）在坚持刑事案件“以侦查为中心的诉讼制度”向“以审判为中心的诉讼制度”转变的理念和共识下，首创统一证据标准指引和要求的数据信息互联共享平台。平台采用前置服务器的摆渡方式，①实现案件相关数据伴随整个案件的生命周期流转并移送，保障四机关对案件信息数据的互通共享，进而大大提升工作效率。数据信息的电子化让案件的移交和送达从原本全部依赖人力处理改为线上输送，一键完成，节省了大量的人力财力和时间；同时，数据信息的格式化和标准化，大大减少了各机关解读、识别和利用其他机关数据的时间和人力成本。

另一方面，与协助执行单位建立点对点信息互通共享平台，破解“执行难”。为了减少被群众称为盖有官印的“白条”，让司法权威提升、司法公正提速，贵州法院向信息技术要“锦囊”。其一，联手建立点对点查控系统。法院分别与公安机关、金融机构以及国土、人社、工商等部门联手建立查控系统，迅速查询失信被执行人在多部门、多领域的相关信息，如公民身份、车辆、存款、不动产、采矿权、探矿权等各类相关信息。其二，联手建立惩戒机制。加大对失信被执行人的惩戒力度和强度，增加其失信成本，使“老赖”“一处失信，处处受限”，无处可逃、无境可出、无商可经、无钱可赚。例如，通过参与“信用中国”建设，定期将失信被执行人信息交由发改委发布至“贵州诚信网”供其他部门在相关审批过程中查询参考。截至 2017 年 5 月，全省法院在案件执行中将 46145 人纳入失信被执行人名单库，罚款 126 人，司法拘留 4343 人，追究刑事责任 13 人。信息技术在破解执行难题、提高执行效率、维护司法权威、提高公信力方面发挥着不可替代的作用。其三，联手建立执行款管理系统。疏堵结

① 前置服务器的主要任务是规约解析与转换，用于交换及缓存数据。摆渡方式是指为了实现物理隔离思路或防范网络攻击，用介质把数据从一端向另一端拷贝的方法。

合,为被执行人堵住失信去路的同时为其疏通守信进路。省法院经过统一部署、与银行通力合作,在全省法院同时上线"一案一账号"案款管理系统,实现案款支付全渠道、案款对接无缝化、案款管理分得清,使法院执行案款的归集、流转便捷高效、公开透明、全程留痕,为法院攻克执行难再添利器。

(四)明:消除数据"暗箱",形成信息公开互动平台

在推进司法公开、接受社会监督的大背景下,贵州法院充分利用信息技术主动敞开社会监督网,提升监督水平和成效,倒逼法院以"硬铁匠""硬铁锤"打造过硬的审判质量。其一,前瞻性地搭建审判流程公开、裁判文书公开、执行信息公开等三大平台,既加强对审判执行行为的规范,又让群众在参与互动中增强对司法的信心、提升对案件公平正义的感受度。其二,积极筹建该省法律实务界信息共享平台,包括律师服务平台和人大、政协沟通平台等,计划将审判执行情况推送给人大常委会、人大代表、政协委员和从业律师,将法院工作放在"众目睽睽"的监督之下,将审判活动置于律师"斤斤计较"的专业"挑剔"之中。其三,部署利用公开平台定向公开,在立案、审判和执行各个环节向诉讼当事人推送相关动态信息,让当事人知晓案件的进展,为当事人提供便民服务,并将这些活动随时置于公众监督之中。

二、坚持以应用为核心　打造大数据的三大独到功能

通过对数据进行结构化加工改造和科学化运算分析,贵州法院充分挖掘数据背后的信息价值,有效转变法院决策和管理模式,从经验性、模糊化、纯人工化管理转变为数字化、精密化、智能化管理,进而增强组织机制改革的实效,助力审判质效的提升。

(一)发挥数据"高参"作用,助力法院精准化决策

贵州法院在推进动态员额制过程中,在综合测算"以案定员"建模参数的基础上,创设"案件数量模型"、"法官办理案件平均时间模型"和"法官平均有效工作时间模型"三个子模型,进而开拓性地构建出"以案定员"的法官员额数量关系综合模型,精准连接并匹配"案""员"间的量化关系。全省各法院依据这一模型,测算出本院员额法官应配数,并定

期进行动态调整，确保额随案走、人案匹配。

（二）发挥数据“管家”作用，助力法院精细化管理

依托全省法院审判流程、自动化办公和法官业绩管理三大系统，建立绩效考核指标权重体系，改变过去以法官办案数量为主的单一考核标准，综合采用案件数量、难易程度、办案质效和外部评价的多元考核标准。通过大数据技术提取对应考核要素，建立指标权重体系，科学量化法官的工作绩效，确保管理指标的导向符合审判公正和效率的要求。同时，通过法官绩效考核平台适时展示法官办案情况，让法官清楚自己的办案排名，通过公开透明的方式发挥绩效指标的引导和示范功能，做到激励先进、鼓励先进。

（三）发挥数据“助手”作用，助力法院精益化审判

结合法院司改中的繁简分流机制改革，在案件管理系统中嵌入智能分案功能，建立完善分案再平衡机制和人案平衡关系调整机制。系统根据事前设定的案件难易程度和法官办案数量、办案能力进行科学分案，做到繁简分流，确保人案相适：既让案件数量与承办人办案能力相适应，又让案件难易程度与承办人办案水平相适应，有效解决办案效率和办案质量兼顾难题，如图 7-1 和图 7-2 所示。

图 7-1　遵义中院智能分案系统截图（自动进行繁简分流）

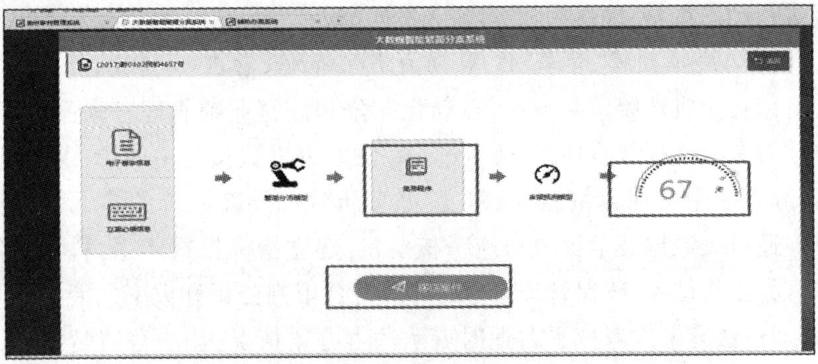

图 7-2 遵义中院智能分案系统截图(该案被分到“普通程序”,审限时间预测为 203 天)

三、坚持以审判为中心　形成大数据的六大深度运用

一年多来,贵州法院大数据的建设,初步实现了科技创新和体制改革的双融合,有力推进了审判效率和司法公正的共提升。2016 年 9 月,时任中共中央政法委书记孟建柱同志在贵州调研时充分肯定了这一探索,指出“要把科技创新与司法体制改革融合起来,特别是在推进以审判为中心的诉讼制度改革中,通过强化大数据深度运用,把统一的证据标准镶嵌到数据化的程序之中,减少司法任意性,既提高审判效率,又促进司法公正。”①

面对改革中出现的一系列老难题和新需求,传统依靠的“拐杖”已不复存在,新兴的人工智能技术有望成为另一突破口和增长点,为法院审判工作的转型升级注入相当可观的能量。为此,贵州法院自加压力、动真来实、勇于探索、大胆实践,在司法大数据基础之上,创造性地开发案由模型,并在模型基础上,创设多种人工智能辅助系统,真正开启探索司法人工智能建设之路。借此,充分利用数据非主观化、非人格化的特点和优势,在深度挖掘大数据的价值中有新意、出实招,实现“增强”和“补白”组织机制改革的功效,为审判效率和公正的提升创造新的可能性。

---

① 参见李阳:《孟建柱在贵州调研时强调　善于运用科技创新成果　不断提升政法综治工作智能化水平》,载《人民法院报》2016 年 9 月 23 日,第 1 版。

(一)建立案由模型,聚类分析创智能

通过运算法则将司法裁判工作模型化是人工智能介入审判工作的前提要件。[①] 为此,贵州法院严密部署,扎实推进,通过对复杂的裁判数据进行多维聚类分析,建立科学的案由模型,为人工智能辅助系统的发展奠定坚实的基础。首先在刑事审判领域选择面广量大的盗窃、抢劫、抢夺、故意伤害等四类案由作为突破口,逐步建立刑事、行政、民事和减刑假释四大类案件的案由模型,实现审判实体与判决依据以及法律条文等数据"智库"的对应,产生"最大公约数",将审判方式从粗放型向集约型转变。截至 2017 年 6 月,已建立八大案由模型,即故意杀人、故意伤害、盗窃和抢劫 4 个刑事案由模型,房屋行政征收和房屋行政补偿 2 个行政案由模型,商品房买卖合同纠纷案件 1 个民事案由模型以及减刑假释案由模型。四大类案由模型已分别于 2016 年 10 月 21 日、2017 年 4 月 10 日和 2017 年 5 月 19 日上线试运行。[②] 至此,覆盖三大审判领域的实体法审判模型已探索完成。截至 2017 年 6 月 20 日,花溪、红花岗、西秀和织金等 4 家大数据辅助审判试点基层法院通过对盗窃等刑事案由数据模型的试用,对 2003 件刑事案件进行了裁判。从织金法院情况来看,使用模型 9 个月来共审理抢劫等案件 111 件,结案率高达 100%,平均审理时间 18 天,当庭裁判率为 81. 60%,服判息诉率为 85. 30%,三个数据分别比使用该模型前的 9 个月(2016 年 1~9 月)减少了 5 天、提高了 14. 55 个百分点和提升了 3. 3 个百分点。由此可见,案由数据模型不仅穷尽了现行法律规定的各种选择,而且融入了大多数有经验法官的办案路径以及期待,因此,该模型最大限度地节约法官的宝贵时间和精力,让法官在关键问题上,尤其是独特的差异性上作出恰当的专业判断,从而让审判质量得以大幅度提高。

(二)统一证据标准指引,跨界共融促质效

习近平总书记在《关于〈中共中央关于全面推进依法治国若干重大

① 参见吴习彧:《司法裁判人工智能化的可能性及问题》,载《浙江社会科学》2017 年第 4 期。

② 截至 2017 年 5 月 31 日,已使用案由数据模型裁判 1850 件刑事案件、14 件民事案件、99 件行政案件和处理 6609 件减刑假释案件。

问题的决定〉的说明》中指出:“在司法实践中,存在办案人员对法庭审判重视不够,常常出现一些关键证据没有收集或者没有依法收集,进入庭审的案件没有达到‘案件事实清楚,证据确实充分’的法定要求,使审判无法进行。”①如何从源头上让案件事实认定和证据运用经得起检验,是提升审判质效的关键问题。为此,贵州法院通过对历史判决案件的分析,研究近年来发回重审案件、改判案件和再审案件,以案为“镜”,总结提炼出案件审判要素,并运用大数据手段将其模块化、结构化,创设“智能统一证据标准指引和要求系统”,将数据证据标准嵌入模型中形成证据指引,最终统一裁判标准。借助四机关司法数据互联共享平台,确保刑事证据在侦查、公诉、审判、执行全过程中始终发挥刚性作用,从源头上最大限度地防范四机关之间因证据信息不对称而导致的冤假错案。一方面,固定定罪量刑的关键证据类型,从侦查阶段起便作必备规范,从形式上保证案件的必备证据齐全;另一方面,在兼顾不同机关工作职责和特点的基础上,统一定罪量刑的关键证据证明要素和形式要件,从实质上确保证据的收集和审查符合审判阶段认定事实的要求。以减刑假释案件为例,通过统一案件的数据标准和证据口径,借助法院与监狱之间司法数据直通②实现线上办理,大大提高了办案效率,节约办案资源。如遵义中院凭借互联平台,仅 1 位法官即可处理过去需要 3 位法官完成的案件量。

在此基础上,将统一的证据规则和要求嵌入刑事案件办理的数据化流程,充分发挥数据自身的“筛子”③功能。即通过识别其是否为统一证据、判断其是否符合要求,自动筛选证明力强且审判环节所需的规范证据,并将具有明显瑕疵和证据不全的案件拦截于侦查或者公诉阶段如图 7-3 所示,从而借助计算机辅助系统技术机制性地防止冤假错案的发

① 习近平:《关于〈中共中央关于全面推进依法治国若干重大问题的决定〉的说明》,载新华网:http://news.xinhuanet.com/politics/2014-10/28/c_1113015372_3.htm,2017 年 9 月 20 日访问。

② 截至 2017 年 6 月,贵州法院与监狱系统的数据直通建设尚未全部完成。因此,目前仅数家监狱的相关司法数据与法院互联共享。

③ 在日常生活中,筛子常指一种用竹片等材料编制的有漏孔的生活用具,小颗粒可以通过漏孔分离出去。其可被定义为,通过一定的动力作用将物质按照颗粒大小进行分离的一种多孔状结构。此处借喻筛子的过滤功能。

生。当然,该技术手段不仅成为力戒冤假错案的有力屏障,而且也是提高办案质效的强力助器。如花溪法院通过贵阳市政法系统协同办案平台,自动拦截不符合统一证据规范要求的案件,确保了侦查案件质量,避免了案件“定放两难”的窘境,有效防止事实不清、证据不足或者违反法定程序的案件“带病”进入审判程序,造成起点错、跟着错、错到底。截至同年 6 月 23 日,该法院运用该系统后没有出现因证据要素不齐公诉到法院后再被退回的情况。① 从已立案 108 件案件来看,审结 101 件,其中 15 件案件被告人以量刑过重为由提起上诉,经二审已退回的 4 件均维持原判。综合数据分析,应用政法协同办案系统后,与去年同期相比案件审理体现“两高两降”。即结案率为 93. 52%,同比上升 18. 06 个百分比;服判息诉率 85. 12%,同比上升 2. 19 个百分点;上诉率 14. 85%,同比下降 2. 22 个百分点;审理周期 12. 34 天同比缩短 2. 29 天。由此可见,系统已充分发挥了对关键证据不可替代的把关作用。

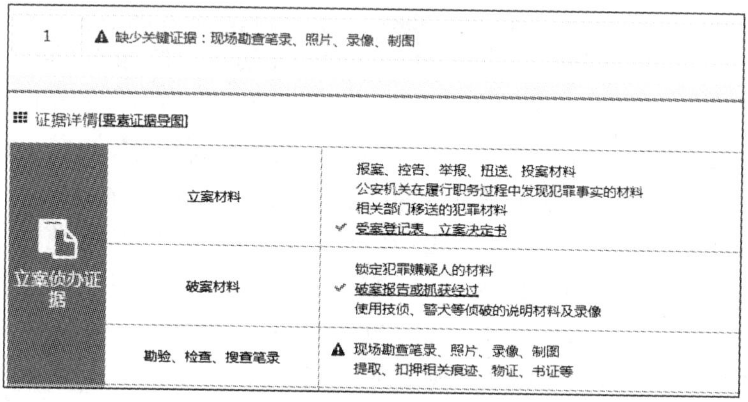

图 7-3　贵州高院智能辅助审判系统证据分析界面截图
(说明移送案件证据不全等情况)

(三)建立智能辅助,减负增能提效率

依托案由模型,建立“智能审判辅助系统”,辅助法官对 80%的简易案件进行要素式智能审判,使审判效率得到质的提升。该系统在案前准

---

① 2016 年 3 月试运行“政法协同办案系统”以来,贵阳市花溪区检察院审查批准逮捕和审查起诉的平均用时同比分别缩短 23. 5%和 44. 7%,案件退侦率同比下降 45. 7%,因证据不足不批准逮捕率同比下降 25%,没有出现证据不足不起诉案件,法院已判案件均为有罪判决。

备阶段可以帮助法官迅速完成当事人基本信息等的登录,在审判环节又可通过自动提取、自动分析、自动归纳案件事实、自动生成裁判文书模板。变部分审判活动的手工劳动为智能劳动,将大量繁杂的、重复的、程序性等不具有智力创造性质的事务性工作从法官身上剥离,从而大大减轻法官的工作量,让法官集中精力处理审判核心工作,提高审判效率。[①]该辅助系统为法官"减负"并"增能"的功能深受欢迎。自 2016 年 10 月 20 日试用至今,4 家试点法院已登录 34326 次,日均使用量已达约 145 次。

(四)建立类案推送,统一尺度强公正

依托案由模型,建立"智能类案匹配推送系统",为法官提供类案比较、合法合理对比的"法镜",使法官站在"巨人的肩膀"上进行更为高效高质的审判。一方面,大数据可以对同类案件进行全案要素、权重比例、历史分析、个性化统计,可以将成文法律的要素、法律解释、司法解释、典型案例以及成千上万的同类案件进行分析比对,从而发现案件要素的相关性和审判的规律性。因此,根据法官审理的具体案件,相关"知识"推送系统直接为其精准推送类案和裁判法律依据,以案件的主要法律事实实行裁判尺度的相对统一,积极探索并解决类案类判的发现和处理路径。另一方面,根据法官受理的具体案件,适时为其匹配推送与案件相关的其他非法律专业知识,构建"伸手可取"的"虚拟"图书馆,将法官从浩瀚的信息海洋中解放出来,以提高法官学习业外知识的针对性和便捷性。如金融类的 P2P、建设工程的 PPP 模式等方面的专业知识,弥补法官案件专业知识的不足,提高判定案件事实的能力和水平。

(五)引入智能监督,柔性监督保廉洁

如前所述,传统的层级制案件质效监管和纠偏机制难以与改革后的组织结构、运行机制相"兼容",导致监督和纠错机制出现真空。为此,在放权于法官的同时,贵州法院依托案由模型,建立"智能提醒监督系统"。根据"放权不放任"的要求,借助信息技术所具有的随时记录、全程留痕、动态跟踪、开放透明的特点和优势,依靠人工智能铸牢"数据铁笼"和"制

---

① 详见本书第四章第四节"改革成效的典型个案分析"之"四、以司法大数据的审判技术强效率和公正"。

度铁笼”,防范司法腐败,促进司法廉洁。

一方面,智能决策辅助系统对所有案件的审判过程实施实时监控和全程留痕,即根据案件质量评查或者监督所需随时调看庭审录音录像,判断庭审是否规范、案件争议焦点是否查清。另一方面,利用已建立的刑事、民商事、行政、减刑假释案由数据模型,对案件进行审判结果类案偏离度分析,如图 7-4 所示。不仅即时提示审判结果偏离度偏高的裁判者高度重视并加强事实认定和裁判理由的说明说透,而且警示法院审判质量监管部门对偏离度较高、可能存在审判质量问题的案件及时启动复查程序,实现监督的全覆盖和无盲区。这种借助人工智能实施的监督方法,走出了过去“人盯人”管理方式的窠臼,建立了“实时监控”“偏离度分析”“24 小时服务”的线上监督和审判质量监管部门线下监督的四维监督模式,充分尊重法官人格,将“未雨绸缪”的管理与“润物细无声”的监督相结合,全程控制审判质量。

图 7-4 贵州高院大数据智能决策辅助系统截图(案件偏离度提醒)

经统计,4 家首批试点基层法院对 2016 年 3 月以来的 47614 件故意伤害、抢劫、抢夺、盗窃、强奸、毒品等案件进行了偏离度审查。共审查出偏离度较高[①]案件 2414 件,占被查案件总数的 5.07%,相关法院和法官均已作出合理说明。实践表明,人工智能技术能够实现对司法行为的即时性、过程性和系统性的监督管理,对于规范审判行为、防止审判权滥

① 计算计算机量刑与法官实际量刑之差值,数值高于 30%为偏离度较高。

用、杜绝办案主观性和任意性具有独到而重要的意义。

(六)开展模拟审判,明理释法定纷争

以贯彻司法为民为原则,依托案由模型,以广大民众为主要使用人和受益人,建立“智能模拟审判系统”。当事人根据规范化要求完成基本案件要素的输入之后,系统便依照事实和法律自动进行模拟审判,引导和帮助当事人形成合理的诉讼预期,增强当事人对裁判的认同程度,提高服判息诉率,减少上诉甚至闹访缠访,提升司法公信力。同时增进民众获得感,有效达到普法效果。

此外,正在推进中的诉讼服务中心信息平台改造,也将以信息化的手段进一步拓展司法为民的新领域和新渠道,进一步为群众提供更便捷、更低廉和更个性化的诉讼服务,让群众在尽可能少跑路、少花钱、少受累的过程中解决法律纠纷。

综上,司法大数据的应用的确如同组织结构及其运行机制的改革,是深化我国司改不可或缺的“第二翼”。此“翼”在维护司法公正、提高司法效率、筑牢社会正义、提升司法公信力方面具有不可替代的重要作用。在法院改革中,此作用主要体现为:一方面,强化组织结构及其运行机制在审判公正和效率中的实际功效,实现“有中生奇”。如搭建统一证据标准指引和要求的数据信息互联共享平台,在法院与检察院、公安、监狱四机关中实现案件信息数据互通共享,破解办案“任意性”。再如,在创立案由模型的基础上建立智能审判辅助系统,辅助法官对80%的简易案件进行要素式智能审判,使审判效率得到质的提升,破解审判“人案难平衡”。另一方面,“补白”组织结构及其运行机制在实现审判公正和效率中的固有缺陷,实现“无中生有”。例如,发挥统一证据规范的“筛子”功能,为冤假错案建立有力“屏障”,破解法院办案“定放两难”。又如,建立智能类案匹配推送系统,有效弥补法官案件专业知识的不足,破解“同案不同判”。再如,建立智能提醒监督系统,并借助案由模型进行审判结果类案偏离度分析,在充分尊重法官人格的基础上实现“防患于未然”实效的柔性监督。此外,由于大数据技术可以发挥司法信息对称、公开和共享的作用,因而其亦可在另外两个层面大展宏图、大有作为。一是让法院管理更为专业化和精细化;二是让社会各界获得更加廉价、系统和有针对性的司法服务。

第三节　展望未来　推动改革的无限潜力

在互联网、大数据、人工智能等数据日臻发展完善的当下，法院的司法改革恰逢其时，借助信息化技术推进法院的现代化发展既是历史机遇，更是大势所趋。

一、提升法院公信力　以数据压缩人治空间

正如孟建柱同志指出："要从全面推进依法治国的大视野审视信息化建设，以信息化引领人民法院工作现代化。""实践证明，信息技术对促进公正司法、提升司法公信力具有根本性的推动作用。信息化建设是人民法院工作改革发展的重要引擎，是提升司法公信力、建立公正高效权威社会主义司法制度的重要手段。"①基于此，通过对大数据进行深入分析，有利于准确呈现和把握符合我国国情的司法规律，进而以智能技术革命与体制机制改革"强强联手"，有效攻破司法体制改革中的难题，保持法院在审判工作上的活力。

二、提升法院前瞻性　以现在预测未来

深化大数据分析，借助当前掌握的案件情况、区域情况等数据，对未来的案件趋势进行预测，包括案件的数量、类型、难易程度等信息，并以此为依据，有的放矢地进行"未雨绸缪"，对司法资源进行调整优化，克服组织和机制的滞后性。同时，通过对预测案件情况，例如，非法集资、拐卖人口、制毒贩毒等刑事犯罪，环境污染等引起的民事纠纷、政府具体行为导致的行政诉讼等，分析各类社会矛盾的始发原因、聚集地区、多发人群等，合理评估社会治理过程中可能存在的风险和可能发生的矛盾，及时向政府及其有关部门反馈，有效支持政府决策科学化。

---

①　参见罗书臻：《孟建柱在最高人民法院调研时强调　以法治化引领信息化　推动人民法院工作现代化　促进司法公正　提升司法公信力》，载《人民法院报》2014年12月5日，第1版。

三、提升法院能动性　以司法反馈立法

针对一定时期内某一具体法律法规规定在案件中的适用情况,通过构建大数据模型对其实施效果进行科学、权威的评价;针对一定时期内某一类特定案由适用法律法规的情况,通过开展匹配度和偏离度分析,发现不同法律法规之间可能存在的不协调之处。在此基础上,形成专题司法意见,为法律法规的修改完善提供有力的参考。

四、提升法院创新性　以技术解放生产力

进一步发展人工智能在审判工作中的应用,为智能审判系统赋予更多功能,如在线立案、在线审判、在线“客服”、庭审语音识别等,加强系统自我学习能力和交互沟通能力,进一步提高审判的公正和效率,在确保审判质量的前提下提升法官单位时间的办案数量,真正实现人案动态平衡。

结　论

一、贵州法院改革方案的落地特色

作为经特别批准的"后上车"司改试点省份，改革之初的"贵州方案"是全面贯彻实施中央确定的以完善司法责任制为核心的四项改革任务。之后，贵州法院充分尊重管理共性和司法规律，紧密联系本地实际，能动地创新实践了动态员额制、繁简分流制以及人工智能辅助制，从而在组织、机制和技术三大层面收获了突破性的、共识性的改革成果。

(一)组织结构的实创新——以案定员的动态员额制

组织功能的有效实现要求组织结构的恰当安排，不同的组织结构与组织功能的实现之间具有完全不同的契合度。法官员额制改革是法院组织结构改革的重中之重，是提升办案质效、实现公平效率的组织保障。

贵州在推进法官员额改革实践中，在现行法制框架内坚持按司法规律配置司法人力资源，率先提出并实践"以案定员"的动态员额制。该制度坚持"以案定员""严控比例""动态调整"三者有机结合、协调推进，即在政法专项编制 39% 以内，以案件数量及其特点等为主要依据，确定全省各法院的法官员额数，并根据案件增减、类型变化以及人员变动等情况定期对全省各法院法官员额数量进行适当调整，允许员额法官在规定范围内流动，以实现法官队伍正规化、专业化和职业化,夯实高效而公正审判的组织基础。

在此项实践中,贵州法院创造性地构建了"以案定员"数量关系模型,精准匹配"案""员"间量化关系。同时,坚持"业务优先",将最优秀的审判人才遴选入额;坚持"额随案走",向基层及办案一线倾斜员额指标;坚持"员额储备",确保改革的可持续性;坚持"多元退出",疏通员额出口。

2016 年 10 月,贵州省完成员额法官的首次遴选。共遴选员额法官 2742 人,占全省中央政法专项编制数 9761 人的 28.09%;其中,贵州省高院员额占比为 24.03%,中院为 30.39%,基层法院为 27.99%。

2017 年 6 月上旬,贵州省范围内首次员额法官的动态调整正式启动。根据测算,全省将增补员额法官约 100 名,员额法官的比例增至 29%上下,距离 39%的封顶线仍有 10 个百分点的"结余"。其中,贵州省高级人民法院、中级人民法院和基层法院的法官员额比例将分别升至 27%、31%和 29%左右,分别距离中共贵州省委全面深化改革领导小组计划的 33%、36%和 40%,①"结余"了近 6 个、5 个和 11 个百分点。

实践表明,贵州法官员额的动态设计已初步实现并将继续释放"四个转变"的制度红利。即通过"人案匹配",实现法官员额从相对静态平衡向绝对动态平衡转变;通过"限量精审",实现审判公正和效率从单方倚重向双方兼顾转变;通过"额随案走",实现司法资源配置调整从绝对滞后向相对同步转变;通过"职业保障",实现法官队伍从当下职业化向未来精英化转变。

"以案定员"的动态员额制探索获得了预期的成效,中央也充分肯定了贵州试点的制度贡献。2016 年 5 月,中央政法委副秘书长姜伟到贵州调研时指出:"贵州确定的以案定员、以案定补是科学的,对中国未来员额制改革有重大影响,应当把贵州法院经验转化为国家的制度安排。"②

---

① 详见《贵州省司法体制改革试点工作方案》(黔政法〔2014〕115 号)。

② 根据贵州省高级人民法院提供的会议录音整理。相关内容也可参见《中央政法委调研组到贵州调研司法体制改革试点工作》,载贵州省人民政府网:http://www.gzgov.gov.cn/xwzx/jrgz/201605/t20160519_400057.html,2017 年 6 月 20 日访问。

2016 年 7 月 18 日,时任中共中央政法委书记孟建柱同志在吉林召开的全国司法体制改革推进会上指出:“要针对试点过程中暴露出来的问题,进一步完善政策,最大限度激发全面推开司法责任制改革的内生动力”,“我国地域辽阔,不同地方经济社会发展水平差异大,在确定法官检察官员额比例和基数时不宜一刀切。”①

(二)运行机制的新探索——繁简分流的审判资源配置制

组织功能的有效实现也要求组织运行的恰如其分,运行机制的再造质量直接影响着系统功能的实现程度。案件审判的繁简分流机制是法院机制运行改革的关键一环,是提升办案质效、实现公平效率的机制保障。

在有效应对“案多人少”痼疾的综合改革中,贵州根据基层法院约80%的案件为简易程序案件的特点,探索建立起以“繁简分流、简案快审、繁案精审”为核心的“繁简二八分流”审判模式,通过“分流配案”和“分类审案”,实现“简案高效”和“繁案高质”。如今,贵州的繁简分流机制不断得以完善,分流逐步向两端延伸,顺次贯穿调解、立案、审判、送达、执行等诸环节。其中,在“分流配案”中,以案件类型、诉讼标的、可能裁判结果等为依据,在立案环节对案件适用程序进行分流,并将分流向前推移,在立案前对案件进行“诉非分流”,从源头加强矛盾纠纷的多元处理。在“分类审案”中,按照“简案快审、繁案精审”的原则,对案件事实和争点进行分流,并将分流向后拓展,覆盖裁判阶段的“裁判文书繁简分流”、送达阶段的“裁判文书送达分流”、执行阶段的“不同执行方式分流”。通过“多面向、全流程、规划化”的繁简分流机制,使司法资源更有适配性、集约性,审判效率与公正的实现更具可及性、平衡性。

实践表明,贵州繁简分流改革呈现出明显的制度优势,与改革目标具有相当的同向度。

第一,优化了审判资源的配置。实现办案人员、案件数量以及诉讼程序有机高效的无缝衔接,最大限度地释放办案潜力。2016 年收案量增至 45.32 万件,比 2012 年至 2014 年的年均值净增加 20.10 万件,法官年

① 参见李阳:《孟建柱在全国司法体制改革推进会上强调 统一思想增强信心攻坚克难 坚定不移推动司法责任制改革全面开展》,载《人民法院报》2016 年 7 月 20 日,第 1 版。

人均办案量增加至165.28件,与改革前相比增加3.6倍,在相当程度上有效解决了收案骤增、法官减少而加剧的人案矛盾。

第二,兼顾了审判质效的提升。不以牺牲公平追求效率,不以放弃效率恪守公正的设计聚合叠加,形成良性“聚变”效应,使公平正义既不“迟到”,更不“打折”。一方面,畅通“简案高效”的“快车道”。通过对类型化办案流程进行简化再造、对衔接机制进行理顺畅通,使“六个当日”的实现成为可能,即当日立案受理、当日确定开庭日期、当即开庭审理、当庭宣判、当日送达法律文书、当日执行,达到减轻当事人诉累、提高法官办案效率、节约司法资源的三大层面效率。相比2014年,2016年贵州全省各法院的法定审限内结案率上升了4个百分点达至九成八,一审简易程序适用率增加3个百分点,当庭裁判率和当庭送达率分别增加了3成和6倍,法官人均结案数增加七成。2016年轻刑快审试点法院的平均审理时限和平均当庭裁判率分别改善了四成和八成七。另一方面,提高“繁案高质”的“生产力”。通过推行庭前会议制度和院庭长办案制度加强法官联席会咨询功能、慎用审委会讨论决定案件权力,以“精兵”“强将”“智库”提升审判质量的精细度,将“好钢用在刀刃上”。2016年试点法院的院、庭长人均办案数达到164件,较改革前提高了六成,较同期对照法院高出八成。相比2014年,2016年贵州全省法院的上诉率下降4个百分点低于一成,申诉率不足百分之一,二审改判发回重审率降低2个百分点,生效案件服判息诉率逾九成九。

第三,“繁简分流”的改革思路及其制度实施充分释放了原本不高的法官生产力。这一制度创新被吸纳进顶层设计之中。时任中共中央政法委书记孟建柱在2016年初中央政法工作会议上充分肯定贵州法院“用20%的司法人力资源办理80%的简易案件,用80%的司法人力资源办理20%的疑难复杂案件,提高了司法资源配置质量和效率。”①同年9月,最高人民法院发布《关于进一步推进案件繁简分流优化司法资源配置的若干意见》(以下简称《意见》)。在召开新闻发布会介绍相关内容时,该院司法改革领导小组办公室负责人在谈到“《意见》是总结地方创

① 孙春英、周斌、蔡长春:《政法会上展现诸多亮点经验,“工作特产”受到孟建柱点赞》,载《法制日报》2016年1月23日,第2版。

新做法的重要体现”时,专门提到了贵州法院“对繁简分流改革进行了有益探索,形成了许多宝贵经验”。[①]

(三)信息技术的深融合——大数据和人工智能的辅审强督制

随着司法体制改革的深入推进,组织和机制改革所带来的边际效用逐步递减。面对案多人少、放权任性、尺度不一、知识爆炸等新老难题,贵州法院紧紧把握时代机遇,以需求为导向、以应用为核心,稳步推进大数据和人工智能等现代科学技术在审判工作中的深度应用,与组织和机制的改革一起形成“车之两轮,鸟之两翼”,合力实现高效司法与公正司法。

一方面,“强化”组织结构及其运行机制在审判公正和效率中的实际功效,实现“有中生奇”。一是搭建信息互联共享平台。首创统一证据标准指引和要求的数据信息平台,在公、检、法、监狱四机关中实现案件信息数据互通共享,破解办案“任意性”;建立与协助执行单位点对点信息互通共享平台,联手建立失信被执行人的查控系统、惩戒机制,破解案件“执行难”。二是建立智能分案系统。在案件管理系统中嵌入智能分案功能,建立完善分案再平衡机制和人案平衡关系调整机制,使案件的数量和难易程度与承办人能力相适应,破解案件“质效难两全”。三是创设智能审判辅助系统。在创设各种案件的案由模型基础上建立智能审判辅助系统,辅助法官对80%的简易案件进行要素式智能审判,集中时间精力聚焦案件的争议焦点和法律适用,提高审判质效,破解审判“人案难平衡”。

另一方面,“填补”组织结构及其运行机制在实现审判公正和效率中的固有空白,实现“无中生有”。一是发挥统一证据规范的“筛子”功能。将统一的证据规则和要求嵌入刑事案件办理的数据化流程,自动筛选证明力强且审判环节所需的规范证据,拦截具有明显瑕疵和证据不全的案件,为冤假错案建立有力屏障,破解法院办案“定放两难”。二是建立智能类案匹配推送系统。通过对同类案件进行全案要素分析,为法官直接推送办案所需的相关知识,包括类案、裁判法律依据等,有效弥补法官审案专业知识的不足,破解“同案不同判”。三是建立智能提醒监督系统。

---

① 徐隽:《简案快审 繁案精审》,载《人民日报》2016年9月14日,第11版。

根据“放权不放任”需求,借助该系统对案件审判过程实行实时监控和全程留痕;借助案由模型对审判结果进行类案偏离度分析,以此为“镜”,即时提示偏离度较高的裁判者重视并自查,警示监管部门对可能存在审判质量问题的案件适时启动复查程序,以更柔性的监督全面实现审判质量的“防患于未然”。

此外,挖掘大数据技术在法院管理和服务方面的潜力,实现“大展宏图”。一是扎实推进法院精细化管理。构建“以案定员”的法官员额数量关系综合模型,通过量化关系科学测算员额法官应配数,推进动态员额制的落地;建立绩效考核指标权重体系,通过大数据技术建立以案件数量、难易程度、办案质效和外部评价为考核标准的综合考核体系,形成符合审判公正和效率要求的激励导向。二是主动敞开社会监督网。搭建审判流程公开、裁判文书公开、执行信息公开等三大平台,筹建律师服务平台和人大、政协沟通平台,倒逼办案规范和审判质量,提升人民群众对公平正义的感受度。三是积极优化诉讼当事人服务。部署利用公开平台定向公开,在立案、审判和执行各个环节向诉讼当事人推送相关动态信息,为其提供便民服务。四是建立智能模拟审判系统。引导和帮助当事人形成合理的诉讼预期,增强当事人对裁判的认同程度,更好实现服判息诉和体现法律理性,增进民众获得感,达到释法明理的效果。

信息化建设是人民法院工作改革发展的关键抓手,更是进一步解放和发展办案生产力,升级审判生产方式的至要引擎。因此,时任共中央政法委书记孟建柱同志在贵州调研时充分肯定该省法院这一探索,“要把科技创新与司法体制改革融合起来”,“通过强化大数据深度运用……既提高审判效率,又促进司法公正。”①

总之,“贵州法院改革方案”的三大落地特色相得益彰。动态员额重在提升审判权行使中审判主体的专业性和弹性张力,繁简分流旨在解决审判权运行中有限审判资源的合理配置及其结果优化,人工智能等技术的导入提高了审判主体的生产力,发展了审判活动中的生产关系,让审判主体的审判活动成效呈几何倍速增长。“三驾马车”“鸟之两翼”,让

① 李阳:《孟建柱在贵州调研时强调　善于运用科技创新成果　不断提升政法综治工作智能化水平》,载《人民法院报》2016 年 9 月 23 日,第 1 版。

法院的改革走出新天地,让审判的公正效率再上新台阶。

二、贵州法院改革蓝本的评估结论

两年多来,贵州法院致力于组织结构和运行机制改革的探索,致力于信息技术对推进和保障改革的创新。有的做法已为国家顶层设计所吸纳,有的实践正在成为国家的制度安排,也有的经验被其他地方参考借鉴。

即便如此,仍当以司法体制改革顶层设计的核心目标取向以及宪法法律赋予人民法院的职责——坚守公正、提高效率作为评判标尺,客观并系统评价贵州地方法院的在兑现"应然追求"方面的"实然效果",以进一步探索既能"关照"我国政治制度、意识形态等本土国情又能实现司改成效最大化的"中国规律",更好地服务于"全国整体"法院深化改革的大局。

评估选用实证分析法中的定量研究为主、兼顾个案定性,以系统并充分说明基于10家样本法院之结论的代表性和典型性。定量研究以百分比计算和T检验等数理统计方法为工具,将60项反映"公正审判"和"审判效率"(以下有时简称为"公正"和"效率")的一级、二级和三级指标作为评估内容,通过对试点法院改革前后的自身纵向比较和对改革后试点法院和对照法院的横向比较,研究并揭示隐藏数据背后的贵州法院改革举措与改革成效间的相关性。评估的主要结论是:

第一,质效双收——试点法院的总体成效显著提升。①

经过短暂两年的努力,司改为提升贵州法院审判的效率和公正带去强大的"动力"和"功率",试点法院的总体成效非常显著。一方面,与2016年的非试点法院对比,公正和效率指标具有显著优势(P=0.000)。在60项三级指标中,试点法院优于对照法院的共50项,占比八成三,其中呈现显著优势的有9项。另一方面,与2014年的自身相比,效率和公正指标呈现明显提升(P=0.000)。45项三级指标优于历史同期,占比七成五,其中显著提升的14项。

---

① 详见本书第四章第一节表4-1《贵州十家样本法院21项"审判效率"指标简表》和表4-2《贵州十家样本法院39项"公正审判"指标简表》,第79~86页。

第二，提速增效——试点法院的审判效率显著加快。[①]

试点法院在改革后的审判效率全线提升，成效突出。T检验显示：试点法院在“审判效率”一级指标上变化非常显著，既表现为2016年较对照法院的突出优势（P=0.000），也体现为改革后自身的明显优化（P=0.000）。其中在“审判独立”、“司法为民”方面“见效”快而全面；在“审判规范”和“优化配置”方面也取得“压倒性”优势。在21项反映效率的三级指标中，近八成指标自身提高并优于非试点法院，其中一半指标具有显著差异。可见，改革通过多项举措的叠加由内而外地产生出势头强劲的“倍数效应”。

效率的提升体现在审判过程的所有环节，环环相扣。在立案阶段，全面落实立案登记制，当场立案率从不足六成提高到近九成六，高于对照法院13个百分点。在审前阶段，主动作为压缩办案期限，审计鉴定评估平均天数从80天降至25天，低于对照法院35天。在审理阶段，严格把守审判规范关，法定审限内结案率逾九成九四，超出对照法院4个百分点。在裁判阶段，力推案件“速战速决”。当场裁判率从不足三成九提高到超四成七，高于对照法院11个百分点；当庭送达率从不足一成九提高到近三成，高出对照法院10个百分点。在执行阶段，加大案件执行力度，法定执限内结案率有所上升，但案均执行周期远远少于对照法院32天。

第三，保质增能——试点法院的审判质量显著提高。[②]

试点法院在改革后的公正审判持续提升，成效明显。T检验表明：“公正审判”一级指标相较于同期对照法院（P=0.000）和改革前自身（P=0.001）都有显著提高。其中，在“审判公开”和“人权保障”方面变化明显，立竿见影；在“审判规范”方面虽有三成指标略有退步，但仍都明显优于对照法院，可见在案件数量和难度等“外部”制约因素呈数量级加大的掣肘下，法院的“内生”应对能力和水平却在显著提升；在“司法为民”“社会服务”“司法廉洁”等方面，两组法院的表现均十分“抢眼”，但试点法院的优势仍胜出一筹。可见，改革已产生并将继续释放出强大的

---

① 详见本书第四章第二节“‘审判效率’的实效解析”。

② 详见本书第四章第三节“‘公正审判’的实效判断”。

"功能辐射"效应。

公正的加固加速取决于对审判质量的逐层把关,层层叠加。一是以审判独立为前提。独任和合议庭直接裁判率从三成二升至八成五,高于对照法院37个百分点,让不当干预无处可循。二是以审判公开为推力。一审案件陪审率提高约14个百分点达九成三,比对照法院高19个百分点;二审开庭审理率上升3.5个百分点超过二分之一,是对照法院的1.6倍;裁判文书上网率升幅22个百分点逾八成二,较对照法院超出三分之一,使司法权威"深入人心"。三是以程序规范为依托。行政机关负责人出庭应诉率达两成,较改革前翻了近7倍,较对照法院高出1倍;上诉率下降的同时,二审发回重审率下降近2个百分点,二审改判率降了一半,申诉率下降三分之二,裁定再审率仅为对照法院的三分之一,生效案件发回重审率降至百分之一以下,促程序和实体双公正。四是以定分止争为导向。生效案件服判息诉率高达99.71%,接近满分;裁判自动履行率上升11个百分点逾八成五,比对照法院高1倍;执行标的到位率为四成三,是对照法院的2.6倍,让当事人"服判息诉"。五是以人权保障为原则。刑事案件辩护率提高二分之一达六成七,比对照法院高1倍;认罪认罚从宽适用率达八成三,较对照法院高一半,兑审判权基本使命。六是以司法廉洁为底线。廉洁投诉办结率达十成,试点法院违法违纪数为零,行审判监督"防微杜渐"。

第四,落地生根——在每一案件中获得效率与公正。

审判效率提升和公正加速的司法改革红利,不仅体现在抽象的指标及其数据上,更直接反映在具体的个案和裁判文书之中。

试点期间,贵州全省法院皆在提升审判质效之路上上下求索,佳绩频频。[①] 速度更快者,如遵义市红花岗法院审理任某某盗窃案,适用"轻刑快审"审判方式,庭审时间仅8分钟。这一"缩影"证实了办案效率和服判息诉同样可以在司法资源的节约中完美实现。程序更严者,如贵阳市中院审理的原告丁某某诉被告贵州省人民政府资源行政管理土地行政复议案件,落实行政机关负责人出庭应诉的要求,时任贵州省副省长陈鸣明同志成为全国首位出庭应诉的省级行政领导。这一"典型"改变

① 详见本书第四章第四节"改革成效的典型个案分析"。

"告官不见官"的传统并在钝化"官民"矛盾的同时有效树立了司法权威。公开更多者,如清镇环境保护法庭审理的贵州省人民政府、息烽诚诚劳务有限公司等申请确认有关生态环境损害赔偿调解协议效力的案件,通过公示协议内容的方式进行"实质审查"。这一"创举"体现了审判程序提升审案效率、保障实体公正和树立全社会法治意识的工具价值。审理更精者,如汇川法院审理梅某等非法吸收公众存款案,面对事实认定、社会影响之"繁",充分发挥"繁案精审"的制度优势,由法院副院长亲自"挂帅"组建合议庭,庭前召开两次会议,分别论证非法证据排除、回避、管辖等案件的事实和争点;庭中依申请启动非法证据排除程序,通过侦查人员及证人出庭、认罪认罚从宽适用等程序确保庭审实质化;庭后优化文书质量,加强文书的说理性,形成长达 103 页、逾 6 万字的判决书。真正做到将事认清、将法释明、将理说透。这一"精审"切实达到了个案公正、社会祥和的效果。技术更强者,如安顺市西秀法院审理的被告人龙某某故意伤害案,借助智能审判辅助系统,以公检法之间数据信息共享节约时间,以类案推送统一尺度,以实时监控加强监督。这一"智能"实现了为法官减负和增能、为当事人预判和为公众普法的效果。

在审判"流水线"再造和生产"法官"精英化的基础上,贵州试点法院判决书的"产品"质量亦随之有所进步。① 其中行政判决文书的制作质量尤为显著,民事判决文书次之。体现实体正义指标的"文书首部"、"事实认定"、"结构布局"和"法条援引"等文书实质要件皆有明显提升,充分反映了法官在案件审判和文书制作中对"以事实为依据,以法律为准绳"的高度重视。同时,判决书中的"裁判理由"要件也有较大进步,体现出法官对"辨法析理,胜败皆服"的自觉和不懈追求。

综上所述,对贵州法院两年多改革成效的实证研究证明:提高司法公信力、提高社会公平正义的法治中国供给侧改革目标正在"贵州蓝本"中得以扎实和可喜的兑现。中央政法委领导对此予以高度肯定:"贵州虽然是西部欠发达地区,但改革精神强,司法体制改革切入准、措施实、成效好。希望贵州积极探索、勇于实践,坚定不移地推进司法体制改革

---

① 详见本书的附件《贵州法院改革前后判决文书质量评查》。

试点工作，切实提高司法质量、效率和公信力。”①

三、深化改革的攻坚难题和对策要点

本课题组结合贵州法院的改革实践，从全局的角度，就进一步深化司法体制改革，打好打赢攻坚之战提出若干建议。

（一）深化司法体制改革的若干策略

1. 让“齐步走”与“先行先试”相结合

司法属于中央事权。作为法治领域中极其深刻的供给侧改革，司法体制改革事关国家治理和社会稳定全局，因此，必须继续坚持中央对司法改革的主导与部署。同时，改革进入攻坚期和深水区后将面临的阻力更大、成本更高、成效更难把握。因此，在保持改革锐气和坚守高度责任的同时，建议中央保持顶层设计的适度弹性，上下联动，采取多种力度的授权以深入推进改革纵深发展。除目前已采用的单项授权和综合授权，即针对单项改革举措授权部分地方进行“试运行”或者在顶层设计的框架内允许有条件的地方开展综合试点之外，建议经由全国人大常委会授权，设立省一级的司法体制综合改革试验区，即在顶层设计“留白”的前提下，允许个别省份有条件地突破法律和政策的限制进行体制性探索。

2. 让“破旧立新”与“坚守底线”相统一

坚持将改革大业与法治建设高度统一起来，确保改革在法治的轨道上运行。一方面要坚持重大改革于法有据。在用好用活现有法律制度的基础上，谨慎“变相”且“方便”改动法律规定。建议全国人大常委会依法“释法”，以有效实现依宪依法改革。另一方面要适时将经过实践检验的改革成果法定化。建议加强立法衔接、及时依法“变法”，实现破与立的有机统一。考虑到改革所涉及的《人民法院组织法》的修改为全国人大的立法权限，建议尽早启动修改程序，争取在 2018 年 3 月全国人大会议期间完成修改。同时，因改革关乎《法官法》和部分诉讼法的修改，建议根据《宪法》和《立法法》的规定，由全国人大常委会承担此变法

---

① 李阳：《孟建柱在贵州调研时强调　善于运用科技创新成果　不断提升政法综治工作智能化水平》，载《人民法院报》2016 年 9 月 23 日，第 1 版。

重任。

3. 让“各个击破”与“双管齐下”相协调

司法的去行政化与去地方化应当兼顾整体性同步和策略性侧重。司法的“行政化”与“地方化”相互强化,去除过程中应当兼顾整体性同步,不能顾此失彼。然而,行政化主要源于司法系统内部,而地方化则更多涉及司法系统外部。因此,课题组建议,从对症下药的难度和获得成效而言,在齐头并进的同时,当下主攻去行政化或许是更为策略的安排。其中,司法的去地方化牵涉全社会的上下左右、方方面面。制度设计中必须高度重视合目的性和可行性、理论和现实的高度统一。司法去行政化的本质在于强化审判独立。由此,审判独立经由法院整体下沉到合议庭甚至法官单体或许也可作为一个选项议题而尽早提上议事日程。建议尽早着手研究其合(法)理性、合法性和可行性,为司改深化进行智力储备。

4. 让“多元治理”与“司法终局”相照应

倡导“社会矛盾,社会解决”的综合治理理念,充分发挥社会自净功能和多元纠纷解决机制的作用,确保社会矛盾得到多样化、低成本、少张力的化解,确保法院始终处于矛盾化解的最后一道防线。其中,多元化纠纷解决机制的制度设计必须与司法权威、审判独立、裁判终局的司法规律并行不悖。

5. 让“向前冲”与“回头看”相呼应

改革既要勇于探索创新,“敢为天下先”;也要求真务实,“行宜重足下”。改革的过程中要加强做法以及成效的总结评估,加强对改革设计以及方案的审视调整,以实践检验成效,又以改革经验和问题审视进行改革方案的调整。在评估对象上,将首批7个试点省份的评估和全国范围评估相结合;在评估内容上,重视单项改革的成效和整体综合成效的结合;在评估时效上,重视阶段评估与长期评估相结合;在评估主体上,倚重体制内评估与引入体制外第三方评估相结合;在评估方法上,加强定性评估与定量评估相结合;在评估原则上,坚持过程简便与结果明了相结合。

（二）深化司法体制改革的若干见解

1. 员额制改革要重视“未入额”和“超额”法官的妥善分流[①]

作为一项基础性制度，法官员额制这一“细胞”的再生切实推进了法官队伍的职业化、专业化和精英化，也直接提升了法院这一“生命体”在自我进化后的司法能力和能量，更关乎这批在深刻的法治中国供给侧改革中的主体更好地履行高效而公正审判的法定职责。

然而，后续国家层面的顶层设计上似乎应当高度重视并绸缪应对两大“分流”问题，即如何分流当下相当规模的“存量”法官——未入额的原在编法官；如何处理未来数量不小“增量”法官——入额的“超额”法官。[②]

课题组建议：对未入额之近忧和超额之远虑的破解，可以从两方面着手：

一方面，多元化拓宽法官分流渠道。探索设立限权法官制度，负责治安、家事、小额诉讼等简单案件的处理；建立员额法官“评聘分离”制度，解决非因个人原因暂别审判一线而超额的法官去留问题；疏通全国区域间和省内上下级法院之间法官交流渠道，使发达地区或上级法院未能入额的优秀法官参与基层或偏远地区的员额遴选；打开向外输送和交流优秀法官的通道，推动依法执政、依法行政；试点法官的附条件退休制度，将其作为国家层面分流因改革而必然产生未入额人员的一种治本之策之选项。

另一方面，系统配套辅助人员职称序列改革。将法官助理纳入专业技术类公务员管理，尽早建立法官助理的单独职务序列及薪酬制度，并同时设立专门的技术职称任职资格。激发法官助理对职业发展的正向期盼，提升其职业荣誉感和使命感，牢固构建拴心留人、广聚人才的机制。

---

① 详见本书第五章第二节“标本兼治：多‘元’组织结构丛的理顺”中的“一、未入额法官和超额法官的分流当多元拓宽”。

② 关于已入额法官可能成为“增量”多余人员的原因和实例详见本书第五章第二节“标本兼治：多‘元’组织结构丛的理顺”的相关分析。

2. 审判团队改革要避免“叠床架屋”①

审判团队的改革通过去行政化促进了法官独立审判，也依靠集约化的审判资源优化配置强化了团队的办案力量，对建立健全符合司法规律的审判权力运行机制带来显著成效。

然而，审判团队运行也存在明显不足。在制度层面，一是法官可能承担责任瑕疵，司法责任制难以完全落实；二是审判团队尚属“非法生”，并无承担法定之责的主体资格。在实践层面，一是科层组织“叠床架屋”，增加管理成本，二是人员配备“捉襟见肘”，削弱审判合力优势，三是权责清单“模糊未清”，影响团队运转，四是审判庭长“有权无力”，导致履职困难。

对此，课题组建议，应当通过强化制度自洽，重视既有相关制度对接和给未来制度留下接口，以及加强改革的协同落实，或作顶层设计上的安排，或启动相关法律的解释或者修改，②以对审判团队制度作出更为系统、整体和可行的完善对策。具体建议包括两个面向的 5 项制度安排或调整：其一，继续保留刑事、民事等“审判庭”的设置但仅司管理监督之责；其二，继续试点审判团队但须行机制整合，在理清并恰当定位独任庭和合议庭、审判团队、刑事庭等审判庭分别为法院的“审判组织”、“办案组织”和“行政组织”的基础上，规范团队权责、细化组建方式、同步职务序列改革、创新管理机制。

3. 审判委员会改革要重视性质和功能再定位③

审判委员会是我国人民法院特有的组织结构。从 1979 年再次设立至今，审判委员会制度在解决司法资源匮乏、提高法官审判能力、防止法官滥用权力等方面发挥了不可忽略的关键作用。由法院党政领导组成的审判委员会在把控政治方向、保障政治安全方面发挥了必要的领导作

① 详见本书第五章第二节“标本兼治：多‘元’组织结构丛的理顺”中的“二、审判团队的组建当谨慎探索”。

② 关于完善审判团队制度的法律解释或者法律修改的具体建议条文，详见本书第五章第二节“标本兼治：多‘元’组织结构丛的理顺”中的“二、审判团队的组建当谨慎探索”上的相关内容。

③ 本书第五章第二节“标本兼治：多‘元’组织结构丛的理顺”中的“三、审判委员会的定位当还权赋能”。

用,也在减少死刑、保障人权以及审慎处理群体性案件等方面发挥了重要的专业作用。

然而,随着法治进程的发展和司法体制改革的攻坚,审判委员会审判职能行使的非亲历性和不可追责性的固有缺陷日益凸显。

课题组建议,紧密结合司法责任制的改革,在顶层设计和相关法律修改中重视审判委员会的性质再定位以及还权赋能两大问题,以确保审判委员会的作用优化更符合我国国情和司法规律。

首先,一分为二地厘清《人民法院组织法》有关审判委员会的职责规定。该法规定了审判委员会的法定职责,但却未明晰其职权行使结果的法定效力。课题组认为,审委会的主要职能应当转变为专业咨询指导和程序性事项决定等方面。一方面,应当强调其审判委员会只是个案审判中的咨询者。审判委员会在"讨论重大的或者疑难的案件"时仅仅承担类似医院查房制和会诊制中的专业高级咨询者的角色,其意见对于主审法官及合议庭仅具有参考意义。作为司法责任承担者的法官及合议庭有权不遵从审判委员会的咨询意见。另一方面,应当明确审判委员会是规则制定中的决策者。审判委员会的另一个任务是"总结审判经验",而统一办案过程以及统一裁判标准的指引是其主要实现方式。法官应当遵循或者应当尽可能遵循审判委员会就此作出的相关决策。

其次,一以贯之地统一数部基本法律关于审判委员会的性质。《人民法院组织法》自 1979 年实施以来历经包括 2006 年的多次修改,但始终未赋予审判委员会如同独任庭、合议庭那样的"审判组织"的性质。在三大诉讼法中,《行政诉讼法》从未赋予审委会任何审判职能;1991 年修改的《民事诉讼法》废止了 1982 年该法面世时关于审委会的"审判组织"及其审判职能的规定,2007 年再次修改和 2012 年第三次修改后的《民事诉讼法》均延续了 1991 年的所有设计,依然不再赋予审委会审判权限;《刑事诉讼法》自 1979 年出台至今始终赋予审委会有条件地行使"讨论决定""重大或疑难案件"的权力。从长期的实践以及本轮改革的目标而言,即便审判委员会的组织构成优化到位,但若继续承担审判职能,并对个案进行闭门开会的议事方式和行政化决策的运行程序,依然难以避免如下三大问题:弱化合议庭作用的发挥;有违直接言辞、公开审判和独立审判的原则以及“审理者裁判,裁判者负责”的司法规律;妨碍司法问责的真正落地。因此,建议在点面结合地试“错”取消审委会审判职能的基础上,条件成熟时适时通过《刑事诉讼法》的修改全面彻底取消审委会的审判职能,将审判权完整回归合议庭和独任庭,真正实现“让审理者裁判,由裁判者负责”。

4. 繁简分流改革要重视多个接口的系统打通①

繁简分流机制是在不增加或者基本不增加审判资源条件下,通过对案件的甄别分类、类型化分流和类案集中连续审理,在一定程度上遏制了“案多人少”的痼疾,并在相当程度上减缓了制约审判质效提升的负面影响力。

为了继续放大繁简分流的制度红利,课题组建议,始终紧扣“该繁则繁,当简则简,繁简得当”的繁简分流的要义,始终围绕人、案两个核心要素,打通繁简分流的关键接口,最大限度地挖掘办案潜力,保障审判活动“马力全开”。为此,要在宏观和微观层面上重视多个接口的系统打通。一是同步打通主要制度和配套机制的关系,做强诉讼程序及制度等“制度丛”。二是系统打通运行机制和组织结构的关系,抓实组织结构精良化和审判组织专业化。三是动态打通简案与繁案的关系,强化最高人民法院和省高级人民法院对案件繁简标准的指导和规范;四是充分打通人力分案和“智能分案”的关系,创新分案过程的精准高效和分案结果的人案平衡。

5. 大数据以及人工智能的运用要行稳致远

贵州法院改革实践证明,科技能有效深入组织、机制所无法触及的问题盲区,获得后者无法企及的效用状态,在对组织和机制改革充分发挥“增益”效果的同时,轻松克服组织和机制创新所面临的固有障碍,从而事半功倍地实现改革的目标。当下,贵州法院尤其重视发挥大数据和人工智能的如下功效:一是以数据压缩人治空间,不断提升法院公信力;二是以现在预测未来,逐步提升法院前瞻性;三是以司法反馈立法,努力提升法院能动性;四是以技术生产力发展司法生产关系,持续提升法院

① 详见本书第六章第二节“系统协调:多‘化’权力运行机制的畅通”中的“一、简化立案:统筹外部分流和内部分流的关系”和“二、精化审判:打通繁简分流机制的多个接口”。

创新性。

展望国家以及司法体制改革的未来,人工智能助力治理体系、治理能力现代化不仅是大势所趋,而且也势在必行。人工智能以人类智力活动的模拟、再现乃至优化为其特征,并以其“拟人化”与“非人格化”的优势有效服务于人类当下乃至未来对司法公正和司法效率的不懈追求和永恒话题。所谓“拟人化”,是将司法活动中大量可重复、可替代的人力劳动交由计算机完成,诸如证据识别、语音转换、案件要素分析等,由此极大提高勉为法院及其法官其难的审判效率。所谓“非人格化”,是将符合法制和规律的刚性要求嵌入计算机流程,由此将人间所有任性、通融、上下其手、选择性执行乃至人情统统抵御于计算机系统之外,从而大大保障人们梦寐以求的公正。由此,以大数据、人工智能为代表的新兴技术一定将在我国司法体制改革和提升司法服务水平的历史进程中行稳致远、潜力无限、前景广阔、大有可为。

为此,课题组建议,各级司法机关务必从战略和全局的高度认识到技术的重要性,主动顺应时势,及时转变观念,尽早谋划、加大投入、着力挖潜、务求实效。

贵州的经验表明,改革充分激发了法院及法官的能动性和创造力,实现审判效率与公正的双重提升。只要我国法院坚定不移、心无旁骛地沿着既定的改革方向,发挥两个积极性,上下联动,可推广的改革经验、可持续的改革长效不仅可期而且可见,“让人民群众在每一个司法案件中都感受到公平正义”①的美好愿景一定能够尽早实现!

贵州法院的司法体制改革和大数据及人工智能的运用刚刚开始。起步可喜,但路途遥远,面临的挑战还很多,离理想中的司法体制和公众的期待还有很大差距。这也为贵州法院进一步深化改革奠定了基础和提供了空间。同时,贵州的上述经验也说明,并不存在改革洼地,任何地方都能够成为社会治理创新的一片热土。只要直面问题、主动改革,即使后发地区也能取得行之有效的改革成果,在切实攻克治理难题的同时以点带面地改变本地区的政风和民风。

---

① 《中共中央关于全面推进依法治国若干重大问题的决定》。

附件　贵州法院改革前后判决文书质量评查

公正是法治的生命线,审判公正是法治公正的底线。裁判文书既是人民法院行使国家审判权的文字载体,也是审判公正的直接体现,更是衡量法官审判能力和审判质量的重要标尺。据此,课题组邀请专家评审,并借助数理分析工具,对裁判文书质量进行实证量化研究,从微观层面对裁判文书这一司法活动的有形“产品”进行“质检”,进而从中观层面反映本轮司改中法官素养和审判质量是否提升以及获得多大程度的提升,从宏观层面体现本与企司法体制改革后法院对司法公正和司法效率的兑现程度。

一、评查的对象、内容和方法

(一)样本法院的确定

为保障研究的客观可行,本研究采用全样研究的方法选定贵州四家首批试点的基层法院,并以判断抽样的方法选定省内唯一一家试点的中级人民法院(以下简称中院)作为评查的样本,具体为花溪法院、汇川法院、贵定法院、榕江法院和六盘水中院。①

① 采取此抽样方法的原因,同本书第四章第一节“评估的对象、内容和方法”中的“二、评估样本的确定”,第66页。

由于2015年是贵州首批试点法院改革的开局年,不能完整代表改革后的审判质效,因而本研究选取了4家基层试点法院2014年度和2016年度的判决书作为评查对象。六盘水中院于2015年12月被确定为第二批试点法院,改革前后年度行政审判工作持续完整,故确定2015年度和2016年度为抽样对比时间段。

(二)判决文书的取样

为确保样本的代表性和研究结论的客观性,本研究采用随机抽样(random sampling)中的分类等距抽样(interval sampling)①的方法抽取样本。

第一,根据5家样本法院受理刑事、民事和行政等不同类型案件数量的多寡,明确各样本法院仅抽取一种类型的判决文书。具体是:六盘水中院抽取行政判决书;汇川和榕江法院抽取刑事判决书;花溪和贵定法院抽取民事判决书。

第二,根据判决文书形成的时间,明确将2014年度(民事、刑事判决书)、2015年度(行政判决书)和2016年度内所有一审普通程序生效判决为样本抽取范围。②

第三,确定每家法院每年度的样本容量为10份,共取样100份判决书。

第四,根据每年度样本抽取范围内的判决书总数与需抽取样本数之比,确定样本抽取间隔,即取样距离。

---

①　等距抽样,也称为系统抽样、机械抽样、SYS抽样,是随机抽样的一种。其先将总体中各单位按一定顺序排列,再根据样本容量确定抽选间隔,然后随机确定起点,每隔一定的间隔抽取一个单位。这一抽样方法的主要特点是:尽管其抽取的样本可少于单纯随机抽样,但因抽出的单位在总体中是均匀分布的,因而相较于简单的随机抽样既方便实用,又具有更高的代表性。

②　其中2家法院的5件判决文书存在立案时间和文书形成时间不属于同一自然年的情形。由于其在相关法院同类型判决文书的样本总体中未见质量差异上的特殊性,因而对评查结论的影响当可忽略。这5份文书分别是:(1)贵定法院(2014)贵民商初字第439号样本的立案为2014年10月21日,文书形成于2015年2月25日;(2)花溪法院(2014)花民初字第2914号的立案为2014年10月30日,文书形成于2015年3月24日;(3)花溪法院(2016)黔0111民初2892号的立案为2016年10月20日,文书形成于2017年1月9日;(4)花溪法院(2016)黔0111民初3166号的立案为2016年11月13日,文书形成于2017年2月8日;(5)花溪法院(2016)黔0111民初3882号的立案为2016年10月17日,文书形成于2017年1月25日。

第五,按照立案[①]时间排序,在某类型的判决书中以第一份符合条件的样本为起点,根据一定的间隔抽取所需样本。

由此可知,共抽取汇川、榕江两院 2014 年和 2016 年刑事判决书共 40 份,抽取花溪、贵定两个法院同期民事判决书共 40 份,抽取六盘水中院 2015 年、2016 年行政判决书共 20 份。

(三)评查内容的设计

1. 明确评查标准的统一性

从判决书的结构出发,将主要反映判决文书规范性和公正性的"事实认定"和"裁判理由"等 9 项内容作为评查的一级质量指标(以下简称为一级指标),并在每项一级指标下设置若干项二级质量指标(以下简称为二级指标)共计 36 项[②],再根据体现判决书质量的"含金量"程度,赋予每项一、二级指标不同的分值。其中 9 项一级指标的具体得分为:文书首部 10 分[③]、事实认定 25 分[④]、裁判理由 25 分[⑤]、法条援引 10 分[⑥]、裁判主文 10 分[⑦]、文书尾部 10 分[⑧]、技术规范 8 分[⑨]、结构布局 1 分[⑩]、其他 1 分。[⑪] 除在一级指标中设置"其他"项外,另在 7 项一级指标中也分别

---

① 贵州各法院的裁判案件号以立案时间进行排序编号。由此可知,课题组在判决文书的取样中,出于简单便捷和一致的考虑,也采用此排序方法。

② 详见③至⑪,也可参见本评查报告正文后的"附录"。

③ 包含 5 项二级指标。具体是:法院名称是否正确完整(2 分),案号是否正确完整(2 分),当事人、诉讼参与人信息是否正确完整(3 分),案件由来和审判经过是否正确完整(2 分),其他(1 分)。

④ 包含 5 项二级指标。具体是:反映诉辩主张是否准确完整(5 分)、归纳争议焦点是否准确完整(5 分)、分析证据是否准确合理(5 分)、认定事实有无矛盾(5 分)、其他(5 分)。

⑤ 包含 5 项二级指标。具体是:回应诉求是否完整(5 分)、与认定的事实是否呼应(5 分)、法律适用是否正确(5 分)、法理分析是否合理严谨(5 分)、其他(5 分)。

⑥ 包含 4 项二级指标。具体是:条文是否正确(4 分),有无多引、漏引(3 分),条文顺序是否得当(2 分),其他(1 分)。

⑦ 包含 5 项二级指标。具体是:有无超出诉讼请求(2 分)、有无漏判(2 分)、有无判非所请(3 分)、内容是否明确具体(2 分)、其他(1 分)。

⑧ 包含 5 项二级指标。具体是:是否告知裁判执行相关事项(2 分),是否写明诉讼费用负担(2 分),是否告知上诉等诉讼权利(3 分),落款、印章是否正确完整(2 分),其他(1 分)。

⑨ 包含 5 项二级指标。具体是:有无多字、漏字、错字、别字(2 分),用语是否规范(2 分),用语是否一致(2 分),标点符号有无不当(1 分),其他(1 分)。

⑩ 仅包含"结构布局是否合理"1 项二级指标。

⑪ 仅包含"其他"1 项二级指标。

为评查人设置了可“自由裁量”的“其他”项二级指标，以充分兼顾评查内容的客观统一性和评查人的主观判断性。

2. 保证评估专家的同一性

对应民事、刑事、行政类别的判决文书，分别邀请 3 位该领域的专家①进行评查。评查全程保持评审人不变，以确保其对评查标准的严格掌握及打分松紧的一致性。

3. 确保评查过程的保密性

对取样判决文书进行匿时性处理，即隐匿判决书的文号及其具体制作时间，同时将司改前后形成的前述文书反向编序，即 2016 年改革后的样本组编序为 1，2014 年（或 2015 年）改革前的样本组编序为 2。由此确保评查专家在不知晓判决文书形成时间、不了解文书质量与改革相关性的情况下进行“盲评”，进而尽可能确保评查及其结果的客观真实。

（四）评查方法的选择

课题组运用 Excel 软件建立了 5 家司改试点法院 100 份样本判决书的评查得分数据库。对分别形成于改革前后的判决文书进行 9 项一级指标和 36 项二级指标的纵向比较，以期全面了解试点法院司改前后审判质量及其判决书质量是否变化以及改变的方向和特征。

在统计方法上，课题组运用统计软件 SPSS. 19，并结合三种方法对数据进行分析处理。

1. 平均值计算（average）

平均值是一种反映数据集中趋势的计算方法，用于表达一组数据的平均水平，具有直观简明的特点。本评查对不同样本法院的不同种类判决书以及一、二级指标计算了平均值，共生成平均值 176 个。

2. T 检验

T 检验亦称 student t 检验（Student's t test）。其用 t 分布理论来推论差异发生的概率，用于比较两个较小样本的平均值之差异程度的检验方法。本评查分别对不同类型的判决书和一级指标进行 T 独立检验，共形成 12 张独立样本 T 检验表格，得出 12 个 P 值。其中当 $P \leq 0.05$ 时，表

---

① 三位评查专家分别是上海交通大学凯原法学院的张绍谦教授、其木提教授和朱芒教授。课题组在此诚挚致谢！

明两者之间具有显著差异。当 P>0. 05 时,表明两者之间不具有显著差异。

3. 卡方检验(chi-square test)

卡方检验是对多个率或多个构成比进行差别比较的统计方法,主要用于说明统计样本的实际观测值与理论推断值之间的偏离程度。实际观测值与理论推断值之间的偏离程度决定卡方值的大小:卡方值越大(P 值>0. 05),偏差越大,即实际观测值不符合理论推断值;卡方值越小(P 值≤0. 05),偏差越小,两者越趋于符合;若两个值完全相等时,卡方值为 0,即表明理论值完全符合实际值。本报告就所有样本判决书在改革前后的整体质量进行了一项卡方检验。

二、评查结果分析

(一)总体结论

第一,卡方检验显示:5 家试点法院的 100 份样本判决书的整体质量在改革后有较大进步,但尚不显著(P=0. 246)。

第二,T 独立检验显示:民事、刑事和行政判决文书的制作质量在司改后皆有提升,P 值分别为 0. 523、0. 448 和 0. 000,即行政判决文书的质量变化非常显著,民事判决文书次之。

第三,T 独立检验显示:其一,三项一级指标在改革后显著提高,分别为文书首部(P=0. 013)、事实认定(P=0. 002)和结构布局(P=0. 027);其二,一项一级指标在改革前后的差异具有弱显著性,即法条援引(P=0. 052);其三,四项一级指标在改革前后的变化不显著,具体是裁判理由(P=0. 080)、裁判主文(P=0. 397)、文书尾部(P=0. 448)和技术规范(P=0. 205)。另有“其他”一项(P=1. 000),无任何显著性。

(二)刑事判决文书的评查结果

1. 刑事判决文书总体质量有所提升

刑事判决书的质量在改革前后无显著差异(P=0. 448),但整体略有上升。表现为:其一,得分总值从 2014 年度的 1868 分上升到 2016 年度的 1882 分,实际增值 14 分,占可增最大值 128 分的 10. 6%。其二,得分均值从 2014 年度的 93. 4 分提高到 2016 年度的 94. 1 分,增加 0. 7 分。

其三,改革前后刑事判决文书的满分率均为零,但 95 分率从 30%增加到 2016 年度的 45%,增加 15 个百分点。其四,两个年度的最高分皆为 99 分,但 2016 年度的最低得分为 89 分,提升 1 分,如表 1 所示。

表 1　试点法院改革前后刑事判决文书评查整体得分比较

法院	得分均值			≥95 分率(%)		
	2014 年	2016 年	相比	2014 年	2016 年	相比
汇川法院	92.9	93.6	0.7	30.0	40.0	10.0
榕江法院	93.9	94.6	0.7	30.0	50.0	20.0
平均	93.4	94.1	0.7	30.0	45.0	15.0

2. 刑事判决文书三分之一的一级指标均值有所上升

9 项指标中仅“事实认定”“裁判理由”“法条援引”3 项均值有所上升,而“文书首部”“裁判主文”“文书尾部”“技术规范”4 项均值皆略有下降。其中升幅最大的“事实认定”增加了 1.2 分,降幅最大的“文书首部”下降了 0.5 分。从增幅比[①]来看,在“事实认定”和“法条援引”两项指标的实际增幅占可增最大幅的比例逾二成六,如表 2 所示。

表 2　试点法院改革前后刑事判决文书一级指标得分均值比较

	文书首部(10 分)	事实认定(25 分)	裁判理由(25 分)	法条援引(10 分)	裁判主文(10 分)	文书尾部(10 分)	技术规范(8 分)	结构布局(1 分)	其他(1 分)	总计 100 分
2014 年	9.95	20.45	24.30	9.05	10.00	9.85	7.80	1.00	1.00	93.4
2016 年	9.45	21.65	24.40	9.30	9.90	9.75	7.65	1.00	1.00	94.10
相比	-0.50	1.20	0.10	0.25	-0.10	-0.10	-0.15	0	0	0.70
增幅比(%)	-5.02	26.37	14.29	26.32	-1.00	-1.02	-1.92	/	/	10.61

① 增幅比即实际增幅占最大可增分数的比例。其公式为:增幅比=(改革后得分-改革前得分)/(该指标满分-改革前得分)。在负增长时,该指标反映实际降幅占最大可降分数的比例,公式为:增幅比=(改革后得分-改革前得分)/改革前得分。

3. 刑事判决文书四分之一的二级指标均值有所上升，近二分之一基本不变，逾四分之一有所下降

其中，“事实认定-其他”升幅达 11 分，“文书首部-案件由来和审判经过的正确完整”降了 10 分。“事实认定”下的五项二级指标皆有明显上升。另外，2 家法院的样本判决书在二级指标的提升上各有千秋，提升空间较大的指标亦有所不同。汇川上升最大的“事实认定-其他”增 7 分，①下降最多的“案件由来和审判经过的正确完整”减 11 分。② 榕江上升最明显的“事实认定-反映诉辩主张的准确完整”增 7 分，③而下降最明显的“裁判理由-法律适用的正确”降 3 分，如表 3 所示。

表 3 试点法院改革前后刑事判决文书二级指标得分均值比较

指标	项目	2014 年	2016 年	相比	指标	项目	2014 年	2016 年	相比
文书首部	法院名称的正确完整	40	40	0	裁判主文	有无超出诉讼请求	40	39	-1
	案号的正确完整	40	40	0		有无漏判	40	40	0
	当事人、诉讼参与人信息的正确完整	60	60	0		有无判非所请	60	60	0
	案件由来和审判经过的正确完整	39	29	-10		内容的明确具体	40	40	0
	其他	20	20	0		其他	20	19	-1

① 汇川 2014 年的 10 份判决书中有 4 份未详述指控原因，此为失分的主因。该问题在改革后得以改进。

② 汇川 2016 年的 10 份判决书中有 9 份未说明开庭审理时间，此是失分的主因。

③ 榕江 2014 年的 10 份判决书中有 4 份未详述起诉意见，此是失分主因。该问题在改革后得以改进。

续表

指标	项目	2014年	2016年	相比	指标	项目	2014年	2016年	相比
事实认定	反映诉辩主张的准确完整	67	69	2	文书尾部	是否告知裁判执行相关事项	37	35	−2
	归纳争议焦点的准确完整	97	100	3		是否写明诉讼费用负担	40	40	0
	分析证据的准确合理	63	68	5		是否告知上诉等诉讼权利	60	60	0
	认定事实有无矛盾	97	100	3		落款印章的正确完整	40	40	0
	其他	85	96	11		其他	20	20	0
裁判理由	回应诉求的完整	95	99	4	技术规范	有无多字、漏字、错字、别字	39	37	−2
	与认定事实的呼应	100	98	−2		用语的规范	38	39	1
	法律适用的正确	94	97	3		用语的一致	39	39	0
	法理分析的合理严谨	98	97	−1		标点符号有无不当	20	18	−2
	其他	99	97	−2		其他	20	20	0
法条援引	条文是否正确	80	80	0	结构布局	结构布局的合理	20	20	0
	有无多引、漏引	41	47	6					
	条文顺序的得当	40	39	−1	其他	其他	20	20	0
	其他	20	20	0					
总计		9 项上升,17 项不变,10 项下降							

(三)民事判决文书的评查结果

1. 民事判决文书整体质量略有提升

民事判决书质量在改革前后无显著差异(P=0.523),但整体有所提升。表现为:其一,得分总值从2014年度的1972.5分上升到2016年度的1983分,实际增幅值10.5分,占可增幅最大值27.5分的38.2%。其二,得分均值从2014年度的98.63分提高到2016年度的99.15分,增加0.52分。其三,满分率从改革前的五成增加到改革后的八成,增加了三成。其中花溪法院的满分率高达九成。其四,两个年度的最高分均为满分,但2016年度最低得分为87分,比2014年度下降了5分,如表4所示。

表4 试点法院改革前后民事判决文书评查整体得分比较

法院	得分均值			满分率(%)		
	2014年	2016年	相比	2014年	2016年	相比
花溪法院	99.55	99.90	0.35	70.0	90.0	20.0
贵定法院	97.70	98.40	0.70	30.0	70.0	40.0
平均	98.63	99.15	0.53	50.0	80.0	30.0

2. 民事判决文书2/3的一级指标均值有所上升

9项指标中除"裁判主文"下降0.05分,6项指标不同程度向好,2项指标保持不变。其中"法条援引"上升0.2分。从增幅比来看,"事实认定"和"文书尾部"两项指标的实际增幅占可增最大幅的比例100%,提升至满分,如表5所示。

表5 试点法院改革前后民事判决文书一级指标得分均值比较

	文书首部(10分)	事实认定(25分)	裁判理由(25分)	法条援引(10分)	裁判主文(10分)	文书尾部(10分)	技术规范(8分)	结构布局(1分)	其他(1分)	总计100分
2014年	9.95	24.825	24.45	9.75	9.85	9.95	7.85	1.00	1.00	98.625
2016年	9.975	25.00	24.475	9.95	9.80	10.00	7.95	1.00	1.00	99.15
相比	0.025	0.175	0.025	0.20	-0.05	0.05	0.10	0	0	0.525
增幅比(%)	50.00	100.00	4.55	80.00	-0.51	100.00	66.67	/	/	38.18

3. 民事判决文书逾 1.5/5 的二级指标均值有所上升,近五分之三不变,近 0.5/5 有所下降

其中“裁判理由-其他”和“法条援引-有无多引、漏引”皆增 5 分,“裁判理由-回应诉求的完整”降 3 分。同时,2 家法院的样本判决书在二级指标的提升上各有所长。花溪 4 项指标上升、[1]32 项指标不变,无下降指标,除“技术规范-有无多字、漏字、错字、别字”失 1 分外,其余项目皆达满分。贵定 7 项指标上升、[2]6 项下降、[3]23 项不变,其中升幅最大的“法条援引-有无多引、漏引”“裁判理由-其他”各增 5 分,降幅最大的“裁判理由-回应诉求的完整”少了 4 分。需要说明的是,贵定 2016 年度下降的部分指标集中在一份判决书中,其他样本仍保持较高得分,满分率达七成,如表 6 所示。

表 6　试点法院改革前后民事判决文书二级指标得分均值比较

指标	项 目	2014 年	2016 年	相 比	指 标	项 目	2014 年	2016 年	相 比
文书首部	法院名称的正确完整	40	40	0	裁判主文	有无超出诉讼请求	39	38	-1
	案号的正确完整	40	40	0		有无漏判	39	40	1
	当事人、诉讼参与人信息的正确完整	60	59.5	-0.5		有无判非所请	59	58	-1
	案件由来和审判经过的正确完整	39	40	1		内容的明确具体	40	40	0
	其他	20	20	0		其他	20	20	0

---

① 其中“文书首部-案件由来和审判经过是否正确完整”“裁判理由-回应诉求是否完整”“技术规范-有无多字、漏字、错字、别字”各增 1 分,“事实认定-归纳争议焦点是否准确完整”增 0.5 分。

② 7 项上升指标分别为:“事实认定-反映诉辩主张是否准确完整”“事实认定-归纳争议焦点是否准确、完整”“裁判理由-法理分析是否合理严谨”“裁判理由-其他”“法条援引-有无多引、漏引”“裁判主文-有无漏判”“技术规范-用语是否一致”。

③ 分别为:“文书首部-当事人、诉讼参与人信息的正确完整”,“裁判理由”中的“回应诉求的完整”、“与认定的事实的呼应”和“法律适用的正确”,“裁判主文”中的“有无超出诉讼请求”和“有无判非所请”。

续表

指标	项 目	2014年	2016年	相 比	指 标	项 目	2014年	2016年	相 比
事实认定	反映诉辩主张的准确完整	99	100	1	文书尾部	是否告知裁判执行相关事项	40	40	0
	归纳争议焦点的准确完整	97.5	100	2.5		是否写明诉讼费用负担	40	40	0
	分析证据的准确合理	100	100	0		是否告知上诉等诉讼权利	60	60	0
	认定事实有无矛盾	100	100	0		落款印章的正确完整	40	40	0
	其他	100	100	0		其他	20	20	0
裁判理由	回应诉求的完整	99	96	-3	技术规范	有无多字、漏字、错字、别字	38	39	1
	与认定事实的呼应	100	97.5	-2.5		用语的规范	40	40	0
	法律适用的正确	98	96	-2		用语的一致	39	40	1
	法理分析的合理严谨	97	100	3		标点符号有无不当	20	20	0
	其他	95	100	5		其他	20	20	0
法条援引	条文是否正确	79	79	0	结构布局	结构布局的合理	20	20	0
	有无多引、漏引	55	60	5					
	条文顺序的得当	40	40	0	其他	其他	20	20	0
	其他	20	20	0					
总计	9项上升,21项不变,6项下降								

(四)行政判决文书的评查结果

1. 行政判决文书总体质量显著提升

T检验显示,行政判决书的质量在改革前后存有显著差异(P=0.000)。主要表现在:其一,得分总值从2015年度的883分上升到2016年度的969分,实际增值86分,占可增最大值127分的67.7%。其二,尽管改革前后行政判决书的满分率皆为零,但改革后的95分率实现了零的突破,达到九成。其三,2016年度最高得分和最低得分整体上移,分别为98分和88分,比2015年度的94分和82分双双提高了4分和6分。

2. 行政判决文书绝大多数一级指标均值明显提高

除"文书首部"下降0.5分、"其他"保持满分不变,其余7项皆有不同程度的增加。其中最明显的"事实认定"上升了4.9分。从增幅比来看,7项上升指标的增幅比皆超七成,其中"法条援引""裁判主文""文书尾部"3项的实际增幅占可增最大幅的比例100%,提升至满分,如表7所示。

表7　试点法院改革前后行政判决文书一级指标得分均值比较

	文书首部(10分)	事实认定(25分)	裁判理由(25分)	法条援引(10分)	裁判主文(10分)	文书尾部(10分)	技术规范(8分)	结构布局(1分)	其他(1分)	总计100分
2015年	8.20	19.90	23.50	9.60	9.20	9.60	7.00	0.30	1.00	88.30
2016年	7.70	24.80	24.60	10.00	10.00	10.00	7.90	0.90	1.00	96.90
相比	-0.50	4.90	1.10	0.40	0.80	0.40	0.90	0.60	0.00	8.60
增幅比(%)	-6.10	96.08	73.33	100.00	100.00	100.00	90.00	85.71	/	73.50

3. 行政判决文书逾五分之二的二级指标均值较大上升,逾五分之二基本不变,近五分之一略有下降

其中,上升最多的"事实认定-归纳争议焦点是否准确完整"增34分,[①]下降明显的"文书首部-当事人、诉讼参与人信息是否正确

① 2015年的10份行政判决书中有8份未专门归纳争点的部分,2份虽有归纳但不够精确,是失分的主因。这一问题在改革后得到了明显的改善。

完整”①“裁判理由－回应诉求是否完整”②分别减 3 分。此外，需要说明的是，判决书的“结构布局”指标得到普遍改善，2015 年有 7 份样本失分，2016 年仅 1 份，如表 8 所示。

表 8　试点法院改革前后行政判决文书二级指标得分均值比较

指标	项目	2015年	2016年	相比	指标	项目	2015年	2016年	相比
文书首部	法院名称的正确完整	20	20	0	裁判主文	有无超出诉讼请求	20	20	0
	案号的正确完整	20	20	0		有无漏判	20	20	0
	当事人、诉讼参与人信息的正确完整	13	10	−3		有无判非所请	25	30	5
	案件由来和审判经过的正确完整	19	18	−1		内容的明确具体	18	20	2
	其他	10	9	−1		其他	9	10	1
事实认定	反映诉辩主张的准确完整	43	50	7	文书尾部	是否告知裁判执行相关事项	20	20	0
	归纳争议焦点的准确完整	15	49	34		是否写明诉讼费用负担	16	20	4
	分析证据的准确合理	50	49	−1		是否告知上诉等诉讼权利	30	30	0
	认定事实有无矛盾	50	50	0		落款印章的正确完整	20	20	0
	其他	41	50	9		其他	10	10	0

① 2015 年的 10 份行政判决书中有 8 份存在被告住所不完整、不具体的问题，是失分的主因。该问题在 2016 年更为突出，10 份判决书样本皆如此。

② 该指标的失分仅为个案。

续表

指标	项目	2015年	2016年	相比	指标	项目	2015年	2016年	相比
裁判理由	回应诉求的完整	50	47	-3	技术规范	有无多字、漏字、错字、别字	19	19	0
	与认定事实的呼应	50	50	0		用语的规范	15	20	5
	法律适用的正确	49	50	1		用语的一致	19	20	1
	法理分析的合理严谨	44	49	5		标点符号有无不当	7	10	3
	其他	42	50	8		其他	10	10	0
法条援引	条文是否正确	36	40	4	结构布局	结构布局的合理	3	9	6
	有无多引、漏引	30	30	0					
	条文顺序的得当	20	20	0	其他	其他	10	10	0
	其他	10	10	0					
总计		15项上升,16项不变,5项下降							

三、评查建议

总体来看,贵州试点法院的司改仅实施短短两年,但判决文书的质量却随着审判组织结构的改革以及审判权运行机制的优化而得以全面提升。这一改革成效尽管是出人意料的,但亦在情理之中。当然,判决文书质量尚有提升空间。对于如何进一步确保判决文书质量,我们提出如下建议:

1. 常态管理和定期评查相结合

裁判文书的质量,既取决于日常管理这一“生产线”的完善,也少不了定期评查这一“质检关”的强化。在常态管理中,结合本轮司改“审理者裁判,裁判者负责”的要求,建议:一是通过开展法官统一培训以提升文书制作的水平;二是通过严格文书校对程序以落实文书制作各环节的职责要求；三是通过推行裁判文书网上公开以倒逼文书质量的提升。对定期评查工作，需完善评查指标体系，并以科学的方式确定相应权重，为精准查漏、有效补缺提供可靠的决策依据，为主审法官、合议庭等审判组织的绩效评估、为员额法官的职务评定提供原始客观素材。

2. 整体提升与典型树立相统一

在实现审判公正和提升审判效率的司改目标上，审判组织结构和权力运行机制的改革方兴未艾，审判文书管理的改革也应同步展开并与时俱进。从整体提升上，一是结合案件分流的改革举措，推行"简案简写，繁案精写"的差别书写要求，最大限度地提升审判文书质量；二是结合员额制和合议庭改革，建立严格的文书校核程序，由法官助理等辅助人员对文书格式和内容进行全面校核；三是结合文书评查工作，对文书中存在的普遍性问题①积极总结、及时改进、补齐"短板"。如本报告的评查结论所示，贵州 5 家试点法院的审判文书质量在短期内明显提高，但在"齐步走"的基础上还需树立典型。以正面典型为标杆，发挥精品的示范效应，并向上级法院推荐，甚至报审最高人民法院的指导性案例；以反面案例为镜鉴，加强跟踪督促整改，吸取经验教训，并酌情追究相关人员的责任。②

3. 实体正义与形式规范须兼顾

评查结果表明，刑事、民事和行政判决书在事实认定、裁判理由、法条援引等影响裁判质量及其判决文书的"实质要件"上已明显提升，充分体现了试点法院员额法官在案件审判和文书制作中对"以事实为依据，以法律为准绳"的高度重视。但是，文书的说理性和结论的准确性仍为明显"短板"。唯有辩法析理，才能胜败皆服。因此，要以文书的说理性展示审判过程的严谨性，以结论的准确性体现审判结果的公正性，让每一份裁判文书渗透并彰显实体正义。同时，应高度重视形式要件的同步提升。文书的外观形式犹如人之仪表，是司法公信和司法权威的"行

---

① 例如，在汇川法院 2016 年的 10 份判决书样本中，普遍存在未说明开庭审理时间的问题。

② 例如，贵定法院 2016 年民事判决书样本中七成达到满分，但因个案失分过多导致"拖后腿"。

头”。形式上的任何瑕疵同样会影响或者损害当事人乃至社会对审判公正、司法权威的可及性和获得感。综上，我们建议：一方面，推动裁判文书制作的模式化和标准化。建立统一的文书质量标准，明确文书内容的基本要素，编制文书格式的参考模板，并通过培训进一步提高法官的专业素养和办案能力，使每一份裁判文书都能达到“事理明晰、法理透彻、文理信达”的水平。另一方面，推动裁判文书制作的信息化和精细化。借力司法“大数据”，建立智能审判辅助系统，利用模板一键生成文书固定内容（如文书首部的当事人信息），利用同类案件推送统一法律适用标准，加以文书纠错功能避免常识错误，使法官集中时间精力聚焦案件事实认定、裁判说理和裁判结论等关键内容上，全面提高审判效率和文书质量。

附录

贵州试点法院判决书质量评查表

案 号			案件类型			总 分
承办法院			审理程序			
		评查项目	分 值	具体问题	专家评查意见建议	
文书首部	10	法院名称是否正确、完整	2			
		案号是否正确、完整	2			
		当事人、诉讼参与人信息的正确、完整	3			
		案件由来和审判经过的正确、完整	2			
		其他	1			

续表

案号			案件类型			总分
承办法院			审理程序			
		评查项目	分值	具体问题	专家评查意见建议	
事实认定	25	反映诉辩主张是否准确、完整	5			
		归纳争议焦点是否准确、完整	5			
		分析证据是否准确、合理	5			
		认定事实有无矛盾	5			
		其他	5			
裁判理由	25	回应诉求是否完整	5			
		与认定的事实是否呼应	5			
		法律适用是否正确	5			
		法理分析是否合理、严谨	5			
		其他	5			
法条援引	10	条文是否正确	4			
		有无多引、漏引	3			
		条文顺序是否得当	2			
		其他	1			
裁判主文	10	有无超出诉讼请求	2			
		有无漏判	2			
		有无判非所请	3			
		内容是否明确、具体	2			
		其他	1			

续表

案 号			案件类型			总 分
承办法院			审理程序			
		评查项目	分 值	具体问题	专家评查意见建议	
文书尾部	10	是否告知裁判执行相关事项	2			
文书尾部	10	是否写明诉讼费用负担	2			
文书尾部	10	是否告知上诉等诉讼权利	3			
文书尾部	10	落款、印章是否正确、完整	2			
文书尾部	10	其他	1			
技术规范	8	有无多字、漏字、错字、别字	2			
技术规范	8	用语是否规范	2			
技术规范	8	用语是否一致	2			
技术规范	8	标点符号有无不当	1			
技术规范	8	其他	1			
结构布局	1	是否合理	1			
其他	1	其他	1			

致　谢

需要特别感谢的是，本项目研究得到了贵州省人大常委会、贵州省高级人民法院领导及相关工作人员的大力支持。贵州省人大原党组书记、副主任张群山，省人大秘书长刘一民，省人大常委会法制工作委员会主任、法制委员会副主任委员路良等领导给予了项目研究充分肯定和支持，专门召开专题会议明确协调配合项目研究的具体事宜。项目研究得到了贵州省高级人民法院的全力配合，本书中涉及司法体制改革的具体做法均来自贵州法院的改革经验，凝聚了贵州法院的集体智慧与创新精华。贵州省高级人民法院党组副书记、常务副院长朱玉，贵州省高级人民法院审委会专委张德昌，多次参与调研讨论，并在项目研究上贡献了颇有价值的观点。贵州省高级人民法院研究室（司改办）主任卢飏和工作人员陈昌恒、吕静、罗素、徐力，政治部副主任刘宏丽以及民商事审判团队法官赵传毅、行政赔偿审判团队法官杨方程、冉依依，参与了项目研究中的数据统计工作，并为贵州法院改革经验的总结提炼提供了至关重要的帮助。办公室原主任高峰、外事处副处长肖熠和相关工作人员颜源、赵磊在课题组赴贵州调研期间给予了周全安排和悉心保障。此外，法律出版社的郑导编辑为此书的出版做了大量细致烦琐的编辑工作。在此,我谨以项目研究主持人的名义,向所有给予鼓励和支持的领导和法律人表示诚挚的敬意和衷心的感谢。正是有了你们的真诚鼓励和鼎力支持,才有了本书的顺利问世。

上海交通大学持聘教授
课题组主持人和主要执笔人　徐向华
2018 年 1 月 10 日

图书在版编目(CIP)数据

我国司法改革的地方试点经验：贵州法院蓝本/徐向华等著.--北京：法律出版社，2019
ISBN 978-7-5197-3207-3

Ⅰ.①我… Ⅱ.①徐… Ⅲ.①司法制度－体制改革－研究－贵州 Ⅳ.①D927.730.64

中国版本图书馆CIP数据核字(2019)第038753号

我国司法改革的地方试点经验：贵州法院蓝本
WOGUO SIFA GAIGE DE DIFANG SHIDIAN JINGYAN：GUIZHOU FAYUAN LANBEN

徐向华 等著

策划编辑 郑 导
责任编辑 郑 导
装帧设计 汪奇峰

出版 法律出版社
总发行 中国法律图书有限公司
经销 新华书店
印刷 三河市兴达印务有限公司
责任校对 郭艳萍
责任印制 张建伟

编辑统筹 独立项目策划部
开本 720毫米×960毫米 1/16
印张 21
字数 315千
版本 2019年3月第1版
印次 2019年3月第1次印刷

法律出版社/北京市丰台区莲花池西里7号(100073)
网址/www.lawpress.com.cn
投稿邮箱/info@lawpress.com.cn
举报维权邮箱/jbwq@lawpress.com.cn
销售热线/010-83938336
咨询电话/010-63939796

中国法律图书有限公司/北京市丰台区莲花池西里7号(100073)
全国各地中法图分、子公司销售电话：
统一销售客服/400-660-6393
第一法律书店/010-83938334/8335
西安分公司/029-85330678
重庆分公司/023-67453036
上海分公司/021-62071639/1636
深圳分公司/0755-83072995

书号：ISBN 978-7-5197-3207-3
定价：78.00元